事例と解説

民事裁判の主文

〔補訂版〕

塚原朋一　編著

新日本法規

読者へのメッセージ

　民事裁判は，実におもしろみのある仕事である。それは，一つ一つの事件とこれを織りなす人間にすべて個性があるからであり，その仕事は常に創造的であるからである。このおもしろみは，裁判官，あるいは弁護士であろうと，法律実務を始めたばかりの者であろうと，変わらない。弁護士がそれまでやったことのない新種の事件にぶつかると，まずは，似たような先例を調べるであろう。でも，それではとてもまかない切れないと知るや，新種の事件として，どんな法律構成にするか，一人悩むであろう。その際，真っ先に考えるのは，請求の趣旨である。多くは在来のものでもカバーできるが，それでは，クライアントの要求を裁判官に的確に伝えられない場合もある。そんな場合は，「よし，**新しい請求の趣旨を考えてみよう**」ということになる。

　裁判官は，伝統的思考に傾き勝ちである。毛色の変わった請求の趣旨を見ると戸惑い，手垢の付いた請求の趣旨に変更するよう，弁護士に執拗に迫るであろう。多くの新規の請求の趣旨は，ここで，まず死滅する。それでも生き残った請求の趣旨は，やがて判決という篩(ふるい)に掛けられるが，**ごくわずかの請求の趣旨は，ここでも生き残り，やがて判決主文として花開く**。こうした生命の誕生に似たドラマを経て，新たな請求の趣旨が実務上公認され，確立した判決主文に育っていった例は，決して珍しくない。

　いつも行く本屋さんの書架に，この本が並べてあるのを見たら，一度は，手にとって，目を通してほしい。法律実務を少し勉強したり，携わったりしたことのある方であれば，「今まで出会ったことのない主文例があるぞ」，「こんな主文例はおかしいんじゃないか」，というような主文例がいくつかあるはずである。そして，疑問を感じた点があれば，その

点は，この本を世に送り出したわれわれもきっと悩んだ点であるから，一緒になって考えてほしい。

　この本は，民事の事件を一人で処理しなければならない裁判官や弁護士の座右の書，いわば辞典のようなものを想定した。また，欲張りである私は，実務をかじり始めた初心者が民事裁判全体を学習するために通読することも想定した（おそらく民事裁判の奥深さを知るであろうが）。内容的には，**実務家であれば誰でも心得ていなければならない基本的な事項をやさしく解説しているテーマ**もあれば，**民事裁判のエキスパートと内心自負する方でもすぐには解答できないような設問を設定し，「判決主文」と「解説」で見事にこれを解決した**，というような難しいテーマもある。中には，本書が自信をもって提供した主文例に，必ずしも賛同をされない方もいらっしゃるであろう。

　本書に登場した判決主文や請求の趣旨の例は，本書が学術書ではなく実務書であるという性質上，創作性を誇ることができるものは，実はあまり多くない。本書に掲げた主文例や請求の趣旨の例は，基本的には実務で公認されてきたものがほとんどである。それでも，「そうか，こういう主文例もありか」というようなチャレンジングなものも，いくつか提供させていただき，議論が沸騰するのをひそかに期待しているところもないではない。

　判決主文は，抽象性，画一性，簡潔性，明確性がなければならない。他方，当然のことながら，**具体的な事件に対応したものでもなければならず**，山林の境界事件と東京銀座の境界事件とを同日に論ずることはできない。和解条項では，被告が原告に対し一定のことを約束することについて，事案に応じて種々の表現をすることがあり，執行力を付与すべきことに最大の注意をしなければならない反面，わざと執行力を付与しない条項にするという心憎い合意をすることもあるが，判決主文では，

さすがにそのような融通無碍なことはできない。

　判決主文の生命は，何といっても，正確性であり，絶対に間違ってはいけない。本書では，その点を常に肝に銘じ，原稿の段階はいうに及ばず，校正の段階でも，また，印刷の前夜に至っても，気づき次第，是正の措置をとり，誤りなきを期した。また，正確性と不可分な関係にある最新性にも格別に意を用い，執筆者に最大限に無理なお願いをし，かつ，東京地裁などの特別部の関係者にも格別なご協力をお願いした。特に**大改正のあった不動産登記法，行政事件訴訟法，会社法**などについては，改正後の法律に基づき執筆された最新のものである。

　なお，本書は，編者が民事裁判官として長い間担当してきた厖大な事件資料のファイルに基づいている。それを取捨選択して，かつての同僚や，司法修習生等の方々に執筆をお願いした。執筆者は，それぞれ与えられたテーマに基づいて，各自の問題認識と思索思弁の赴くところに従って，渾身の力を傾注し，珠玉の原稿を完成させた。中に，その外延部分において重複したり，意見を異にする点もないではないが，調整等は控えさせていただいた。ご海容を賜りたい。

　本書が，民事裁判の第一線で活躍されている裁判官や弁護士，あるいは，これから実務法曹を目指して勉強されている司法修習生やロースクールの学生の方々の**日常の参考書として，少しでも役立ち，民事裁判のおもしろさを知るよすが**となれば，編者としてこれにまさる幸いはない。

　平成18年3月

　　　　　　　　　　　　　　　　　　　　　　　塚原　朋一

増刷に際して

　本書は、平成18年3月に刊行されて、まもなく10年を経過しようとしている。その間、平成23年の家事事件手続法への全面改正、平成26年の会社法の大幅な改正を中心に多くの法改正等があり、また、最高裁からも次々に重要な判例が発信されるなど、民事裁判の実務の基盤にかなりの変動が生じている。したがって、本来であれば、本書の全訂版を企画すべきところではあったが、すでに、本書が絶版になって久しく、これ以上この事態を長期化することはできない。このため、今般、次善の策として、法改正や最高裁判例等により改訂を要する部分について、必要に応じて解説本文中の当該部分を改訂したり、あるいは、改訂を要する箇所の前後に［補正注］として改訂事項を補充したりして、旧版を増刷することとした。

　今般の補正の作業は、限定された課題の解決のためではあったが、短期間に集中して行った困難な作業であった。また、執筆者陣にも、身分や職業などが変わったり、専門とする分野が全く異なったりした方が少なくなかった。このため、各執筆者に個別の了承を十分にとれないこともかなり生じたが、これによる責任は、すべて、補正作業を総括した編者（塚原朋一）にある。なお、この困難に満ちた地味な苦行を共にした少壮気鋭の弁護士寺下雄介君に、深甚の謝意を表したい。

　平成27年10月

　　　　　　　　　　　　　　　　　　　　　　　塚原　朋一

補訂に際して

　平成18年3月に刊行された本書は、その後の平成27年10月に法改正や最高裁の新たな判例を踏まえた若干の改訂を加えて増刷されたが、以降も法改正の動きは進んでおり、最高裁からは新たな判例が発信され続けている。そこで、今般、そうした法改正や最高裁の新たな判例、とりわけ、債権法及び相続法を中心とした民法の大改正を踏まえて本書をアップデートすることとし、必要に応じて改訂や注を補充して、本書を増刷することとした。

　なお、昨今、裁判は手続のＩＴ化という大きなうねりの渦中にあって、種々の変革が進行しており、これとも関連して、主文の在り方もやがては変容していくのかもしれない。もっとも、私は法曹としての現役を退きつつある身であり、そうした現在進行形ともいうべき変容とその成果については、将来の課題に譲ることとした。

　今回の作業においても、先の増刷時と同様に、当初の執筆者の方々の個別の了承を十分にとれないことが相当程度生じたが、その責任はひとえに編者である私（塚原朋一）にある。また、本書の増刷に当たっては、新日本法規出版株式会社の編集局をはじめとする多くの方々のご協力をいただいた。改めて深甚の謝意を表したい。

　なお、昨今裁判所内で話題となっている判決書の在り方（いわゆるシン書式）については、本書では言及していないことをお断りしておく。

　　令和6年11月

　　　　　　　　　　　　　　　　　　　　　　　塚原　朋一

執筆者一覧

（肩書きは初版当時）

《編著者》

　塚原　朋一　（東京高裁判事）

《執筆者》（五十音順）

　阿部　正幸　（徳島地裁判事）
　有冨　正剛　（青森地裁八戸支部判事補）
　生島　弘康　（東京家裁判事）
　市村　陽典　（東京地裁判事）
　伊藤　大介　（東京地裁判事補）
　伊藤　敏孝　（山形地裁鶴岡支部支部長判事）
　伊藤　正晴　（大阪地裁判事）
　伊藤　由紀子（大阪地裁堺支部判事）
　井上　哲男　（東京地裁判事）
　井上　博喜　（高知地裁中村支部支部長判事補）
　内野　宗揮　（釧路地裁北見支部判事補）
　岡村　抄矢子（東京地裁書記官）
　奥山　豪　　（和歌山家裁判事）
　加藤　聡　　（司法研修所所付）
　河本　晶子　（東京家裁八王子支部判事）
　岸　　日出夫（旭川地裁判事）
　小島　浩　　（さいたま地裁判事）
　近藤　裕之　（秋田家・地裁大館支部判事）
　作原　れい子（札幌家裁判事）
　佐藤　晋一郎（神戸地裁尼崎支部判事）

澤田　忠之　　（福井地裁敦賀支部支部長判事補）
白石　史子　　（福岡地裁判事、九州大学法科大学院派遣）
杉田　薫　　　（甲府地裁判事補）
鈴木　陽一　　（仙台地裁古川支部支部長判事）
瀬木　比呂志　（東京地裁判事）
惣脇　美奈子　（新潟地裁長岡支部判事）
瀧澤　泉　　　（東京地裁判事）
塚原　洋一　　（札幌地裁判事補）
長瀬　笑子　　（東京地裁書記官）
中村　也寸志　（東京地裁判事）
西川　知一郎　（大阪地裁判事）
濱口　浩　　　（名古屋高裁判事）
林(旧姓滿田)寛子（新潟地裁長岡支部判事補）
原　　啓一郎　（札幌地裁判事）
樋口　正樹　　（関東信越国税不服審判所審判官）
平田　直人　　（福井地裁武生支部支部長判事）
福島　政幸　　（東京地裁判事）
光吉　恵子　　（大阪地裁岸和田支部判事補）
山田　篤　　　（弁護士）

本書の補訂にあたっての執筆者は次のとおりです。

《編著者》
　塚原　朋一　　（元東京高裁判事）

《執筆者》（五十音順）
　有冨　正剛　　（静岡地・家裁富士支部長判事）
　伊藤　大介　　（司法研修所教官）
　伊藤　正晴　　（東京高裁判事）
　伊藤　由紀子　（東京高裁判事）
　井上　哲男　　（元さいたま家裁所長判事・日本大学法科大学院客員教授）
　井上　博喜　　（神戸地・家裁姫路支部判事）
　内野　宗揮　　（法務省大臣官房審議官）
＊遠藤　東路　　（東京家裁部総括判事）
＊大澤　多香子　（東京地裁判事）
＊貝阿彌　亮　　（東京地裁判事）
＊梶浦　義嗣　　（那覇地・家裁沖縄支部長判事）
　加藤　聡　　　（福岡地裁判事）
＊金澤　秀樹　　（東京地裁部総括判事）
＊鹿子木　康　　（東京高裁部総括判事）
＊神野　律子　　（前橋地裁部総括判事）
＊栢分　宏和　　（東京地裁判事）
　岸　日出夫　　（東京都立大学法学部（法科大学院）教授）
＊君島　直之　　（東京地裁判事）
＊沓掛　遼介　　（東京地裁判事）
　小島　浩　　　（元大阪高裁判事・弁護士）
＊佐々木　健詞　（名古屋地・家裁岡崎支部判事補）

＊笹本　哲朗　　（東京地裁判事）
　佐藤　晋一郎　（東京高裁判事）
　澤田　忠之　　（元大阪地裁判事・弁護士）
＊清水　知恵子　（東京地裁部総括判事）
　杉田　薫　　　（横浜地裁小田原支部判事）
　惣脇　美奈子　（大阪家・地裁堺支部判事）
＊田野倉　真也　（大津地裁判事）
　塚原　洋一　　（千葉地裁判事）
＊都野　道紀　　（最高裁判所調査官）
＊中島　基至　　（東京地裁判事）
　中村　也寸志　（東京高裁部総括判事）
＊中畑　啓輔　　（広島高裁岡山支部判事）
　西川　知一郎　（大阪家裁所長判事）
＊西村　康一郎　（東京地裁判事）
＊橋之口　峻　　（東京地裁判事）
　濱口　浩　　　（広島家裁所長判事）
＊原　雅基　　　（山形地・家裁米沢支部判事）
　樋口　正樹　　（松山地裁西条支部長判事）
＊藤原　未知　　（東京地裁判事）
＊本田　能久　　（東京地裁部総括判事）
＊三田　健太郎　（文部科学省研究開発局原子力損害賠償紛争
　　　　　　　　　和解仲介室室長補佐）
　光吉　恵子　　（徳島地裁部総括判事）
＊味元　厚二郎　（東京地裁判事）
＊杜下　弘記　　（東京地裁判事）
＊安川　秀方　　（東京地裁判事）
＊横井　靖世　　（静岡地・家裁沼津支部判事）
　（＊印は新執筆者）

略 語 表

1 法 令（五十音順）

本文中はフルネームを用い、根拠条数は次のように略記した。
　　　民事訴訟法58条1項1号
　　　　＝民訴58①一

意	意匠法
意　規	意匠法施行規則
一般法人	一般社団法人及び一般財団法人に関する法律
会　社	会社法
家　事	家事事件手続法
家　審	（旧）家事審判法
仮登記担保	仮登記担保契約に関する法律
行　訴	行政事件訴訟法
公　選	公職選挙法
裁	裁判所法
自　治	地方自治法
実用新案	実用新案法
借地借家	借地借家法
収　用	土地収用法
出入国	出入国管理及び難民認定法
出入国規	出入国管理及び難民認定法施行規則
商	商　法
商　特	（旧）株式会社の監査等に関する商法の特例に関する法律
商　標	商標法
人　訴	人事訴訟法
信　託	信託法
税　通	国税通則法
知財基	知的財産基本法
地　税	地方税法
仲　裁	仲裁法
著　作	著作権法

2　略語表

賃　確	賃金の支払の確保等に関する法律
賃確令	賃金の支払の確保等に関する法律施行令
手	手形法
道	道路法
特　許	特許法
農　地	農地法
破	破産法
非　訟	非訟事件手続法
不正競争	不正競争防止法
不　登	不動産登記法
不登令	不動産登記令
不登規	不動産登記規則
保　険	保険法
民	民　法
民　執	民事執行法
民執規	民事執行規則
民　訴	民事訴訟法
民訴規	民事訴訟規則
民訴費	民事訴訟費用等に関する法律
民　保	民事保全法
民保規	民事保全規則
有	（旧）有限会社法
労　基	労働基準法
労　契	労働契約法

2　判例集・雑誌等（五十音順）

判例の表記のしかたは次のとおりである。
（本文中）
　　最高裁第三小法廷平成15年4月22日判決（民集57巻4号477頁）
（根拠中）
　　最三小判平15・4・22民集57・4・477

家　月	家庭裁判月報
下　民	下級裁判所民事裁判例集

金　判	金融・商事判例
金　法	金融法務事情
刑　集	最高裁判所刑事判例集
高　民	高等裁判所民事判例集
裁　時	裁判所時報
裁判集民	最高裁判所裁判集民事
裁判例	大審院裁判例
司　研	司法研修所論集
ジュリ	ジュリスト
訟　月	訟務月報
新　聞	法律新聞
知的裁集	知的財産権関係民事・行政裁判例集
登記先例	登記関係先例集
東高時報	東京高等裁判所判決時報
判　解	最高裁判所判例解説
判決全集	大審院判決全集
判　時	判例時報
判　タ	判例タイムズ
判　評	判例評論
法　教	法学教室
法　研	法学研究
法　時	法律時報
法　セ	法学セミナー
民　集	最高裁判所民事判例集 大審院民事判例集
民　商	民商法雑誌
民　訴	民事訴訟雑誌
民　録	大審院民事判決録
リマークス	私法判例リマークス
労　民	労働関係民事裁判例集

目　　次

第1章　当事者の表示

ページ

○複数事件が併合された場合などの複雑訴訟の当事者欄の表
　記，略称表示の手順，主文で略称を使用することの当否等…………3
○相続による当事者の変動……………………………………………………5
○破産会社，更生会社，民事再生債務者，金融整理管財人……………7
○相続財産の清算人，不在者財産管理人，遺言執行者…………………10
○選定当事者と選定者………………………………………………………14
○権利能力のない社団，財団………………………………………………16
○訴訟参加，訴訟脱退により当事者に変動がある場合の参加
　者，脱退者の表示…………………………………………………………17
○その他………………………………………………………………………18

第2章　主文の基礎的な考察

第1　判決主文の目的と性質
○判決主文の目的と性質……………………………………………………25

第2　判決主文に関する諸問題
○判決主文の更正決定の要件と更正の限界，限界を超えた更
　正決定の効力………………………………………………………………31
○上訴審判決による原審または原々審判決の更正………………………34
○控訴審判決における一審判決の別紙目録や別紙図面の引
　用，更正付きの引用の可否と方法………………………………………38
○主文を「別紙主文目録記載のとおり」とする運用等…………………39
○訴状却下と訴え却下………………………………………………………43

第3章 主文の表記上の明確・不明確

第1 当事者が複数の場合
○当事者複数の場合の判決主文……………………………………49

第2 確認訴訟の場合
○確認訴訟の場合の請求の趣旨と判決主文………………………53

第3 選定当事者の場合における判決主文
○選定当事者の場合における判決の主文…………………………59

第4章 通常民事事件の請求の趣旨と判決主文

第1 将来の給付，条件付きの主文
○将来の定期金給付の主文…………………………………………65
○期限付き，条件付きの主文………………………………………69
○弁済条件付きの抵当権設定登記の抹消登記を求める請求の
　趣旨と判決主文……………………………………………………74

第2 引換え給付の請求の趣旨と判決主文
○引換え給付判決の主文……………………………………………77
○立退料の支払と賃貸建物の明渡しとの引換え給付……………82

第3 確認訴訟としての適否が問題となる場合
○債務不存在確認の訴えの主文……………………………………91
○賃料増・減額請求訴訟の主文……………………………………94
○金銭債権存在確認の訴えの主文…………………………………97

○所有権等の消極的確認の訴えの主文……………………………101
○土地売買契約についての解除確認，無効確認等を求める訴えの適否…………………………………………………………………103
○遺言無効・有効確認の訴えの主文………………………………106

第4　不動産明渡等訴訟
○建物買取請求権が行使された場合の主文………………………110
○建物収去土地明渡訴訟における建物占有者との関係……………114

第5　動産引渡等請求
○動産等の引渡請求とその執行不能の場合における請求の趣旨と判決主文……………………………………………………117

第6　意思表示を命じる主文
○意思表示を求める請求の趣旨と判決主文………………………122

第7　責任等限定型の給付判決
○相続の限定承認がされた場合の主文……………………………127
○弁済の代位によって取得した原債権の履行を求める場合における訴状の請求の趣旨と判決主文中の求償権の表示……………130
○金銭債権を債権者代位権に基づき代位行使する場合における被保全債権の主文中の表示……………………………………136
○主文で強制執行することができないと宣言する場合の表示………139

第8　不動産登記請求訴訟
○不動産登記手続請求訴訟において判決主文に記載すべき基本的な事項………………………………………………………143
○仮登記に基づく本登記請求訴訟における仮登記劣後登記の抹消………………………………………………………………148
○所有権移転登記の抹消請求と後順位登記権利者に対する承諾請求………………………………………………………………151

○共有不動産が共有者の1人による単独所有名義となっている場合に，他の共有者らがすべき登記請求およびその判決主文……………………………………………………………………154
○表題登記がない公図上無番地の土地について所有権保存登記を得るための訴訟の被告（国）と請求の趣旨…………165
○登記権利者または義務者が死亡した場合の請求の趣旨と判決主文………………………………………………………168
○登記引取請求の主文…………………………………………173
○抵当権設定登記抹消の請求に対し，抵当債権額の更正登記を命じる場合……………………………………………………177
○自分の所有不動産に不当な仮差押えの登記がされている場合に，当該仮差押えの登記の抹消を求める訴えの主文………181

第9 仮執行宣言付支払督促に対し督促異議の申立てがあった場合

○仮執行宣言付支払督促に対し督促異議の申立てがあった場合の主文………………………………………………………185

第10 督促異議により移行した訴訟において原告（債権者）が補正命令で定められた期間内に手数料を追納しない場合

○督促異議により移行した訴訟において原告（債権者）が補正命令で定められた期間内に手数料を追納しない場合の主文………………………………………………………………192

第5章 事件類型ごとの請求の趣旨と主文

第1 詐害行為取消訴訟の主文
○詐害行為取消訴訟の主文……………………………………197

第 2　共有物分割訴訟
○現物分割の場合の主文……………………………………………………205
○代償分割の場合の主文……………………………………………………209
○競売を命ずる場合の主文…………………………………………………215

第 3　境界確定訴訟
○境界確定訴訟の主文………………………………………………………216

第 4　遺産確認請求訴訟
○特定の財産が被相続人の遺産に帰属することの確認を求める請求の趣旨と判決主文…………………………………………………223

第 5　遺留分減殺請求権訴訟
○遺留分権利者から不動産の持分移転登記請求を受けた受遺者が当該訴訟で価額弁償の意思表示をした場合における判決主文（平成30年法律72号による改正前）……………………228

第 6　手形訴訟
○手形訴訟の典型的な主文…………………………………………………232
○手形支払期日未到来の場合の主文における手形支払呈示の条件表示（満期前将来請求の場合の主文）………………………237
○満期前現在請求の場合の主文……………………………………………243
○手形判決後に原告が死亡した場合の異議判決における主文…………246

第 7　執行関係訴訟
○請求異議の主文……………………………………………………………248
○第三者異議の主文…………………………………………………………253
○配当異議訴訟の主文………………………………………………………258
○仮登記権利者が不動産売却手続によりその仮登記を抹消された場合に，供託された配当金の交付を受けようとする場合の請求の趣旨…………………………………………………………262

第8 執行判決
○執行判決の主文……………………………………………………………266

第9 証書真否確認訴訟
○証書真否確認訴訟の主文…………………………………………………270

第6章　人訴事件

第1　離婚事件
○主たる主文…………………………………………………………………275
○親権者の指定，監護者の指定，子の引渡し，面会交流の主
　文……………………………………………………………………………279
○離婚訴訟で養育費の支払を命ずる場合の判決主文……………………285
○慰謝料の主文………………………………………………………………289
○財産分与の主文……………………………………………………………293
○附帯請求の起算日…………………………………………………………303
○仮執行宣言の可否と相当性………………………………………………305
○離婚請求訴訟において，親権者指定，財産分与等について
　のみ上訴することの可否…………………………………………………307
○離婚調停の無効確認を求める訴えと離婚調停の一部である
　清算条項の無効確認を求める訴えの適法性……………………………312
○協議離婚した元夫婦の一方が他方に対し協議離婚の際にさ
　れた親権者指定協議の無効確認を求める訴状の請求の趣旨
　と判決主文…………………………………………………………………315

第2　親子関係事件
○親子関係事件の主文………………………………………………………318

目　次　7

第7章　訴訟手続に関する判決

第1　訴訟の特殊な原因による終了
○和解，訴えの取下げ等により訴訟が終了した旨を宣言する
　判決主文……………………………………………………………………327
○本来相続人に承継されるべき訴訟の当事者が死亡したがそ
　の相続人がいない場合の訴訟終了宣言判決の主文………………331
○人訴事件および行政事件における当事者の死亡と判決主文………335
○一身専属的な権利に関する訴訟における当事者の死亡と判
　決主文………………………………………………………………………338
○原告の訴訟追行が信義則に反する場合等における訴訟終了
　の判決主文…………………………………………………………………340

第2　訴訟法上の検討を要する主文
○給付請求について請求棄却の確定判決がある場合に，同一
　の請求を掲げて後訴が提起されたときの判決主文………………343
○給付請求について請求認容の確定判決がある場合に，時効
　停止・更新の必要を理由に同一の請求を掲げた訴えが提起
　されたときの判決主文……………………………………………………345
○金銭請求訴訟の継続中に被告が破産し，その請求に係る債
　務につき免責を得た場合の判決主文……………………………………346
○訴えの変更に関する裁判と終局判決の主文………………………………348
○先行する訴訟手続の続行ができない場合の終局的裁判の主
　文………………………………………………………………………………350
○違式の裁判に対する上訴と裁判の主文……………………………………359

第3　中間判決
○中間判決の主文………………………………………………………………361

第4　請求の客観的併合の場合
○請求の客観的併合の場合における判決主文………………………………376

第8章　専門性の高い事件の主文

第1　行政訴訟
○取消訴訟の主文－その1（在留資格変更不許可処分取消しの事例）……………………………………………………………391
○取消訴訟の主文－その2（課税処分の取消しの事例）……………395
○義務付け訴訟の主文（公文書の開示を義務付ける事例）…………398
○実質的当事者訴訟の主文（国籍確認請求の事例）…………………400
○形式的当事者訴訟の主文（土地収用法133条の損失補償に関する請求の事例）……………………………………………402
○民衆訴訟の主文（地方自治法242条の2第1項4号の請求の事例）………………………………………………………………406

第2　会社関係訴訟
○会社内部の決議の効力等を争う訴訟の請求の趣旨と主文…………409
○取締役の地位をめぐる訴訟の請求の趣旨と判決主文………………414
○取締役等に対する損害賠償請求についての主文……………………419
○会社に対する情報開示請求に関する主文……………………………424
○会社組織上の変更に関する主文………………………………………429

第3　労働事件訴訟
○解雇の有効性を争い，労働契約上の地位の確認と，解雇後の賃金の支払を求める請求の趣旨と判決主文………………………435
○降格処分の有効性を争い，降格処分前の職位および賃金額の確認ならびに降格処分前の賃金と降格処分後の賃金との差額の支払を求める場合の請求の趣旨と判決主文…………………441
○配転の有効性を争い，配転先（新部署）における就労義務がないことの確認を求める場合の請求の趣旨と判決主文…………444
○時間外労働手当および付加金の支払を求める場合の請求の趣旨と判決主文……………………………………………………446

第 4　知的財産権侵害訴訟
○知的財産権侵害訴訟の主文……………………………………449

第9章　付随的主文

第 1　訴訟費用の負担の命じ方
○訴訟費用の負担の命じ方（第一審の場合）……………………465
○控訴審の場合……………………………………………………473

第 2　仮執行宣言，執行免脱その他
○仮執行宣言について一定の猶予期間を定める主文……………482
○仮執行宣言却下の裁判についての上訴…………………………485
○仮執行宣言付一審判決の後に，全部または一部の給付があ
　ったときの控訴審の判決…………………………………………487
○控訴棄却の判決に仮執行宣言を付する方法……………………490
○仮執行宣言の申立てまたは仮執行免脱宣言の申立てが弁論
　終結後に提出された場合…………………………………………492

第 3　仮処分による事情変更の影響
○仮処分の目的物が引渡請求訴訟中に緊急換価され，その売
　得金が供託された場合の判決主文………………………………493

第 4　控訴・上告の申立ての付加期間の付与
○控訴（上告および上告受理申立て）のための付加期間の定
　め方…………………………………………………………………497

第10章　控訴審

○請求棄却された原告が控訴審で訴えの一部取下げの書面を
　提出した場合の主文………………………………………………501

○控訴審において当事者の変動があった場合の主文……………506
○一審で固有必要的共同訴訟の一部の者を欠いたまま本案判
  決をした場合の主文……………………………………………514
○審理に関与しない裁判官がした判決に対し，一部控訴があ
  った場合の主文…………………………………………………518
○一審勝訴の原告が被告の控訴にかかる控訴審で訴えを交換
  的に変更した後に，被告が控訴を取り下げた場合の判決主
  文……………………………………………………………………522
○判決理由中の相殺の判断と控訴の利益および不利益変更禁
  止との関係………………………………………………………525

  事項索引………………………………………………………………535

第1章　当事者の表示

○複数事件が併合された場合などの複雑訴訟の当事者欄の表記，略称表示の手順，主文で略称を使用することの当否等

基本型

　いずれも当事者欄での略称表示についての基本型である。
(1)　反訴が提起された場合

原告・反訴被告（以下「原告」という。）　　　　　　　　　○○○○
被告・反訴原告（以下「被告」という。）　　　　　　　　　○○○○

(2)　複数の事件が併合された場合
　①　基本型

第1事件原告・第2事件被告（以下「原告」という。）　　　○○○○
第1事件被告・第2事件原告（以下「被告」という。）　　　○○○○

　②　第1事件が貸金の主債務者の貸主に対する過払金返還請求，第2事件が貸金の貸主の主債務者および連帯保証人に対する貸金返還請求のように，いずれかの事件で同じ立場にある者（この例では，主債務者および連帯保証人）に同一の略称を用いるために，第1事件ではなく，第2事件の呼称を基準として第1事件原告・第2事件被告を被告，第1事件被告・第2事件原告を原告，第2事件被告を被告と略称した方がよい場合

第1事件原告・第2事件被告（以下「被告」という。）　　　○○○○
第1事件被告・第2事件原告（以下「原告」という。）　　　○○○○
第2事件被告（以下「被告」という。）　　　　　　　　　　○○○○

　③　当事者の表示に別紙を用いる場合は，次のような例も考えられよう。

当事者の表示　　　　　　　　　別紙当事者目録記載のとおり
（以下では，第1事件原告・第2事件原告を「原告」といい，第1事件被告・第2事件被告・第3事件原告を「被告」という。）

解　説

　複数事件が併合された場合などの複雑訴訟の当事者欄に表記については，一

定の決まりがあるのではなく，わかりやすさを追求し，必要に応じて運用上の工夫を試みるべきである。略語表示を用いないやり方もあるし，判決本文の事案の概要欄において略語表示を用いるやり方もある。

　判決主文において略称表示をすることは，判決主文が当該判決の結論を端的に記載するものであり，略称表示自体は結論と関係しないものであるから，避けた方が望ましいと考えられる。

〔中村　也寸志〕

○相続による当事者の変動

基本型
(1) 訴訟承継の場合
　　　　　亡Ａ訴訟承継人
　原　告　　○○○○
(2) 訴訟当事者が死亡当事者の訴訟承継人を兼ねる場合
　　　　　亡Ａ訴訟承継人兼本人
　原　告　　○○○○
(3) 重ねて訴訟承継があった場合
　　　　　亡Ａ訴訟承継人亡Ｂ訴訟承継人
　原　告　　○○○○

《参照判例》最二小判昭33・9・19民集12・13・2062
《参照条文》民事訴訟法58条1項1号・124条1項1号・2項

解　説

　訴訟係属中に当事者が死亡した場合には，訴訟物である法律関係を相続等により承継した者が当然に（何らの手続を要することなく）死亡当事者の訴訟上の地位を承継することになる（ただし，当事者の一方が訴訟中に死亡し，相手方が唯一の相続人であり，しかも，訴訟物が相続財産に関するものである場合，訴訟物の性質上その地位を承継する者がいない場合（詳細については，秋山幹男ほか『コンメンタール民事訴訟法Ⅱ〔第3版〕』587頁（日本評論社，2022））には，訴訟が当然に終了する。また，訴訟物によっては，相続人，受遺者以外の者が承継することもありえないではない。最高裁第三小法廷昭和48年3月13日判決（民集27巻2号271頁，判時697号31頁）は，入会権確認訴訟において，入会権者が死亡した場合には，入会慣行に従って死亡者に代わり入会権を取得した者が，その訴訟手続を承継するとする。)。
　しかし，新当事者は必ずしも直ちに訴訟手続を追行できる状態にはないから（死亡の事実を確知しているか否かという問題があるし，相続の放棄という問題がある。)，訴訟手続を中断して，新当事者が受継するのを待つというのが民

事訴訟法124条1項1号の趣旨である。

　訴訟係属中に，当事者が死亡しても，死亡した当事者側に訴訟代理人が選任されているときは，訴訟関係の承継は生ずるが，訴訟手続は中断しないので（民訴124②），受継手続は不要である。しかし，実体的な権利義務関係は承継されて変動しており，また，請求の内容が変わることもある上，訴訟代理人が選任されていても上訴の申立てについて特別授権がない場合は，代理人に判決正本が送達された時点で中断することになるから，できる限り当事者が死亡した段階で，当事者を交替させることが望ましい。そこで，法的には中断，受継の問題が生じない場合も，事実上の訴訟承継手続をするために，民事訴訟規則52条は，当事者が死亡した場合には訴訟代理人にその旨を書面で裁判所に届け出る義務を課した。これを実務上「訴訟承継手続」という。具体的には，訴訟代理人が，承継の事実を明らかにする戸籍謄本や遺産分割協議書等の書類を添付し，「訴訟手続承継申立書」，「上申書」，「当事者の表示の訂正申立書」などを提出して行う。その際，当事者が死亡しても訴訟代理権は消滅せず（民訴58①一），旧当事者の訴訟代理人であった者は，当然に承継人の訴訟代理人になるが（前掲《参照判例》最二小判昭33・9・19），承継人の訴訟代理人として訴訟行為を行うことを明確にするために，承継人からの委任状を提出することが望ましい。

　訴訟係属中に，当事者が死亡し，死亡した当事者側に訴訟代理人が選任されていない場合には，訴訟手続は中断するので，受継手続が必要である（民訴124①一）。

　当事者の表示の点では，「訴訟承継手続」がされた場合，訴訟受継手続がされた場合のいずれであっても違いはない。

　なお，遺産分割の調停または審判の係属中に当事者の一部が死亡し，他の当事者が相続人となる場合，手続は中断せず，民事訴訟でいう中断を解消するための受継手続は必要なく，相続人はその手続を受け継がなければならないが，誰が受継するのかを明確にし，手続の円滑な進行を図るために裁判所は受継決定をしなければならない（家事44）。

《参考文献》民事訴訟係属中に当事者が死亡した場合の事務処理上の問題について詳細に論じたものとして，佐藤裕義＝山口寿「民事訴訟における当事者の死亡をめぐる諸問題」CourtClerk［書記官］200号143頁がある。

〔中村　也寸志〕

○破産会社，更生会社，民事再生債務者，金融整理管財人

1 破産会社

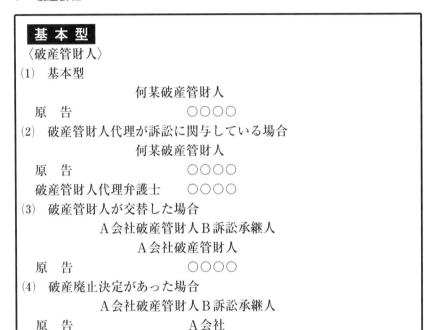

《参照条文》破産法77条1項・80条

解　説

(4)の事例として，最高裁第三小法廷平成4年10月20日判決（裁判集民166号95頁，判時1441号77頁）がある。

2 更生会社

基 本 型
　　　　更生会社○○株式会社管財人
　原　告　　　○○○○

第 1 章　当事者の表示

《参照条文》会社更生法67条・74条

解　説

会社更生法の条文上も管財人となっており，更生管財人とは記載しない。

3　民事再生債務者

> **基 本 型**
> (1)　管財人が当事者となる場合
> 　　　　　再生債務者○○株式会社管財人
> 　　原　告　　○○○○
> (2)　監督委員が当事者となる場合
> 　　　　　再生債務者○○株式会社監督委員
> 　　原　告　　○○○○

《参照条文》民事再生法54条・56条・64条・67条

解　説

再生債務者が当事者である場合は，通常の表示と同様である。

4　金融整理管財人

> **基 本 型**
> 原　告　　　　　　　　　株式会社○○銀行
> 同代表者金融整理管財人　　甲野太郎
> 　　　　　　　　　　　　　乙野次郎
> 　　　　　　　　　　　　　預金保険機構
> 預金保険機構代表者理事長　丙野三郎
> 原告訴訟代理人弁護士　　　○○○○

《参照判例》最一小判平15・6・12民集57・6・640，判時1825・136
《参照条文》預金保険法74条・77条

解　説

　金融整理管財人は，あくまでも被管理金融機関を代表し，業務の執行ならびに財産の管理および処分を行うのであり，当事者適格は有しない。この点において，会社更生手続等における管財人等とは，法的地位を異にする（前掲《参照判例》最一小判平15・6・12）。

　金融整理管財人が複数選任され，預金保険機構が金融整理管財人になった場合，預金保険機構の代表者を記載する。**基本型**において，「同訴訟代理人弁護士」と記載せず，「原告訴訟代理人弁護士」と記載するのは，直前の預金保険機構の代理人と誤解されるおそれを避けるためである。

〔中村　也寸志〕

10　第1章　当事者の表示

○相続財産の清算人，不在者財産管理人，遺言執行者

1　相続財産の清算人
(1)　民法952条所定の相続財産の清算人（相続人が不存在の場合）

> **基本型**
> 亡Aの最後の住所　東京都○○区‥‥‥
> 原　　告　　　　　　　　亡A相続財産
> 同代表者相続財産の清算人　○○○○

《参照条文》民法951条・952条，民事訴訟法28条

(2)　民法936条所定の相続財産の清算人（限定承認の場合）

> **基本型**
> 原　　告　　　　　　　　○○○○
> 原　　告　　　　　　　　○○○○
> 原　　告　　　　　　　　○○○○
> 上記3名相続財産の清算人　○○○○

《参照判例》最一小判昭47・11・9民集26・9・1566，判時689・71
《参照条文》民法936条，民事訴訟法28条

解　説

　民法936条所定の相続財産の清算人は，相続人全員の法定代理人として訴訟に関与するものであり，相続財産の清算人としての資格では当事者適格を有しない（前掲《参照判例》最一小判昭47・11・9）。

(3)　家事事件手続法200条1項所定の相続財産管理者（遺産分割の場合）

> **基本型**
> 原　　告　　　　　　　　○○○○
> 原　　告　　　　　　　　○○○○

```
原　告　　　　　　　　○○○○
上記3名相続財産管理者　○○○○
```

《参照判例》最一小判昭47・7・6民集26・6・1133，判時683・93
《参照条文》家事事件手続法200条1項，民事訴訟法28条

解　説

家事事件手続法200条1項所定の相続財産管理者は，相続人全員の法定代理人として訴訟に関与するものであり，相続財産管理者としての資格では当事者適格を有しない（前掲《参照判例》最一小判昭47・7・6）。

2　不在者財産管理人

基本型
```
住所・居所不明
最後の住所　　東京都○○区・・・・
原　告　　　　○○○○
同財産管理人　○○○○
```

《参照条文》民法25条・28条，民事訴訟法28条

解　説

財産管理人は不在者の法定代理人である。なお，不在者である旨の表示はしない。

3　遺言執行者

基本型
```
　　　　亡A遺言執行者
原　告　　○○○○
```

《参照判例》最三小判昭30・5・10民集9・6・657，判タ49・55，最三小判昭31・

9・18民集10・9・1160、判タ65・78、最二小判昭43・5・31民集22・5・1137、判時521・49、最二小判昭51・7・19民集30・7・706、判時839・69、最一小判昭62・4・23民集41・3・474、判時1236・72、最三小判平7・1・24裁判集民174・67、判時1523・81、最二小判平10・2・27民集52・1・299、判時1635・60、最一小判平11・12・16民集53・9・1989、判時1702・61、最二小判令5・5・19民集77・4・1007、判時2572・51

《参照条文》民法1006条・1010条・1012条・1013条・1015条、民事訴訟法1編3章

解　説

　遺言執行者は、相続人の代理人ではなく、遺言執行者としての資格でいわゆる法定訴訟担当者として当事者適格を有する（前掲《参照判例》最三小判昭31・9・18、最二小判昭43・5・31など）。

　遺言執行者がある場合には、相続人は相続財産についての処分権を失い、同処分権は遺言執行者に帰属するので（民法1012・1013）、遺言の執行に属する行為については、遺言執行者のみが訴訟の当事者適格を有し、相続人は、その限度において当事者適格を有しない。遺贈の目的不動産について相続人が相続登記をしている場合には、受遺者が遺言の執行として目的不動産の所有権の移転登記手続を請求する場合、被告適格者は、遺言執行者のみであり、相続人はその適格を有しない（前掲《参照判例》最二小判昭43・5・31）。遺言執行者は、そのような相続人に対して相続登記の抹消を求めることができる（大判明36・2・25民録9・190、大判昭15・2・13判決全集7・16・4）。また、相続人が遺言の無効を主張して、相続財産についての自己の持分権の確認を求める訴えを提起する場合には、遺言執行者が被告適格を有する（前掲《参照判例》最三小判昭31・9・18）。さらに、相続財産の全部または一部を包括遺贈する旨の遺言がされた場合において、遺言執行者は、上記の包括遺贈が効力を生じてからその執行がされるまでの間に包括受遺者以外の者に対する所有権移転登記がされた不動産について、上記登記のうち上記不動産が相続財産であるとすれば包括受遺者が受けるべき持分に関する部分の抹消登記手続または一部抹消（更正）登記手続を求める訴えの原告適格を有する（前掲《参照判例》最二小判令5・5・19）。なお、受遺者は、遺言執行者のする遺言の執行行為とは別に、遺言により取得した所有権に基づく妨害排除請求として、相続人の相続登記や第三者の不法な登記の抹消登記手続を求めることができる（前掲《参照判例》最三小判昭30・5・10、最一小判昭62・4・23）。

これに対し，被相続人の債務の履行を求める訴えのような遺言の執行と関係がない場合，相続人が遺言の執行としてされた受遺者に対する遺贈による所有権移転登記の抹消登記手続を求める訴えのような既に遺言の執行が終了している場合には，遺言執行者ではなく，受遺者が被告適格を有する(前掲《参照判例》最二小判昭51・7・19)。

　特定の不動産を特定の相続人甲に相続させる旨の遺言があった場合においては，甲は被相続人の死亡とともに相続による当該不動産の所有権を取得する(最二小判平3・4・19民集45・4・477，判時1384・24)。当該不動産が被相続人名義である場合には，甲は不動産登記法63条2項により単独で所有権移転登記手続をすることができるから，遺言執行者の職務が顕在化せず，遺言執行者は移転登記手続をする義務を負わない(前掲《参照判例》最三小判平7・1・24)。令和3年4月28日法律24号による改正後の不動産登記法63条3項(令和5年4月1日施行)により，特定の相続人甲に相続させる旨の遺言ではなく，特定の相続人甲に遺贈する旨の遺言があった場合にも，同様に解される。相続開始後，甲への所有権移転登記がされる前に，他の相続人が自己へ所有権移転登記を了したため，遺言の実現が妨害される事態が出現したような場合には，遺言執行者は，遺言執行の一環として，上記所有権移転登記の抹消登記手続を求めることができるほか，甲への真正な登記名義の回復を原因とする所有権移転登記手続を求めることもでき，甲も同様の登記手続請求をすることができる(前掲《参照判例》最一小判平11・12・16)。特定の不動産を特定の相続人甲に相続させる旨の遺言があった場合において，当該不動産の管理および相続人への引渡しは，遺言書に遺言執行者の職務とする旨の記載があるなどの特段の事情のない限り，遺言執行者の職務権限に属しないので，当該不動産についての賃借権確認の訴えの被告適格を有する者は，上記特段の事情のない限り，遺言執行者ではなく，相続人である(前掲《参照判例》最二小判平10・2・27)。

〔中村　也寸志〕

○選定当事者と選定者

```
基本型

              選定当事者
  原　告　　　○○○○
 （選定者は別紙選定者目録記載のとおり）
 ─────────────────────────
 （別紙）
              選 定 者 目 録
  住所
                  ○○○○
  住所
                  ○○○○
  住所
                  ○○○○
```

《参照判例》最一小判昭52・9・22裁判集民121・271，判時873・31
《参照条文》民事訴訟法30条

解　説

　選定当事者とは，共同の利益を有する多数者の選定により，選定者全員の権利義務に関する訴訟を自己の名において追行する資格を与えられるものであり，いわゆる任意的訴訟担当の一場合であるということができる。選定者は，選定により訴訟から当然に脱退する。

　なお，前掲《参照判例》最高裁第一小法廷昭和52年9月22日判決は，審級を限定して選定当事者を選定することも許されるが，選定書に「第1審の訴訟手続について…選定する。」と記載されている場合でも，特段の事情のない限り，この記載は，事件名等と相まって選定当事者を選定する事件を特定するためのものであって，選定の効力を第1審の訴訟に限定する趣旨のものではなく，選定の効力は訴訟の終了に至るまで継続しているものと解するのが相当であると

されていることに注意する必要がある。

　また，選定当事者を当事者とする給付判決の名宛人は，あくまでも選定当事者であるが，選定者もまた，承継執行文（民執27②）により，執行債権者または執行債務者となり得ることなどにかんがみると，その給付判決の主文においても，選定者各人の権利義務の内容が明らかにされるべきであろう（この点について検討した論文として，平城恭子「選定当事者と給付判決」判夕1049号55頁などがある。）。

〔中村　也寸志〕

○権利能力のない社団, 財団

基 本 型
原　　告　　　○○○○
同代表者会長　　○○○○

《参照条文》民事訴訟法29条

解　　説

規約, 約款その他の証明書に記載されている名称, 代表者の資格, 呼称および氏名を記載する。

〔中村　也寸志〕

○訴訟参加, 訴訟脱退により当事者に変動がある場合の参加者, 脱退者の表示

基本型
(1) 参加承継の場合
　　承継参加人　　○○○○
　　脱退原告　　　○○○○
(2) 引受参加の場合
　　引受参加人　　○○○○
　　脱退被告　　　○○○○

《参照条文》民事訴訟法48条

解　説

　当事者が脱退した場合，判決は脱退した当事者に対してもその効力を有するから（民訴48），脱退者は，当事者ではないが，判決の当事者欄に表示すべきである。判決の主文は，「被告は…承継参加人に対し，…」，「引受参加人は，原告に対し…」などと記載することになる。

　なお，会社の分割（会社757以下）がされた場合，法律上当然に包括承継の効力が生ずる（会社759①・761①・764①・766①）。ただし，合併や相続と異なり，分割会社が存続することになることから，訴訟上の地位も当然に承継することにはならないと解される。したがって，参加承継または引受承継の手続を採ることが必要とされている（原田晃治「会社分割に関する質疑応答」別冊商事法務233号33頁）。

〔中村　也寸志〕

○その他

1　代表権限がない者が代表者として提起した訴えを不適法なものとして却下するに当たり，その費用負担を代表者に命じる場合

```
基本型
東京都○○区‥‥‥‥
　原　　告　　　　　　○○○○株式会社
横浜市○○区‥‥‥‥
　同代表者代表取締役　○○○○
```

《参照条文》民事訴訟法69条2項

解　説

代表者の住所も記載する。

2　株式会社が解散した場合（みなし解散の場合も含む。）

```
基本型
　原　　告　　　　　　○○○○株式会社
　同代表者（代表）清算人　○○○○
```

《参照条文》会社法475条・483条

解　説

清算人は，他に代表清算人その他清算株式会社を代表する者を定めた場合を除き清算株式会社を代表する（会社483①）。定款または株主総会の決議により清算人を定めた場合以外は，原則として，取締役が清算株式会社の清算人となる（会社478）。

3 債権回収会社が委託を受けて裁判を行っている場合

```
基本型
原   告            ○○○○債権回収株式会社
同代表者代表取締役    ○○○○
```

《参照条文》債権管理回収業に関する特別措置法11条

解　説

委託者の住所および名称の併記はしない。

4 会社が取締役（取締役であった場合を含む。）に対して訴えを提起する場合（監査役設置会社）

```
基本型
原   告          ○○○○株式会社
同代表者監査役    ○○○○
```

《参照条文》会社法386条1項

解　説

　監査役設置会社が取締役であった者に対して訴えを提起する場合には，当該訴えについては，監査役が当該会社を代表する（会社386①）。なお，ここでいう監査役設置会社とは，①監査役を置く株式会社（その監査役の監査の範囲を会計に関するものに限定する旨の定款の定めがあるものを除く。）または②「この法律の規定により監査役を置かなければならない株式会社」（会社2九）である。
　なお，監査役設置会社と取締役であった者との間の訴えにおける会社の代表者に関するフローチャートは次のとおりである。もっとも，これは，会社の代表者を簡易に確認するためのものであり，事案に応じて，更に資料を確認したり，検討等をする必要がある。

20 第1章 当事者の表示

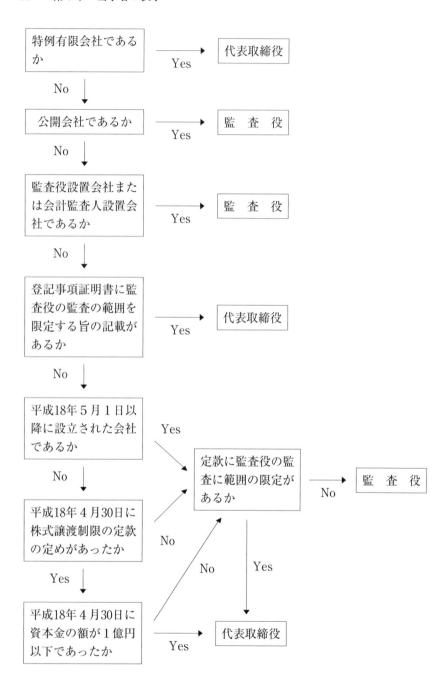

5 一般社団・財団法人が理事（理事であった者を含む。）に対して訴えを提起する場合（監事設置一般社団法人）

```
基本型
 原　告　　　　　一般社団法人〇〇〇〇
 同代表者監事　　〇〇〇〇
```

《参照条文》一般社団法人及び一般財団法人に関する法律104条1項

解　説

監事設置一般社団法人と理事（理事であった者を含む。）との間の訴訟においては，監事が当該法人を代表する（一般法人104①）。

〔中村　也寸志〕

第2章　主文の基礎的な考察

第1　判決主文の目的と性質

○判決主文の目的と性質

> **基本型1**
> 1　被告は，原告に対し，300万円を支払え。
> 2　訴訟費用は，被告の負担とする。
> 3　この判決は，仮に執行することができる。
>
> **基本型2**
> 1　原告の請求を棄却する。
> 2　訴訟費用は，原告の負担とする。

《参照条文》民事訴訟法114条1項・250条・252条・253条・254条1項，民事訴訟規則155条

解　説

1　判決に至る民事訴訟の手続の基本構造

判決に至る民事訴訟の手続を要約するならば，およそ次のようなものであるといえよう。すなわち，

① 原告による訴訟物（実体法上の権利または法律関係）の提示
② 争点および証拠の整理
③ 集中証拠調べ
④ 裁判所の判断（判決）

以下，説明の便宜のため，次のような事例を設定し，原告が，被告に対し，貸金300万円の支払を請求する場合を考えてみることにする。なお，貸金請求（主たる請求）に加えて利息や遅延損害金の請求（附帯請求）をするのが通常であるが，説明の便宜のために附帯請求は省略した。

〈事例〉Xは，Yに対し，令和4年3月10日に300万円を貸し付けたとして，その返還を求めているが，Yは，この事実を否認し，Xの請求を拒否している。そこで，Xは，Yに対し，300万円の支払を求めて，訴えを提起した。

裁判所は，審理をした後，令和4年9月30日に口頭弁論を終結した。
　この手続の流れの中で，裁判所は，本案判決の前提となる訴訟要件に問題がなければ，原告の請求の当否，すなわち，訴訟物の存否を判断する。訴訟要件（訴訟能力の欠落，仲裁契約の存在等）に問題があれば，「本件訴えを却下する。」との主文で，訴訟判決を下す。
　本事例における訴訟物は，消費貸借契約に基づく300万円の貸金返還請求権である。そして，その基準時は，口頭弁論終結日（令和4年9月30日）である。したがって，裁判所が判断すべき対象は，「口頭弁論終結日である令和4年9月30日において，X・Y間の令和4年3月10日の消費貸借契約に基づく300万円の貸金返還請求権が存在するか否か。」である。そのために，裁判所は，当事者の主張する事実の存否を証拠に基づいて判断し，結論を導く。
　裁判所は，判決をもってその判断を示す（民訴243①）。判決の言渡しは，本事例のように被告が争っているような場合には，必ず判決書の原本に基づいてする必要があり（民訴252），判決は，言渡しによってその効力を生ずる（民訴250）。

2　判決書の記載内容

　民事訴訟法253条1項は，判決書には，次に掲げる事項を記載しなければならない，と規定する。
① 　1号　主文
② 　2号　事実
③ 　3号　理由
④ 　4号　口頭弁論の終結の日
⑤ 　5号　当事者および法定代理人
⑥ 　6号　裁判所

　そして，同条2項において，事実の記載においては，請求を明らかにし，かつ，主文が正当であることを示すのに必要な主張を摘示しなければならない，と規定する。
　「主文」に何を書くべきかについての説明はないものの，1で述べたところと民事訴訟法253条の規定内容を総合的に考慮すれば，判決書においては，「事実」中に請求を明らかにするとともに必要な範囲で当事者の主張を記載し，「理由」中にその判断を示した上，「主文」において，その請求の当否，すなわち，訴訟物の存否についての結論を記載すべきであると解することができる。

その結果，本事例でいえば，口頭弁論終結日である令和4年9月30日において，X・Y間の令和4年3月10日の消費貸借契約に基づく300万円の貸金返還請求権の存否についての結論が，その「主文」において示されることになる。

そして，主文に包含するものに限り，既判力を有する(民訴114①)から，上記請求権の存否について既判力が生じることになる。

3　主文の表現

1，2で述べたところによれば，主文は，訴訟物の判断の結論部分であり，当該判決の既判力，執行力，形成力等の効力を表現するものであるから，簡潔で明確なものでなくてはならない。

また，判決の言渡しは，原則として，判決書の原本に基づいて行う(民訴252)。その例外として，被告が，請求原因事実を争わない場合や公示送達による呼出しを受けたにもかかわらず，口頭弁論期日に出頭しない場合に，請求を認容するときは，判決原本に基づかないで言渡しをすることができる(調書判決．民訴254①)。

判決書の原本に基づく言渡しの場合には，裁判長が主文を朗読して行い(民訴規155①)，調書判決の場合には，裁判長が主文および理由の要旨を告げてする(民訴規155③)。いずれの場合にも「主文」は，判決言渡しの中心的部分となるものであり，裁判長による朗読の対象となるから，判決を構成する他の部分，すなわち，事実や理由とは，独立した内容である必要がある。また，主文は，判決書の記載自体からその内容が確定していなければならないから，訴訟記録中の書類を引用することはできない。

(1)　給付判決の主文

本事例において，裁判所が，令和4年9月30日（口頭弁論終結日）において，X・Y間の令和4年3月10日の消費貸借契約に基づく300万円の貸金返還請求権が存在することを認めた場合，その主文は，**基本型1**の第1項記載のとおり，

　　　被告は，原告に対し，300万円を支払え。

と記載するのが通例である。

これに対し，裁判所が，上記貸金返還請求権の存在を認めなかった場合には，**基本型2**の第1項記載のとおり，

　　　原告の請求を棄却する。

と記載する。

X・Yの特定は，判決書の「当事者及び法定代理人」欄（民訴253①五）によってされ，基準日は，口頭弁論終結日の記載（民訴253①四）で示される。また，300万円の発生原因事実は，「事実」の中で現れる。

　本事例のような給付の訴えの場合，原告としては，請求権の存在を前提に給付の実現を求めているから，これを認容する場合には，裁判所は，執行をも念頭に入れて主文の表現を考える必要があり，執行機関の解釈に紛れが生じないよう留意する必要がある。すなわち，給付判決であることを明示するとともに，その給付内容を一義的に表現しなければならない。給付の法的性格（例　貸金300万円を支払え。），理由付け（例　消費貸借契約に基づき，…）等は不要である。

　その結果，「被告は，原告に対し，300万円を支払え。」というような簡潔な命令形で示すのが適切である。これにより，債務名義としての判決は明確になり，執行内容は，被告の財産を差押えた上で競売に付し，その中から原告に対し，300万円の配当をするなどの方法によればよいことになる。

　ところで，近時，当事者のために分かりやすい判決書が強く求められるようになってきている。

　例えば，本事例において，連帯保証人Ｚがいる場合に，Ｘは，Ｙ（主債務者）およびＺ（連帯保証人）を共同被告として訴えを提起することが多い。この請求を全部認容する判決が確定した場合には，債務名義として，ＸのＹに対する300万円の金銭支払請求権（消費貸借契約に基づく）およびＸのＺに対する300万円の金銭支払請求権（保証契約に基づく）が確定し，執行力が生じる。したがって，債務名義という観点のみから考えれば，その主文は，
　　1　Ｙは，Ｘに対し，300万円を支払え。
　　2　Ｚは，Ｘに対し，300万円を支払え。
とするのが，最も明快である。また，これを包括的に記載して，
　　Ｙ及びＺは，Ｘに対し，各自300万円を支払え。
とすることもできる。

　しかし，このような表現にすると，当事者に誤解を与える可能性が生じる。すなわち，主文そのものからは，Ｘは，ＹおよびＺから合計600万円の支払を受けることができるようにも読める。他方，ＹおよびＺの立場に立てば，Ｙ(Ｚ)は，Ｚ(Ｙ)のＸに対する弁済のいかんにかかわらず，300万円の支払義務があるように誤解する可能性もある。このようなことを避けるために，
　　Ｙ及びＺは，Ｘに対し，連帯して300万円を支払え。

とする方が適当である（司法研修所編『10訂　民事判決起案の手引〔補訂版〕』12頁（法曹会，2020））。このように，主文は，債務名義という観点ばかりでなく，当事者にとってより分かりやすいものにすべきであるとする考え方が，実務の主流になっている。

(2)　確認判決の主文

> 原告被告間の令和4年3月10日の消費貸借契約に基づく原告の被告に対する元金300万円の返還債務が存在しないことを確認する。

確認の訴えの場合において，訴訟物である権利関係の存否の判断を端的に表現すべきであり，主文は，「…を確認する。」と記載するのが通例である。

本事例でYがXに上記300万円の貸金債務不存在確認の訴えを提起し，これを認容する場合には，上記のような記載となる（前掲民事判決起案の手引16頁）。

(3)　形成判決の主文

> 原告と被告とを離婚する。

形成の訴えの場合には，訴訟物の存在を認めるときには，主文によって形成される権利関係の内容を簡潔に，かつ，明確に表示する必要がある。給付判決や確認判決と紛らわしい表現は，避けなければならない。例えば，離婚請求を認容する場合には，上記のような記載をするのが適切である（前掲民事判決起案の手引17頁）。これによって，婚姻関係にあった原告と被告との間で離婚の法的効果が発生することが表現される。

4　従たる主文

裁判所が，訴訟物についての判断を主文で示す（主たる主文）必要があることは，これまで述べたとおりであるが，主文に記載すべき事項は，そればかりではない。

仮執行の宣言（基本型1の第3項）および仮執行免脱の宣言は，判決の主文に掲げなければならないとの明文の規定（民訴259④）がある。ただし，仮執行の宣言の申立ておよび仮執行免脱の宣言の申立てを却下する場合には主文に記載する必要はない（同項の反対解釈）。また，裁判所は，職権をもって訴訟費用の負担の裁判をしなければならない（民訴67）。その裁判を主文に掲げなければならない

とする明文の規定はないが，主文に記載すべきであると解されており，訴訟物の判断の次に記載するのが通例である（基本型1の第2項，前掲民事判決起案の手引23頁）。

その他，離婚訴訟等の判決においては，子の監護者の指定，財産分与，養育費の分担等の附帯処分（人訴32）についての裁判の結論を主文に掲げるのが通例である（前掲民事判決起案の手引9頁）。

5 控訴審の判決の主文

控訴審の判決は，第一審判決に対する不服の主張の当否の判断としてされるから，控訴審判決の主文は，控訴の排斥（却下または棄却）または第一審判決の一部もしくは全部の取消しという形になるが，控訴審において訴えの変更等が生じることもあるから，控訴審判決の主文の表現については，特別の考察を要する（司法研修所編（田中恒朗＝右田堯雄久）『民事第二審判決書について』37頁（法曹会，1975））。しかし，主文の目的・性質そのものは，第一審判決と同様に考えることができよう。

6 まとめ

民事訴訟法等の規定のほか，これまでの民事裁判実務を総合すれば，民事判決書における「主文」とは，次のようなものであるといえよう。

① 訴訟物に対する判断のほか，訴訟費用の負担等の裁判についての裁判所の判断の結論部分である。
② 判決書の他の部分，すなわち，事実（当事者の主張）および理由とは，独立した記載である。
③ 当該判決の既判力，執行力，形成力等の効力を表現するものであるから，簡潔で明確なものでなくてはならない。

　特に，給付判決の場合，債務名義として執行に結びつくものであるから，執行機関の解釈に紛れが生じないよう留意する必要がある。これに加えて，当事者に分かりやすい判決との観点からも，主文の表現を工夫する必要がある。
④ 上訴審の判決主文は，上訴審の手続構造の問題があるから，主文の表現については，特別の考察を要する。

〔井上　哲男〕

第2　判決主文に関する諸問題

○判決主文の更正決定の要件と更正の限界，限界を超えた更正決定の効力

> **基本型1**
> 　本件について当裁判所が令和○○年○○月○○日に言い渡した判決の主文第1項中「○○法務局○○出張所令和○○年○月○○日受付第○○○○○号」とあるを「○○法務局○○出張所令和○○年△月△△日受付第△△△△△号」に更正する。
>
> **基本型2**
> 　本件について当裁判所が令和○○年○○月○○日に言い渡した判決の主文第1項中「金○○○万○○○○円」とあるを「金△△△万△△△△円」に更正する。

《参照判例》最二小判昭42・7・21民集21・6・1615，判時494・43，判タ210・152
《参照条文》民事訴訟法257条

解　説

1　更正決定の要件

　判決に計算違い，誤記その他これらに類する明白な誤りがあるときは，裁判所は，申立てによりまたは職権で，いつでも更正決定をすることができる(民訴257①)。「明白な誤り」とは，裁判所が判決において表現しようと欲したところ(意思)と判決書において表現されたところ(表示)との間に不一致があることが明確に看取される場合をいい(大阪地決平3・5・30判時1402・93)，これについては，判決書のみに限られず，判決書および訴訟の全過程に現れた資料から判断することができ，また，訴訟資料から直接判明しなくても，裁判所に顕著な事実または経験則に照らして推認される場合も，「明白な誤り」として更正決定を行うことが許されるとするのが実務の取扱いである。さらに，判決確定後に提出された資料を加えることによって確定判決に明白な誤謬があることが判明

した場合にも更正決定をし得るとした裁判例（大阪高判平4・11・30判時1470・83）もある。のみならず、裁判所の意思と判決書の表現との間に食い違いがなく、当事者の過失によって誤りが持ち込まれた場合にも、民事訴訟法257条を準用して判決の更正をすることができるとされている（最二小判昭43・2・23民集22・2・296、判時514・52、判タ219・85）。

主文に係る更正の対象事項としては、主文の記載の遺脱（「その余の請求を棄却する」旨の記載の遺脱（後記2の基本型2参照）、訴訟費用の裁判や仮執行の宣言の遺脱等）、当事者の誤記（福岡高決昭49・12・20判時780・57。主文では「1　被告らは原告に対し各自○○○万○○○○円およびこれに対する昭和○○年○月○○日から支払済みまで年5分の割合による金員を支払え。2　被告Zに対する請求および被告Yに対するその余の請求を棄却する。」としながら、理由においては被告Yに対する請求は○○○万○○○○円およびこれに対する昭和○○年○月○○日から支払済みまで年5分の割合による遅延損害金の支払を求める限度で認容し被告Yに対するその余の請求および被告Zに対する請求を棄却する旨の判示をしている場合につき、主文の誤謬は判決理由自体から明らかであるとして、主文1項を「被告Yは原告に対し○○○万○○○○円およびこれに対する昭和○○年○月○○日から支払済みまで年5分の割合による金員を支払え。」に更正した。）、数額の誤記（基本型2）、目的物件の誤記（東京高決昭59・8・16東高時報35・8-9・152、判タ545・139。建物収去土地明渡しを命ずる判決において収去対象建物を2階建と表示したが現況は3階建であった場合につき、本人尋問の際に同建物が3階建である旨供述していることをも考慮すると、同判決には形式的な誤謬があり、それが記録上明白であるとして、同建物の表示を3階建建物に更正した。）、登記事項の誤記（基本型1）、添付図面の欠落、添付図面の誤記（後掲（西川知一郎「上訴審判決による原審または原々審判決の更正」解説3）参照）等が挙げられる。

2　更正の限界、限界を越えた更正決定の効力

更正決定の制度は、裁判所の意思と判決書の表現の不一致という明白な誤りがある場合に限って、上訴の方法によらずに決定でもってこれを是正する制度であるから、判決書自体または記録に照らし、判決書の記載が単なる表現上の誤りであることが明らかでなく、判決裁判所の意図した記載も一義的に明確でないときは、これを明白な誤記と認めることは許されず（最三小判昭53・6・16刑

集32・4・645,判時896・102,判タ368・227),判決の実質である判断内容を変更するような更正は許されない(調停調書の更正が旧条項の実質的内容を変更するものとして許されないとした前掲《参照判例》最二小判昭42・7・21参照)。このような更正の限界を越えた更正決定は,単に違法であるにとどまらず,確定しても効力を生じないと解すべきであろう(前掲判例参照)。

基本型2は給付判決の主文における数額の誤記を更正する場合の記載例であるところ,判決主文における計数上明らかな誤謬はいつでも決定により更正することができるとされている(大判昭8・5・16民集12・1202)ものの,単純な計算違いにとどまらず,当該計算の前提となる判断の誤りが問題となる場合は,直ちに明白な誤りということはできない(前掲大阪地決平3・5・30参照。判決の損害賠償額の計算過程につき,損益相殺の対象とすべき補償給付の費目についての記載が不明確であり,判決裁判所の意思を申立人ら主張のように一義的に解釈することができないなどとして,更正決定の申立てを却下した。)。なお,交通事故損害賠償請求事件の控訴審判決の判決書において,一方で,原告の年収額を賃金センサス男子労働者65歳以上の年収額のうち最も低額のもの(249万8600円)を採用して休業損害の額を算定し,他方で,原告の年収額を149万9159円として逸失利益の額を算定した事案につき,その上告審が,本件においては原告の年収額を賃金センサス男子労働者65歳以上の年収額のうち最も低額の249万8600円として休業損害および逸失利益の額を算定すべきことが明らかであるとしつつ,判決の更正によらずに,絶対的上告理由である理由齟齬の違法があるとして,破棄自判した事例があり,更正決定の限界を考える上で参考になろう(野山宏「最高裁民事破棄判決の実情(2)」判時1638号18頁参照)。

〔西川　知一郎〕

○上訴審判決による原審または原々審判決の更正

基本型1
1　本件控訴を棄却する。
2　原判決主文第1項中「○○法務局○○出張所」とあるを「△△法務局△△出張所」に更正する。

基本型2
1　本件上告を棄却する。
2　第一審判決主文第1項を次のとおり更正する。
　「1　被告は，原告に対し，○○円及びこれに対する令和○○年○○月○○日から支払済みまで年5分の割合による金員を支払え。原告のその余の請求を棄却する。」

《参照判例》最三小判昭40・10・12裁判集民80・691，最三小判平15・4・22民集57・4・477，判時1822・39，判タ1121・104
《参照条文》民事訴訟法257条

解　説

1　上訴審判決による原審または原々審判決の更正の可否

　更正決定は，判決の実質的な内容を変更するものではなく，形式的な誤りを是正するものであるから，更正決定の対象となる誤りの是正は更正決定の方法によるべきであり，当該誤りは上訴の理由にはならない（大判昭8・5・16民集12・1202，最二小判昭37・8・3裁判集民62・1）。他方，更正決定は判決裁判所が行うのが原則であるが，上訴がされて事件が上訴審に移審した場合には，実務上上訴裁判所において行うものとされている（これに対し，一審で確定した判決に係る判決原本と記録がたまたま関連事件の関係で上告審にあったとしても，上告審は当該判決につき更正決定をすべき裁判所ではない。)。また，上訴裁判所は，上訴棄却の判決をするに当たり，判決理由中にその理由を判示しその主文中において原審または原々審の判決の主文を更正することもできるものとされ（最三小判昭32・7・2民集11・7・1186，ジュリ136・87，前掲《参照判例》最三小判昭40・10・

12),実務上定着した扱いとなっている。

2　上訴審判決による原審または原々審判決の主文の更正

　基本型1は，控訴審判決において原判決の主文を更正する場合の例であり，基本型2は上告審判決において一審判決の主文を更正する場合の例である。なお，判決理由中において請求を一部認容する趣旨の説示をしながら判決主文において「その余の請求を棄却する。」旨の記載を欠落した場合，当該棄却部分の請求について裁判の脱漏とみる見解も存したが（大判大6・11・26民録23・1810，大判大10・7・14民録27・1341），更正決定により是正し得る明白な誤謬とする下級審裁判例も存したところ（広島高判昭38・7・4高民16・5・409，判時350・22，判タ147・123，大阪高判昭52・3・30判時873・42），前掲《参照判例》最高裁第三小法廷平成15年4月22日判決は，金銭支払請求を一部認容しながら一審判決の主文にその旨の記載が欠落し，控訴審（棄却）もこれを看過した事案につき，上告棄却判決をするに当たり，理由中において一審判決主文に明白な誤りがあることがその理由に照らして明らかであるから民事訴訟法257条1項により更正する旨判示して，基本型2のとおりの主文でもって一審判決の主文を更正した。今後はこの扱いが定着するであろう（債権者からの配当異議訴訟については，判決主文において被告への配当額の減少を示しただけでは足りず，原告への配当額の増額を示さなければならないところ，原判決の主文は被告への配当額の変更のみを示した場合につき，原判決の当該主文には明白な誤りがあるとして，上告審の判決主文で更正決定をしたものとして，最一小判平13・4・26金法1617・35参照）。このほか，控訴審に訴訟が係属中に当事者の一方が死亡し訴訟承継を生じた場合には，控訴裁判所において一審判決の判断を正当とし控訴を棄却するときでも，主文において，一審判決の主文を新当事者に相応する主文に改める旨を明らかにすべきであるところ，控訴審判決がこれを遺脱した事案について，上告棄却判決をするに当たり，主文でもって控訴審判決の主文を更正した最高裁第二小法廷昭和47年6月2日判決（民集26巻5号957頁，判時673号3頁，判タ282号164頁），債権差押命令の申立てを却下した一審の原々決定につき抗告審が理由中で債権差押命令を発付すべき旨の判断をしたにもかかわらず主文において原々決定を取り消したのみで債権差押命令の申立てにつき自判しなかった事案について，原決定の理由に照らすと債権差押命令を発付する趣旨のものであることが明らかであり，原決定の当事者の表示および主文には明白な誤りがあるとして，上告審決定の主文でもって，原決定の

主文に債権差押命令を加えるとともに，原決定の当事者の表示欄に第三債務者を加えた最高裁第二小法廷平成29年5月10日決定（民集71巻5号789頁，判時2347号86頁，判タ1440号112頁）がある。

3 上訴審判決による原審または原々審判決の別紙図面等の更正

　原審または原々審の判決主文の文言を是正する場合のみならず，原審または原々審の判決の主文が引用する当該判決の別紙目録や別紙図面等に明白な誤りがある場合，上訴審判決の主文において当該目録や図面を更正することもよく行われている。この種の更正としては，原審または原々審の判決の主文が引用する当該判決の別紙目録や別紙図面等に存する番号や地名等の形式的な誤記の是正にとどまらず，例えば，特定範囲の土地の引渡請求事件において，記録によれば，原判決別紙物件目録添付の図面が当該土地の範囲，所在について争いのない当事者の提出に係る準備書面添付の測量図に基づいたものであることが明らかであり，当該測量図において測量の基点である2点が明示されているが，原判決別紙物件目録添付の図面には当該2点の記載が脱落している場合には，当該図面の表示は書き損じによる明白な誤謬であり，更正決定をすれば足りるとした判例（最一小判昭44・12・18裁判集民97・823，判時583・59）も存する。このように，一定範囲の土地または建物部分の明渡請求訴訟や境界確定訴訟において，原審または原々審の判決添付の別紙図面に基点が欠落しているなどの不備があるため，当該判決の主文に表示された境界線や土地または建物部分を現地において確定することができない場合において，上訴審判決が，上訴を棄却するに当たり，当該図面をその不備を是正した図面に差し換えるなどして，原審または原々審の判決を更正することなどが，実務上よくみられる例である。このほか，原審または原々審の判決が境界線や一定範囲の土地または建物部分を特定するために記録に現れた測量図等を引用している場合において判決書に当該測量図等の拡大または縮小コピーを添付しながらその縮尺の表示の是正をしていないときなども，上訴審判決による更正の必要が生ずる例として挙げられよう。また，まれではあるが，原審または原々審の判決が主文において別紙目録や別紙図面等を引用しながら当該目録や図面の添付を欠いている場合において引用すべき目録や図面等が記録上明らかであるときにも，上訴審判決による更正が許されよう。

　控訴審判決において原判決の添付図面を差し換えて更正する場合の主文例は

次のとおりである。

> 本件控訴を棄却する。
> 原判決別紙物件目録添付図面を本判決添付別紙図面のとおり更正する。

　もっとも，境界確定訴訟等において記録に現れた訴訟資料に照らしても基点を確定し得ないような場合には，主文不明確の違法があるものとして，更正の方法によっては救済し得ないことに注意すべきである（最三小判昭35・6・14民集14・8・1324，最三小判昭39・7・21裁判集民74・677等）。

〔西川　知一郎〕

○控訴審判決における一審判決の別紙目録や別紙図面の引用，更正付きの引用の可否と方法

基本型

　被控訴人は，控訴人に対し，原判決添付別紙物件目録2記載の建物を収去して同目録1記載の土地を明け渡せ。なお，同目録1中「○○市○○町○丁目○○番」とあるを「○○市△△町○丁目○○番」に，同目録2中「○○市○○町○丁目○○番地」とあるを「○○市△△町○丁目○○番地」にそれぞれ更正する。

《参照条文》民事訴訟法257条

解説

　上訴審判決の主文において物件等を表示するについては原審または原々審の判決に添付された別紙目録や別紙図面等を引用することができるものとされ（最三小判昭39・5・26民集18・4・654，判時378・21，判タ163・79，最三小判昭44・9・11判時572・23，判タ240・137），実務上定着した扱いとなっている（後掲〔西川知一郎「主文を「別紙主文目録記載のとおり」とする運用等」解説2の例〕参照）。また，当該別紙目録や別紙図面等に明白な誤りが存する場合，上訴審判決において当該別紙目録や別紙図面等を更正した上引用することもよく行われている。そのうち，上訴審が上訴棄却の判決をするに当たりその主文において原審または原々審の判決の主文が引用する当該判決の別紙目録や別紙図面等を更正する場合については前述した。上訴審判決が原判決を変更する場合においてその主文で原審または原々審の判決に添付された別紙目録や別紙図面等を引用するときについても同様に考えてよいであろう。基本型はそのような場合の一例を示したものである。もっとも，給付訴訟の場合は，原判決を変更する当該上訴審判決が債務名義となることにかんがみると，引用する原審または原々審の判決の添付目録や添付図面等の是正箇所が複雑多岐にわたるときは，引用によらずに是正後のものを改めて当該上訴審判決に添付する扱いの方が適当な場合もあろう。境界確定訴訟の場合についても，同様に考えるべきであろう。

〔西川　知一郎〕

○主文を「別紙主文目録記載のとおり」とする運用等

基本型
1　別紙訴状写しの請求の趣旨記載のとおり
2　訴訟費用は被告の負担とする。
3　この判決は，仮に執行することができる。

《参照条文》民事訴訟法250条・252条・253条・254条，民事訴訟規則155条

解　説

1　判決主文における別紙引用の限界

　判決主文は，判決書の記載自体によってその内容を明確にすべきであり，検証調書添付図面や準備書面添付目録などといった訴訟記録中の書類を引用することは許されないが，必ずしも主文中にそのすべてを記載しなければならないものではなく，必要に応じて，別紙として物件目録や図面等を添付し，主文の記載に際しては，これを指示して物件を表示する方法を採ることもでき，主文が長文になって読みにくくなるような場合にはこの方法によるのが望ましいとされる（司法研修所編『10訂　民事判決起案の手引』18頁（法曹会，2006））。しかしながら，他方で，判決は，言渡しによってその効力を生ずるものとされ（民訴250），言渡しは判決書の原本に基づいてするものとされ（民訴252），さらに，判決の言渡しは裁判長が主文を朗読してするものとされており（民訴規155①），主文の内容が図面または別紙に記載されているときは当該図面または別紙の朗読を省略することができると解されている（鈴木正裕＝青山善充編『注釈民事訴訟法(4)』148頁（有斐閣，1997），菊井維大＝村松俊夫『全訂民事訴訟法〔I〕〔補訂版〕』1200頁（日本評論社，1993））ことから，判決書の主文の記載を「別紙主文目録記載のとおり」などといった具合に包括的に別紙の記載にゆだねる運用まで許されるかが問題となる。主文の記載を「別紙主文目録記載のとおり」とする運用は保全命令の場合によく利用されてきたが，保全命令の場合は言渡しが効力発生要件とされていない。判決の場合は，「別紙主文目録記載のとおり」といった具合に主文の記載自体から勝訴，敗訴の別すらおよそ判別し得ないような態様で包括的に別紙の記載にゆだねる運用は，当該別紙が当事者作成のものであれ裁判所作成のもの

であれ，民事訴訟法の上記規定の趣旨からして，少なくとも適当とはいい難いであろう。

　もっとも，民事訴訟法254条所定のいわゆる調書判決の方法による判決の言渡しの場合，その言渡しは判決書の原本に基づかないでするものであり，裁判長が口頭で告げたところが判決となるのであって，この方法によることのできる場合が原告の請求を認容するときに限定されていることから，判決書の作成に代えて作成される調書の記載については，主文を「別紙訴状写しの請求の趣旨記載のとおり」，請求を「別紙訴状写しの請求の原因欄記載のとおり」とした上，訴状の写しを別紙として添付する運用が行われており，むしろ原則形態とされているようである。基本例はこの運用によった場合の調書判決の主文の記載例である。

　これに対し，判決書の原本に基づく言渡しと裁判長による主文の朗読が必要とされる通常の判決の場合については，調書判決の場合のように主文を「請求の趣旨記載のとおり」としてしまうのは，いかに主文の内容が膨大かつ複雑なものであるとしても，少なくとも望ましい運用であるとはいい難いであろう。

　問題は，判決書の主文における別紙の引用がどの限度まで許されるかであるが，一方で主文の表記の正確さを損なわず，他方で民事訴訟法250条，252条，民事訴訟規則155条1項の規定の趣旨を没却しない限りにおいて，当該主文に含まれる事項の量，内容，複雑さ，当該事件の内容，性質等を総合考慮して判断すべきものといえよう。

　なお，訴訟費用の負担関係が複雑になるような場合，訴訟費用の裁判に関する部分についてのみ包括的に別紙の記載にゆだねる運用は，以上述べた趣旨からしても，必ずしも不相当であるということはできず，実務上もしばしば行われているようである。

2　判決主文における別紙引用のいくつかの例

　判決主文において別紙にゆだねられる事項（目録等）としては，物件目録，図面，登記目録，手形目録，株券目録，預金目録等や名誉毀損訴訟における名誉回復措置を記載した書面等がよく利用されているほか，多数当事者訴訟において当事者番号を付すなどした当事者目録を利用することや，当事者多数の金員支払請求訴訟等において各当事者ごとの認容・棄却の別および認容額等を記載した一覧表等を利用することもよく行われている（上告審判決の例として，最二

小判平16・10・15民集58・7・1802，判時1876・3，判タ1167・89（水俣病関西訴訟上告審判決），最大判平17・12・7民集59・10・2645，判時1401・2，判タ1202・110（小田急線連続立体交差事業認可処分取消訴訟上告審判決），最一小判令3・5・17民集75・5・1359，判時2502・16，判タ1487・106，最一小判令6・7・11裁時1843・18等。なお，上告審決定による原決定の当事者の表示および主文の更正に別紙を引用したものとして最二小決平29・5・10民集71・5・789，判時2347・86，判タ1440・112）。次にこれらの例を示す。

〈多数当事者訴訟の控訴審判決における当事者目録の利用〉

> 1　一審原告らの本件控訴をいずれも棄却する。
> 2　一審被告の本件控訴に基づき，原判決主文2項及び3項中別紙当事者目録記載の番号○ないし○，○ないし○及び○の各一審原告に関する部分を次のとおり変更する。
> 　　「別紙当事者目録記載の番号○ないし○，○ないし○及び○の各一審原告の請求をいずれも棄却する。」

〈多数当事者の金員支払請求訴訟における認容金額等一覧表の利用〉

> 1　被告は，別紙認容金額等一覧表の「原告」欄記載の各原告に対し，同表の「認容額」欄記載の各金員及びこれに対する同表の「起算日」欄記載の各日から支払済みまでいずれも年5分の割合による金員を支払え。
> 2　上記原告らのその余の請求並びに原告A，B，C及びDの請求をいずれも棄却する。

このほか，公文書非公開決定取消訴訟において対象公文書が多数に及ぶ場合や非公開決定の取消部分の表記が複雑になる場合も別紙目録や一覧表等を利用することが行われている（最三小判平13・3・27民集55・2・530，判時1749・25，判タ1060・152，最三小判平15・11・11民集57・10・1387，判時1842・31，判タ1140・94，最二小判平16・2・13判時1855・96，判タ1149・286，最三小判平16・6・29裁時1366・5，判時1869・17，判タ1160・99等）。次にその例を示す。

〈公文書非公開決定取消訴訟の上告審判決における一審判決別紙文書目録の利用〉

> 1　原判決のうち第一審判決別紙文書目録○記載の文書及び資料に関する

部分を破棄し，同部分につき第一審判決を取り消す。
2 　被上告人が上告人らに対して令和〇〇年〇〇月〇〇日付けでした公文書非公開決定のうち，第一審判決別紙文書目録〇記載の文書及び資料に関する部分を取り消す。
3 　上告人のその余の請求を棄却する。

〈公文書非公開決定取消訴訟における取消部分についての別表の利用〉

　被告が原告に対してした公文書一部非公開決定のうち別表の〇ないし〇の記載部分を非公開とした部分を取り消す。

〔西川　知一郎〕

○訴状却下と訴え却下

> **基本型**
> (1) 訴状却下の場合
>   本件訴状を却下する。
> (2) 訴え却下の場合
>   1 本件訴えを却下する。
>   2 訴訟費用は，原告の負担とする。

《参照判例等》最二小判平元・11・20民集43・10・1160，判時1338・104，判タ719・124，横浜地判平14・8・29訟月49・3・827，判時1816・86
《参照条文》民事訴訟法137条・140条・141条

解　説

1　訴えまたは訴状に不備がある場合の処理方法

　訴えに不備がある場合の処理方法として，民事訴訟法は，㋐裁判長による訴状却下命令（民訴137），裁判所による㋑訴え却下決定（民訴141），㋒訴え却下判決（民訴140）を定めている。

(1) 訴状却下命令

　裁判長（単独体であればその裁判官）による訴状審査の結果，①当事者，法定代理人，請求の趣旨または原因の記載（民訴134②一・二）に不備がある場合（民訴137①前段），②民事訴訟費用等に関する法律の規定に従って訴え提起の手数料を納付しない場合（民訴137①後段）および③訴状の送達ができない場合（送達費用を予納しない場合を含む。民訴138②），裁判長は，まず，裁判所書記官を通じて任意の補正を促し（民訴規56），原告がこれに応じないとき，相当の期間を定めて，期間内にその不備を補正すべきことを命じなければならず（補正命令（令和4年法律48号による改正後は，②に係る補正命令につき，裁判所書記官の権限とされる。）），これにも応じない場合には，命令で訴状を却下しなければならない（民訴137②。これに対し，民事訴訟規則53条1項の記載事項に不備があっても，訴状の適法要件ではないから，任意の補正を促しうるに止まる。）。

　これらの不備は形式的なものであるから，わずかな不注意によっても生じ得

るとともに、その有無の判断は比較的容易である。そこで、原告に補正の機会を与えるとともに、これに応じない場合には、裁判所の判決を待つまでもなく、裁判長の命令によって簡易に訴訟手続を終了させることを認めたものである。その法的性質については、㋒訴え却下判決と同一であるとする説（河本喜与之『全訂民事訴訟法提要』176頁（南郊社、1942））、訴状を受理しないという一種の行政処分であるとする説（秋山幹夫ほか『コンメンタール民事訴訟法Ⅲ〔第2版〕』144頁（日本評論社、2018））、裁判長が独立して有する訴訟指揮の裁判であるとする説（竹下守夫＝上原敏夫執筆、兼子一ほか『条解民事訴訟法〔第2版〕』811頁（弘文堂、2011））と様々あるが、理論的なものに止まる。

上記の趣旨から、補正期間経過後でも訴状却下命令前に補正されれば、訴状は適法なものとなり、もはや同命令を発することはできない（大判昭13・3・5法学7・1407）。また、同命令に対する抗告の棄却前に補正されれば、抗告に理由があることとなって同命令が取り消される（秋山ほか・前掲書147頁）。逆に、補正の余地がないことが明らかな場合は、補正命令を経ずして訴状を却下できる（最大判昭25・7・5民集4・7・264）。

(2) 訴え却下決定

裁判所は、民事訴訟費用等に関する法律の規定に従い、当事者に対する期日の呼出し（民訴139）に必要な費用の予納を相当の期間を定めて原告に命じた場合において、その予納がないときは、被告に異議がない限り、訴え却下決定をすることができる（民訴141①）。

訴状自体は適法である以上、㋐と同様に扱うことはできず、裁判所が判断することになる（裁判長の命令では処理できない。）が、この不備の有無の判断は、㋐同様容易であることから、判決を待つまでもなく、決定によって訴訟手続を終了させることを認めたものである。ただ、被告の本案判決を得る利益の保障から、被告に異議がないことが要求されている（法務省民事局参事官室編『一問一答新民事訴訟法』141頁（商事法務研究会））。

(3) 訴え却下判決

訴訟要件を満たさず、その不備を補正することができない場合、裁判所は訴え却下判決をすることができる（民訴140）。

訴訟要件には、口頭弁論はもちろん、相当の審理を経なければその有無を判断できないものもあるが、逆に、訴状自体から訴訟要件を満たさないことが明白な場合もある。後者の場合には、口頭弁論を経ずに訴えを却下することもで

きる（民訴140）。後者に当たるものとしては，①わが国の裁判権に服さない者に対する訴え（前掲《参照判例等》最二小判平元・11・20，横浜地判平14・8・29等），②明らかに当事者適格を有しない者に対する訴え，③請求の趣旨に条件が付けられた訴え（請求の予備的併合はこの例外として適法とされる。），④出訴期間（民777，会831，行訴14等）を徒過した訴え，⑤訴訟能力または代理権等を欠く者が提起し，補正期間内に補正がされなかった訴え（民訴34①・59）があるとされている（『例題解説・新民事訴訟法（上）』1頁以下（法曹会，2001））。

2　訴状却下命令と訴え却下判決との住み分け

　例えば，民事裁判権の及ばないことが明らかな者を被告とする場合のように，訴状自体から訴訟要件を満たさないことが明白な場合，上記のように口頭弁論を経ずして㋒訴え却下判決をすることもできるが，同時に，訴状の当事者の記載に不備がある場合でもある（岩渕正紀・前掲《参照判例等》最二小判平元・11・20判解402）から，㋐訴状却下命令によって処理することもできる。

　このような場合に，両者の適用領域をどのように区別するかについては，訴訟係属時＝被告への訴状送達（民訴138①）時を基準に，係属前が㋐，係属後は㋒によって処理されるとする説（秋山ほか・前掲書146頁）や，同様に，口頭弁論開始時を基準とする説（新堂幸司『新民事訴訟法第6版』219頁（弘文堂，2019）。なお，大判昭14・3・29民集18・365は後者の説に立つとされるが，弁論終結後に，控訴状への印紙追貼の補正を命じたところ，これに従わなかったため，これを理由にした控訴状却下命令を取り消した事案であり，訴訟係属後口頭弁論開始前について直接判断をしているものではない。）もある。

　しかし，実務では，上記の㋐の趣旨に鑑み，両者は排他的な関係にあるのではなく，㋒が原則，㋐が例外という関係にあって，訴訟係属前であることは，判断対象が軽微・形式的であることと並んで，㋐の例外が許容される要件の1つとして捉えられていると考えられる。すなわち，訴状の記載に不備があり，㋐による処理が可能な場合でも，裁判長がそれを看過するなどして訴状を送達した場合には，もはや，㋐による処理は許されず，㋒による処理をすることになる（もっとも，直ちに却下するのではなく，㋐に準じて，補正の機会を与えるべきである。秋山ほか・前掲書147頁）。これに対し，訴状自体から訴訟要件の欠缺が明白で，同時に訴状の記載に不備があり，まだ訴状を送達していない場合，本来㋐によって処理すべきではあるが，㋒によって処理をしたとしても，あえ

て違法とまでいう必要はないとされる（前掲《参照判例等》最二小判平元・11・20，天皇を被告とする訴え）。そして，この場合に，適法化の余地が全くなければ，㋒による処理をするとしても，被告に対する訴状の送達は必要ない（最三小判平8・5・28訟月43・9・2324，判時1569・48，判タ910・268，確定後の最高裁判決の無効確認請求）。さらに，外国等を被告とする民事事件については，外国等に対する我が国の民事裁判権に関する法律により，裁判権免除を受ける主体，免除されない場合および訴状等の送達方法等について規定されている。外交特権者を被告とする訴えについて，裁判権免除の意思を確認する必要があり（外務省において確認することを最高裁に依頼する（平6・12・15民二第424号最高裁事務総長通達）。同確認をしないまま㋐による処理をすることはできない（東京高決昭45・4・8下民21・3・4・557，判タ251・292）。），同意思のないことを確認した場合，訴状送達の必要はない（大決昭3・12・28民集7・1128）が，その判断内容に鑑み，㋐ではなく，㋒によって処理すべきであるとされる（前掲《参照判例等》横浜地判平14・8・29。ただし，国交のない外国等を被告とする場合は，訴状送達が有効たり得ないから，㋐によるほかない）。

〔山田　篤，梶浦　義嗣〕

第3章　主文の表記上の明確・不明確

48

第1　当事者が複数の場合

○当事者複数の場合の判決主文

基本型1
被告らは，原告に対し，各自100万円を支払え。
〈事例1〉①被告A，被告B及び被告Cがそれぞれ独立に100万円ずつ（合計300万円）を支払う債務を負う場合と，②被告A，被告B及び被告Cがそれぞれ100万円を支払う債務を負うものの各被告の負う債務が連帯債務等の関係にある場合の双方があり得る。

基本型2
被告らは，原告に対し，連帯して100万円を支払え。
〈事例2〉上記1の①の場合は含まれず，上記1の②の場合に限定される。

基本型3
(1)　被告Aは，原告に対し，100万円を支払え。
(2)　被告Bは，原告に対し，100万円を支払え。
(3)　被告Cは，原告に対し，100万円を支払え。
〈事例3〉上記1の①の場合と②の場合の双方があり得る。

《参照判例》最二小判昭32・6・7民集11・6・948，判時120・1，判タ76・24
《参照条文》民事訴訟法253条1項，民法427条

解　説

1　当事者の複数と判決主文

共同訴訟のように3人以上の当事者が関与する訴訟形態がある。現行法上，請求の定立されない当事者を観念することはできず，主観的予備的併合も許容されない（最二小判昭43・3・8民集22・3・551，判時518・52，判タ221・122）から，終局判決では，それぞれの当事者に関して請求について判断され，判決主文で各請求に対する応答がされることになる。

判決主文は当事者ごとに独立したものとなるのが原則であるが，原告または被告が複数の場合，以下のとおり，判決主文の表現に留意すべき点がある。

2　給付判決と当事者の複数
(1)　被告の複数

債務者の1人が全部の給付をすれば総債務者の債務が消滅する関係にある債務，すなわち不可分債務(民430)，連帯債務(民436)または不真正連帯債務(民719等)を複数の被告が負う場合，基本型3のように各被告について個別の主文で支払を命じると，重ねて給付が得られるとの誤解が原告に生じ得る。

共同訴訟は本来被告ら各自に対する請求を併合したもので，判決主文も被告ごとに独立したものであり，他の被告との連帯関係についても理論上主文に表示する必要がないとする見解がある。この見解に基づけば，原告に対し，被告甲と被告乙が100万円の不可分債務，連帯債務または不真正連帯債務を負う場合，判決主文の表現は次のとおりとなる(基本型1も参照)。

> 〈例1〉
> 被告らは，原告に対し，各自100万円を支払え。

この場合，「被告らは，原告に対し，(合計)100万円を支払え。」と記載してはならない。民法427条の分割債務の規定により平等の割合で分割支払(被告甲と被告乙にそれぞれ50万円ずつの支払)を命じた趣旨と解されるからである(前記《参照判例》最二小判昭32・6・7参照)。実務上確立した扱いであり，これに反する記載は避けなければならない。もっとも，これは判決主文の解釈の問題であり，このように記載された訴状の請求の趣旨につき，各被告に100万円の全部支払を求める趣旨と解することを許さないものではない。全部支払を求める趣旨でこのような記載がされることもあり得るため，訴訟指揮としては，当事者に求釈明して請求の趣旨を明確にさせる必要がある。

なお，被告らが独立であるものの同一金額の債務を負う場合にも「各自」を用いることはできるが(基本型1参照)，不可分債務，連帯債務または不真正連帯債務の場合に「各自」を用い，それ以外の場合に「各」「それぞれ」との表現を用いて区別する扱いもみられる。これによれば，原告に対する200万円の債務を被告甲と被告乙が相続により2分の1の割合で分割承継(被告甲と被告乙が

それぞれ100万円ずつ承継) した場合の主文は「被告らは,原告に対し,各(またはそれぞれ)100万円を支払え。」となる。

　連帯債務および手形法上の合同債務については,当事者の誤解を避けるとともに主文からも債務相互の関係が明らかになっていた方がよいとの実際的な考慮により,判決主文で債務相互の関係を表示する例が多い。ただし,債務相互の関係を判決主文で表示したとしても,債務相互の関係が判決の既判力で確定されるわけではない。被告甲と被告乙が100万円の連帯債務または合同債務を負う場合の主文は次のとおりである(基本型2も参照)。

〈例2〉
1　連帯債務
　　被告らは,原告に対し,連帯して100万円を支払え。
2　手形法上の合同債務
　　被告らは,原告に対し,合同して100万円を支払え。

　手形法上の合同債務は民法上の連帯債務とは異なるから,「連帯して」との表現は適当ではない。共同不法行為による損害賠償債務(民719)等の不真正連帯債務については,〈例1〉のとおり「各自」との表現を用いる場合と〈例2〉のように「連帯して」との表現を用いる場合がある。これに対し,不可分債務の場合には「連帯して」との表現は適当でない。

　共同不法行為者間の損害賠償債務等については,債務の一部が連帯関係となることがある。この場合に,各被告について個別の主文で支払を命じ,主文中に括弧書きの形で連帯関係にある部分を明確にするなどして原告が支払を受けるべき合計額が分かるようにする例がある。被告甲が1000万円,被告乙が300万円の債務をそれぞれ負い,重なり合う300万円の限度で連帯関係にある場合,主文は次のようなものになる。

〈例3〉
(1)　被告甲は,原告に対し,1000万円(ただし300万円の限度で被告乙と連帯して)を支払え。
(2)　被告乙は,原告に対し,被告甲と連帯して300万円を支払え。

(2) 原告の複数

これまで述べたことは，原告が複数の場合にも妥当する。

原告の権利が不可分債権（民428）や連帯債権（民432）等の場合に，「被告は，原告ら各自に対し，100万円を支払え。」（原告甲および原告乙が被告に対して100万円の不可分債権等を有する場合）などとする例が見られる。

3　確認判決と当事者の複数

確認判決の既判力が及ぶのは当事者間に限られる。当事者の一方または双方が複数の場合は，既判力の及ぶ範囲に誤解が生じないように，どの当事者の間で権利関係を確認する趣旨であるかを主文で明らかにする必要がある。すべての原告とすべての被告の間で確認する場合でも同じである。この場合の主文は，次のとおりである。

> 〈例4〉
> 　原告らと被告らとの間において，原告が別紙供託金目録（省略）記載の供託金の還付請求権を有することを確認する。

《参考文献》坂井芳雄「連帯債務者に対する金銭給付判決主文の表現」法曹時報20巻8号51頁，鬼澤友直「「各自」か？「連帯」か？」ジュリ1181号70頁

〔奥山　豪，栢分　宏和〕

第2　確認訴訟の場合

○確認訴訟の場合の請求の趣旨と判決主文

> **基本型**
> (1)　原告が，別紙物件目録記載の土地につき，地上権を有することを確認する。
> (2)　別紙物件目録記載の土地について，原告を賃借人，被告を賃貸人とする令和○年○月○日付け賃貸借契約に基づく賃借権が存在することを確認する。
> (3)1　原告が，別紙物件目録記載の建物につき，原被告間の令和○年○月○日付け賃貸借契約に基づく賃料1か月10万円の期限の定めのない賃借権を有することを確認する。
> 　 2　原告が，別紙物件目録記載の建物につき，原被告間の令和○年○月○日付け賃貸借契約に基づく賃借権を有すること，及び，同賃借権の賃料は1か月10万円であることを確認する。
> (4)1　別紙物件目録記載の建物の賃貸借契約における賃料は，令和○年○月○日以降，月額○○円であることを確認する。
> 　 2　別紙物件目録記載の土地につき，原告を賃借人，被告を賃貸人とする令和○年○月○日付け賃貸借契約に基づく賃借権は，建物所有を目的とするものであることを確認する。
> (5)　原告と被告らとの間において，原告が別紙供託金目録記載の供託金の還付請求権を有することを確認する。
> 　　（別紙に，供託所・供託年月日・供託番号・供託金額，供託者を記載）
> (6)　原被告間の令和○年○月○日の消費貸借契約に基づく原告の被告に対する元金○○円の返還債務が存在しないことを確認する。
> (7)　原被告間の令和○年○月○日の消費貸借契約に基づく原告の被告に対する元金○○円の返還債務は，元金○○○円を超えて存在しないことを確認する。

解 説

1 総 論

(1) 確認訴訟は，請求の趣旨で特定明示される権利または法律関係の存否について判決で確認することによって紛争の解決を図ることを目的・機能とする訴訟である（吉田健司「債務不存在確認請求訴訟」薦田茂正・中野哲弘編『裁判実務大系』13巻329頁（青林書院, 1987）参照）。原告は請求の趣旨によって判断を求める権利または法律関係を特定して明示し，裁判所はその存否を認定判断して主文に掲げることになる。請求の趣旨は原告が設定するが，原告の設定する請求の趣旨が必ずしも紛争の抜本的解決につながらない場合もあるため，請求の趣旨の補正を要する場合も少なくない。

(2) 確認判決においては，確認の対象となる権利を主文において明らかにするところ，その権利関係の特定は，それが物権であるか債権であるかによって異なる。物権の場合は，通常，権利の主体と対象および権利の種類を明らかにすれば足りるが，債権の場合は，その発生原因のほか，紛争の実情に応じて権利の内容を明らかにする必要がある。例えば，当事者間に同種の債権が複数生じ得る場合には，債権の識別のため，契約当事者，契約締結の年月日，契約の内容などを明らかにする必要があるし，場合によっては，金額や証書等の番号等も示す必要がある。債権の発生原因が不当利得や不法行為の場合には，その請求権を発生させた具体的な事実として，行為や事件の当事者，日時・場所，態様等をその必要に応じて示すことになる。以上の特定は，複雑なものになりがちであるから，別紙として債権目録を利用すると分かりやすい（基本型(5)）。

身分関係または団体の代表機関たる地位に争いがあるときは，そのような身分・地位の存否の確認判決によりその身分・地位に関する多人数間の紛争を画一的に解決することが期待できるから，判決効の拡張を正当化するに足りる当事者間で争われる限り，確認の利益が認められる（新堂幸司『新民事訴訟法〔第6版〕』272頁（弘文堂, 2019年），宗教法人の代表役員等の地位につき最一小昭44・7・10・民集23・8・1423参照）。

確認すべき権利の名称は，民法等の法律上の権利として一義的に定まった権利の名称を用いるべきであり，「利用権」や「居住権」等の講学上の分類の総称等では足りない。

確認の対象となる権利関係は，争いのある範囲によって定まる。それが基本的権利関係の存否に尽きる場合は，契約当事者，契約の成立日時，目的物等の

全部または一部を具体的に示す程度で足りるが(基本型(1), (2), (3)1)，基本となる権利関係に争いがなく，その契約から派生する権利や約定内容（例えば，賃貸借における賃料額，賃借する目的，賃貸借の範囲・態様など）に争いがある場合には，基本となる権利関係を特定した上，確定されるべき派生的権利関係を記載することにより，確認の対象が明確になる(基本型(3)2，基本型(4)の1・2。基本型(3)1は確認の対象の明示という点ではやや不十分であるが，請求の原因の記載から確認の対象が明らかになるのであれば，不適法とはいえないであろう。)。

不存在確認を求める場合である消極的確認訴訟の場合，請求の趣旨において特定されるべき権利関係を必要以上に広く設定することがままある（例えば，「甲土地について，被告が地上権又は賃借権を有しないことを確認する」など）。しかし，和解条項と異なり，包括的な消極的確認（例えば「甲土地について，被告が地上権，賃借権，使用借権，その他の使用権原を有しないことを確認する」というような請求）は許されず，確認の対象は被告が争っている権利に限定すべきである。

(3) 確認判決の主文は，裁判所が当事者間においてその存否を確認した権利関係の内容を特定するものであるから，主文において，「被告は，原告に対し，……を確認せよ。」，「被告は……確認しなければならない。」という表現は相当ではない。被告に権利関係を確認するとの意思表示を命ずる旨の給付判決であるとの誤解を招くおそれがあるからである。

確認判決の既判力は，給付判決と同様に当事者間に限られるから，原告か被告の一方が複数の訴訟においては，どの当事者間で権利関係を確認するかを明らかにする必要がある。例えば，全部の当事者間の権利関係を確認する場合には「原告と被告らとの間において」と明記し，一部の当事者間の権利関係を確認する場合には「原告と被告Ａとの間において」などと明記する(基本型(5))。

2 消極的確認訴訟の場合

(1) 消極的確認訴訟の特徴

数量的に可分な権利関係の存否の確認の場合，一部認容判決をする場合が生じる。特に，所有権確認訴訟の場合には，単独所有の事実が認められなくても，共有持分の限度で理由があるのであれば，一部認容の判決をすべきであることに注意が必要である（最一小判昭42・3・23集民86・669，最二小判平9・3・14集民182・537および553，最一小判平9・7・17集民183・1031参照）。

消極的確認訴訟の場合も，その債権の発生原因（日時，内容），金額等の表示によって訴訟物が特定されることに変わりはなく，それに対応する主文は，**基本型**(6)のようになる。訴訟物の特定は，請求の趣旨および請求の原因により行うところ（民訴134②二），債務不存在確認請求訴訟における請求の趣旨において上限が掲記されていない場合であっても，請求の原因に記載されているなどの理由により，その特定に欠けることはないと解される場合もある（最二小判昭40・9・17民集19・6・1533参照）。

(2) 請求の趣旨と判決主文

> 〈請求の趣旨〉
> 　原被告間の令和○年○月○日の消費貸借契約に基づく原告の被告に対する元金1000万円の返還債務が存在しないことを確認する。
> 〈例1〉 当該債務が全て存在しない場合の主文：全部認容判決
> 　原被告間の令和○年○月○日の消費貸借契約に基づく原告の被告に対する元金1000万円の返還債務が存在しないことを確認する。
> 〈例2〉元金1000万円未満，例えば元金550万円の債務が認められる場合の
> 　　 主文：一部認容判決
> 　原被告間の令和○年○月○日の消費貸借契約に基づく原告の被告に対する元金1000万円の返還債務は元金550万円を超えて存在しないことを確認する。
> 　原告のその余の請求を棄却する。
> 〈例3〉 元金1000万円以上の債務が認められる場合の主文
> 　原告の請求を棄却する。

原告が債務額の上限を特定して債務不存在確認を求めたのに対し（例えば，貸金債務元金1000万円の全部不存在の確認を求めた場合），被告から，当該債権はこれを上回る金額であると主張された場合（例えば，当該貸金債権は元金1200万円である旨主張した場合），訴訟物は前記債務額全額となるから，原告は，請求を拡張・補正してこれに対応する請求の趣旨（例えば，元金1200万円の債務不存在の確認）に改めるべきである。そうでなければ，審理の結果，被告が主張した金額の債務の不存在が認められた場合でも，民事訴訟法246条の制約から，原告の主張額を超える債務額を主文にて確認することはできない（〈例

1〉）。他方で，審理の結果，裁判所において，被告が主張した金額の債務の存在が認められるという心証に達した場合でも，被告が反訴を提起しなければ，判決主文において原告が債務の上限として特定した金額を上回る額の債権の存在が確認されるわけではなく，単に原告の請求が全部棄却されるにとどまる（〈例3〉）。

(3) 給付訴訟の反訴が提起された場合

原告が債務不存在確認訴訟を提起した後に，被告が同一債権について給付訴訟の反訴を提起した場合，原告が債務不存在確認請求を取り下げるのが通常であるが，訴えを取り下げない場合には，原告の訴えは，確認の利益を欠き，却下される（最一小判平16・3・25民集58・3・753参照）。

（反訴請求認容の場合）
1　反訴被告（原告）は，反訴原告（被告）に対し，1000万円及びこれに対する令和〇年〇月〇日から支払済みまで年3分の割合による金員を支払え。
2　原告（反訴被告）の訴えを却下する。
（反訴請求棄却の場合）
1　原告（反訴被告）の訴えを却下する。
2　反訴原告（被告）の反訴請求を棄却する。

3　通行権（通行地役権，通行賃借権，囲繞地通行権）の場合

〈例1〉原告が別紙物件目録記載1の土地を要役地とし，同目録記載2の土地を承役地とする通行地役権を有することを確認する。
〈例2〉原告が別紙物件目録記載2の土地につき，同目録記載1の土地を要役地とする通行のための地役権を有することを確認する。
〈例3〉原告が別紙物件目録記載1の土地を要役地とし，同目録記載2の土地を承役地として，期間の定めなく，無償の通行地役権を有することを確認する。
〈例4〉原告が別紙物件目録記載1の土地のうち，別紙現況位置図記載のアイウエオカキアの各点を順次直線で結んだ範囲内の土地部分につき，

> 令和○年○月締結の債権契約に基づく通行権を有することを確認する。
> 〈例5〉原告が別紙物件目録1記載の土地部分について囲繞地通行権を有することを確認する。

　私道の通行権には，物権としての通行地役権（民280），債権としての賃借権・使用借権（民601・593），相隣関係としての囲繞地通行権（民210～213）などがある。通行権の確認判決においては，これらのうちどの種の通行権の存否を確認したのかを明確にすべきであり，単に「原告が別紙図面のイロハニイ点を順次結んだ直線内の部分について通行権を有することを確認する。」とするだけでは不十分であろう。

　権利関係を特定するためには，各権利を構成する要素，すなわち，通行地役権では，要役地と承役地，通行目的であること，期間，対価などをもってすることになる。債権的通行権の確認は，使用借権，賃借権の確認に帰着し，契約の当事者，設定年月日，通行できる範囲，賃貸借の場合は賃料（賃借権の場合の通行料）などで特定する（〈例4〉）。囲繞地通行権では，通行権を有する者のために必要かつ囲繞地のために損害が最も少ない範囲等を，紛争の実情に応じて特定して示すことになる（〈例5〉の目録は，土地を特定した上，図面等で例えば「A点からB点に至る巾2メートル，長さ15メートルの部分」などとする。）。

〔伊藤　敏孝，大澤　多香子〕

第3 選定当事者の場合における判決主文

○選定当事者の場合における判決の主文

> **基本型**
>
> (1) 確認訴訟の場合
>
> 〈事例1-1〉係争土地について，甲，乙，丙及び丁の共有であることの確認を請求する場合に，甲を選定当事者に選定した。
>
> 〈請求の趣旨と判決主文〉
>
> 別紙物件目録記載の土地が原告（選定当事者），選定者乙，同丙及び同丁の共有であることを確認する。
>
> 〈事例1-2〉係争土地について，被告が自己の所有であると主張している。原告側は，当該土地は，甲の所有であり，乙，丙及び丁は，土地全体を区分なく，甲から賃借使用しているとする。甲，乙，丙及び丁は，被告に対し甲の所有であることの確認と妨害禁止等を求めている。
>
> 〈請求の趣旨と判決主文〉
>
> 1 原告（選定当事者），選定者乙，同丙及び同丁と被告との間において，別紙物件目録記載の土地が原告（選定当事者）の所有であることを確認する。
>
> 2 被告は，原告（選定当事者），選定者乙，同丙及び同丁が上記土地を使用することを妨害してはならない。
>
> (2) 給付訴訟の場合
>
> 〈事例2〉被害者である甲，乙，丙，丁が損害賠償を請求するについて，甲が150万円，乙が120万円，丙が100万円，丁が100万円の合計470万円を請求する場合に，甲，乙，丙，丁が甲を選定当事者に選定した。
>
> 〈請求の趣旨〉
>
> 被告は，原告に対し，470万円及びこれに対する令和5年10月15日から支払済みまで年3分の割合による金員を支払え。
>
> 〔注〕望ましいかどうかは別にすれば，訴状の請求の趣旨欄で，甲，乙，丙，丁の各自の請求額が明確に記載されていなくとも，請求の原因

欄で明確に記載されていれば違法ではない。

〈判決主文〉
1　被告は，原告（選定当事者）に対し，選定者甲のために140万円，同乙のために120万円，同丙のために90万円，同丁のために80万円及び上記各金員に対する令和5年10月15日から支払済みまで年3分の割合による金員を支払え。
2　原告（選定当事者）のその余の請求をいずれも棄却する。

《参照条文》民事訴訟法30条

解　説

1　選定当事者の制度

　選定当事者の制度は，多数の者が共同の利益を有している場合に，その一人ひとりが原告または被告として訴訟に登場し，共同訴訟の形態をとることは，審理手続上，煩瑣で，簡明を欠き，裁判運営上も費用がかさむなどの問題あることから，これを単純化するために導入された制度であるとされているが，そのほとんどの問題が共通の訴訟代理人が選任されることにより，解決することができ，むしろ弁護士である訴訟代理人が選任されずに，弁護士でない者が選定当事者として訴訟活動すると，かえって訴訟が複雑になり，特に給付訴訟においては，被告らについて選定当事者が利用されるときは，執行上種々の危うい状況が生じかねない。このため，選定当事者が利用されることはあまり多くない。

2　選定当事者の場合の訴状の「請求の趣旨」と判決主文

　選定当事者が原告側について選定される場合には，訴状の段階から問題になるが，訴状では，選定当事者とその選定者との関係が明確であり，選定者の各請求内容が訴状の「請求の原因」の記載から明確であれば，足りる。ことさら請求の趣旨の訂正を慫慂するまでの必要はない。
　判決主文については，かつての実務では，選定当事者が当事者であるのに対し，選定者はもはや当事者ではないことから，判決の名宛人にならないことが強調されたためか，主文においては，別紙一覧表を利用する場合であっても，

原告側に支払われる金員の合計額が表示されていれば足りるとされ，それぞれの債権額は当事者の求めた判決の内容，請求原因末尾のいわゆる「よって書き」，判決の理由の末尾などで明確にされるにとどまっていたものが普通に見られた。

　ところが，その後，選定者は，判決の形式上名宛人にならないというだけであり，その実質は当事者と同じであることを理由に，共同訴訟の場合と全く同じように判決主文に記載する実務が主流，支配的になった。このため，判決主文で，選定者を「選定者という名称を付された当事者」のように扱う裁判例も目に付くようになり，「被告は，原告ら選定当事者甲に対し〇〇万円，原告選定者乙に対し〇〇万円，同丙に対し〇〇万円，…………を支払え」と記載する例も登場するようになった（平城恭子「選定当事者と給付判決の主文」判タ1049号57頁は，このような表現は選定者を判決の名宛人とするもので「問題である」とするが，判決の名宛人と誤解を生じる可能性はなく，ことさら問題視することはないであろう。）。

　結局のところ，本稿では，最近のそうした傾向に倣い，主文で各選定者の債権額を明示する例を主文例で掲げた（なお，訴訟費用の負担については，実益があまり考えられないので，割愛した。）。

〔塚原　洋一〕

第4章　通常民事事件の請求の趣旨と判決主文

第1　将来の給付，条件付きの主文

○将来の定期金給付の主文

> **基本型**
> 1　被告は，原告に対し，令和○年○月から令和○年○月まで1か月○○万円を毎月末日限り支払え。
> 2　被告は，原告に対し，令和○年○月から原告の死亡又は原告が満○○歳に達するまでのいずれか早いほうの時期に至るまでの間，1か月○○万円の金員を毎月末日限り支払え。

《参照判例等》東京高判平25・3・14判タ1392・203,福岡高判平23・12・22判時2151・31,福岡地判平23・1・27判タ1348・191,東京高判平15・7・29判時1838・69,東京地判平8・12・10判時1589・81,判タ925・281,東京地判平14・12・4判時1838・80,最二小判昭62・2・6裁判集民150・79,判時1232・100,判タ638・137等

《参照条文》民事訴訟法135条・117条

解　説

1　将来の定期金給付の判決

　将来の定期金給付の判決を命じる場合としては，①当事者間でそのような約束がされた場合（懈怠約款の記載を故意または過失で失念したときも含む。），②不法行為や債務不履行の継続により損害が時間の経過とともに発生する場合（不法占拠による賃料相当額の損害が発生する場合や公害訴訟等の将来の訴え等），③不法行為等に関するいわゆる定期金賠償方式による場合などが考えられる。いずれの場合も主文として問題があるというわけではないが，③の定期金賠償については，民事訴訟法117条が創設されて以降いくつかの裁判例があるので，この点説明しておく。

2　定期金賠償方式による判決の可否

　定期金賠償方式による判決の可否については，定期金賠償の確定判決の変更

を求める訴えについて定めた民事訴訟法117条の創設によって，実体法上当然に可能であることが明確になったことから，同条の創設後，実務上，交通事故の損害賠償等において，定期金賠償方式による裁判例が定着しているが，実務上，以下のような問題点がある。

3　定期金賠償方式による主文の特定

定期金賠償方式による判決においては，支払の終期や支払条件が主文上特定できなければならない。上記主文例のように年齢や死亡といった終期であれば明確であるが，裁判例では「自宅介護が終了するまで」（前掲《参照判例等》東京地判平8・12・10），「市交通事業管理者から自動車運転者の補職を受けるに至るまで」（仙台地判昭58・2・16判時1116・110）と終期を定めたものや，複数の終期を定めそのうち最も早い時期を終期と定めた例（上記仙台地判，前掲《参照判例等》東京高判平15・7・29）がある。終期にせよ，条件にせよ，主文としてその事由の発生が一義的ではなく，認定判断を要するような記載は許されない。例えば，「自宅介護が開始又は終了」ではなく，「自宅介護を要すると認められる状態になった時」，「自動車運転手として就労可能になった時」では不適法であろう。

4　定期金賠償方式による判決と当事者の申立て

当事者が定期金賠償の申立てをした場合には，一時金賠償方式による判決が可能な場合であっても，それが訴権の濫用的な申立てでない限り（東京地判平7・7・14判時1541・123，判タ891・260参照），履行期を徒過した損害賠償請求権につき新たに期限の利益を付与したものと構成し，処分権主義の範囲内の問題としてそのまま認容されることになる（前掲《参照判例等》東京地判平14・12・4等相当数の裁判例がある。）。

これに対し，当事者が一時金賠償方式による判決を求めている場合に，裁判所が定期金による賠償を命じることができるのか。これについては，最高裁がこれを否定する旨の判断を示しており（前掲《参照判例等》最二小判昭62・2・6参照），下級審も同様の判断を示すものがほとんどであった。

しかし，民事訴訟法117条の創設後これを肯定する裁判例も相応にみられ，前掲《参照判例等》東京高裁平成15年7月29日判決は，交通事故によって植物人間状態となった原告につき，推定余命年齢の確定の困難性とこれに伴う損害額についての当事者間の公平を図るためには，原告が一時金方式による賠償を求

めている場合であっても，裁判所において，一部認容判決として定期金賠償を命じることができるとした。また，前掲《参照判例等》東京地裁平成8年12月10日判決は，仮に一時金支払請求が棄却とならざるを得ない場合には，原告は予備的ないし黙示的に条件付き定期金給付の判決を求めていると解し，定期金給付の判決をした。さらに前掲《参照判例》東京高裁平成25年3月14日判決は，原告が一時金方式による賠償を求めたのに対し，定期金方式による支払を命じることは，損害金の支払方法の違いであって当事者の求めた請求の範囲内と解され，処分権主義に違反しない旨明示した。これに対し，《参照判例等》福岡高裁平成22年12月22日判決は，交通事故の被害者が一時金方式による賠償を求めたのに対し，定期金給付の判決をした原判決（《参照判例等》福岡地裁平23・1・27）を変更し，被害者の申立てに反して定期金給付の判決をすることは，民事訴訟法117条が創設されたことを勘案しても相当ではないとしている（ただ，原判決のような判断をすることが処分権主義に違反して許されないと明示的に判示したわけではない。）。

　上記平成25年東京高裁判決，平成15年東京高裁判決および平成8年東京地裁判決は，民事訴訟法117条の創設によって一時金賠償方式による判決後の事情変更による変更判決が可能になったことによる面が大きいと考えられ（なお，平成8年東京地裁判決は平成8年6月26日法律109号による民事訴訟法の適用事案ではないが，これを類推適用できるとしている。），また，上記最高裁の判断が同条創設前のものであることに鑑みれば，原告が一時金の支払を求めた場合に定期金賠償を命じる判断が実務上徐々に定着しつつあるように思われる。上記各判決は，一時金方式か定期金方式のいずれによるのかは，支払方法の相違にすぎず，請求権および訴訟物は異ならないとの考え方に依拠したもののように思われるが，他方で，学説では反対意見も少なくなく，また，上記平成23年福岡高裁判決は，（処分権主義違反とするものとは思われないが）一時金を求める当事者の申立意思を重くみているようである。実務的には，処分権主義違反の問題ではないとしながら，保険会社の履行確保の問題や被害者（申立人の）意思や病状等による平均余命の予測等の事由も総合的に斟酌されて，当事者間の公平の見地から事案如何で判断が分かれる場合があり，今後も（理論的な整理等も含めて）判例および裁判例の更なる推移を見守る必要があるように思われる。

《**参考文献**》羽成守「定期金賠償の支払」塩崎勤編『交通損害賠償の諸問題』526頁（判例タイムズ社，1999），藤村和夫「定期金賠償」飯村敏明編『現代裁判法大系』6巻267頁（新日本法規，1999），河邉義典『最高裁判例解説民事篇平成11年度版』1053頁以下（法曹会），中園浩一郎「定期金賠償」判タ1260号5頁，山本克己「定期金賠償と民事訴訟法246条」『伊藤眞先生古稀祝賀論文集：民事手続の現代的使命』667頁（有斐閣，2015），加藤新太郎「定期金賠償請求と処分権主義」NBL1107号74頁，伊藤眞『民事訴訟法〔第7版〕』543頁脚注149（有斐閣，2020）」，大島眞一「交通事故訴訟のこれから」判タ1483号5頁

〔澤田　忠之〕

○期限付き，条件付きの主文

> **基本型**
> 　被告は，原告に対し，令和○年○月○日が到来したときは○○○万円を支払え。
> 〈例１〉　満期未到来の手形金と法定利息の請求
> 　被告は，原告に対し，令和○年○月○日（注：将来の年月日が記載される。）△△△万円及び原告が同日又はこれに次ぐ２取引日以内に別紙物件目録記載の手形を支払のため支払場所に呈示することを条件としてこれに対する上記同日（注：法定利息の請求なので満期日である上記令和○年○月○日をさす。）から支払済みまで年○分の割合による金員を支払え。
> 〈例２〉　農地の買主から売主への所有権許可申請と移転登記の請求
> 　被告は，原告に対し，別紙物件目録記載の土地につき，○○農業委員会に対し農地法３条△項による所有権移転の許可申請手続をし，上記許可があったときは，許可の日付けの売買を原因とする所有権移転登記手続をせよ。

《参照条文》民事訴訟法135条

解　説

1　期限付き，条件付きの主文

　期限付き，条件付きの主文は，給付判決の場合に見られる例外的主文であり，現在の訴えを基本とする確認訴訟，形成訴訟には見られない。なお，確認訴訟の場合には，確認の対象として条件付きないし将来を期限とする権利の確認等がなされることがあるが，主文自体に期限ないし条件が付されるというわけではない。
　以下，実務上よく生起する問題となる点について，説明をする。

2　期限未到来・条件未成就の請求（抗弁で主張された場合を含む。）の判決主文
　(1)　原告が期限（確定・不確定を問わない。）未到来ないし条件未成就の債権

について請求した場合には，裁判所としては，その必要性について審理を行う必要がある。

　期限付きないし条件付き判決を言い渡した場合，債権者に対し将来の強制執行のための債務名義を与え，一方で被告に対しては条件未成就等によって執行を受ける請求権が発生しない事態が生じた場合，それにもかかわらず執行を受ける危険を与えることになる。したがって，裁判所としては，将来の期限もしくは条件成就の蓋然性が口頭弁論終結時にどの程度認められるかという点を慎重に判断することが必要となるところ，上記判断は，債務の性質・内容，債権者の債務名義を得る必要性，債務者の負担等を事案毎に考慮して，類型的かつ個別的に判断せざるを得ない。ただ，不確定期限の到来や停止条件成就の場合には，その点につき債権者が条件成就について執行文付与を受ける必要があるので，被告の上記危険をどの程度考慮すべきかという問題は残る。なお，判決で付すべき条件については特定または確定可能性があるものでなければならない（条件付きの債務名義と執行文付与については『執行文に関する書記官事務の研究』上巻288頁以下（司法協会）に詳しい。）。

　実務上よくみられる例としては，土地または家屋の賃貸借契約の期限が近い将来到来することによって，賃貸借契約が終了して賃借権が消滅することを理由とする明渡請求や，被担保債権の弁済を条件として抵当権設定登記抹消登記手続の請求がある。

(2)　原告が現在給付訴訟を提起し，これに対し，被告から期限未到来ないし条件未成就の抗弁が提出され，この抗弁が認められる場合はどうか。

　このような場合，原告の請求が即時請求のみで，将来の請求を含んでいないと解されると，請求棄却にならざるを得ないが，実務的には，確定期限の時期が比較的接近していたり，あるいは，条件内容が容易に成就する内容のものであるときには，その必要性等を考慮し，原告に対し，請求の趣旨を追加するよう釈明権を行使するのが実務的に妥当な訴訟指揮であろう。

　また，原告がこの釈明に応じない場合でも，弁論の全趣旨（実際上は和解における双方の提示案などが参酌されることもあろう。もっとも被告による十分な反論反証が尽くされていることが前提である。）によって，原告の請求には，近未来の給付請求が含まれているものと解することができるとして，将来の給付を命じる一部認容判決をすることになろう。その場合には，上記基本型〈例１〉に加えて「原告のその余の請求を棄却する。」との主文も必要である。

(3) 原告が将来給付の訴えを提起中に期限が到来または条件が成就した場合にどのような判決をするかという問題もあるが、これについては、原告の通常の意思として期限が到来または条件が成就した場合には現在の給付を求める意思と見るのが合理的である。

ただ、被告が将来請求の訴状を受領し、その後に履行期が到来したものの期日に不出頭であったような場合にも、上記無条件の給付判決することが可能なのか、それとも、請求の趣旨を将来請求から現在請求に変更したものを被告に送達しないと弁論を終結して判決ができないのかという問題がある。弁論終結できないとする考え方は、期限付き判決から期限付きでない判決にするのは請求の拡張であり、被告の不意打ちを防止するという観点から訴えの変更手続を要することを主たる理由とするように思われる。

しかしながら、単純な確定期限の到来は被告にとっても容易に予想すべき事由であり、それによって将来請求が現在請求に変わったとしても、特段の不意打ちはないと考えられ、そのまま判決をしてよいと考えられる（後記満期未到来の手形金請求の場合には手形の迅速決済の観点からもこのことはより一層当てはまる。）。

これに対し、条件成就や不確定期限の到来のように、一般的に認識・予想しづらい事由の場合には、被告としても「そのような条件が成就するわけはない」と考えて期日に出頭していない場合もないではなく、実務的には、その場合には弁論を続行しておくのが無難な場合もあろう。

3 満期未到来の約束手形金請求の主文

手形が複数振り出され、そのうち既に満期が到来した一部の手形が不渡になっているような場合に、満期の到来していない手形についても、一括して手形金請求されることが実務上しばしば見られる。将来請求としての必要性は概ね肯定されるところであり、原告側としても当然のこととして請求してくるが、裁判所としては、この点全く調査しないまま判決を行うのはやはり相当ではなく、裏書人への遡求権の行使の有無や不渡りとなった手形と将来請求の対象となった手形の関係等について釈明しておくのが相当であろう。

満期未到来の手形金請求については、振出人に対する法定利息の請求や裏書人に対する請求のように手形法上所定の手続を経ることが必要とされるものについては呈示を必要（条件）とするが、振出人に対する手形金および遅延損害

金の請求については呈示を要しない（なお，振出人に対する満期未到来の手形金請求訴訟が遡求権行使のための支払呈示の効力を有しないとした（最二小判平5・10・22民集47・8・5136，判時1479・152，判タ833・152）。）。

ただ，原告は，往々にして，振出人および裏書人を共同被告として手形金と年6分（民法（債権法）改正後は年3分）の金員の支払を無条件で求めてくる場合がまま見られる。

〈振出人及び裏書人を共同被告と誤った請求の趣旨〉
　被告A（振出人）及びB（裏書人）は，原告に対し，共同して令和○年○月○日○○万円及びこれに対する令和○年○月○日（満期の翌日）から支払済みまで年○分の割合による金員を支払え。

このような場合，裁判所は釈明を行い，A（振出人）に対する請求では遅延損害金を求める趣旨であることを確認し（手形法所定利息の請求であれば前記基本型〈例2〉のようになるが），B（裏書人）に対する請求では以下の主文例のように改めてもらうことになろう。

　被告は，原告に対し，原告が令和○年○月○日又はこれに次ぐ2取引日以内に別紙物件目録記載の手形を支払のため支払場所に呈示し支払拒絶されたことを条件として○○万円及びこれに対する上記同日から支払済みまで年○分の割合による金員を支払え。

これに対し，原告が上記釈明に応じないような場合もないではなく（本人訴訟などで現在給付に固執する場合など），このような場合にどのような判決をすべきかという問題が生じる。十分な釈明を行使したのにこれに応じないわけであるから，請求棄却判決をするということも考えられないではないが（逆に全く釈明もせずに請求棄却判決をすれば釈明義務違反として審理不尽となる場合もあろう。），理由を付した上で条件付判決をして差し支えないと思われる（ただし，この場合一部認容判決となるので「原告のその余の請求を棄却する。」との主文を失念しないようにする。）。

最後に，満期未到来の手形金請求の訴訟係属中に満期が到来した場合についてであるが，前記2で検討したように当然に現在請求として扱うことになるの

で，条件付部分を無条件に変更して給付判決をすればよい（裏書人に対する請求等の場合には，手形の呈示を請求原因として追加させる必要がある。）。ただ，この場合に，上記訴えの変更等の書面が被告に送達されないまま弁論期日に被告が欠席した場合の取扱いが問題となるが，やはり前記2と同じ理由（被告の不意打ちにならない等）から，被告欠席のまま上記書面を陳述させて1回で弁論を終結し，無条件の判決をするのが妥当であろう。

4 農地法の許可協力請求権の請求と許可された場合の所有権移転登記請求の場合の主文

　農地の買主は，売主に対し，売買に関する農地法3条の許可を条件として所有権移転登記手続を求める訴えを提起することができ（最三小判昭39・9・8民集18・7・1406，判時392・47），実務上定着している。また，農地法5条の転用許可を受けての売買の場合も同様であり，前記基本型〈例2〉のとおり判決をすることになる。

《参考文献》浦木厚利「満期前における手形金請求」西村則夫編『現代裁判法大系』18巻267頁（新日本法規，1998），市瀬健人「満期前における手形金請求」村重慶一編『裁判実務大系』2巻89頁（青林書院，1984），仲江利政「約束手形の振出人，裏書人に対する将来の給付の訴え」本井巽＝賀集唱編『民事実務ノート』3巻237頁（判例タイムズ社，1987年），弁護士法人佐野総合編『主文例からみた請求の趣旨記載例集』27頁（日本加除出版，2017）

〔澤田　忠之〕

○弁済条件付きの抵当権設定登記の抹消登記を求める請求の趣旨と判決主文

基本型

被告は，原告から○○万円の支払を受けたときは，原告に対し，別件目録（省略）記載の不動産について，○○法務局令和5年受付第○○号抵当権設定登記の弁済を登記原因とする抹消登記手続をせよ。

《参照判例》最二小判昭63・4・8裁判集民154・11，判時1277・119，判タ667・96
《参照条文》民法474条・533条

解　説

1　抵当債務の弁済と抵当権設定登記抹消との関係

　抵当権設定登記の抹消とその抵当債務の弁済の関係については，同時履行の関係に立つという見解と弁済が先履行の関係に立つという見解が考えられるが，判例は，弁済が先履行であることで確立している（大判大9・3・29民録26・411，最三小判昭57・1・19裁判集民135・33，判時1032・55，判タ464・86）。したがって，抵当権設定者Xが，抵当債務（例えば貸金500万円）の全部消滅を理由として抵当権者Yに対し，抵当権設定登記の抹消登記を請求した場合に，わずかな金額（例えば30万円）でも抵当債務が残存しているときは，Xの請求は全部棄却されるのが筋合いである。

　これに対し，Xが主張上全部弁済したと主張し，仮に一部残額があるとしたら，抵当権設定登記の抹消請求をすべて棄却するのでは，Xとしては再び残存債務の弁済または供託をして提訴しなくてはならないことになる。しかも，残存額について，Xが債務不存在確認請求を追加請求せず，Yが残存債務の履行を求める反訴請求もしていなければ，残存債務額については，仮に理由中で認定されていた（概算額や「少なくとも20万円」などと認定することもある。）としても，既判力もないから，再訴では，一から出直しとなる。このため，考えられるのが，弁済を条件とする抵当権設定登記の抹消登記請求の認容判決である。

2 請求の趣旨と判決主文

上記説例を敷衍していうと，Xは，500万円全額（利息をさておく。）について，12回にわたって，1回につき数十万円の弁済をしたと主張し，これに沿う証拠を提出し，これに対し，Yは，そのいくつかの弁済を認め，その余の弁済を否認した。裁判所は，攻防の激しかった最後の50万円の弁済については，20万円部分の弁済は認められるが，30万円部分の弁済は証明不十分であるという心証を抱いたとする。

〈請求の趣旨〉
1 （主位的請求） 被告は，原告に対し，別件目録記載の不動産について，○○法務局令和5年受付第○○○号抵当権設定登記の弁済を登記原因とする抹消登記手続をせよ。
2 （予備的請求） 被告は，原告から裁判所の認定する抵当債務額の支払を受けたときは，原告に対し，別件目録記載の不動産について，○○法務局令和5年受付第○○○号抵当権設定登記の弁済を登記原因とする抹消登記手続をせよ。

これに対し，判決主文は，次のとおりとなるであろう。

〈判決主文〉
1 原告の主位的請求を棄却する。
2 被告は，原告から30万円の支払を受けたときは，原告に対し，別件目録の不動産について，○○法務局令和5年受付第○○○号抵当権設定登記の弁済を登記原因とする抹消登記手続をせよ。

3 訴訟指揮上の注意点

原告が条件付き弁済による抵当権設定登記の抹消登記を求めていない限り，原告の請求は全部棄却であり，条件付き認容の判決はありえない。原告がそのような条件付き認容判決を求めているかどうかは，事後的には一定の訴訟行為の解釈問題であるが，具体的にはそのような訴訟行為を認定することができるかどうかという認定問題である。しかしながら，事は「請求の趣旨」という訴

訟行為として重大な意味をもつ行為であり、安易に憶測することはできない。基本的には、原告がその判断の前提となる情報を十分把握して、自己決定すべき事柄である。

　まず、原告が残金の弁済と引換えに抵当権設定登記の抹消登記を求めている場合には、そのような請求は実体法上許されないが、弁済の条件付き請求であれば許される旨を教示すべきであろう（このような釈明権を行使しなかったとしても、違法とまではいえないが、無用な控訴、再訴の原因とはなろう。）。

　次に、そもそも、原告は、その請求が主張上も証拠上も全部認容されるはずであると信じて、請求の趣旨を定立するのであり、その全部または一部が棄却されることを自ら予想・承知したり、たやすく受け容れるものではない。これに対し、裁判所は、双方の主張立証を客観的に観察しやすく、結論の判断もつきやすい立場にあるから、適切な釈明権の行使をすべきである。原告の普通に書かれた準備書面の片隅に「原告の弁済についての立証は十分成功していると確信しているが、仮にそのごく一部が結果として不成功に終わった場合には、条件付き判決を求めたいと考えている。」というような記載があれば、必ず原告に確認すべきである。「ごく少額の残金があるというのであれば、いつでも弁済をする用意がある。」という程度の記載であっても、釈明を怠ってはならないであろう。

4　関連テーマ

　本テーマと全く同じ結論となる場合としては、質権（大判明37・10・14民録10・1258、大判大9・3・29民録26・411）、仮登記担保権（最二小判昭61・4・11裁判集民147・515）があり、類似した問題を提供するテーマとしては、抵当権設定登記の抹消登記請求訴訟で、抵当債権額を減額する更正登記を命ずることができるかについて、後掲（佐藤晋一郎「抵当権設定登記抹消の請求に対し、抵当債権額の更正登記を命じる場合」）を参照

　《参考文献》富越和厚・ジュリ914号126頁、寺尾洋・判タ臨増706号68頁

〔塚原　朋一〕

第2　引換え給付の請求の趣旨と判決主文

○引換え給付判決の主文

> **基本型**
> 1　被告は，原告に対し，原告から○○円の支払を受けるのと引換えに，別紙物件目録記載の土地を明け渡せ。
> 2　原告のその余の請求を棄却する。

〈事例1〉　Xが，Yに対し，同人から買い受けた土地の明渡しを訴求した。売買代金の額につき，Yが1000万円と主張したのに対し，Xは，800万円と主張し，800万円の支払と引換えに土地の明渡しを求めた。
《参照判例》最一小判昭33・3・13民集12・3・524，判時147・22，最二小判昭33・6・6民集12・9・1384，判時152・28
《参照条文》民法295条・533条

解　説

1　引換え給付判決の意義

　原告が無条件での給付判決を求めたのに対し，同時履行（民533）や留置権（民295）の抗弁を認めて引換え給付判決をする場合，これは，質的な一部認容判決であると実務上解されている。そのため，基本型2の記載を要し，これを欠くと主文の違法が生じる（判決の脱漏と主文の違法については第2章第2（西川知一郎「上訴審判決による原審または原々審判決の更正」）参照）。もっとも，原告の申し立てた請求の趣旨自体に自制的に引換え給付文言が入っており，主文においてもその金額や条件を変えない場合には，**基本型2の記載は必要ない**。

　引換え給付判決における反対給付の履行または提供は執行開始の要件である（民執31①）。そのため，反対給付の内容は，代金額も含め，判決主文上明確に表示されなければならない。

　原告が引換え給付判決を求めている場合に，原告の認める債務を原告の不利に変更した上で引換え給付判決をすること（例えば，〈事例1〉で1000万円の支払との引換え給付判決をすること）も認められる。これに対し，原告の有利に

変更した上で引換え給付判決をすること（例えば，〈事例1〉で，Xが無条件の明渡請求をすることなく800万円の支払との引換え給付のみを求めている場合に，600万円の支払との引換え給付判決をすること）は民事訴訟法246条に反し，認められない（星野英一『借地・借家法』571頁（有斐閣，1969）など）。

2 同時履行と引換え給付判決が問題となる諸相

原告からの給付請求に対し被告の同時履行の抗弁が認められた場合には，被告の有する債権の履行との引換え給付判決をすべきである。なぜなら，①同時履行の抗弁が認められるとして請求棄却の判決をするよりは原告に有利であるし，②請求棄却としてしまうと，被告が反対給付を求めて別訴を提起し，原告が同時履行の抗弁を主張すれば，この請求も棄却とせざるを得ず，紛争解決ができなくなるからである（長谷部由起子執筆，鈴木正裕＝青山善充編『注釈民事訴訟法(4)』118頁（有斐閣，1997））。

同時履行の関係は，民法533条が適用される場合，同条が準用される場合（民546・692，借家法1③，仮登記担保3②等）に認められるが，解釈上，同時履行の抗弁または引換え給付の抗弁が認められるか問題となるものとして次のものがある（なお，同時履行の抗弁と引換え給付の抗弁とは，前者が，民法533条に定める対価的関係に立つ双務契約上の対立した債権関係またはこれに類似する関係から牽連性の一環として認められるものであるのに対し，後者は，そのような関係にはないが，二重払いの危険から債務者を保護する等といった理由から引換え給付を認めるべき場合であるという違いがある。具体的には，主に，遅滞責任を免れさせる（前者）か否（後者）かという点で差が生じる（最三小昭40・8・24民集19・6・1435，判時421・40，判タ181・115，松井智予「原因債権行使の方法」別冊ジュリ173号180頁））。

(1) 契約の無効・取消後の原状回復義務の場合

同時履行関係にある（未成年者取消につき最三小判昭28・6・16民集7・6・629，判時5・18，判タ31・63，詐欺取消につき最一小判昭47・9・7民集26・7・1327，判時684・52，判タ283・130，公序良俗違反無効につき横浜地判平11・9・22判タ1069・99，岡山地津山支判昭51・9・21下民集27・9〜12・589，無権代理無効につき東京高判昭50・11・27高民28・4・369，通説）。1台の自動車に複数の車台番号が存在する接合車の売買契約について買主が錯誤により無効（旧民95）であるとして売買代金の返還を求めたのに対し，売主が同車の移転登録手続を受けることとの同時履行の抗弁を主張し，

引換え給付を求めることは信義則上許されないとされた例（最二小判平21・7・7裁判集民231・419）がある。

(2) 譲渡担保権の実行に伴って譲渡担保権設定者が取得する清算金請求権と譲渡担保権者の譲渡担保契約に基づく譲渡担保目的物についての引渡しないし明渡しの請求権

同時履行関係にある（最一小判平15・3・27金法1702・72，最一小判昭46・3・25民集25・2・208）。

(3) 保証人の事前求償と担保提供の場合

> 1 被告は，原告に対し，原告から別紙物件目録記載の建物への抵当権設定登記手続を受けるのと引換えに，○○円を支払え。
> 2 原告のその余の請求を棄却する。

保証人からの事前求償に対し，主債務者は担保の提供を求めることができる（民461①）が，この事前求償と担保提供について，Ⓐ引換え給付の関係にあるとする説（東京高判平10・3・18東高時報49・1～12・10，大阪地判平24・10・30判タ1392・160，前田陽一「委託を受けた保証人による事前求償権の行使と民法461条1項」ジュリ1120号115頁など，通説。なお，東京地判平12・12・18判タ1069・180は担保提供が事前求償の停止条件になるとする。事前求償債務について例外的に先履行を認めるべき要件につき山野目章夫・東京地判平7・4・13評釈（判評452・26））とⒷ事前求償債務が先履行になるとする説（東京地判平7・4・13判時1553・105，故定塚孝司判事遺稿論集刊行会編『故定塚孝司判事遺稿論集 主張立証責任論の構造に関する一試論』89頁（判例タイムズ社，1992））とがある。掲示した主文例は，Ⓐ説に立った場合のものである。

(4) 弁済と受取証書交付ないし債権証書返還の場合

いずれも弁済と対価的関係にはないが，受取証書の交付（民486）については，二重払いの危険から弁済者を保護するため，引換え給付の関係が認められていた（大判昭16・3・1民集20・163，最一小判昭39・10・8裁判集民75・635）ところ，平成29年民法改正により引換え給付の関係にあることが条文上明示された。これに対し，債権証書の返還（民487）については同関係が認められない（我妻榮ほか『我妻・有泉コンメンタール民法―総則・物権・債権―〔第7版〕』989頁（日本評論社，2021））。これは，債権の存在を裏付ける書面について，判決手続というその債権についての債務名義取得の段階で弁済と同時にその返還を履行させる意味がないからである。

この点に関連して，手形・小切手等呈示証券に基づく支払請求に対し，その証券返還との引換え給付の抗弁は認められない（大判昭8・5・26民集12・1353，坂井芳雄『裁判手形法』132頁（一粒社，1988）など，通説）。呈示証券の返還は，弁済者への債権証書返還の一態様にすぎないからである（坂井・前掲書133頁）。

　もっとも，貸金債務の支払確保のために手形等が振り出されている場合に，手形金等ではなく，貸金が請求されたときは，債務者である被告は，その手形等との引換え給付を求めることができる（最三小判昭33・6・3民集12・9・1287，判時153・17，最二小判昭35・7・8民集14・9・1720，判時229・37，判タ108・43）。手形金の請求の場合と異なり二重払いの危険があるからである。

(5) 継続的取引関係の場合

　継続的取引の場合，被告は，原告が前の弁済期に属するその債務を履行するのと引換えに，後の弁済期に属する被告の債務を履行するとの抗弁を訴訟上も主張することができ（大判明41・4・23民録14・477），判決主文でもその旨を表示しなければならない。

(6) 不動産賃貸借関係

　建物買取請求権（借地法4②，借地借家13①）行使により，その建物の登記・引渡債務と代金支払債務とは同時履行関係に立つ（後掲（山田篤，杏掛遼介「建物買取請求権が行使された場合の主文」）参照）。

　立退料等と賃借物件の明渡債務については後掲（樋口正樹「立退料の支払と賃貸建物の明渡しとの引換え給付」）参照。

3　債務者でない者からの給付との引換え

> 1　被告は，原告に対し，Aから〇〇円の支払を受けるのと引換えに，別紙物件目録記載の土地を明け渡せ。
> 2　原告のその余の請求を棄却する。

〈事例2〉　XはAから土地を買い受けたが，同土地はAがYから買い受けたものであり，AはまだYに代金を支払っておらず，Yが土地を占有していた。XがYに対し土地の明渡しを訴求した。

　同時履行の抗弁は，双務契約の牽連性から，契約に基づく債務に伴う権能として認められるものであるので，当該債務を負担しない第三者に対しては主張

できない（逆に，債権債務が同一性を保ったまま第三者に移転する場合には主張できる（大判大6・11・10民録23・1960）。）。したがって，〈事例2〉の場合，Yが同時履行の抗弁を主張しても認められず，引換え給付判決はされない。

これに対し，物権たる留置権は第三者対抗力を有するから，〈事例2〉の場合，Yが留置権の抗弁を主張すれば認められ，Xの請求に対しては，Aの代金支払と引換えに土地明渡しを認容する旨の引換え給付判決をすることとなる（最一小判昭58・3・31民集37・2・152，判時1078・73，判タ497・100）。

なお，このような引換え給付の判決をしても，その第三者には判決効は及ばないから，執行の成否は第三者の任意弁済に係ることになる。ただ，代位弁済が許される場合にはそれにより執行が可能となろう（最一小判昭47・11・16民集26・9・1619，判時689・68，判タ288・193）。

4　訴訟運営上の留意点

当事者が同時履行・留置権の抗弁を行使する旨を主張しない場合，その事実関係が弁論および証拠上明らかであっても，これを前提にして引換え給付判決をすることは許されない（大判大7・5・2民録24・949，大判昭10・2・19新聞3816・7など）。したがって，主張からは権利行使の有無が明らかでない場合（「原告の債務も未履行である」，「同時履行の関係にある」などと述べているにすぎないなど）には，適切に釈明権を行使するのが相当である。先例では，弁論の全趣旨から同時履行・留置権の抗弁が黙示的に主張された旨認定することは可能とされている（最三小判昭36・2・28民集15・2・324，判時252・12）が，適切な訴訟指揮がされなかった場合の救済措置と考えるべきであろう。

〔樋口　正樹〕

○立退料の支払と賃貸建物の明渡しとの引換え給付

〈請求の趣旨〉
　被告は，原告に対し，原告から200万円又はこれと格段の相違のない範囲において，裁判所が認定する相当額の金員の支払を受けるのと引換えに，別紙物件目録記載の建物を明け渡し，かつ，令和○年○月○日から同明渡済みまで1か月××円の割合による金員を支払え。

基本型
1　被告は，原告に対し，原告から350万円の支払を受けるのと引換えに，別紙物件目録記載の建物を明け渡し，かつ，令和○年○月○日から明渡済みまで1か月××円の割合による金員を支払え。
2　原告のその余の請求を棄却する。

《参照判例》最一小判昭46・11・25民集25・8・1343，判時651・68，判タ271・173，最二小判平3・3・22民集45・3・293，判時1397・3，判タ768・52，最三小判平6・10・25民集48・7・1303
《参照条文》借地法4条1項但書，借地借家法6条，借家法1条の2，借地借家法28条

解　説

1　賃貸建物の明渡請求における立退料支払の申出
　(1)　位置付け
　不動産賃貸借において賃貸人が当該不動産の返還を請求するに当たってする期間満了の際の異議（借地法4①但書，借地借家5①但書）ならびに更新拒絶（借家法2①，借地借家26①本文）および解約申入れ（借家法3，借地借家27）には，「正当の事由」が必要である（借地法4①但書・6②，借地借家6。借家法1の2，借地借家28）。この正当事由は規範的要件とされており，その具体的事情においては，①主要な要素として，賃貸人，賃借人それぞれが当該不動産の使用を必要とする事情が，②副次的に，不動産の賃貸借に関する従前の経過，不動産の利用状況（建物の

現況）が，③補完的に，賃貸人が明渡しの条件としてまたは明渡しと引換えに賃借人に対して財産上の給付（立退料の支払や代替不動産の提供。以下，便宜上，立退料だけについて考察する。）をする旨の申出をした場合におけるその申出（最一小判昭46・6・17裁判集民103・135，判時645・75）が考慮される。

(2) 法的性質

前記③立退料支払の申出については，Ⓐ正当事由の内容を構成する事実であるとする説（最二小判昭38・3・1民集17・2・290，判時338・23，判タ146・62，最二小判昭46・6・17判時645・75，前掲《参照判例》最一小判昭46・11・25など）と，Ⓑ事実ではなく，裁判所をして，立退料支払との引換え給付判決をするとの裁量権の行使を可能ならしめる事由であるとする説（前掲《参照判例》最二小判平3・3・22，同最三小判平6・10・25可部補足意見．西謙二・判例解説530頁参照）とがある。ここでは，まず，この両説の基本的な差異がどこにあるのかを概観する（詳細については，山本克己「立退料判決をめぐる実体法と訴訟法」石川正先生古稀記念『経済社会と法の役割』1212頁（商事法務，2013）参照）。

立退料の内容は，借地非訟事件における財産上の給付（借地借家17③等）と同様に，明渡しによって賃借人が被る損失の補償である。ところで，実体法上の権利（有益費償還請求権，建物買取請求権，造作買取請求権）によって補償される損失は，それらの権利の行使によって補償されることを予定しているから，立退料によって補償される損失とは，それら実体法上の権利では補償されないものを意味する。すなわち，立退料の請求は，実体法上，賃借人の権利として認められてはいない（高橋勝男「借家の立退料」塩崎勤＝澤野順彦編『裁判実務体系』23巻399頁（青林書院，1995））。ここまで両説に差はない。

では，立退料の請求の法的根拠を何に求めるか。この点が両説の根本的な差異である。Ⓐ説は，賃貸人の意思に求める（高橋・前掲書402頁）のに対し，Ⓑ説は，政策的な社会立法としての借地法，借家法，借地借家法が裁判所に認めた裁量に求める。

そして，立退料の内容は賃貸借契約終了後の問題であるから，賃貸借契約終了事由の要件である正当事由における考慮要素とはなり得ないが，立退料の提供の申出は，賃貸借契約の終了に先立って存在し得るから，これが正当事由における考慮要素となる（この点も両説に差はない。）。ただ，上記の根本的な差異から，立退料の提供の申出についても，賃貸人の意思表示という事実（Ⓐ説）か，裁量権発動の要件（Ⓑ説）かという違いが生じることになる。

こうした差異から、後記の各論点において、両説から論理的に演繹される結論は分かれる。そして、Ⓑ説は、その実益を、Ⓐ説の結論の不都合を抜本的に解決する点にあるとする（前掲可部補足意見）。しかしながら、技巧的にすぎるきらいがあり、しかも、一部後述するように、同不都合は、Ⓑ説によらなければ回避できないものでもない。

2　引換え給付判決の可否

立退料の提供の申出という賃貸人の意思表示のみによって立退料支払債務が発生することはない。この点から、不動産明渡債務との引換え給付関係を観念することもできないと考えると、Ⓐ説の論理的帰結としては、立退料の支払との引換え給付判決はできないということになる。これに対し、Ⓑ説からは、立退料支払債務の発生を問題とするまでもなく、裁判所が裁量権を発動することにより引換え給付判決をすることができる。しかし、引換え給付判決をするからといって不動産明渡請求の訴訟物が拡張されるわけではないから、引換えの対象となる原告の負担が債務として発生していることが引換え給付関係を観念する当然の前提とはいえない。そうすると、Ⓐ説を前提としても、立退料の支払と不動産明渡債務との引換え給付関係を観念できる（鈴木禄弥『新版居住権論』206頁（有斐閣、1981））。

3　立退料の提供の申出がない場合の引換え給付判決の可否

(1)　民事訴訟法246条との関係

これは、無条件での明渡請求に対して立退料支払との引換え給付判決をすることが一部認容といえるかという問題である（したがってⒶ、Ⓑ説で差異は生じないはずであるが、前掲可部補足意見は、民事訴訟法246条に反するとして否定する。）。立退料の提供の申出があった場合に引換え給付判決ができる根拠は、そのような賃貸人は無条件（0円）での明渡請求をその申出額までの範囲で自制しているのであるから、その範囲内で立退料支払との引換え給付判決をしても民事訴訟法246条に反しないとの点にある（東京高判昭26・10・9下民2・10・27、鈴木・前掲書189頁）。とすれば、立退料支払との引換え給付判決は、無条件での明渡請求を一部認容したものといえ、民事訴訟法246条には反しない（佃浩一「解約申入れによる建物明渡訴訟」塩崎勤編『裁判実務大系』11巻523頁（青林書院、1987））。

(2)　弁論主義との関係

Ⓐ説からすると，立退料の提供の申出は事実であるから，賃貸人・賃借人のいずれかからその主張があれば弁論主義には反しない（逆に，いずれの当事者からも主張がなければ，弁論主義に反し，引換え給付判決はできない。園部秀穂「建物賃貸借契約の更新と更新拒絶」塩崎勤＝中野哲弘編『新・裁判実務大系』6巻157頁（青林書院，2000））。賃借人から「賃貸人が立退料の申出をした」との事実主張があり，賃貸人がこれを争う場合，賃貸人が無条件での明渡請求に拘る趣旨でなければ，同事実を正当事由の評価根拠事実と位置付け，不利益陳述として扱うことになろう。これに対し，無条件での明渡請求に拘る趣旨だとすると，不利益陳述と扱うことはできない。この場合，前記2のとおり立退料支払債務と不動産明渡債務との引換え給付関係を認める以上，同事実は，賃借人からの引換え給付の抗弁の主要事実として位置付けることになろう。

　他方，Ⓑ説からすると，そもそも弁論主義の問題にはならない（したがって，不利益陳述と扱うこともできない。）が，裁判所が裁量権を発動させる要件を欠くことになるから，立退料支払との引換え給付判決をすることはできないことになる（前掲可部補足意見）。しかし，賃借人から事実主張があった場合にも同結論を維持するのは疑問である。この場合に，Ⓐ説同様引換え給付の抗弁として構成することも考えられるが，そうだとすると，同じ主張が事実として扱われなかったり扱われたりすることになる。Ⓑ説がこの点をどう説明するのかは定かでない。

4　立退料等の増減額の可否

　〈事例〉賃貸人Xが，賃借人Yに対し，不動産の明渡しを請求した。訴訟において，Xは100万円の立退料支払を申し出た。

(1)　増額の可否

　これは，賃貸人から申出があった立退料の金額（〈事例〉では100万円）が，正当事由を補完するに足りる金額（例えば150万円）より低額であった場合，裁判所は，同金額（150万円）の立退料の支払との引換え給付判決ができるかという問題である。

ア　民事訴訟法246条との関係

　前記3(1)のように，立退料の提供の申出がない場合にも，立退料の支払との引換え給付判決は一部認容判決として同条に反しないと考える以上，賃貸人の申出額を増額して引換え給付判決をすることも一部認容判決として許されるこ

とになろう（ここまではⒶ，Ⓑ説で差はないはずであるが，前掲可部補足意見は，民事訴訟法246条に反するとして否定する。）。

　　イ　弁論主義等との関係

　Ⓑ説からすると，弁論主義の問題にはならず，賃貸人による立退料の提供の申出さえあれば，裁判所に裁量権の逸脱がない限り，その範囲内で立退料の額を決め得る（増額もできる。）という結論になるはずである。

　他方，Ⓐ説からすると，立退料の額についても弁論主義が及ぶから，賃貸人の申出額を増額して引換え給付判決をするには，賃貸人が立退料として一定の金額またはこれと格段の相違のない一定の範囲内で裁判所の決定する金員を支払う（いわば支払額を白地とする。）旨の意思表示をしていることが必要である。加えて，金銭支払請求に対する一部認容判決と異なり，立退料の支払は賃貸人に実際の出捐という積極的な負担を課すものであって，かつ，その額等について当初から契約が存するわけではないから，賃貸人に対する不意打ちを防止すべく，その増加は，賃貸人の申出の合理的意思解釈から申出額と格段の相違のない範囲内と認められる額までしかできないというべきである（前掲《参照判例》最一小判昭46・11・25，最三小判昭46・12・7判時657・51）。逆に，賃貸人が立退料として一定の金額だけしか申し出ていない場合に立退料を増額することは，弁論主義に反し，また，賃貸人に対する不意打ちとなるから，原則として許されない。ただ，実際には，賃貸人が，和解の場では相当額の立退料の支払を申し出ながら，訴訟の場では立退料を支払う旨の申出をせず，したとしても，和解の場における申出額より低めの金額であることも多い。このような場合にまで裁判所が賃貸人の申出額に拘束されると考えるのは実際的でなく，また，申出額と格段の相違のない範囲内であれば，賃貸人に対する不意打ちのおそれも少ない（佃・前掲書523頁）。そこで，このような場合には，賃貸人がその申出額に固執するのでない限り（鈴木重勝「申立事項と判決事項」鈴木忠一＝三ヶ月章監『新・実務民事訴訟講座3』359頁（日本評論社，1982）），賃貸人から上記のような黙示の意思表示がされたと認定して，立退料を上記の範囲で増額することも弁論主義に反しないと考えられる（最三小判昭36・2・28民集15・2・324，判時252・12参照。なお，増額できる具体的範囲について佃・前掲書524頁参照）。

　(2)　減額の可否

　これは，賃貸人から申出があった立退料の金額（〈事例〉では100万円）が，正当事由を補完するに足りる金額（例えば80万円）を超えた場合，裁判所は，

同金額（80万円）の立退料の支払との引換え給付判決ができるかという問題である。

　　ア　民事訴訟法246条との関係

　立退料を賃貸人の申出額以下に減じて引換え給付判決をすることは民事訴訟法246条に反し，認められないとされている（星野英一『借地・借家法』571頁（有斐閣，1969）など）。確かに，Ｘが無条件の明渡請求をすることなく100万円の立退料支払との引換え給付のみを求めている場合に，80万円の立退料支払との引換え給付判決をすることは，民事訴訟法246条に反する。しかし，Ｘが無条件の明渡請求と共に100万円の立退料支払との引換え給付を求める場合には，立退料について０円から100万円までの間の主張をしているとみるのが合理的であるから，その間の80万円の立退料支払との引換え給付判決をしても，一部認容として，民事訴訟法246条には反しないと考えられる（加茂紀久男「借地法一条ノ二の『正当ノ事由』と立退料」判タ281号23頁）。

　　イ　弁論主義等との関係

　Ⓑ説からすると，弁論主義の問題にはならず，賃貸人による立退料の提供の申出さえあれば，裁判所に裁量権の逸脱がない限り，その範囲内で立退料の額を決め得る（減額もできる。）という結論になるはずである。

　他方，Ⓐ説からしても，賃貸人の合理的意思について前記アのように解する以上，賃貸人の申出額以下の立退料支払との引換え給付判決をしても，弁論主義第１命題には反せず，不意打ちにもならないと考えられる（もっとも，前記(1)イのように，賃貸人が申し出る立退料は低めであることが多いから，裁判所がその申出額を更に減額する場面は稀であろう。）。なお，〈事例〉で賃借人Ｙが立退料の額について100万円と主張していた場合でも，賃貸人の合理的意思について前記アのように解する以上，金額について争いがないとはいえないから，弁論主義第２命題により裁判所が立退料の金額を減額することができなくなるということはない。

5　立退料の申出の時期

　正当事由は，期間満了の際の異議時（借地法４①但書，借地借家６），更新拒絶時から最低６か月間（借家法２①，借地借家26①本文），解約申入れ時から６か月間（借家法３，借地借家27）存在することを要する（前掲《参照判例》最三小判平６・10・25）。

　したがって，Ⓐ説からの論理的帰結は，立退料の提供の申出も異議時，更新

拒絶時から最低6か月間，解約申入れ時から6か月間存する必要があるということになる。しかしながら，立退料の存在意義は，不動産明渡請求の全面認容か全面棄却かという択一的な解決を避け，いわば和解的な解決により当事者間の実質的な衡平を図るという点にある。そして，そのような結論は，裁判所における審理を通じて導出されるという性質を有する。にもかかわらず，立退料についてまで時的要素を厳格に要求することは背理である（前掲《参照判例》最三小判平6・10・25）。まさにこのような背理を排する目的でⒷ説は唱えられたものであり，Ⓑ説からすれば，当然，立退料の提供申出は，事実審の口頭弁論終結時までにされれば足りるということになる。しかし，Ⓐ説を前提としても，法が時的要素を要求した趣旨が上記の立退料の意義とは適合しない以上，立退料の提供の申出については時的要素を要求する前記各条文の適用がないと考えれば，事実審の口頭弁論終結時までにされれば足りるとの結論になる（東京地判昭49・9・30下民25・9～12・781参照，前掲《参照判例》最三小判平6・10・25）。

6 訴訟物の個数

　無条件の不動産明渡請求をしている賃貸人から，立退料の提供の申出があり，その後申出額の増額の申出があった場合，Ⓐ説では，正当事由の判断要素がそれぞれ異なることになり，申出ごとに新たな解約申入れ等があったものとして訴訟物が順次増えていくと捉えられる傾向にあった（小林克已執筆，藤田耕三＝小川英明編『七訂版不動産訴訟の実務』209頁（新日本法規，2010））。これでは訴訟物がいたずらに増えることになって煩瑣である。これに対し，Ⓑ説では，正当事由の判断要素に差はないから，いずれの請求も1個の訴訟物であるということになる。しかし，賃貸借契約の終了に基づく明渡請求権は，賃貸借契約の効果として発生する賃借物返還義務に基礎をおくものであり，解除・解約の申入れ等の終了原因自体の効果として発生するものではないから，1個の賃貸借契約に基づく明渡請求である限り，終了原因のいかんにかかわらず，訴訟物は常に1個であり，個々の終了原因は原告の攻撃防御方法にすぎない（司法研修所『紛争類型別の要件事実』88頁，同『増補　民事訴訟における要件事実』2巻148頁）。そうすると，Ⓐ説を前提としても，立退料の提供の申出や申出額の増額の申出があっても，攻撃防御方法が増加するに止まり，訴訟物は1個であると考えられる（前掲《参照判例》最二小判平3・3・22，塩崎勤「建物の賃貸人が解約申入後に提供又は増額を申し出た立退料等の金員を参酌して当該解約申入の正当事由を判断することの可否」判タ1020号106

頁)。

　ただ，実務では，請求の趣旨において，無条件の明渡請求と引換え給付の請求とを併記するものが多い（塩崎・前掲106頁，最高裁判所事務総局編『新しい様式による民事判決書集第1集』89頁等）。複数の訴訟物がある場合にその併合態様を当事者意思から決することはできても，1個しかない訴訟物を当事者の意思で2個以上に増やすことはできないというべきである。したがって，本来の請求の趣旨としては，無条件の明渡請求のみを表示すべきであり，請求原因において，立退料の提供の申出の事実を摘示すれば足りる。ただ，無条件明渡しと引換え給付という同一訴訟物についての態様を異にする2つの事実主張があることを示す方法として便宜であり，違法とまでする必要はない。とはいえ，判決書において，主位的請求，予備的請求と併記し，主文で「原告の主位的請求を棄却する」というような表示をするのは避けた方が無難であろう。

7　附帯請求の法的性格

　Ⓑ説では，立退料の提供の申出が実体法上の意味を有することはないので，賃貸借契約終了後の賃借人の占有は適法化されず，賃貸借契約終了後不動産明渡しまでの賃料相当額は遅延損害金債務となる。

　他方Ⓐ説では，立退料支払債務と不動産明渡債務との引換え給付関係を認めることから，賃借人が立退料の支払を受けるまでの不動産の占有が適法化され，賃貸借契約終了後不動産明渡しまでの賃料相当額は不当利得返還債務となるとする説もある（最高裁判所事務総局編・前掲書92頁）。しかし，立退料の存在意義は，賃貸人・賃借人間の実質的な衡平を図る点にあり，前記2のとおり，立退料支払債務は判決時においても未だ発生しない以上，両債務は対価的関係にない。そうすると，前記2の引換え給付関係は，同時履行関係ではなく，引換え給付が認められたとしても，賃借人は不動産明渡債務について遅滞責任は免れないと考える（前掲（樋口正樹「引換え給付判決の主文」）参照）。とすれば，賃貸借契約終了後不動産明渡しまでの賃料相当額は遅延損害金債務となる。

　なお，下級審での取扱いの大勢は遅延損害金である（東京地判平20・4・23判タ1284・229，東京高判平12・12・14判タ1084・309，東京高判平12・3・23判タ1037・226，東京地判平10・8・21判タ1020・212，東京地判平9・11・7判タ981・278，東京地判平8・5・20判時1593・82，東京地判平7・10・16判タ919・163，東京地判平7・9・26判タ914・177等）。

8 訴訟運営上の留意点

　立退料の提供の申出は，賃貸人が，訴訟の場では明確に主張していないものの，和解等の場ではその意向を表明することがままある。このような場合，裁判所は，弁論終結時までに釈明権を行使して同申出の有無を明確にさせておくべきだろう。また，その際には，同時に解約の申出もさせる方が便宜である（佃・前掲書522頁）。

　立退料の申出額については，釈明権を行使して，賃貸人がその額に固執するのかどうかを明らかにさせ，その額に固執しないのであれば，裁判所が増額する場合に備え，「一定の金額又はこれと格段の相違のない一定の範囲内で裁判所の決定する金員を支払う」といった内容であることを明示させておく方が無難であろう。

　不動産明渡しという択一的判断と立退料決定という利害調整的判断とを一体的に処理することにより，立退料の合理化，理由付け責任の不明確さ，賃借人側の自律的反論の欠如等多様な問題を生じさせているとの指摘がある（和田仁孝「正当事由紛争の特質と訴訟過程㈠, ㈡」民商96巻3号336頁，同96巻4号514頁）。この指摘を受け，小川克介「正当事由」篠田省二編『現代民事裁判の課題』6巻521頁（新日本法規，1990）は，賃貸人からの立退料の提供の申出があれば安易に和解勧告し，立退料主張の合理性，その額の正当性について賃借人側に反論の機会を十分与えないようなことがあってはならないとする。

〔樋口　正樹〕

第3　確認訴訟としての適否が問題となる場合

○債務不存在確認の訴えの主文

> **基本型**
> 　原告と被告との間の令和○年○月○日の消費貸借契約に基づく原告の被告に対する元金1000万円の貸金債務は存在しないことを確認する。

《参照判例》最一小判昭27・12・25民集6・12・1282，判タ27・52，最一小判平16・3・25民集58・3・753

解　説

1　訴訟物の特定およびそれに係る主文例

　第3章第2（伊藤敏孝，大澤多香子「確認訴訟の場合の請求の趣旨と判決主文」）参照

2　確認の利益

　(1)　確認の利益の意義

　確認の訴えはその対象が論理的には限定されないから，紛争解決にとって無益な訴えを排除して訴訟制度全体の効率を上げるためには，確認の利益による絞り込みが必要となる。

　ここで，確認の利益は，一般的に，原告の請求について確認判決をすることが，原告の権利または法律的地位に対する現実の不安・危険を除去するために必要かつ適切な場合に認められる。債務不存在確認請求においては，被告が債権の存在を主張すれば，同要件を満たし，確認の利益があるとされる。

　(2)　債務不存在確認請求において確認の利益が問題となる諸相

　　ア　関連する給付請求が併せて審理されている場合

　債務不存在を理由とする抵当権設定登記抹消登記手続請求訴訟や過払いによる不当利得返還請求訴訟において，併せて債務不存在確認請求をすることは，前二者の請求では債務不存在について既判力が及ばないから，確認の利益が認められる（吉田健司「債務不存在確認請求訴訟」鷹田茂正＝中野哲弘編『裁判実務大系』13

巻337頁（青林書院，1987））。

　これに対し，貸主からの貸金請求訴訟において，その貸金債務の不存在確認の反訴を提起することは，反訴の利益を欠き，認められない（満田忠彦執筆，小川英明編『五訂版貸金訴訟の実務』471頁（新日本法規，2008））。同様に，反訴として給付請求が提起され，反訴を認容する場合，債務不存在確認の本訴は，確認の利益を失い却下される（前掲《参照判例》最一小判平16・3・25，西理「債務不存在確認訴訟について（下）」判時1405号6頁など）。

　　イ　被告が債務の存在を主張しない場合
　　　(ア)　確認の利益の有無の判断を基礎づける事実と弁論主義
　訴えの利益は職権調査事項である（最一小判昭42・9・14民集21・7・1807，判時502・34）が，その有無の判断を基礎づける事実について，Ⓐ弁論主義の適用を認め，裁判上の自白の成立可能性を肯定する裁判例（大阪地判昭40・12・27判時440・26）がある。これに対し，Ⓑ弁論主義の適用がないとの考えをとるとしても，直ちに職権探知事項となるわけではなく，当事者から提出された証拠や弁論の全趣旨に基づき，確認の利益の有無を判断することになる。

　　　(イ)　被告が欠席するなどして何ら主張しない場合
　Ⓐ説からすると，原告が「被告は債権の存在を主張している」との主張をしなければ確認の利益を欠くことになり，同主張があれば擬制自白が成立する（民訴159①本文）。Ⓑ説によれば，原告の同主張の有無は，弁論の全趣旨の一要素として，被告が欠席して何らの主張もしていないことや他の証拠から認められる事実と併せて考慮されることになり，必ずしもその事実のみで確認の利益の有無が判断されることにはならないが，重要な要素であろう。
　いずれの説からも，確認の利益が認められれば，請求認容判決をすることになる。

　　　(ウ)　被告が，請求の趣旨に対する答弁では請求棄却の判決を求めながら，債務の不存在を認めた場合
　Ⓐ説からすると，原告が「被告は債権の存在を主張している」との主張をしなければ確認の利益を欠くことになり，同主張があっても，被告が債権の存在を主張していないのは明らかであるから，裁判上の自白は成立せず，証拠および弁論の全趣旨（ここでは被告が請求棄却の判決を求めるとの答弁をしたことが重要となろう。）による認定が必要となる。Ⓑ説によれば，(イ)同様，原告の同主張の有無は，弁論の全趣旨の一要素として，被告が請求棄却の答弁をしたことや，他の証拠から認められる事実と併せて考慮されることになる。

いずれの説からも，被告が請求棄却判決を求めたことから，確認の利益を肯定し易く，これが認められた場合，被告は債務の不存在を認めているのであるから，請求認容判決をすることになる（浅生重機「債務不存在確認訴訟」鈴木忠一＝三ケ月章監『新・実務民事訴訟講座1』374頁（日本評論社，1981）参照）。

　(エ)　被告が請求を認諾すると答弁した場合

　Ⓐ説からすると，原告が「被告は債権の存在を主張している」との主張をしなければ確認の利益を欠くことになり，同主張があっても，被告は債権の存在を主張していないと認められるから，裁判上の自白は成立せず，証拠および弁論の全趣旨による認定が必要となる。そして，この説では，同主張の存在自体を弁論の全趣旨として考慮することはできず，被告が請求認諾の答弁をしたことが弁論の全趣旨として考慮されるから，確認の利益を肯定するのは困難であると考えられる。Ⓑ説によれば，(イ)同様，原告の同主張の有無は，弁論の全趣旨の一要素として，被告が請求認諾の答弁をしたことや，他の証拠から認められる事実と併せて考慮されることになる。そうすると，比較的確認の利益を肯定し易いだろう。

　確認の利益が認められれば，請求認諾調書を作成する（三好達「確認訴訟における請求認諾の効果」近藤完爾＝浅沼武編『民事法の諸問題1』155頁（判例タイムズ社，1995）参照）。もっとも，請求の認諾は，訴訟費用の負担について何ら効力を及ぼさない（請求の認諾をした場合には，原告が訴訟費用の負担をすることになることが少なくないであろう。）。

　　ウ　その他

　交通事故訴訟において，治療継続中で損害が拡大しており，訴訟による解決に不適切な状況である場合に，確認の利益を欠くとした裁判例がある（東京地判平9・7・24判時1621・117，判タ958号241頁，高野真人「債務不存在確認訴訟」飯村敏明編『現代裁判法体系』6巻38・43頁（新日本法規，1998））。

〔樋口　正樹〕

○賃料増・減額請求訴訟の主文

> **基本型**
> 　原告と被告との間の別紙物件目録記載の土地に係る賃貸借契約について，令和6年1月23日時点の賃料が1か月70万円であることを確認する。

〈事例〉土地の賃貸人Xが，賃借人Yに対し，令和6年1月23日，賃料増額請求（1か月50万円から70万円に増額）をし，増額した賃料の確認訴訟を提起した。これに対し，Yが賃料減額請求（1か月50万円を30万円に減額）をした。
《参照判例》最一小判平26・9・25民集68・7・661
《参照条文》借地借家法11条1項・32条1項

解　説

1　訴訟物の特定

(1)　訴訟形態と訴訟物

　賃料増減額請求に関する訴訟形態としては，増減額された賃料額の確認訴訟が最も多く，次いで増減額された賃料額との差額の給付訴訟が多いが，不動産投資が盛んであった時分は，賃貸人の究極の目的が不動産明渡しにあることも多く，実際，明渡訴訟に至った例も少なくなかった（稲田龍樹執筆，藤田耕三＝小川英明編『六訂版不動産訴訟の実務』731頁（新日本法規，2003））。

　確認請求の場合，賃料増減額請求権は形成権である（増額請求につき最二小判昭36・2・24民集15・2・304）から，増減額の効果が発生するのは増減額請求の意思表示が相手方に到達した時（事例では令和6年1月23日）である（増額請求につき最一小判昭45・6・4民集24・6・482，判時599・26，判タ251・177，減額請求につき東京地判平10・5・29判タ997・221）。したがって，裁判所による相当賃料額の判断は，既に増減額請求によって客観的に定まっていた賃料額（事例では，令和6年1月23日における賃料額）を認定するものである（最一小判昭33・9・18民集12・13・2040）。すなわち，その訴訟物は，増減額請求の意思表示到達日時点の賃料額である（《参照判例》最一小判平26・9・25）。賃料増減額請求権の行使時以降の一定期間の賃料額の確認を求めることもできるが，「令和6年1月23日から令和6年

○月○日までの賃料」というように期間を明示する必要がある。

　給付請求の場合，その訴訟物は，増減額された賃料額と支払われた賃料額との差額についての賃貸借契約に基づく賃料請求権（増額の場合）または不当利得返還請求権（減額の場合）である。

(2)　金額の明示とその効果

　増減額請求の際にその具体的な金額を示す必要はない（増額請求につき東京高判昭26・4・28下民2・4・560）が，訴訟の際には，訴訟物の特定のため，増減額された額の主張が必要である（最一小判昭27・12・25民集6・12・1282，田村洋三「賃料（家賃）」稲葉威雄ほか編『新借地借家法講座』3巻94頁（日本評論社，1999））。

　増減額請求後，訴訟係属中にさらに増減額相当事由が発生した場合に，同事由をもって増減額の範囲を変更するためには，新たな増減額請求が必要となる（最三小判昭44・4・15判時554・43，最三小判昭52・2・22裁時710・1，金判520・26，高橋隆「増（減）額請求権行使の要件」篠田省二編『現代民事裁判の課題』6巻257頁（新日本法規，1990））。これに関し，当初の増減額請求が相当額未満（増額請求の場合），または，相当額超（減額請求の場合）の場合には，新たな増減額請求の条件が整わなくとも，相当額まで増減額請求できるという裁判例（東京高判昭47・9・22下民23・9～12・503，判時683・95，判タ288・326）がある。

2　確認の利益

　確認の利益は，一般的に，原告の請求について確認判決をすることが，原告の権利または法律的地位に対する現実の不安・危険を除去するために必要かつ適切な場合に認められる。

　事実は時間の経過と共に刻々と変化する以上，現在の権利関係に関する紛争を解決するためには，その前提となる過去の事実よりも，現在の権利関係を確認する方が通常有益である。したがって，①過去の事実を確認の対象とする場合，原則として確認の利益を欠く。しかしながら，過去の事実が，現在の権利関係の基礎をなし，それを確認することで抜本的な紛争解決を図り得る場合には確認の利益が認められる（最大判昭45・7・15民集24・7・861，判時597・64，判タ251・160，特に大隅補足意見）。

　また，より直截で実効的な解決方法である②給付請求が可能である請求権について，確認の利益は認められない。しかしながら，その請求権の基本となる権利関係を確認することで抜本的な紛争解決が図り得る場合には，確認の利益

が認められる（最一小判昭29・12・16民集8・12・2158，判時43・15，判タ46・26）。

①賃料増減額請求権は形成権であるから，確認の対象は過去の請求時において増減された賃料額という事実であるし，前記のとおり，②増減額された賃料額との差額の給付訴訟を提起することもできる。原告にとって最終的な目的が債権回収にあることは間違いないが，にもかかわらず賃料増減額請求を提起する目的は，特定の時点における賃料の額を明確にすることにある。しかも，賃料額が定まれば，それまでの賃料額との差額についての給付請求が将来にわたって基礎づけられるのはもちろん，賃料の不足分に係る債務不履行解除に基づく明渡請求も基礎づけられるから，被告も，その賃料支払を怠って賃借権を失うという重大な結果を招くつもりはなく，その任意の履行が期待でき，したがって，原告も，執行力のある判決を求めているわけではない。そうすると，このような訴訟は賃料額を明確にする目的達成だけに存在意義がある。そのような目的に過不足なく対応する合理的な訴訟の形態として，給付訴訟は過大であり，確認訴訟こそが適当といえる。したがって，過去の事実であることや給付請求が可能であることから確認の利益を欠くということにはならない（平澤雄二「賃料額の確認を求める訴え―その訴えの利益と機能的側面からの一考察―」判タ363号51頁）。

もっとも，高額賃料のマンションの賃貸の場合のように，差額賃料の請求も当然考えられる場合には以上の議論は当てはまらないから，確認の利益を欠き，差額賃料の給付訴訟によるべきである。

3　主　文

(1)　全部認容の場合

基本型と同様となる。

(2)　一部認容の場合

〈事例〉で相当額が60万円であったとすると，Xの請求は60万円の範囲で認められ，Yの請求は棄却される。逆に，相当額が40万円であったとすると，Xの請求は棄却され，Yの請求は40万円の範囲で認められる。後者は，Yの請求に対する一部認容判決であって，Xの請求に対する判断ではないから，Yの請求がない場合には，単にXの請求を棄却する。

〔樋口　正樹〕

○金銭債権存在確認の訴えの主文

> **基本型**
> 　原告と被告との間の令和○年○月○日の消費貸借契約に基づく原告の被告に対する1000万円の貸金債権が存在することを確認する。
> 〈敷金返還請求権〉
> 　原告と被告との間の令和○年○月○日の敷金契約に基づく原告の被告に対する××円の敷金返還請求権が，別紙物件目録記載の建物明渡し時において，被告の原告に対する原被告間の賃貸借契約上の一切の債権と相殺した残額の限度で存在することを確認する。

《参照判例》最一小判昭29・12・16民集 8・12・2158，判時43・15，判タ46・26
《参照条文》民法147条

解　説

1　債権確認の訴えの適法性

　確認の利益は，一般的に，原告の請求について確認判決をすることが，原告の権利または法律的地位に対する現実の不安・危険を除去するために必要かつ適切な場合に認められる。とすると，直截で実効的な解決方法である給付の訴えが可能である請求権について確認の利益は認められない。逆に，給付の訴えができない場合，例えば，将来の敷金返還請求権の存在確認請求（最一小判平11・1・21民集53・1・1，判時1667・71，判タ995・73），（仮）差押えされた請求権についての存在確認請求（高橋宏志『重点講義　民事訴訟法（新版）』313頁（有斐閣，2000））などには確認の利益が認められる。

　しかしながら，確認の利益を要求する本来の趣旨に鑑みれば，給付の訴えが可能であっても，確認の訴えによることが紛争解決に適合し無益な訴えを排除することになる場合にまで確認の利益を欠くとするのは妥当でない。「請求権」について給付の訴えが可能であっても，その請求権の基本となる「債権」について確認することが紛争解決に適合し無益な訴えを排除することになる場合には，確認の利益が認められる（前掲《参照判例》最一小判昭29・12・16，奥田昌道『新版債権総論（上巻）』19頁（判例タイムズ社，2020））。

このような観点から確認の利益が認められるものとして，不代替的作為義務の存在確認請求（東京地判平3・3・28判時1403・74），将来の給付請求権の原因判決的な存在確認請求（高橋・前掲書310頁）がある。

2　時効の更新目的の債権存在確認の訴え

> 原告と被告との間の令和○年○月○日の金銭消費貸借契約に基づく原告の被告に対する次の貸金債権が存在することを確認する。
> 　　貸付の種類　　　証書貸付
> 　　元金　　　　　　1500万円
> 　　利息　　　　　　……円
> 　　　　　　　　　　　：
> 　　令和○年○月末日現在の貸付残元本額　　××万円

(1)　適法性

貸金債権の場合，返還請求権について給付の訴えによるのが最も直截で実効的な解決方法であることは明らかである。ところが，銀行等の金融機関にとって，貸付先の財務状況からすると，その債務の履行を求め，強制執行することに意味はないものの，消滅時効の更新の必要はある場合がある。そのためには確定判決または確定判決と同一の効力を有するものを得る必要がある（民147②）。この場合にも原則論を厳格に貫いて給付請求を選択しなければならないとすると，その請求の趣旨は「全額即時支払え」とならざるを得ないから，債務者である被告は，貸し手責任や権利の濫用といった無理な主張をして応訴したり，任意支払の気持ちを動揺させたりする可能性が高く，無用な危険や費用を生じさせかねない。

そこで，貸付先の抵抗感を薄くし，応訴可能性を低める（＝欠席判決や自白判決の割合を高める。）ため，貸付債権の存在確認の訴えを提起する例が多数生じた。

「最も直截で実効的な解決方法が給付請求である」という命題は，「債権者は貸金債権について即時執行を目的としている」ことを前提としている。債権存在確認請求を提起した金融機関にとっても，最終的な目的が債権回収にあることは間違いないが，にもかかわらず確認請求を提起する目的は，貸金債権が消

滅時効によって消滅することを防止することにある。しかも，その債権については，抵当権が設定されているなど，将来にわたっても給付訴訟を提起する可能性は低いのが通常である。そうすると，このような訴訟は時効の更新の効力を発生させる目的達成だけに存在意義がある。そのような目的に過不足なく対応する合理的な訴訟の形態として，給付訴訟は過大で上記のような弊害があり，存在確認訴訟こそが適合するといえる。このような債権存在確認型の訴訟形態は，当初は実務家から違和感が呈されたこともあったが，やがて実務に溶け込んだ。

(2) 主文の表示について

このような債権存在確認請求では，請求の趣旨において，目録を用いる，「下記のとおり」とするなどして，貸付債権の契約内容を詳細に記載し，保証人も記載する（ただし，保証人は被告としないのが通常）例が多い。この際に契約内容を明らかにしようとする趣旨であろう。

主文において，これら詳細な事項まで表示する必要は乏しいが，逆に違法となるものでもなく，むしろ特定の程度は高まるのであるから，表示するのが相当だろう。

(3) 時効の更新目的の再度の請求

既に勝訴の給付判決を得た貸金債権を有する原告が，消滅時効期間が経過するのに備え，時効の更新目的で訴訟を提起する場合に，同じ給付判決を求めることも許される（大判昭6・11・24民集10・12・1096）が，債権存在確認判決を求めることも適法であろう（後掲（奥山豪，金澤秀樹「給付請求について請求認容の確定判決がある場合に，時効停止・更新の必要を理由に同一の請求を掲げた訴えが提起されたときの判決主文」）参照）。

3 存在確認によって任意の履行が期待できる債権の確認の訴え

> 原告の被告に対する次の預金債権が存在することを確認する。
>   預金種類　　　　　……
>   預入額　　　　××万円
>   満期　　　　令和○年○月○日
>   　　　　：

預金債権の場合も，給付請求によるのが最も直截で実効的な解決方法であることは明らかであり，預金債権存在確認請求を提起する預金者にとっても，最終的な目的が債権回収にあることは間違いない。しかしながら，債権の存在が定まれば，金融機関である被告も，その預金の払戻しを怠って信用を失うという重大な結果を招くつもりはなく，その任意の履行が期待でき，したがって，原告も，執行力のある判決を求めているわけではない。そうすると，このような訴訟は債権の存在を明確にする目的達成だけに存在意義がある。そのような目的に過不足なく対応する合理的な訴訟の形態として，給付訴訟は過大であり，確認訴訟こそが適合するといえる。したがって，給付請求が可能であることから確認の利益を欠くということにはならない。

〔樋口　正樹〕

○所有権等の消極的確認の訴えの主文

基本型
　被告が，別紙物件目録記載の土地につき所有権を有しないことを確認する。

〈事例1〉　Xは，甲土地の占有も登記も有していないが，Yに対し，Yが甲土地の所有権を有しないことの確認を求める訴えを提起した。

〈事例2〉　Xが占有する甲土地について，Yが自ら所有権者と称して同土地の明渡しを求めてきたことから，これに先んじて，Xは，Yに対し，Yが甲土地の所有権を有しないことの確認を求める訴えを提起した。

〈事例3〉　Xと訴外Bの共有にかかる乙土地について，Bが，Yに対し，賃貸した。Xが，Yに対し，Xの有する持分につきYが賃借権を有しないことの確認を求める訴えを提起した。

〈事例4〉　丙土地について第2順位の抵当権を有しているXが，同土地について第1順位の抵当権設定登記を有しているYに対し，Yの抵当権不存在確認と共にYの抵当権実行禁止を求める訴訟を提起した。

《参照判例》最一小判昭54・11・1裁判集民128・55，判時952・55，判タ404・63

解説

　確認の利益は，一般的に，原告の請求について確認判決をすることが，原告の権利または法律的地位に対する現実の不安・危険を除去するために必要かつ適切な場合に認められる。所有権のように，相互に相容れない権利の帰属を争うとき，一般的には，給付請求の方が確認請求より，積極的確認請求の方が消極的確認請求より，いずれも直截で実効的な解決方法であるから，給付請求や積極的確認請求が可能である場合には消極的確認の利益は認められない（前掲《参照判例》最一小判昭54・11・1）。

　〈事例1〉の場合，Xは，将来の物上請求の基礎となりうる自己の所有権の積極的確認をすべきである（新堂幸司「確認の訴えの利益」別冊ジュリNo.5　55頁）。

　〈事例2〉，特に，Yが原告となって妨害排除請求，損害賠償請求等の訴訟を提起しても請求棄却となるような場合，Xとしては，Yに対して物上請求をする

必要はさしあたってないものの，Ｙの主張を排斥するというＸの目的に最も適合するのは，Ｙの所有権の消極的確認ではなく，より直截なＸの所有権の積極的確認である（前掲《参照判例》最一小判昭54・11・1）。また，〈事例３〉でも，Ｘの持分についてＹの賃借権が存在しないことを確認しても，ＹがＸの持分権を侵害していることが確定するだけで，Ｘは別途妨害排除や損害賠償，不当利得返還等の給付請求を行うことを要する。Ｘは各給付請求を当初から行うことができる以上，Ｙの賃借権不存在確認の利益はないというべきである。なお，〈事例２〉と同種の事案で大審院昭和10年４月20日判決（法学４巻1585頁）が，〈事例３〉と同種の事案で東京高裁平成７年９月26日判決（判タ910号235頁）がそれぞれ消極的確認の利益を肯定しているが，疑問である。

　以上に対し，〈事例４〉の場合，Ｘの目的はＹによる担保不動産競売の阻止にあるから，Ｘが第１順位の抵当権を有することを確認しても，Ｙが第２順位の抵当権をもって担保不動産競売の申立てをすることがあり得る以上，Ｘの目的は達成し得ない。Ｘの目的に過不足なく対応する合理的な訴訟の形態として，積極的確認請求では不足であり，Ｙが抵当権を有しないことを確認することが相当である。したがって，Ｙの抵当権の消極的確認の訴えには確認の利益がある（兼子一『判例民事訴訟法』60頁（弘文堂，1950），新堂・前掲書55頁）。なお，大審院昭和８年11月７日判決（民集12巻24号2691頁）は，〈事例４〉と同種の事案で確認の利益を否定したが，その後，大審院昭和15年５月14日判決（民集19巻840頁，判評29巻民法371頁）は，登記簿上第２順位の抵当権者が被担保債権の存在を主張する第１順位の抵当権者に対し提起した債権不存在確認の訴えにつき確認の利益を認めている。

〔樋口　正樹〕

○土地売買契約についての解除確認，無効確認等を求める訴えの適否

基本型
(1) 不適法であることの明らかな請求の趣旨の例
　　原告を売主とし被告を買主とする別紙物件目録記載の土地についての令和○年○月○日付けの売買契約が被告の債務不履行によって解除されたことを確認する。
(2) 不適法である疑いのある請求の趣旨の例
　　原告を売主とし被告を買主とする別紙物件目録記載の土地についての令和○年○月○日付けの売買契約が無効であることを確認する。
(3) 適法であることで問題のない主文例
　　別紙物件目録記載の土地が原告の所有であることを確認する。

《参照判例等》大判昭10・12・10民集14・24・2077，最三小判昭28・10・27裁判集民10・301，東京高判昭31・9・24東高時報7・9・206，判タ63・57
《参照条文》民事訴訟法134条の2

解　説

1　過去の法律関係の確認の訴えの適否
　確認訴訟の対象となるのは，原則として現在の法律関係，権利関係でなければならず，過去の法律関係の確認は，一定の限定された場合を除いて，許されないとするのが通説であり，実務上確立した見解である(判決の無効確認の訴えが，現在の権利または法律関係の存否の確認を求めるのではないことを理由に許されないとした最二小判昭40・2・26民集19・1・166，判時403・32，判タ714・98等多数)。これは過去の法律関係の存否を確認しても，その後の法律関係の変動が考慮されないこと等から，紛争解決手段として迂遠であり，直截でないことを理由とする。ただ，現在の法律関係の個別的な確定が必ずしも紛争の抜本的解決をもたらさず，むしろ，これらの原因となる根本的な過去の法律関係の確定が紛争の抜本的解決に資する場合には確認の利益が認められるとする考え方も，個別具体的な場合にそれに該当するか否かについては争いが生じることはあるものの，学説上も

判例上も承認されている。ただ，判例等でこれまで承認された例は，身分上の地位や株主総会決議無効類似のケース等であり，かなり例外的なものになっている（死者との親子関係存在確認の訴えを肯定した最大判昭45・7・15民集24・7・861，判時597・64，判タ251・160，決議無効確認の訴えについての最一小判昭47・11・9民集26・9・1513，判時687・51，判タ286・220等がそうであり，実務上，肯認されたケースはかなり多数にのぼるが，これまでで実務上認められた例に，独自に新規なものを追加することは，慎重の上にも慎重を期する必要がある。）。

以上のとおりであるから，基本型(1)のような請求の趣旨は，時折見られるが，単に1回的な過去の法律関係の確認を求めたものというほかなく，違法な請求の趣旨であり，原告がこれに固執すれば，訴えは却下されることになる。

2 土地売買契約無効確認の訴えの適否および裁判所の訴訟指揮

それでは，次に，基本型(2)のように，「原被告間の別紙物件目録記載の土地についての令和○年○月○日付け売買契約が無効であることを確認する。」というような請求の趣旨は，適法であろうか。また，裁判所は，このような訴えに対しては，どのように釈明権を行使すべきであろうか。

このような訴えの場合，「原被告間の売買契約は（現在）存在しないことを確認する。」または「原被告間の売買契約は（現在）その効力を有しないことを確認する。」というように解すれば，現在の法律関係の確認といえなくもなく，本件のような無効確認の請求が過去の法律関係の確認であるから，それだけで違法になるというわけではない。しかしながら，単発的な不動産の売買契約の場合にこのような無効確認請求を適法とすることは，一回的かつ的確な紛争解決という点からは問題がある。すなわち，このような場合に原告が求めているのは土地所有権の帰属ないしその範囲であることがほとんどであり，原被告間の売買契約について，過去の効力はいうに及ばず，現在の効力でも，これを主文で判断しても迂遠であって，原告は被告に対し端的に当該土地の所有権確認の訴え等現在のより明確な権利関係または法律関係の訴えを提起すればよく，その理由中で売買契約の無効を主張すれば足りる。したがって，裁判所としては，上記のような請求の趣旨の場合には，所有権確認等の現在の法律関係の訴えに請求の趣旨を改めるよう釈明権を行使すべきである（前掲《参照判例等》大判昭10・12・10は売買契約無効確認請求を民法209条以下の相隣関係に関する訴訟とみる余地があるとして，これを釈明せずに当事者の訴訟適格を否定した原審を審理不尽，釈明義務違反として差し戻した。前掲《参照判例等》最三小判昭28・10・27も売買契約不存在確認請求につき，本

件不動産の所有権が原告にあり，被告にあらざることの確認を求めた訴えと解して始めて適法となる旨判示した。前掲《参照判例等》東京高判昭31・9・24も売買契約無効確認請求につき，これを所有権確認訴訟と解すべきことは明らかとして控訴人に請求の趣旨を訂正させ，無効確認請求をそのまま認容した原判決主文を改めた。)。

　これに対し，原被告間の売買契約が単発的な契約ではなく，継続的な取引関係に基づく場合には例外的に適法となる余地もあろう。本件のような不動産の場合にはやや考えにくいが，原被告間の継続的な商品販売基本契約がある場合に，同契約は既に終了し，もはや原告には商品供給義務がないとして基本契約の無効（不存在）確認を求めたような場合などがこれに当たり得る。

　次に，裁判所が釈明をしても，本人訴訟等の原告においてこれに応じず上記請求の趣旨を維持するという場合も考えられないではない。

　このような場合，裁判所としては，原告が本訴を通じて最終的にどのような紛争解決を望んでいるのかを釈明権を行使して確認し，これを弁論調書等に残し，やはり所有権の存否等現在の法律関係に関するものであるときは（本件のような土地売買契約の無効確認訴訟の場合にはほとんどこのように解することができるのではないか。)，理由を付した上で現在の法律関係の存否に関する適切な主文に引き直した上で判決するのが相当であろう。

　では，原告が上記釈明に応じず，かつ，その真意がとにかく売買契約自体に納得がいかないので，所有権の存否に関わらず（既に所有権が被告以外の第三者にあるような場合など)，売買の相手方に売買契約自体の無効確認をしたいという場合も考えられないではない。

　このような場合には，請求の趣旨としての特定を欠くわけではないが，前記商品販売の契約のような継続性のある契約の場合でない限り法律的に確認の利益が認められる余地はほとんどないと考えられ，訴えの利益がないとして却下判決せざるを得ないであろう。

　《参考文献》中村修三「売買契約解除確認請求の適否および売買契約を結んだことはないと主張する者に対する確認の利益」宮川種一郎＝賀集唱編『民事事務ノート』2巻58頁（判例タイムズ社，1968)，三ヶ月章『民事訴訟法』74頁（弘文堂)，弁護士法人佐野総合編『主文例からみた「請求の趣旨記載例集」』196頁（日本加除出版，2017)

〔澤田　忠之〕

○遺言無効・有効確認の訴えの主文

基本型

〈無効確認型1－1〉
　亡Aが令和○年○月○日にした別紙記載の自筆証書遺言は無効であることを確認する。

〈無効確認型1－2〉
　亡Aの作成に係る別紙添付の令和○年○月○日付け自筆証書による遺言が無効であることを確認する。

〈無効確認型2〉
　△△地方法務局所属公証人B作成に係る令和○年第○○号遺言公正証書による亡Aの遺言が無効であることを確認する。

〈無効確認型3〉
　亡Aが令和○年○月○日に△△地方法務局所属公証人Bに自ら封じた遺言証書を提出し，封紙に同公証人による記載及び署名押印を受けた亡Aの秘密証書遺言が無効であることを確認する。

〈有効確認型〉
　亡Aが令和○年○月○日にした別紙記載の自筆証書遺言は有効であることを確認する。

《参照判例》最一小判昭31・10・4民集10・10・1229，最三小判昭47・2・15民集26・1・30，判時656・21，最二小判昭51・7・19民集30・7・706，最二小判昭56・9・11民集35・6・1013，判時1023・48，判タ454・84，最一小判平6・10・13家月47・9・52，判時1558・27，判タ901・117，最二小判平11・6・11家月52・1・81，判時1685・36，判タ1009・95

《参照条文》民法960条～1027条

解　説

1　遺言無効確認の訴え

　遺言の無効とは，遺言がされた当初から遺言としての効力を有しないことをいう（山本正憲執筆，中川善之助＝加藤永一編『新版注釈民法』28巻364頁（有斐閣，1989））。

遺言の要式性（民960・967～984）に反したり，外形上遺言を無効とせざるを得ない場合のほか，遺言者の遺言無能力（民963）といった主張が実務上見られるが，遺言者本人以外の者が遺言を偽造したとしてその効力を争う訴えも多く見られ，これも遺言無効として扱われる。したがって遺言無効確認の訴えは，過去の法律行為である遺言が現在または当初からその効力を有しないことの確認を求めるものである。

(1) 確認の利益

確認の利益は，一般的に，原告の請求について確認判決をすることが，原告の権利または法律的地位に対する現実の不安・危険を除去するために必要かつ適切な場合に認められる。

事実は時間の経過と共に刻々と変化する以上，現在の権利関係に関する紛争を解決するためには，その前提となる過去の事実よりも，現在の権利関係を確認する方が通常有益である。したがって，過去の事実を確認の対象とする場合原則として確認の利益を欠く。しかしながら，過去の事実が，現在の権利関係の基礎をなし，それを確認することで抜本的な紛争解決を図り得る場合には確認の利益が認められる（最大判昭45・7・15民集24・7・861，判時597・64，判タ251・160，特に大隅補足意見）。

遺言者は，遺言によって，遺産の範囲，分割方法，相続分等を定めることができるから，遺言の有効性が定まれば，そこから派生する紛争の結論も基礎づけられ，抜本的な紛争解決を図り得る。したがって，「遺言が有効であるとすれば，それから生ずべき現在の特定の法律関係」の不存在の確認を求めるものと解される場合で，このような確認を求めるにつき法律上の利益を有するときは確認の利益が認められる（前掲《参照判例》最三小判昭47・2・15）。

逆に，遺言が法定遺言事項（民781②・893・894②・839①・848・1006・897①但書・902①・908・903③・914・1047①二但書・964，信託2・3，一般法人158②，保険44）以外の事項に関するものである場合には，上記の議論は当てはまらないから，確認の利益を欠く（大阪高判昭44・11・17下民20・11・12・824，新潟地長岡支判昭61・7・17判時1207・110，松田亨「遺言無効確認の訴えの利益」判タ1100号470頁）。法定遺言事項に当たるかどうか必ずしも明らかでない場合には，遺言の解釈（最二小判昭58・3・18家月36・3・143，判時1075・115，判タ496・80参照）により上記議論が当てはまる可能性もあるので，どのように善解しても意味不明である場合を除き，確認の利益を欠くとすべきではないだろう（松田・前掲470頁）。

遺贈義務の履行として目的物の所有権移転登記がされた場合，受遺者に対し所有権移転登記の抹消登記手続請求をすることが直截な紛争解決手段であり，遺言無効確認の利益は認められない（前掲《参照判例》最二小判昭51・7・19）。同様に，相続人間で遺言の内容を前提に遺産分割協議がされ，これに基づいて特定の相続人が遺産に属する不動産につき所有権移転登記手続を了した後は，遺産分割協議の無効を理由に所有権移転登記の抹消登記手続請求をすることが直截な紛争解決手段であり，遺言無効確認の利益は認められないとした裁判例（名古屋高判昭53・5・30判時912・75，判タ370・106，東京高判平5・3・23判タ854・265）がある。

また，遺言の一部のみについて無効確認をすることについて，抜本的な紛争解決につながらないことなどを理由に，確認の利益を欠くとした裁判例（東京地判平2・12・12家月43・5・35，判時1376・88）がある。

(2) 当事者適格

ア 相続人以外の者の原告適格

遺産に関する遺言について無効確認の訴えの原告適格を有するのは相続人およびその承継者だけである（単なる遺言者の内夫の孫につき札幌高函館支判昭41・8・1下民17・7・8・638，判時468・49，判タ194・98，特別縁故者につき前掲《参照判例》最一小判平6・10・13）。

相続人が多大な生前贈与を受けたため，具体的相続分がないと予想される（民903②）場合でも，その具体的相続分は将来の遺産分割において定められるべきもので，その前提となる遺言無効確認の訴えにおいては不確定であるから，原告適格を欠くことにはならない（前掲《参照判例》最二小判昭56・9・11）。

イ 遺言者の死亡前の原告適格

死亡前の遺言者は，いつでもその遺言の全部および一部を撤回することができ（民1022），前遺言と抵触するような後遺言や生前処分をすれば，その抵触部分は後遺言等で撤回したものとみなされる（民1023）から，原告適格を有しない（前掲《参照判例》最一小判昭31・10・4，長谷部茂吉『最高裁判例解説民事篇昭和31年度版』175頁（法曹会））。

同様の理由から，推定相続人や遺言者死亡前の受遺者は，遺言者より先に死亡する可能性がある以上，遺言との関係では非常に不安定な地位にあるから，その取得することがあるかもしれない権利は単なる事実上の期待にすぎず，原告適格を有しない（長谷部・前掲175頁）。遺言者が認知症等精神上の障害により事理弁識能力を欠く常況にあり（民7），遺言の変更，撤回の可能性がない場合

でも，同様に，推定相続人は，遺言者と受遺者を被告として遺言無効確認の訴えを提起する原告適格を有しない（前掲《参照判例》最二小判平11・6・11）。

　　ウ　遺言執行者がいる場合の当事者適格

　遺言執行者は遺言によって指定される（民1006①）から，その遺言無効確認の訴えの原告・被告となるのは矛盾であるが，紛争の一挙的解決の便宜から，遺言による受益者を被告として遺言無効確認の訴えを提起する原告適格を有し（大決昭2・9・17民集6・10・501），相続人が提起した遺言無効確認の訴えに応訴する被告適格を有する（最三小判昭31・9・18民集10・9・1160，最二小判昭51・7・19民集30・7・706，判時839・69，判タ340・153参照）。

　　エ　共同訴訟の類型

　遺産確認の訴えが固有必要的共同訴訟とされる（最三小判平元・3・28民集43・3・167，判時1313・129，判タ698・202）のに対し，訴訟が過度に複雑化することを避けるべく，遺言無効確認の訴えは固有必要的共同訴訟ではないとされている（前掲《参照判例》最二小判昭56・9・11）。

2　遺言有効確認の訴え

　遺言有効確認の訴えは，遺言が偽造によるものであるとして提起された遺言無効確認請求に対する反訴として提起されることが多い。遺言有効確認の訴えは，遺言が現在その効力を有することの確認を求めるものであるから，過去の事実を対象とするものではないし，遺言の有効性が定まれば，そこから派生する紛争の結論も基礎づけられ，抜本的な紛争解決を図り得る。したがって，遺言の方式に問題がなくても，確認の利益が認められる。

　一応一定の方式に従った書面があるが，遺言の要式性（民960・967～984）に反したり，外形上遺言を無効とせざるを得ない場合（全く方式を欠く場合は遺言として不成立である。），その内容が遺産分割を必要としないものであれば，直接その実現を訴求する方が紛争解決に直截であるから，遺言有効確認の利益も認められない。これに対し，その遺言の内容が相続分の指定等に止まり，有効だとしても別途遺産分割手続を要するものであるときは，抜本的な紛争解決には分割前にその遺言の有効性自体を確定することを要し，それ以上に何らかの給付請求等をすることはできないから，確認の利益が認められる（森野俊彦「遺言無効確認訴訟」梶村太市編『現代裁判法大系』12巻281頁（新日本法規，1999））。

〔樋口　正樹〕

第4 不動産明渡等訴訟

○建物買取請求権が行使された場合の主文

> **基本型**
> 1　被告は，原告から○○万円の支払を受けるのと引換えに，原告に対し，別紙物件目録記載の建物を引き渡して同目録記載の土地を明け渡せ。
> 2　被告は，原告に対し，令和○年○月○日から上記明渡済みまで1か月○円の割合による金員を支払え。

〈事例1〉賃貸人Xは，その所有する土地上に建物を建築して居住していた賃借人Yに対し，建物収去土地明渡しを訴求したところ，Yは，建物買取請求権を行使した。
《参照判例》最二小判昭33・6・6民集12・9・1384，判時152・28，最三小判昭36・2・28民集15・2・324，判時252・12
《参照条文》借地借家法13条・14条

解　説

1　建物買取請求権の意義と効果

Ⓐ借地権者は，借地権の存続期間が満了し，契約が更新されなかった場合に，同人が権限により借地に附属させた物について（借地借家13），また，Ⓑ同物を取得した第三者は，借地権の譲渡・転貸につき借地権設定者の承諾を得られなかった場合に，同取得物について（借地借家14），いずれも借地権設定者に対し，時価での買取を請求できる（以下，便宜上，借地権者が借地上に建物を附属させた場合のみを前提とする。）。

この建物買取請求権は，形成権であって，その行使の時に建物の売買契約が成立し，借地権者から借地権設定者に対して建物所有権が移転するとともに，借地権者に買取代金債権が発生し，直ちに履行期に達する（最三小判昭30・4・5民集9・4・439，判時53・11，判タ49・52，鈴木禄弥・生熊長幸『新版注釈民法⑮債権⑹』593頁（有斐閣，1989））。

したがって，Yが建物買取請求権を行使すると，それだけでXの建物収去の請求は否定されることとなり（一部抗弁），また，買取代金債権と建物引渡債務との同時履行（最一小昭42・9・14民集21・7・1791，判時497・39，判タ213・95）または同代金債権に基づく建物についての留置権（大判昭14・8・24民集18・13・877）を併せて主張すれば，建物引渡しを拒める反射的効果として土地明渡しの請求も拒むことができる（全部抗弁，大判昭7・1・26民集11・3・169）。

2　建物買取請求権が行使された場合の建物収去土地明渡請求に対する主文

(1)　一部認容の可否とその主文の表示

建物収去土地明渡請求の訴訟物は，所有権に基づく返還請求権としての土地明渡請求権1個であり，建物収去の部分は，民事執行法による制約から，土地明渡しの執行方法を明示しているものにすぎないとされている（いわゆる旧1個説。その具体的内容を再検討するものとして，吉川慎一「要件事実論講義第1講　所有権に基づく不動産明渡請求訴訟の要件事実④」判タ1177号84頁）。そして，土地明渡請求は原告以外の者による土地の占有を排除することを目的とするところ，ここでいう土地の占有には，①建物を所有することによる土地占有と，②その建物を占有することによる土地占有とがあるものとされており（なお，②が肯定される場面を限定するものとして，淺生重機「建物の占有と土地の占有」判タ1321号20頁），建物収去は，まさにこの両土地占有を一挙に排除する手段として捉えられている。

ところが，建物買取請求権が行使された場合，①の土地占有は消滅し，②の土地占有だけが残存することになる。そうすると，この場合の土地占有を排除する手段は，直接的には，建物の占有の排除＝建物引渡しということになり，この意味で，①②の両土地占有を排除する建物収去には，②の占有のみを排除する建物引渡しが包含されていると解される。したがって，この場合，訴えを変更しないまま，建物引渡し土地明渡しの限度で認容することも，質的な一部認容として許され（前掲《参照判例》最二小判昭33・6・6），この場合の主文の表示は，基本型1に示したようになる。

これに対し，Ⓐ単に建物明渡しで足りるとする説，Ⓑ建物退去土地明渡しとすべきであるとの説（東京地判令2・12・18（平30（ワ）9341））もあるが，Ⓐ説は，上記のような訴訟物の理解と齟齬し，Ⓑ説は，Yから取り上げた占有をXに引き渡す執行方法に欠けるという問題点が指摘されている（詳細は，田尾桃二「買取

請求権が行使された場合の判決主文の表示方法」本井巽＝賀集唱編『民事実務ノート』3巻76頁（判例タイムズ社，1994）参照）。

(2) 同時履行または留置権の抗弁が認められた場合

買取代金債権の支払との引換え給付判決をすることとなるから，主文の表示は**基本型1**（東京地判平28・2・25（平27（ワ）6165））に示したようになる。引換え給付判決については前掲（樋口正樹「引換え給付判決の主文」）参照

(3) 建物所有者とは別の建物占有者がいる場合

> 〈Ⓐ説による主文例〉
> 　被告は，原告から〇〇円の支払を受けるのと引換えに，原告に対し，Aに対する別紙目録記載の建物の返還請求権を譲渡し，かつ，その旨を同人に通知せよ。
>
> 〈Ⓑ説による主文例〉
> 　被告は，原告から〇〇円の支払を受けるのと引換えに，原告に対し，別紙物件目録記載の建物の占有権を譲渡する旨の意思表示，及び，Aに対し，以後は原告のため同建物を占有すべき旨の通知をせよ。

〈事例2〉〈事例1〉で，Yは，甲地上の建物をAに賃貸していた。

この場合のYに対する建物収去土地明渡請求は，Yの，①建物所有による土地占有と，②Aを介した建物占有による土地の間接占有があることを前提に，その両土地占有の排除を目的としてされるものである。そして，Yに対する関係だけで考えれば，建物収去は，この両土地占有を一挙に排除する手段となる（もっとも，Aの②直接占有がある以上，これを排除しないまま建物収去をすることはできないから，Aに対する請求も併合提起するのが通常であるが，Aに対する請求については，後掲（山田篤，西村康一郎「建物収去土地明渡訴訟における**建物占有者との関係**」）参照）。

そして，この場合に建物買取請求権が行使されると，②の間接占有だけが残存することになる。そうすると，この場合のYの土地占有を排除する手段は，直接的には，建物の間接占有の排除＝指図による引渡しということになる（前掲《参照判例》最三小判昭36・2・28）。

この場合の主文の表示として，訴訟物が債権的請求権である場合には，現実の引渡しを命ずることができる（民執170，田尾桃二「代理占有者に対する引渡ないし明

渡請求」宮川種一郎＝賀集唱編『民事実務ノート』1巻16頁（判例タイムズ社，1968））が，物権的請求権である場合には，Ⓐ Yに対し，YのAに対する建物の返還請求権をXに譲渡することと，その旨をAに通知することを命ずるもの（大阪高判昭41・3・23判時458・35，判タ190・183等），Ⓑ返還請求権の譲渡を占有権を譲渡する旨の意思表示とする以外Ⓐ説と同様とするもの（東京地判平10・10・19判タ1010・267），ⒸAに対する通知だけで足りるとするもの（小林明彦ほか「不動産の間接占有者に対する物権的請求権としての引渡請求権について」司研1997年Ⅰ97号96頁），Ⓓ単に引渡しを命ずるもの（小林ほか・前掲96頁）がある。

　Ⓐ説は，指図による引渡しとは返還請求権の譲渡と同義であるとするが，その返還請求権は本権的な返還請求権とは解し得ないため，その内実が不明確であり（小林ほか・前掲98頁），むしろ，Ⓑ説の趣旨ではないかと考えられる。Ⓒ説は，指図による引渡しとして現実になすべきは通知だけであるとするが，その通知は，間接占有の移転を前提にその旨を通知するものである以上，十分条件たり得ないのではなかろうか。Ⓓ説は，民事執行法170条を利用すれば可能ではあろうが，単一の主文によって，調整の困難な差異のある2種の執行方法を許容するというのはやはり避ける方が望ましい（田尾・前掲書23頁）。そうするとⒷ説が最も無難であろう。

3　建物所有者に対する賃料相当損害金等の請求

　Yには，借地権消滅後建物買取請求権行使前の土地占有について，無権限であるため，賃料相当損害金支払義務が，建物買取請求権と共に同時履行の抗弁権または留置権を行使した後については，不法行為を構成しないものの，土地を自ら利用する限り，賃料相当額の不当利得返還義務がそれぞれある（最三小判昭35・9・20民集14・11・2227。同時履行の抗弁権行使のためだけに占有している場合には，利得があるとはいいがたいだろう。）。そして，賃料相当損害金請求には，同不当利得返還請求も含まれると解する（前掲東京地判平10・10・19）ので，主文は**基本型2**に示したようになる。

〔山田　篤，沓掛　遼介〕

○建物収去土地明渡訴訟における建物占有者との関係

> **基本型**
> 1 被告Yは，原告に対し，別紙物件目録記載の建物を収去して同目録記載の土地を明け渡せ。
> 2 被告Aは，原告に対し，別紙物件目録記載の建物から退去して土地を明け渡せ。

〈事例〉Xは，その所有する土地をYに賃貸し，Yは，同土地上に建物を建ててAに賃貸していたところ，Xが，YおよびAに対し，同土地の明渡を訴求した。
《参照判例》最三小判昭34・4・15裁判集民36・61，最三小判昭35・9・20民集14・11・2227，最三小判昭31・10・23民集10・10・1275，判時93・8，判タ65・82

解　説

1　建物所有者Yに対する建物収去土地明渡しの請求

　建物収去土地明渡しには，観念的にみると，建物収去請求権と土地明渡請求権の2個の請求権があるかのようであり，現にそのように解する考え方もあるが，現在の実務上の支配的な見解によれば，建物収去土地明渡しという1個の請求権の実現を求める訴訟であると考えられている。したがって，「建物を収去して土地を明け渡せ」という主文になるのであって，「建物を収去し（て），（かつ，）土地を明け渡せ」というように，「収去し」の次に読点の「，」は入れていない。

　実務上は，訴状の請求の趣旨にそのような読点が入っていることも時折り見られるが，2個説によって記載されたものとは考えず，単なる誤りとして扱い，特に釈明権も行使せずに，読点をとって判決の当事者の求めた判決の内容として記載しているのが普通である。

2　明渡しを求める土地上の建物占有者Aに対する請求
（1）土地明渡請求

　建物所有者以外の第三者Aが建物を独立して占有している場合，土地の明渡しを求めるXは，Yに加え，Aも被告とする必要がある。このAに対する請求は，Xに，建物の所有権も占有権原もなく，XA間に，契約等の関係も通常な

いから，土地所有権に基づくことになる。

その具体的な請求内容について，ⒶAは，建物占有の反射的効果として敷地を事実上利用する地位にあるに止まり，土地を占有するものではないと考えると，妨害排除としての建物退去のみとなる（深沢利一（園部厚補訂）『〔新版〕民事執行の実務（下）』780頁（新日本法規，2005））。しかし，Ⓑ建物はその敷地を離れては存在しえないから，建物を占有する者は，同時にその敷地も占有していると解される（前掲《参照判例》最三小判昭34・4・15，最三小判昭35・12・24）。そうすると，Aに対する請求の訴訟物は，所有権に基づく返還請求権としての土地明渡請求権であり，建物退去の部分は，Yに対する建物収去土地明渡請求同様，土地明渡しの手段ないし履行態様として執行方法を明示したものに過ぎないことになる。基本型2に示した主文例はⒷ説によったものである。

この場合の土地明渡請求権の範囲について，ⓐ自己の占有する建物部分に相当する敷地部分（建物部分の地上投影図のようなもの）についてだけ成立するという説（前掲《参照判例》最三小判昭31・10・23）と，ⓑその建物がいかに大規模でもその建物の敷地全体について成立するという説とがある。両説の違いは，執行，保全の場面（ⓐ説によると，建物の敷地部分に比して土地が広い場合には，別途土地明渡請求を求めることになる結果，提訴前の保全段階においても，建物の処分禁止の仮処分に加えて，敷地以外の土地部分についての占有移転禁止の仮処分を申し立てることが必要となる場合も生ずる。）や敷地占有に基づく賃料相当損害金の額等に関して表れるものと思われるが，占有が社会通念に根差す概念であることからすれば，建物部分に相当する敷地部分以外の土地の広狭のみにとらわれることなく，建物占有者の当該土地全体の利用状況や，建物部分に相当する敷地部分以外の土地について独立した利用可能性があるかなどの諸事情を勘案して，当該土地のどの部分に建物占有者の占有が及んでいるかを判断すべきであろう。

なお，Yと異なる建物占有者でも，Yと生計を同一にしている家族等については占有補助者と評価されるから，Yから独立した被告とはならない。もっとも，占有の独立性について少しでも疑問があれば，独立占有者として被告に加え，被告側の反応を見極める必要がある（独立した占有ではないと主張したときは，それを調書等で明らかにしたうえ，訴えの取下げを勧告し，独立した占有であることを主張したときは，訴えを維持することになる。）。

(2) 賃料相当損害金請求

Aに土地占有があるとしても，Xが土地を使用・収益できないのは，Y所有

の建物が存在するからであって，Aが建物及び土地を占有していることとXが土地を使用・収益できないこととの間には，特段の事情（例えば，XのYに対する建物収去土地明渡請求が確定し，建物が収去される段階に至ってもなおAが建物から退去せずにこれを妨害する等）がない限り，相当因果関係がない（前掲《参照判例》最三小判昭31・10・23）。したがって，Aに対する賃料相当損害金請求は基本的には認められず，そのような特段の事情が生じるに至って初めて認められることになる。

(3) Yにより建物買取請求権が行使された場合

以上の理は，Yが建物買取請求権（借地借家法13・14）を行使した場合にも当てはまる（吉川愼一「要件事実論講義第1講　所有権に基づく不動産明渡請求訴訟の要件事実④」判タ1177号84頁）。

3　Yに対する債務名義に先行するAに対する債務名義に関する諸問題

Aに対する請求とYに対する請求とは必要的共同訴訟ではないが，建物所有者Yと建物占有者A（木造の場合には数名から十数名，マンションの場合には数十名にも及ぶことがある。）の双方を被告として提訴されることが多い。この場合，A（A_1〜A_n）との関係では，欠席判決や和解成立により進行が各別となることがままある。

Aに対する建物退去土地明渡しの債務名義だけを得ても，前記のとおり，Aの土地所有権侵害は，Aが建物収去を妨害するような場合に至って初めて生じる（すなわち，Aは，建物収去を受認する義務を負うに過ぎない。）。したがって，Aに対する建物退去土地明渡しの執行は，独立しては行えず，Yに対する建物収去土地明渡しの執行と同時か，または，直近の日にしなければならない（深沢・前掲書781頁）。

また，このような理解から，Yに対する建物収去土地明渡しの強制執行がない段階でAとの和解を先行させる場合，建物所有権のないXは，建物退去土地明渡しの和解条項をもって，当該建物部分の占有・使用を始めることはできない（使用料を請求できない。）。そこで，このような場合に，Xが，鍵の引渡しを受け，空き家として管理するなど，当該建物の実際上の占有を取得できるようにするため，実務上は，建物明渡土地明渡しの和解条項を設けている。

〔山田　篤，西村　康一郎〕

第5　動産引渡等請求

○動産等の引渡請求とその執行不能の場合における請求の趣旨と判決主文

> **基本型**
> (1)　遅延損害金の附帯請求がないとき
>   1　被告は，原告に対し，別紙株式目録記載の株券を引き渡せ。
>   2　前項の強制執行ができないときは，被告は，原告に対し，○○○万円を支払え。
> (2)　遅延損害金の附帯請求があるとき
>   1　上記1に同じ
>   2　前項の強制執行ができないときは，被告は，原告に対し，○○○万円及びこれに対する執行不能の日（執行不能調書その他の公文書によって証明された執行不能の日）の翌日から支払済みまで年3分の割合による金員を支払え。

《参照判例》最二小判昭63・10・21裁判集民155・55，判時1311・68，判タ697・200
《参照条文》民法415条～417条・709条，民事訴訟法135条

解　説

1　代償請求の併合の可否

　原告が，動産・証券等といった一定の物の給付請求をした場合，不動産の場合と異なり（もっとも，建物であれば，火災等による滅失はありえないではないが，実際上は想定し難い。），物の引渡しの執行の際に，物の滅失などによってその執行が不能になることが考えられる。そのような場合に備えて，判決主文中に，上記の主文1項のような物の引渡しを命じる主文のほかに，主文2項のように，物の引渡しの強制執行が不能になったことを条件に，物の引渡しに代わる一定の金員の支払を命じておくことができるかという問題がある。
　代償請求の併合については，かつては否定する裁判例もあったようであるが，一定の物の引渡し（特定物か不特定物であるかを問わない。）を求める原告の立

場からすれば，物の給付請求と併せて代償請求を認める必要性が高く（もし，代償請求の併合が認められないとすれば，原告は，上記主文1項のように物の引渡しを命じる勝訴判決を得ても，その強制執行が不能になった場合に，物の引渡しに代わる損害賠償請求をするために改めて別訴を提起しなければならない。），これを認めても特に被告にとって不公平な事情も見当たらないことから，判例実務上認められるに至っている（後掲《参考文献》田中・261頁参照）。

2　訴訟法上の問題点（訴えの利益，請求権適格性等）

　代償請求は，一定の物の引渡しの執行が将来不能となることを条件として発生するものである点で，将来の給付を求める訴えであるので（民訴135），あらかじめその請求をする必要性（訴えの利益）と請求の適格性があるかという問題があるが，代償請求が問題となる事案では，一定の物の引渡しの給付義務が果たされていないのであるから，物の引渡しが執行不能となった場合に備えて物の引渡しに代わる金員の支払を求める必要性・合理性を肯定しうる。これに対し，本来の給付の執行の不能がありえない場合には，予め本来の給付に代わる代償請求をする必要性がなく，訴えの利益も請求権の適格性も欠くことになる。そのような例として，前掲《参照判例》の事例がある。

　一定の物の引渡しの請求（上記主文1項）と代償請求（上記主文2項）の関係は，代償請求が，物の引渡しの給付が執行不能となったことを条件とする将来の給付請求で，物の引渡請求と両立しうる関係であるといえることから，予備的併合ではなく単純併合と解されている。

3　代償請求の実体法上の問題点

　代償請求は，一定の物の引渡義務の履行に代わる填補賠償請求である。その法的性質は，例えば，物の引渡請求の根拠が，①契約上の債務に基づく場合には，債務不履行による損害賠償請求，②所有権に基づく場合には，不法行為による損害賠償請求であると考えられる。

　ところで，平成29年法律44号による改正前の民法には，代償請求に関する明文の規定がなく，いかなる場合に代償請求が認められるかが明確ではなかった。そのため，代償請求の法的性質が債務不履行による損害賠償請求である場合，その債務不履行が履行不能ではなく，履行遅滞にすぎないときでも填補賠償請求を認めてよいのかが議論されてきた（例えば，冒頭の**基本型**(1)のとおり認容

判決がされ，それに基づく強制執行が実施されたが，被告が給付の目的物を所持していないために執行不能と判断された場合，当該目的物が種類物であると，その債務不履行は，履行不能ではなく，履行遅滞にすぎないと評価しうる。）。この点，大審院民事連合部昭和15年3月13日判決（民集19巻530頁）は，履行遅滞の場合においても填補賠償請求を認めたものと解されている。学説上も，履行遅滞の場合でも，債権者が，債務者に対し，一定の期間を定めて本来の給付を催告すれば，契約解除せずに物の引渡しに代わる填補賠償請求が認められるべきところ，一定の物の引渡しを求める訴えの提起は，債権者から債務者に対する強力な催告を含むといえることなどから，別途，催告をしなくても，代償請求という形で履行遅滞による填補賠償請求を認めてもよいとする考え方が有力であった（我妻榮『債権総論』113頁以下）。

以上のような判例や学説等も参考にしつつ，平成29年法律44号による改正後の民法415条においては，同条1項の規定に基づき債務不履行による損害賠償請求をすることができる場合において，債権者は，①債務の履行が不能であるとき（同条2項1号），②債務者がその債務の履行を拒絶する意思を明確に表示したとき（同項2号），③債務が契約によって生じたものである場合において，その契約が解除され，または債務の不履行による契約の解除権が発生したとき（同項3号）のいずれかに該当するときは，代償請求をすることができる旨の規定が新設された。

次に，代償請求の法的性質が債務不履行または不法行為による損害賠償請求とすると，被告の故意または過失が必要になるところ，不可抗力による物の滅失等により被告が原告に対して当該物を引き渡すことができなくなったときにも，被告に故意または過失があるといえるかが問題となる。この点，代償請求を債務不履行による損害賠償請求と解した場合，被告が，既に責に帰すべき理由によって物の引渡義務の履行を遅滞しているのであれば，その後の履行についても全責任を負うことが信義則に適するから，たとえ不可抗力により履行不能になったとしても，被告には履行不能についても故意または過失が認められるとするのが通説である（我妻・前掲書145頁）。また，代償請求を不法行為による損害賠償請求と解した場合も，「善意の占有者が本権の訴えにおいて敗訴したときは，その訴えの提起の時から悪意の占有者とみなす。」（民189②）ことを踏まえると，物の引渡請求が提起された後に，不可抗力により当該物が滅失等したためにその返還が不能となったときでも，被告にはそれについて故意または

過失があると認めてよいと考えられる。

4 代償額の算定基準時

判例は，代償請求について，その賠償額の基準時を事実審の口頭弁論終結時であるとする（最二小判昭30・1・21民集9・1・22）。代償請求は，執行不能を条件とするものであるから，本来は執行不能時を基準として賠償額を算定するのがふさわしいと考えられるが，その予測は困難であることを踏まえ，執行不能時に近い口頭弁論終結時を基準時としたものと解される。

この判例を前提とすると，事実審の口頭弁論終結時点と実際に強制執行が不能となった時点で物の価格差が生じることがあるため，この価格差について，判決確定後に是正可能であるかが問題となる。この点，①強制執行の不能時の価格が事実審の口頭弁論終結時の価格を上回っているときは，当初の訴えを一部請求と解して，原告は上昇分の追加請求の訴えを提起することができ，②その逆のときには，被告が減少分について，請求異議の訴えを提起することができるとする見解がある。他方，各見解に対して，①については，原告は，事実審の口頭弁論終結時の価格で判断されることを承知の上で代償請求という形を選択して訴えを提起している以上，追加請求の訴えは許されるべきではない，②については，被告は，本来の給付をしない以上，価格下落による不利益を甘受するべきであるとして，請求異議の訴えは許されるべきではないとする見解があり，これらの見解が対立している状況にある。

5 遅延損害金の支払を求める請求の趣旨と判決主文

原告が代償請求をする場合に，一定の物の口頭弁論終結時の時価相当額（損害賠償額）に遅延損害金を付加して請求することの可否について，これまで詳細に論究されたものはないと思われる。

実務上は，詳細な理由付けがされているものは少ないが，判断は分かれている。すなわち，①代償請求権は，強制執行が奏効しない場合に初めて認められるものであるから，これに遅延損害金を付することができないとするもの（福岡高判平9・12・25判タ989・120），②代償請求権は，物の引渡しの強制執行が執行不能になることを停止条件として確定的に発生すると解されることに鑑み，一種の不法行為として執行不能の日から遅延損害金を付すことを認めるもの（札幌地判昭50・4・15判タ326・292），③当該事件における代償請求権は，債務不履行

による損害賠償請求権であるところ，本来の履行請求権と法的に同一性を有するため，発生と同時に履行期が到来し，かつ，本来の履行に対する催告には代償請求に対する催告も含むと解されるから，代償請求権が履行遅滞に陥るのは同請求権の発生日の翌日，すなわち執行不能日の翌日であるとして，同日から遅延損害金を付すことを認めるもの（東京地判平19・5・9（平18（ワ）14307））などがある。

　代償請求において，遅延損害金まで付加して請求することについては，あらかじめ将来請求をする必要性や請求の適格性等に疑義があるとして，これを認めない考え方（上記①）もありうるところである。他方で，紛争の一回的解決を重視し，遅延損害金の発生やその金額等も不確定とはいえないとして，代償請求の法的性質が不法行為による損害賠償請求のときは執行不能日から，債務不履行による損害賠償請求のときは執行不能日の翌日から，遅延損害金を付加して請求することができるとする考え方（上記②③）も十分に成り立つと思われる。

　後者の考え方に立った場合，遅延損害金の発生日の特定については，執行開始の要件として，物の引渡しが金銭債権に代わったことに関し，執行不能になった旨の執行不能調書（民執規13①七）その他これと同等以上の証拠価値を有する公文書を提出することが必要であると解されるから，その書類によって証明された日（またはその翌日）とすれば足りるであろう。冒頭の基本型(2)2は，このような場合を想定しての主文例である。

《**参考文献**》田中康久執筆，香川保監『注釈民事執行法』2巻251頁（金融財政事情研究会，1985），瀬戸正二「いわゆる代償請求について」宮川種一郎＝賀集唱編『民事実務ノート』1巻241頁（判例タイムズ社，1987），羽柴隆「予備的代償請求」兼子一編『実例法学全集　民事訴訟法』上巻203頁（青林書院新社，1963）

〔作原　れい子，君島　直之〕

第6　意思表示を命じる主文

○意思表示を求める請求の趣旨と判決主文

〈設例１〉よくある承諾を求める請求の例
　袋地を所有し居住する原告が，隣接地を所有する被告らに対し，その隣接地内の通路部分に水道管を敷設することについて（ガス管・下水道管の配管，電気・電話等の配線についても同様），承諾を求めた。

基本型１
　被告らは，原告に対し，原告が別紙(1)記載の土地に別紙(2)記載のとおり水道管を敷設することを承諾せよ。

基本型２
　原告と被告らとの間において，原告が別紙(1)記載の土地に別紙(2)記載のとおり水道管を敷設する権利を有することを確認する。

基本型３
　被告らは，原告が別紙(1)記載の土地に別紙(2)記載のとおり水道管を敷設する工事を妨害してはならない。

〈設例２〉散見される不適法な請求の例
　原告は，被告が原告に対してした行為が違法な行為であると主張して，被告に対し，慰謝料等の支払のほか，次のように謝罪を請求した（国家賠償請求の本人訴訟などに多い。）。
《請求の趣旨》被告は，原告に対し，……の件について，謝罪せよ。

基本型１
　本件訴えを却下する。

> **基本型2**
> 原告の請求を棄却する。

《参照判例等》最二小判平5・9・24民集47・7・5035, 判タ863・135, 最三小判平14・10・15民集56・8・1791, 判タ1111・191, 東京地判平4・4・28判時1455・101, 名古屋地岡崎支判平8・1・25判タ939・160, 東京高判平9・9・30判タ981・134, 大阪高判平10・6・30判タ999・255

《参照条文》民法209条〜220条, 下水道法10条・11条, 水道法15条, 民事執行法177条

解　説

1　意思表示を求めることができる場合

　意思表示を求める請求の最も典型的なものは登記手続請求である。所有権移転登記や抵当権設定登記などを求めるものがそうであるが, 旧所有名義人甲が, 甲から所有権移転登記を経由した乙に対し, 乙の有する所有権移転登記の抹消登記を請求するについて, 乙から抵当権設定登記を経由している丙に対し, 抹消登記について利害関係人としての承諾を求める請求もそうである。これに類似したものとしては, 農地法3条, 5条に基づく所有権移転についての許可申請の請求がある。

　しかしながら, そのほかには, 意思表示を命ずる適法な判決主文の例は, 驚くほど少ない。実体法上, 意思表示を求めることができるのは, むしろ例外的であるといって差し支えなく, 一見すると, 意思表示を求めることができる場合ではないかと思われるものでも, よく検討してみると, 意思表示をしたことを前提にして, その結果について給付請求すべき場合であったり, 自己の一定の権利または権利の行使について確認を求めるべき場合であったりするのがほとんどであり, 実体法の解釈適用上, 意思表示を求めることができる場合に当たることはあまりない（実体法上の意思表示を求める請求権がないのに, これを求める請求は, 審判対象としての請求権の適格性自体は通常肯定できると解されるから, 判決の主文は請求棄却となり, 訴えの却下とはならない。）。

　ところで, 民事執行法177条は, 意思表示を命じた債務名義に基づく執行の特則を定める規定であるが, 同条に関する解説書では, 民事訴訟上, 多くの意思

表示があるかのような書きぶりがされている（例えば鈴木忠一＝三ヶ月章編『注解民事執行法(5)』122・123頁（第一法規，1985））が，同解説書に挙示されている例に限定して考えるべきであり，しかも，挙示されている例であっても，具体的な文献に当たって，その当否を検討確認すべきである。

2　他人所有の私道に水道管等を敷設することの承諾請求（設例1の基本型1）

わずかに，適法に意思表示を求めることができる場合とされてきた類型としては，設例1の場合のように，甲と乙との間に一定の法律関係（民法上の相隣関係，借地契約等の契約関係，その他）があり，その法律関係によれば，乙は，甲のために，関係の行政当局に対し一定の意思表示（もっとも民法上の意思表示であるとは限らず，一定の行政手続上の意思表示類似の行為であることもある。）をすべきであるのに，乙がその意思表示等をすることを拒絶するため，または，乙が行方不明でこれを任意に履行する状況にないため，甲が自己の権利を実現することができないことから，乙に対し承諾の意思表示または意思表示類似行為を強制的に行うことを求めるものである。

裁判例では，「承諾」ではなく，「同意」とするものもある。いずれにしても，意思表示を求める請求であるから，「承諾せよ」または「同意せよ」となるべきであり（不動産登記手続の意思表示を求める請求では「……登記手続をせよ」という表現が確立している。），「承諾する」または「同意する」ではない（もっとも，和解条項ではこのような表現になる。）。

以上のような立場に立つ裁判例が前掲《参照判例等》名古屋地裁岡崎支部平成8年1月25日判決と同東京高裁平成9年9月30日判決である。同東京高裁の裁判例は，市長宛の承諾書を別紙として添付して，承諾内容を詳細明示して認容している。

3　水道管等を敷設する権利の確認請求（設例1の基本型2）

以上のように承諾の意思表示を求める請求権を肯定する立場に対し，これを否定する立場がある。前記設例の場合のうち，賃借人と賃貸人との関係では，賃貸人は賃借人に対し賃貸借契約に基づき承諾の意思表示をする義務が肯定される可能性はないではないが，多くの場合，特に所有者対所有者の関係では，単なる受忍義務があるにすぎず，承諾の意思表示までする義務がないとして，権利関係の確認を認めるにとどめるべきである，というものである。

このような立場に立つ裁判例としては，前掲《参照判例等》東京地裁平成4年4月28日判決と同大阪高裁平成10年6月30日判決である。なお，同東京地裁平成4年4月28日判決は，上記設例1の基本型2の主文を掲げるほか，上記設例1の基本型3のように妨害排除を命じているが，同大阪高裁平成10年6月30日判決は，権利の確認のみを認容し，妨害排除請求を棄却している。

4 この問題における最高裁判例の考え方

以上のとおりであり，下級審の裁判例は混迷しているが，原告のために何らかの請求を肯認し，それによって原告の目的を達成させるべきであるという点においては，共通している。

そこで，最高裁の判例をみるに，前掲《参照判例等》最高裁第二小法廷平成5年9月24日判決も，同最高裁第三小法廷平成14年10月15日判決も，これについて正面からの判断を避け，混乱を助長させている。わずかに後者の最高裁の判例を担当した調査官による解説の一部（『最高裁判例解説民事篇平成14年度版』の848頁および注24等を参照）に言及されているのみであり，それによれば，承諾を求める構成を是認することには懐疑的で，一定の権利関係の確認にすべきであるという（同判例の第一審判決の主文は設例1の基本型1の承諾請求認容のパターンである。民集56巻8号1799・1817頁参照）。

詳細に論ずる紙幅はないが，承諾請求を否認する立場からは，設例1の基本型2のように一定の権利の確認にするか，設例1の基本型3のように妨害排除を命ずるものにすることになる（もっとも被告が何もしないという状態，特に被告が行方不明で公示送達による場合には，妨害排除請求を主文に掲げるには躊躇がある。なお，前掲《参照判例等》大阪高裁平成10年6月30日判決を参照）。ただ，いずれの考え方をとっても，当該債務名義を関係行政当局に提出して所期の目的を奏することができればよく，この議論は，実務的な要請からすると，設例1の基本型1か同2のいずれでもよいのであるから，そのいずれに決するか，またはいずれも可なりと決すれば足り（基本型3では被告が何もしないという状況では過分な申立てであろう。），問題は，原告に対し何らかの救済方法が認められるべきであることで意見が一致しているのであるから，いかなる方法が弊害もなく過不足もないものであるかを提示すべきなのであって，これまでの議論は，意思表示を求める仮処分の申立てに対して妨害禁止仮処分で対応し続けてきた東京地裁保全部の伝統的な思考方法に拘泥したものと憶測され，

論者の理論的な興味にのみ寄与し，実益のない議論になっている。

5　その他の問題（謝罪請求）

　民事執行法177条の対象とする意思表示は，一定の法律効果を伴うものとされるため，設例2に掲げたような謝罪の表明を求める請求は含まれない(鈴木＝三ヶ月編・前掲書122頁参照)。もっとも，謝罪の意思表示に類似した準法律行為等を求める請求であるというのであれば，審判の対象としての請求権の適格性は肯定され得ると解され，かつ，実体法上，そのような請求権はないと解されることになるから，判決主文としては請求棄却となる(設例2の基本型2参照)が，求釈明の結果，意思表示等を求める請求権ではなく，謝罪の表明行為自体（実務上事案によっては謝罪の仕方を特定することもある。）をすることを求めるものであると原告から釈明があった場合には，請求権の内容に法律的明確性がなく，判決でその存否を審理判断するのに適しないと考えられるから，その場合には請求権の適格性自体が否定され，訴え却下の主文となる(設例2の基本型1参照)。

6　意思表示の請求訴訟の訴訟指揮について

　以上説述したように，意思表示を求める請求には，確立されていたと思われていた一定の類型の場合でさえ，問題が多く，原告の言い分を排斥する場合でも，安易に弁論を終結せず，よく先例を調べたうえで終結し，判決すべきである。

《参考文献》安藤一郎『私道の法律問題第4版』622〜655頁（三省堂，2002）（裁判例等の収集，整理および分析がされている。），佐脇敦子「公共下水道に排水するために隣地の利用ができるか」境界・私道等実務研究会編『問答式　境界・私道等の法律実務』1594頁（新日本法規）

〔塚原　朋一〕

第7 責任等限定型の給付判決

○相続の限定承認がされた場合の主文

> **基本型**
> 被告甲は，原告に対し，○○万円及びこれに対する令和×年×月×日から支払済みまで年×分の割合による金員を，被告甲が亡Aから相続した財産の存する限度において，支払え。

《参照判例》大判昭7・6・2民集11・11・1099，最二小判昭49・4・26民集28・3・503，判時745・52，判タ310・148

《参照条文》民法922条

解　説

1　限定承認の意義・効果

限定承認とは，相続人の，相続財産の限度でのみ被相続人の債務および遺贈を弁済すべきことを留保して相続を承認するとの意思表示である（民922）。

相続人は，限定承認により，被相続人の権利とともに被相続人の債務も全て承継するが，被相続人の責任を無限に承継するのではなく，相続債務の引当てが相続財産に限定される。したがって，被相続人の債権者は，相続人に対し，相続債務について，その支払を全て求めることができるものの，相続人の固有財産に対しては，強制執行をなし得ないことになる。すなわち，限定承認により，債務と責任が分離し，債務者は，相続財産を限度とする有限責任を負うということになる（中川義之助＝泉久雄『相続法〔第4版〕』401・407頁（有斐閣，2000），潮見佳男『詳解相続法第2版』91頁（弘文堂，2022））。

2　審理の対象と判決事項

そこで，債務と責任は別個のものであり，請求権確定のための判決手続の対象は訴訟物たる給付請求権の存在およびその範囲に限られるのであって，責任の範囲に及ばないとした上，限定承認は責任に関するものであるから，本来，判決手続によるべきことではなく，執行手続において，執行法上の救済手段に

委ねるべきとの考え方もありうる。

　しかしながら，給付判決が，その機能において，請求権の確定のみではなく，強制執行の指示をも含むものであることに照らすと，その判決手続において，執行力の制約に関する事実が主張された場合には，訴訟物に準ずるものとして，審理の対象とするのが相当である。また，執行段階における当事者間の紛争を未然に防止するためにも，給付命令を実現するのに執行力に制限がある場合，給付判決にこれを明示しておくことが要請される。以上が，実務の考え方であり，その結論は学説からも支持されている（田尾桃二『最高裁判所判例解説民事篇昭和49年度版』303頁（法曹会），同「相続の限定承認と給付判決に関する若干の考察」司研1974年Ⅱ54号26頁，高橋宏志『重点講義民事訴訟法上〔第2版補訂版〕』669頁（有斐閣，2013），なお，最一小判平5・11・11民集47・9・5255，判時1541・88，判タ888・134参照）。

3　限定承認の主張事実が認められた場合の給付判決主文

　この点，前掲《参照判例》大審院昭和7年6月2日判決は，相続債務の支払を求められた相続人である被告（上告人）が限定承認の事実を主張して請求棄却を求めた事案において，限定承認は，相続債務を消滅させるものではなく，単に，相続人の責任，すなわち強制執行の範囲を相続財産の範囲に限定するものにすぎないのであるから，給付判決は，限定承認がある場合でも，相続債務の全部についてなすべきもので，相続財産が総債務の弁済に不足することをもってその言渡額を制限すべきではないと述べた上，その判決の執行力を制限するため，相続財産の存する限度においてこれを支払うべき旨留保すべきである旨判示して，無留保で給付を明示した原判決を破棄，自判して相続財産の限度で支払を命ずる留保付判決をした。この大審院判例以来，相続債務の支払を求める訴訟において，限定承認の主張事実が認められた場合は，判決主文で相続財産の限度で支払う旨明示する取扱いが実務上定着したといわれる（田尾・前掲判例解説303頁）。

　そして，前掲《参照判例》最高裁第二小法廷昭和49年4月26日判決も，前訴で原告（上告人）が相続財産の限度で相続債務の支払を求めた事案において，その理由中で，被相続人の債権者から相続人に対し，給付の訴えが提起され，同訴訟において当該債務の存在とともに，限定承認の事実も認められたときは，給付訴訟の訴訟物は，直接には，給付請求権すなわち債権（相続債務）の存在およびその範囲であるものの，相続人の限定責任を明らかにするため，判決主文において，相続人に対し相続財産の限度で同債務の支払を命ずべきである旨

説示した。この最高裁判例により，相続債務につき，限定承認がある旨の主張がある場合，同主張についても，訴訟物に準ずるものとして給付訴訟の審理・判断の対象となり，それが認められたときには，給付判決の主文に明示されることが実務上確立したとされる（八木良一『最高裁判所判例解説民事篇平成5年度版』983頁（法曹会））。

なお，上記の考え方からすると，限定承認は，債務については全部を認容し，執行との間で責任だけを制限するにすぎず，それが認められた場合の留保付判決は，執行上の要請により付加されるものであって，判決の本来の対象である給付請求権の一部不存在によるものではないのであるから，無留保の給付の訴えに対して留保付の判決をした場合でも，一部請求棄却の判決は必要でないといえる（前掲《参照判例》大審院昭和7年6月2日判決は一部請求棄却判決をしていない。田尾・前掲考察27頁）。

4 相続財産の限度での支払を命ずる判決が確定した場合における判決の効力
　前掲《参照判例》最高裁第二小法廷昭和49年4月26日判決は，被相続人に対する債権につき，債権者と相続人との間の前訴において，相続人の限定承認が認められ，相続財産の限度での支払を命ずる判決が確定しているときは，債権者は相続人に対し，後訴によって，同判決の基礎となる事実審の口頭弁論終結時以前に存在した限定承認と相容れない事実を主張して同債権につき無留保の判決を求めることはできない旨判示した（田尾・前掲判例解説298頁参照）。

なお，訴訟手続内で弁論終結前にあった限定承認の事実が主張されずにその旨の明示のない給付判決が確定した場合，相続人が執行段階で限定承認を主張して債権者の執行を限定することが許されるか否かについては，見解が分かれている（認めるものとして，三ヶ月章『民事執行法』102・135頁（弘文堂，1981），原田和徳『執行関係等訴訟に関する実務上の諸問題』46頁（法曹会，1989）等。否定するものとして，田尾・前掲考察29頁，中野貞一郎＝下村正明『民事執行法〔改訂版〕』243頁（青林書院，2021）等。なお，八木・前掲判例解説985頁参照）。

　《参考文献》債務と責任の関係および責任の本質について，谷口知平＝加藤一郎編『新民法演習3債権総論』2頁以下〔磯村哲〕（有斐閣，1963），奥田昌道＝佐々木茂美『新版債権総論上巻』125頁（判例タイムズ社，2020）参照

〔光吉　恵子〕

○弁済の代位によって取得した原債権の履行を求める場合における訴状の請求の趣旨と判決主文中の求償権の表示

> **基本型**
>
> 　被告は，原告に対し○○万円及びうち○○万円に対する平成○○年○○月○○日から支払済みまで年３割の割合による金員を，原告の訴外甲山一郎に対する○○万円及びこれに対する令和○○年○○月○○日から支払済みまで年○○の割合による求償権の限度で，支払え。

《参照判例》最一小判昭61・2・20民集40・1・43，判時1184・53，判タ592・71
《参照条文》民法501条

解　説

1　代位弁済で取得する求償権と弁済代位で移転する原債権との関係

　代位弁済者が債権者から代位取得した原債権の履行（その連帯保証債権等の担保権の履行も同じ。）を求めた場合には，求償権の額が原債権の額を常に上回るものと認められる特段の事情のない限り，判決主文において，請求を認容する限度として求償権を表示しなければならない（前掲《参照判例》最一小判昭61・2・20）。なぜならば，求償権の発生とともに弁済代位される原債権やその連帯保証債権等の担保権は，その求償権の実現を確保するための目的的存在であるから，その求償権の額を限度として行使されなければならず，しかも，その制約は実体法の問題であるから，原則として判決主文にその求償権の額を表示しなければならないからである。やや長文にわたるが，上記判例は，弁済代位の法理を余すところなく判示しているので，以下に紹介する。

　「弁済による代位の制度は，代位弁済者の債務者に対する求償権を確保することを目的として，弁済によって消滅するはずの債権者の債務者に対する債権（以下「原債権」という。）及びその担保権を代位弁済者に移転させ，代位弁済者がその求償権を有する限度で右の原債権及びその担保権を行使することを認めるものである。それゆえ，代位弁済者が代位取得した原債権と求償権とは，元本額，弁済期，利息・遅延損害金の有無・割合を異にすることにより総債権額が各別に変動し，債権としての性質に差違があることにより別個に消滅時効

にかかるなど，別異の債権ではあるが，代位弁済者に移転した原債権及びその担保権は，求償権を確保することを目的として存在する附従的な性質を有し，求償権が消滅したときはこれによって当然に消滅し，その行使は求償権の存する限度によって制約されるなど，求償権の存在，その債権額と離れ，これと独立してその行使が認められるものではない。したがって，代位弁済者が原債権及び担保権を行使して訴訟においてその給付又は確認を請求する場合には，それによって確保されるべき求償権の成立，債権の内容を主張立証しなければならず，代位行使を受けた相手方は原債権及び求償権の双方についての抗弁をもって対抗することができ，また，裁判所が代位弁済者の原債権及び担保権についての請求を認容する場合には，求償権による右のような制約は実体法上の制約であるから，求償権の債権額が常に原債権の債権額を上回るものと認められる特段の事情のない限り，判決主文において代位弁済者が債務者に対して有する求償権の限度で給付を命じ又は確認しなければならないものと解するのが相当である。」

　以下，項を改めて，判決主文中に求償権をいかに表示するかについて解説するが，上述したところから明らかなように，実は，この問題は，判決主文中の表示に限らないのであり，訴状の請求の趣旨ですでに表示されていなければならず（請求の原因で，求償権発生の基本となる事実が摘示されていなければ，請求原因の摘示として主張自体失当である。），表示すべき求償権が不明であれば，被告の主張をまたずに，原告に釈明を求めるべきことがらである。したがって，限度としての求償権は，被告の抗弁があったときにのみ表示すべき筋合いのものではない。ただ，かなり複雑な法律問題であるので，以下，裁判所の責務を中心に据えて解説する。

2　求償権の表示方法
(1)　求償権が原債権を将来にわたっても常に上回る場合

> 被告は，原告に対し，〇〇万円及びうち〇〇万円に対する令和〇〇年〇〇月〇〇日から支払済みまで年〇〇の割合による金員を支払え。

　求償権の額は，その発生時（多くは代位弁済時）においては，当然のことながら元本のみであり（もっとも民法459条2項，442条2項によれば，代位弁済

したその日の法定利息を請求することができる。），発生時に取得した原債権の元本および利息・損害金の合計額に等しいのが通常であり，例外的にそれを下回るにすぎず（出捐した実際の額がそれによって消滅した原債権の額を下回る場合），求償権の額がその発生時において消滅した原債権の元本および利息・損害金の合計額を上回ることは考えにくいから，求償権の利息または損害金についての約定利率が原債権の利息・損害金についての約定利率より大きい場合がこの場合に当たる。

この場合には，本判決も判示しているように，原債権がその満額につき行使されて実現されても，求償権の額を上回ることがありえないので，判決主文で原債権のほかに求償権の額を表示するまでもない。

(2) 求償権が弁論終結時には原債権より大きいが，将来には逆転する場合

> 被告Cは，原告Dに対し78万円及びうち60万円に対する令和5年7月1日から支払済みまで年3割の割合による金員を，原告Dの訴外Bに対する156万円及びこれに対する同年6月30日から支払済みまで年3分の割合による求償権の限度で，支払え。

〈事例1〉債権者Aが債務者Bに対し120万円を遅延損害金の割合を年3割の約定で貸し付け，Cが連帯保証し，Dが物上保証をした場合において，Dが元金120万円と1年分の遅延損害金36万円の合計156万円を代位弁済したときに，Dは，Bに対し求償権として元金156万円およびこれに対する代位弁済の日から年3分の法定利息の債権を取得し，貸金債権として元金120万円および代位弁済の日までの1年分の遅延損害金36万円ならびに元金120万円に対する代位弁済の翌日から年3割の遅延損害金の債権を取得するが，Cに対しては代位取得した貸金債権を担保する連帯保証債権としては元金60万円および遅延損害金18万円ならびに元金60万円に対する代位弁済の翌日から年3割の遅延損害金の債権を取得するにすぎない。代位弁済の日は，令和5年6月30日とする。

理論的には，元本においては求償権が大きく，遅延損害金の割合においては原債権が大きい場合に生じるが，実際上は，次の場合に多く生じる。すなわち，法定代位者が数名おり，代位の割合につき特約がなく頭数によるべき場合には，求償権は代位弁済した全額につき発生し，ただその遅延損害金の割合については特約がなく法定利息であるため，頭数によってしか代位しない保証債権（こ

の場合比較されるのは，原債権ではなく代位される保証債権である。）より総額において初めは大きく，やがては遅延損害金の割合において大きい原債権の方が急速に大きくなって逆転する（もっとも，法定代位者が2名の場合は逆転の時期が，通常判決言渡しまでに相当期間経過していることもあってかなり早く到来するが，法定代位者が多数の場合は逆転の時期は著しく遅い。）。この場合，逆転する時点は判決の時点で計算上これを求めることはできるが，途中で内入弁済（原則として内入弁済は原債権と求償権の双方に対し別々に充当されることなどにつき，最三小判昭60・1・22裁判集民144・1，判時1148・111，判タ552・162参照）があったときは，元利金の構成が異なるため，その時点は当然に変動し意味がなくなるから，どうしても主文で求償権の元本と遅延損害金の割合などを掲げて表示せざるをえない。

(3) 求償権が弁論終結時には原債権より小さいが，将来逆転する場合

> 被告Cは，原告Eに対し，132万円及びうち120万円に対する令和5年7月1日から支払済みまで年10パーセントの割合による金員を，原告Eの訴外Bに対する100万円及びこれに対する平成17年7月1日から支払済みまで年20パーセントの割合による求償権の限度で，支払え。

〈事例2〉 債権者Aが債務者Bに対し貸金120万円を利息および遅延損害金をいずれも年10パーセントで貸し付け，Cが連帯保証を，Dが物上保証をし，EがCおよびDとの間で全部代位の特約を，Bとの間で求償権の損害金につき年20パーセントの特約をしたうえで，保証をし，Eが約1年後に時価100万円の不動産で代物弁済により代位弁済した場合には，求償権の額は，元金100万円およびこれに対する代位弁済の翌日から年20パーセントの割合による遅延損害金であり，原債権およびこれを担保する連帯保証債権は元金120万円およびこれに対する代位弁済までに生じた1年分の遅延損害金12万円，ならびに貸金元金120万円に対する代位弁済の翌日である令和5年7月1日から年10パーセントの割合による遅延損害金である。

代位弁済者が代物弁済によって当該物件の価格よりも多額の原債権を消滅させた場合で，しかも，求償権の利息または損害金の割合が原債権の利息・損害金の割合よりも高いときが，この場合に当たる。この場合も，前掲(2)の場合と異なるところはない。逆転する時点は，計算上求めることはできるが，途中で

一部弁済があったときに変動することも同じである。

(4) 求償権が弁論終結時点以降も常に原債権より小さい場合

> 〈Ⅰ型〉
> 　被告Ｃは，原告Ｅに対し，138万円及びうち120万円に対する令和5年7月1日から支払済みまで年15パーセントの割合による金員を，原告Ｅの訴外Ｂに対する138万円及びこれに対する同日から支払済みまで年15パーセントの割合による求償権の限度で，支払え。
> 〈Ⅱ型〉
> 　被告Ｃは，原告Ｅに対し138万円及びこれに対する令和5年7月1日から支払済みまで年10パーセントの割合による金員を支払え。

〈事例3〉債権者Ａが債務者Ｂに対し120万円を利息および遅延損害金いずれも年15パーセントで貸し付け，Ｃが連帯保証をし，Ｄが物上保証をし，ＥがＣおよびＤとの間で全部代位の特約とＢとの間で求償権の遅延損害金につき年10パーセントの特約をしたうえで，保証をし，Ｅが貸金120万円と利息1年分18万円の合計138万円を代位弁済した場合には，求償権は元金138万円およびこれに対する代位弁済の翌日から支払済みまで年10パーセントの割合による遅延損害金であり，原債権たる貸金債権は元利金138万円およびうち120万円に対する年15パーセントの割合による遅延損害金ということになる。

代位弁済した以降，求償権の額は常に原債権の額を下回ることになる。この場合の判決主文は，上記判例の趣旨に忠実に従うとⅠ型，その実質に従い簡略にするとⅡ型となる。

3 訴訟指揮上の問題

判決主文についての主文上の制約の表示が多くの場合そうであるように，原債権の行使の場合における求償権の表示も，原告が自ら謙抑的にこれを請求の趣旨に掲げることはまれである。しかしながら，求償権の表示は，実体法上，原債権の行使と密接不可分の関係に立つから，被告からの抗弁としての主張を待たずに，原告に対し求償権の発生等について主張立証させ，かつ，判決主文に表示すべきであることに注意すべきである（ちなみに，前掲《参照判例》の案件でも，被告は，この点について，原審でも，また，上告理由でも，何ら主

張も指摘もしていない。）。この点で，同時履行や留置権の抗弁や限定相続の場合と異なる。

《参考文献》前掲《参照判例》に対する判例解説として塚原朋一「判解」ジュリ860号85頁，住吉博・判評332号45頁，山田誠一・民商96巻3号97頁

〔塚原　朋一〕

○金銭債権を債権者代位権に基づき代位行使する場合における被保全債権の主文中の表示

基本型

被告は，原告に対し，△△万円及びこれに対する令和△△年△月△日から支払済みまで年△分の割合による金員を，原告の訴外甲山一郎に対する××万円及びこれに対する令和××年×月×日から支払済みまで年×分の割合による金員の限度で，支払え。

《参照裁判例》仙台高判昭62・12・23判時1273・65，判タ674・200
《参照条文》民法423条・423条の2・423条の3・423条の5・423条の6

解　説

1　債権者代位権の意義および性質

債権者は，自己の債権を保全するため必要があるときは，その債務者に属する権利（被代位権利）を行使することができる（民423①本文，債権者代位権）。

債権者代位権は，債権（被保全債権）自体とは別個の，実体法上の権利であり，その債権の保全のために債権者に与えられたものであるから，債権の存在を前提とするもので，債権に従たる特別の権利であるとされる（奥田昌道＝佐々木茂美『新版債権総論中巻』376頁（判例タイムズ社，2021））。その法的性質は，債務者の財産に対する管理権として捉えることができる（於保不二雄『債権総論〔新版〕』162頁（有斐閣，1972），奥田＝佐々木・前掲）。

訴訟法上は，この実体法上の権能を基礎として，債権者に，被代位権利についての訴訟追行権（当事者適格）が認められる（法定訴訟担当。三木浩一ほか『民事訴訟法〔第3版〕』128頁〔垣内秀介〕（有斐閣，2018））。

2　債権者代位権の行使方法

債権者が債務者に代位して被代位権利を行使した効果は，直接，債務者に発生するのであって，被代位権利を行使した効果を直接に債権者に発生させることはできない。もっとも，弁済の効果が債務者に発生するということと，弁済の受領を債権者が債務者に代わってなし得るかということとは，区別して考え

なければならない。

　被代位権利が，金銭の支払を目的とする債権のように，弁済の受領を要する場合，改正前民法下での判例は，債権者は，相手方（第三債務者）に対し，直接自己に対して引き渡すべきことを請求することができるとしていた（最二小判昭29・9・24民集8・9・1658，判タ44・21）。

　現行法では，被代位権利が金銭の支払または動産の引渡しを目的とするものであるときは，債権者が相手方（第三債務者）に対して自己への支払等を求めることができることや，相手方（第三債務者）が債権者に支払等をしたときは，被代位権利はこれによって消滅することが明文化された（民423の3）。

3　金銭債権について債権者代位権を行使しうる範囲

　改正前民法下の判例は，上記のとおり，債権者代位権は，債権者の債権を保全するために認められた制度であるから，これを行使しうる範囲は，債権の保全に必要な限度に限られるべきであって，債権者が債務者に対する金銭債権に基づいて有する金銭債権を代位行使する場合においては，債権者は自己の債権額の範囲においてのみ債務者の債権を行使しうるとしていた（最三小判昭44・6・24民集23・7・1079，判時562・39，判タ237・154。なお同判例は，被保全債権の元本のほか，その支払済みまでの遅延損害金の範囲において，債権者代位権の行使を認めた。千種秀夫『最高裁判所判例解説民事篇昭和44年度版』298頁（法曹会）参照）。

　現行法では，上記判例法理を明文化し，被代位権利の目的が可分であるときは，自己の債権額の限度でのみ被代位権利を行使することができる旨定められた（民423の2）。なお，目的が不可分である場合に一部の引渡しを求めたり，金銭での支払を求めたりすることはできない（奥田＝佐々木・前掲395頁）。

4　代位権行使と債務者の処分権限

　現行法では，債権者が代位権の行使に着手しても，債務者の管理処分権は失われない（民423の5前段）。その結果，債務者が，被保全債権の存在を認めている場合でも，当事者適格を失わないので，代位訴訟に補助参加することができるほか，相手方（第三債務者）に対して被代位権利に基づく給付を求めて共同訴訟参加することができる（畑瑞穂「債権法改正と民事手続法―債権者代位権と詐害行為取消権」司法研修所論集125号134頁以下（最高裁判所司法研修所，2015））。債務者が共同訴訟参加後，事実審の口頭弁論終結時まで自らの請求を維持したときは，債

務者の請求を認容し，債権者の訴えについては，債務者が自ら権利を行使しない場合（最一小判昭28・12・14民集7・12・1386，判タ37・48）に該当しないことを理由に，却下することも考えられる（奥田＝佐々木・前掲409頁）。

債務者が被保全債権の存在を争う場合，改正前民法下の判例は，債務者の代位訴訟への独立当事者参加を認めていたが（最三小判昭48・4・24民集27・3・596，判タ295・254），現行法下では，その参加形態について見解が分かれている（八田卓也「法定訴訟担当」法教457・103，三木ほか・前掲581頁〔菱田雄郷〕など）。

5 被保全債権の表示方法

上記3のとおり，代位行使し得る債権が被保全債権の範囲に制約されるのは実体法上の制約であるから，代位行使される債権の支払を求める訴訟においては，被保全債権が常に債務者の相手方（第三債務者）に対する債権より上回ることが明らかな場合を除いて（例えば，被保全債権が，代行行使される債権と比して，その元本は大きいが遅延損害金の割合は小さい場合，口頭弁論終結時は代位行使される債権を上回るものの，その後，これを下回ることがある。），その主文にその範囲を明確にしておく必要がある（前掲《参照裁判例》仙台高判昭62・12・23）。

具体的な表示方法の詳細については，代位弁済者が債権者から代位取得した原債権の履行を求めた場合における求償権の主文中の表示方法が参考になるので，前掲（塚原朋一「弁済の代位によって取得した原債権の履行を求める場合における訴状の請求の趣旨と判決主文中の求償権の表示」）および塚原朋一『最高裁判所判例解説民事篇昭和61年度版』21頁（法曹会）以下を参照されたい。

〔光吉　恵子〕

○主文で強制執行することができないと宣言する場合の表示

> **基本型**
> 1　被告は，原告に対し，○○○万円を支払え。
> 2　前項については強制執行をすることができない。

《参照判例》最一小判平5・11・11民集47・9・5255，判時1541・88，判タ888・134
《参照条文》民事訴訟法246条・253条1項

解　説

1　給付訴訟において不執行の合意が認定された場合の判決主文

　給付訴訟において，その給付請求権について，被告から不執行の合意（強制執行をしない旨の合意）等があるとの主張がされ，その事実が認められる場合，裁判所はどのような判決をするべきか。

　この点について，前掲《参照判例》の最高裁判決は，「給付訴訟の訴訟物は，直接的には，給付請求権の存在及びその範囲であるから，右請求権につき強制執行をしない旨の合意があって強制執行をすることができないものであるかどうかの点は，その審判の対象にならないというべきであり，債務者は，強制執行の段階において不執行の合意を主張して強制執行の可否を争うことができると解される。しかし，給付訴訟において，その給付請求権について不執行の合意があって強制執行をすることができないものであることが主張された場合には，この点も訴訟物に準ずるものとして審判の対象になるというべきであり，裁判所が右主張を認めて右請求権に基づく強制執行をすることができないと判断したときは，執行段階における当事者間の紛争を未然に防止するため，右請求権については強制執行をすることができないことを判決主文において明らかにするのが相当であると解される（最高裁昭和46年（オ）第411号同49年4月26日第二小法廷判決・民集28巻3号503頁参照）。」と判示して，当該給付請求権について強制執行をすることができないことを判決主文において明らかにすべきであるという新判断を示した。同判決の結論について特段の異論は見当たらず，その後の実務も同判決を前提とした運用がされているものと思われる。そこで，以下，不執行の合意に関する議論の状況等を概観し，付随する問題点に

ついても若干述べることとする。

2 不執行の合意に関する議論の状況等

(1) 不執行の合意がある債務は,いわゆる責任なき債務(債務はあるものの,責任,すなわち強制執行力ないし掴取力を欠くもの)と解されている。不執行の合意を含む執行制限契約については,その性質,給付訴訟における審判の対象,既判力,不執行の合意に反する執行に対する債務者の救済方法等を巡って,民事執行法制定前から様々な議論があった。不執行の合意は,前掲《参照判例》以前は,主として不執行の合意に反して債権者が強制執行をした場合の債務者の救済方法の観点から問題とされ,その合意の法的性質とともに議論されていたところ,当時の主な見解は,以下の①から③説であるとされている(後掲・八木980~985頁)。

①説は,上記債務者の救済は,執行異議(民執11。旧法上は旧民訴法544条の執行方法の異議)によるべきであるとの見解である。この見解は,不執行の合意は,訴訟上の契約であり,これに反する強制執行は手続法上違法となるから執行異議事由になること,不執行の合意は,実体法上の請求権に関わるものではなく,単に執行手続上の問題にすぎず,給付訴訟の審理・判断の対象にはならず,抗弁とはならないことを前提とするものと考えられている。

②説は,上記債務者の救済は,請求異議の訴え(民執35)によることができ,時的限界(民執35②)はないとの見解である。この見解には様々なバリエーションがあるが,多くのものは,不執行の合意は,執行をしないという実体的な不作為義務を生じさせるものであり,これに反する執行は実体的に不当であるから,請求異議の訴えを認めるべきというものである。また,この見解の多くは,不執行の合意の有無は既判力の時的限界には服さないが,給付訴訟では不執行の合意は抗弁とはなり得ないとしている。

③説は,上記債務者の救済は,請求異議の訴えによるべきであり,時的限界があるとする見解である。この見解は,不執行の合意の法的性質について②説と同様に解し,請求異議の訴えを認めるべきであるとしつつ,債務者の財産に対する執行可能性としての責任の存否および範囲も給付訴訟の審判対象となると解し,不執行の合意の有無や責任限定事由も抗弁となるとしている。したがって,③説によれば,確定判決の既判力は,その責任の存在および範囲についても生じるから,責任の限定のない給付判決が確定すれば,債務者は,弁論終

第7　責任等限定型の給付判決　141

結前の不執行の合意の事実を請求異議事由とすることはできないこととなる。
　(2)　不執行の合意がある債務と同様に債務者の責任が限定され，債権者の執行が限定される例として，相続債務の限定承認があった場合がある。実務上，給付訴訟においてその給付請求権（相続債務）とともに限定承認の事実が認められた場合には，判決主文において相続財産の限度で支払う旨を明示する取扱いがされていたところ，前掲《参照判例》が引用している最高裁第二小法廷昭和49年4月26日判決（民集28巻3号503頁，判時745号52頁，判タ310号148頁）は，上記の取扱いを確認した。また，同判決は，給付請求について，「訴訟物は，直接には，給付請求権即ち債権（相続債務）の存在及びその範囲であるが，限定承認の存在及び効力も，これに準ずるものとして審理判断されるのみならず，限定承認が認められたときは前述のように主文においてそのことが明示されるのであるから，限定承認の存在及び効力についての前訴の判断に関しては，既判力に準ずる効力があると考えるべきである」と判断した。
　(3)　前掲《参照判例》は，前記1のとおり，給付訴訟において債務者から不執行の合意が主張された場合は，この点も訴訟物に準じて審判対象になり，その主張を認めて強制執行をすることができないと判断したときは，判決主文においてその旨を明らかにするのが相当と判示した。同判決は，弁論終結前に存在した不執行の合意について主張がなく，審理の対象とならなかった場合に，同合意を強制執行段階で主張することができるか否かについては明言されていないが，その主張が遮断されることはないものと解されている（後掲・八木984頁。なお，これと異なる見解として，後掲・上原86頁）。同判例は，前記①から③説のいずれにも当てはまらないが，②説に近い考えをとっているものと思われる。

3　付随する問題点
　(1)　不執行の合意の事実が主張されたが，その事実が認められない場合等
　前掲《参照判例》のとおり，不執行の合意が主張された場合は，この点も訴訟物に準じて審判対象になるから，不執行の合意の事実が認められないなど，強制執行について留保を付けない旨の判断をするときは，その旨を判決理由中において示す必要がある。
　(2)　強制執行不可宣言を主文でする場合に一部棄却判決をすべきか
　強制執行をすることができないと判決主文で宣言した場合，強制執行を求めた申立てを排斥する旨を判決主文で表示する一部棄却判決をすべきか否かにつ

いて，前掲《参照判例》は，これを不要としている（同判決が引用する昭和49年判決も同様である。）。その理由は，上記判決からは明らかでないが，判決主文における強制執行をすることができないとの宣言は，執行法上の要請により付加するものであり，給付請求権の一部不存在によるものではないこと，不執行の合意の事実の主張は，請求異議事由を事前に主張しているものであって本来の抗弁ではないことが理由であると考えられる（後掲・田尾・司研27頁）。

《参考文献》八木良一『最高裁判例解説民事篇平成5年版』976頁（法曹会），上原敏夫「不執行の合意」法学教室337号84頁，田尾桃二『最高裁判例解説民事篇昭和49年版』298頁（法曹会），同・司研1974年Ⅱ54，稲田龍樹・判タ391号25頁

〔作原　れい子，三田　健太郎〕

第8 不動産登記請求訴訟

○不動産登記手続請求訴訟において判決主文に記載すべき基本的な事項

> **基本型**
> (1) 売買等の契約を原因とする所有権移転登記請求訴訟の場合
>   被告は，原告に対し，別紙物件目録記載の不動産につき，令和○年○月○日売買を原因とする所有権移転登記手続をせよ。
> (2) 真正な登記名義の回復を原因とする所有権移転登記請求訴訟の場合
>   被告は，原告に対し，別紙物件目録記載の不動産につき，真正な登記名義の回復を原因とする所有権移転登記手続をせよ。
> (3) 所有権移転登記抹消登記請求訴訟の場合（不実登記の抹消）
>   被告は，原告に対し，別紙物件目録記載の不動産につき，○○地方法務局令和○年○月○日受付第○○○号の所有権移転登記の抹消登記手続をせよ。
> (4) 抵当権設定登記抹消登記請求訴訟の場合（後発的事由によるもの）
>   被告は，原告に対し，別紙物件目録記載の不動産につき，○○地方法務局令和○年○○月○日受付第○○号の抵当権設定登記の令和□年□月□日弁済を原因とする抹消登記手続をせよ。

《参照判例》最三小判昭32・9・17民集11・9・1555，判タ76・28，大判昭12・12・28，民集16・2082

《参照条文》不動産登記法18条・27条・61条，旧不動産登記法40条，不動産登記令3条・7条1項5号ロただし書(1)，民事執行法177条

解　説

1　判決主文に記載すべき事項

登記手続を命ずる判決が確定すると，登記義務者は判決主文に記載された事項につき，登記申請の意思表示をしたものと擬制される（民執177）。また，上記

の執行力のある確定判決の判決書の正本は，不動産登記法61条の「登記原因を証する情報」（以下「登記原因証明情報」という。）とされている（不登令7①五ロただし書(1)）。

したがって，原則として，判決主文には当該登記手続上，登記の申請をする場合に登記所に提供しなければならない申請情報（不登18，不登令3参照），すなわち，対象不動産の特定に必要な事項のみならず，登記原因およびその日付（不登令3六），登記の目的（権利の一部移転登記，変更，更正登記など。不登令3五）が明示されている必要がある。

2　登記原因の特定に関する問題

(1)　登記原因の日付の要否

登記原因とは，「登記の原因となる事実又は法律行為」である（不登5②ただし書参照）。

前掲《参照判例》最高裁第三小法廷昭和32年9月17日判決は，売買を原因として所有権移転登記手続の履行を命ずる判決をする場合，売買の日付は，必ずしも主文に表示する必要はなく，理由中に明示されていれば足りるとし，判決の理由中で登記原因およびその日付が明らかになれば足りるとする趣旨であると解される。

しかしながら，判決理由中に，登記原因に相当する権利変動原因が複数認定されているような場合は，登記官が主文記載の登記原因に対応する原因日付を誤って把握するおそれもある（上杉晴一郎「登記請求訴訟の請求の趣旨及び原因」村重慶一編『現代民事裁判の課題』2巻502頁（新日本法規，1991）参照）し，場合によっては，不動産登記法25条9号により申請が却下されるおそれもあるから，判決主文において登記原因およびその日付を明示するのが不動産登記法の趣旨に沿うものというべきである。前掲《参照判例》最高裁第三小法廷昭和32年9月17日判決と同趣旨の先例も複数存在するが，これらは不備な判決を救済したものとみるのが相当と解される（幸良秋夫『新訂　設問解説　判決による登記』29～30頁（日本加除出版，2022）参照）。

なお，真正な登記名義の回復を原因とする所有権移転登記を求める訴訟においては，その性質上，登記原因の日付を特定することができないため，登記原因の日付の記載は不要とされている。

(2)　移転登記抹消登記請求訴訟につき「錯誤を原因とする」との記載の要否

司法研修所編『民事判決起案の手引〔10訂補記版〕』15頁（法曹会，2020）は，「実務では，移転登記手続を命ずる主文は登記原因を明らかにして記載し，抹消登記手続を命ずる主文では登記原因を示さないのが通例である。抹消登記手続に代えて移転登記手続を命ずるときは，『真正な登記名義の回復』を登記原因として記載することが多い。」とする。

　この点，吉野衛『判例からみた不動産登記の諸問題』82頁（新日本法規，1977）は，不実の所有権移転登記の抹消登記手続を命ずる場合，登記原因を「錯誤」とする登記実務に合理性があるとして，「同日錯誤を原因とする」とするのが妥当であるとする。

　これに対し，上杉・前掲505頁は，「例えば原告所有不動産につき原告不知の間に売買を原因とする所有権移転登記がなされた場合の抹消登記原因は売買の不存在であるから，「錯誤」という抹消登記原因は実態に符合せず，請求の趣旨や主文に抹消登記原因として「錯誤」の記載を求めるのは無理である。」とし，不実登記の抹消を求める場合は主文中に登記原因を記載しないこととする訴訟実務に理解を示しつつ，後発的事由による抹消登記手続請求訴訟については，解除や被担保債権の弁済による消滅などである旨明示すべきであるとするものと解される。永井ユタカ「不動産登記手続請求訴訟－主として判決主文例（請求の趣旨例）を中心として－」（判タ672号17頁）および神崎満治郎『判決による登記の実務と理論』210頁（テイハン，1984）もこれと同趣旨と解される。

　平成16年法律123号による改正後の不動産登記法は，不真正な登記の出現の防止を重視し，登記原因証書のない場合には申請書副本の提出を要するとする同改正前の不動産登記法40条を廃止した上で，登記原因証明情報の提供を必要的としている（河合芳光『逐条不動産登記令』68頁（きんざい，2005）参照）。前記改正前の不動産登記法下の登記実務においては，真正な登記名義の回復を原因とする所有権移転登記を登記原因がないものとして扱っていたが，前記改正に伴い，改正後はこの類型についても，申請に係る登記をする原因となる事実または法律行為等を登記原因証明情報とすることになると考えられる（清水響『一問一答新不動産登記法』168頁（商事法務研究会，2005）参照）。このような不動産登記法の改正の趣旨に照らすと，判決主文においても登記原因をできる限り明示すべきである。したがって，後発的事由による抹消登記手続訴訟については，解除や被担保債権の弁済による消滅などである旨記載し，不実登記の抹消の場合は，「原因契約の不存在」と記載することが考えられる。なお，不実登記の抹消の場合，

登記原因を「判決」とする立場も考えられるが，登記手続を命ずる判決の本質が，登記所に向けられた当該登記手続という意思表示の当事者間における強制的実現であって，登記原因たる権利変動事実を一般的に創設し，登記官に当該登記を命じるものではないという点に照らすと，賛成できない（永井・前掲9頁参照）。

なお，所有権に基づく妨害排除請求としての抹消登記手続請求訴訟の場合，請求原因において妨害状態としての登記の記載内容を具体的に記載する必要があり，その際には登記目録を利用して表示するのが明解であるから，主文においても，その登記目録を利用して登記を表示するのが望ましい（前掲『民事判決起案の手引』22頁参照）とする立場もあるが，当該登記の特定は登記所の名称・登記受付番号によって十分に可能であるし，他方，判決主文において別紙登記目録を引用した場合，万一，登記目録に誤記があれば，登記記載事項は当事者間に争いがないにもかかわらず，主文事項であるため更正決定が必要になるという問題も生じるため，賛成できない。

3　登記権利者・登記義務者の記載の要否

前掲『民事判決起案の手引』14頁は，移転登記手続請求訴訟における主文について，「被告は，原告に対し，別紙物件目録記載の土地について……」と記載するものとするのに対し，抹消登記手続請求訴訟における主文については，「抹消されるべき登記は物件と登記の名称・登記所の名称・受付年月日・受付番号によって特定し得るから，その点のみ明らかにすれば足りると解されており」，「被告は，別紙物件目録記載の土地について○○地方法務局平成○年○月○日受付第○号の所有権移転登記の抹消登記手続をせよ。」と記載することになるとし，「原告に対し」の記載は不要であるとする。

しかしながら，「被告は，原告に対し」とする部分は，訴訟法上，意思表示の擬制される当事者間が誰と誰であるかを明示すると同時に，不動産登記法上の登記義務者から登記権利者に対する意思表示の内容（主文例の抹消登記手続請求訴訟の場合は，被告から原告への抹消登記手続となる。）も含んでいるものと解されるから，登記請求訴訟の類型にかかわらず，主文においては「被告は，原告に対し」と明示するのが相当であろう（吉野・前掲書82頁，永井・前掲17頁，神崎・前掲書208頁，上杉・前掲506頁参照。これらも同旨と解される。）。実務上は，「原告に対し」と記載するものと記載しないものとが混在し，どちらが多いともいえな

い。

　注：「被告は，原告に対し」と明示することの必要性に関して，前掲《参照判例》大審院昭和12年12月28日判決の事案が参考になる。この判決要旨は，A所有の土地を寄託の目的で譲渡され，所有権移転登記も経たBが，Aに対し，Aの請求次第土地をAに返還し，Aまたはその指定する者に移転登記手続をする旨約したところ，CがB名義を冒用して，Cに対する当該土地の所有権移転登記手続をした場合，たとえ土地の所有権が既にBからAに返還されているため，Bは所有権を有していないとしても，BはCに対し，上記不正登記の抹消手続を請求することができるというものである。この事案において，仮に，AがBとともに原告として，Cに対する所有権移転登記抹消登記請求をした場合，判決主文において「原告Aに対し」，「原告Bに対し」と明記しないと，意思表示の擬制される当事者が明らかにならないという不都合が生じる。

〔杉田　薫〕

○仮登記に基づく本登記請求訴訟における仮登記劣後登記の抹消

基本型

1　被告乙は，原告（甲）に対し，別紙物件目録記載の不動産につき，○○地方法務局令和○年○月○日受付第○○号所有権移転仮登記に基づく令和○年○月○日売買を原因とする所有権移転登記手続をせよ。
2　被告丙は，原告（甲）に対し，第1項の所有権移転登記手続を承諾せよ。

〈事例〉甲が，乙所有のA土地に所有権移転仮登記を有し，乙に対して本登記請求をしたが，A土地には上記本登記の遡及効に抵触する丙の抵当権設定登記が存在している。

《参照条文》不動産登記法63条・68条・109条1項・2項，旧不動産登記法105条1項・146条1項，不動産登記令2条・7条1項5号ロ・ハ

解　説

1　「登記上の利害関係を有する第三者」とその「承諾」の解釈

　不動産登記法109条1項は，所有権に関する仮登記に基づいて本登記を申請する場合に，「登記上の利害関係を有する第三者」があるときは，「当該第三者の承諾があるときに限り，」申請することができるとして，第三者の承諾を要求し，当該第三者の利益の保護を図っている。また，不動産登記令7条1項5号ハは，「登記原因について第三者の許可，同意又は承諾を要するときは，当該第三者が許可し，同意し，又は承諾したことを証する情報」が添付情報（不登令2一）となるとしている。

　そこで，登記上の利害関係を有する第三者の任意の承諾を得ることができない場合，どのようなものが「当該第三者が…承諾したことを証する情報」となるかが問題となる。この点，平成16年法律123号による改正前の不動産登記法においては，第三者の承諾または「之ニ対抗スルコトヲ得ヘキ裁判ノ謄本」（旧不登105①・146①）が必要とされていたことから，当該第三者に対して承諾を命ず

る給付判決を得て，その確定判決の判決書（これと同一の効力を有する和解調書等を含む。）の謄本を添付する必要があるとするのが通説であった。これに対し，「当該第三者が……承諾したことを証する情報」（不登令7①五ハ）については，条文上作成者について限定がないので，これらを証する情報といえるものであれば当該第三者が作成したものである必要はないと解される（河合芳光『逐条不動産登記令』79頁（きんざい，2005））ことや，不動産登記令7条1項5号ハにおいては，上記改正前の不動産登記法105条1項と異なり，「之ニ対抗スルコトヲ得ヘキ裁判ノ謄本」（旧不登146①）が必要であるとされていないことから，当該第三者の承諾義務の存在を確認する趣旨の確認判決（これに関連する登記先例として，昭和47年2月23日民事甲第987号民事局長回答（登記関係先例集追加編V687頁。本設例において，甲の仮登記後に乙からA土地について賃借権設定登記を受けた登記名義人との甲との間で，当該賃貸借契約の無効を確認した判決を「之ニ対抗スルコトヲ得ヘキ裁判」に当たるとした。）があるが，疑問である。）や，判決理由中の判断で示された場合も上記情報に当たると考える立場もありうる。しかし，第三者による承諾の意思表示を強制的に実現する手段である以上，第三者に対する承諾を命ずる給付判決の確定判決の判決書（これと同一の効力を有する和解調書等を含む。）の謄本が上記情報となると解するのが相当である。ただし，実際には，判決による登記（不登63①）における添付情報である執行力のある確定判決の判決書の正本（不登令7①五ロ(1)）が登記原因について第三者の承諾を証する情報を兼ねることになる場合が多いものと思われる（河合・前掲書80頁，七戸克彦監修『条解不動産登記法』453頁（弘文堂，2013）参照）。

次に，「登記上の利害関係を有する第三者」とは，仮登記に基づいて本登記がされたとすれば当該不動産に対する権利を害することが登記の形式上明らかな第三者をいうと解される（幾代通＝浦野雄幸編『判例・先例コンメンタール新編不動産登記法4』112頁（三省堂，1999）参照）。

2 〈事例〉における実務的処理

〈事例〉において，丙は，甲のために本登記がされることにつき，登記上利害関係を有する第三者に当たる。

したがって，甲は，本登記の申請について丙の承諾を得られない場合，丙に対し，所有権に基づく妨害排除請求権としての承諾請求権を行使し，承諾を命じる給付判決を得て，その確定判決の判決書の謄本を添付情報として本登記を

申請し，丙の登記については，登記官によって職権抹消をしてもらうことになる（不登109②）。

3 「第三者」の例

このほかに，〈事例〉において，甲の仮登記後に乙からＡ土地の所有権を譲り受け，その登記を経た者や，甲の仮登記後に乙からＡ土地について賃借権設定登記を受けた者，甲の仮登記後にＡ土地について仮差押え・仮処分・差押えの登記を得た者は，いずれも不動産登記法109条1項の登記上の利害関係を有する第三者に当たるとされている。

〔杉田　薫〕

○所有権移転登記の抹消請求と後順位登記権利者に対する承諾請求

> **基本型**
> 1　被告乙は，原告（甲）に対し，別紙物件目録記載の不動産につき，○○地方法務局令和○年○○月○日受付第○○号の所有権移転登記の抹消登記手続をせよ。
> 2　被告丙は，原告（甲）に対し，第1項の抹消登記手続を承諾せよ。

〈事例〉甲が所有する土地について，乙が，甲の知らない間に所有権移転登記をし，かつ，丙に対して抵当権設定登記もした。
《参照条文》不動産登記法63条1項・66条・68条・72条・109条1項，不動産登記令2条1項・7条1項5号ロ(1)・ハ，不動産登記規則152条

解　説

1　「登記上の利害関係を有する第三者」とその「承諾」の解釈

　不動産登記法68条は，登記の抹消について「登記上の利害関係を有する第三者」が存在する場合には，「当該第三者の承諾があるときに限り，」申請することができるとして，第三者の承諾を要求し，当該第三者の利益の保護を図っている。また，不動産登記令7条1項5号ハは，「登記原因について第三者の許可，同意又は承諾を要するときは，当該第三者が許可し，同意し，又は承諾したことを証する情報」が添付情報（不登令2一）となるとしている。

　そこで，登記上の利害関係を有する第三者の任意の承諾を得ることができない場合，どのようなものが「当該第三者が…承諾したことを証する情報」となるかが問題となる。この点，平成16年法律123号による改正前の不動産登記法においては，第三者の承諾または「之ニ対抗スルコトヲ得ヘキ裁判ノ謄本」（旧不登146①）が必要とされていたことから，当該第三者に対して承諾を命ずる給付判決を得て，その確定判決の判決書（これと同一の効力を有する和解調書等を含む。）の謄本を添付する必要があるとするのが通説であった。これに対し，「当該第三者が……承諾したことを証する情報」（不登令7①五ハ）については，条文上作成者について限定がないので，これらを証する情報といえるものであ

れば当該第三者が作成したものである必要はないと解される（河合芳光『逐条不動産登記令』79頁（きんざい，2005）参照）ことや，不動産登記令7条1項5号ハにおいては，上記改正前の不動産登記法146条1項と異なり，「之ニ対抗スルコトヲ得ヘキ裁判ノ謄本」が必要であるとされていないことから，当該第三者の承諾義務の存在を確認する趣旨の確認判決や，判決理由中の判断で示された場合も上記情報に当たると考える立場もありうる。しかし，第三者による承諾の意思表示を強制的に実現する手段である以上，第三者に対する承諾を命ずる給付判決の確定判決の判決書（これと同一の効力を有する和解調書等を含む。）の謄本が上記情報となると解するのが相当である。ただし，実際には，判決による登記（不登63①）における添付情報である執行力のある確定判決の判決書の正本（不登令7①五ロ(1)）が登記原因について第三者の承諾を証する情報を兼ねることになる場合が多いものと思われる（河合・前掲書80頁，七戸克彦監修『条解不動産登記法』453頁，467頁（弘文堂，2013）参照）。

ここで，「登記上の利害関係を有する第三者」とは，登記の形式上からみて，一般的に損害を被るおそれがある第三者であることを要する（登記の形式上，一般的に損害を被るおそれがあれば足り，当該第三者が実体法上その権利を有するかどうかを問わないし，反対に，仮に実体法上の権利があったとしても，その登記を経ていない者は含まない。）と解される（幾代通＝浦野雄幸編『判例・先例コンメンタール新編不動産登記法5』220頁（三省堂，1999），七戸・前掲書463頁参照）。

2 〈事例〉における実務的処理

〈事例〉において，甲は，乙に対し，所有権に基づく妨害排除請求権としての所有権移転登記の抹消登記請求権を有しており，丙は，乙名義の所有権移転登記の抹消につき，登記上の利害関係を有する第三者に当たる。

したがって，甲は，その所有権移転登記の抹消登記手続について，丙の任意の承諾を得られない場合，丙に対し，所有権に基づく妨害排除請求権としての承諾請求権を行使し，承諾を命じる給付判決を得て，乙に対する所有権移転登記の抹消登記の申請に際し，丙の登記の職権抹消を得ることになる（不登規152参照）。

この点，かつては，司法研修所でも〈事例〉のように，甲・乙間の所有権移転登記が乙により甲に無断でされたものであって不実のものである場合，丙の抵当権設定登記は原則的には無効のものであるから，甲は，丙に対し，所有権

に基づく妨害排除請求権としての抵当権設定登記の抹消登記手続請求をすることが，所有権に基づく妨害排除請求権としての抹消登記請求権の構造を直截的に捉えられるため，支配的な見解であるとして教えられた。実務上もそのような訴状が支配的であったが，不動産登記法上の認める登記申請と符合しないため，改められた。すなわち，この抵当権設定登記の抹消登記手続を命ずる判決は，不動産登記令7条1項5号ハの「当該第三者が……承諾したことを証する情報」に当たらないと解される。そのため，上記判決を得た甲は，丙の抵当権設定登記を抹消した後，次いで，甲・乙間の所有権移転登記抹消登記手続を行う必要があり，手間も費用も無視できないものがある（上杉晴一郎「登記請求訴訟の請求の趣旨及び原因」村重慶一編『現代民事裁判の課題』2巻524頁（新日本法規，1991）。幾代＝浦野編・前掲書224頁は，抹消登記手続を命ずる判決をもって承諾を命ずる判決と同一に取り扱って差し支えないとするが，昭和43年5月29日民事甲第1830号民事局長回答（登記先例・追加編Ⅳ・1375頁。A所有の不動産について，B・Cと順次所有権移転登記がされた場合において，Aの所有権確認，Bに対するBの所有権取得登記の，B・Cに対するCの所有権取得登記の，各抹消登記を命ずる確定判決があるときは，AはBに代位してB・C間の所有権移転登記の抹消を申請し，次いで，A・B間の所有権移転登記の抹消を申請するのが相当である，としている。）を引用して登記実務は私見と異なるとしている。）。

3 関連テーマ

なお，承諾請求訴訟は，権利変更登記および更正登記（不登66），抹消回復登記（不登72），所有権に関する仮登記に基づく本登記（不登109①。この点については，前掲（杉田薫「仮登記に基づく本登記請求訴訟における仮登記劣後登記の抹消」）を参照していただきたい。）についても問題となる。

〔杉田　薫〕

○共有不動産が共有者の1人による単独所有名義となっている場合に，他の共有者らがすべき登記請求およびその判決主文

(1) 共有関係が相続によって生じた場合

> **基本型**
> 1　被告Yは，原告Xに対し，別紙物件目録記載の土地について，○○法務局○○支局令和○年○月○日受付第○号をもってされた所有権移転登記を，錯誤を原因として，被告Yの持分を3分の2，原告Xの持分を3分の1とする所有権移転登記に更正登記手続をせよ。
> 2(1)　被告Zは，原告Xに対し，前項の更正登記手続について承諾せよ。
> または，
> (2)　被告Zは，原告Xに対し，前項の土地について，同法務局同支局令和○年○月○日受付第○号をもってされた抵当権設定登記を，錯誤を原因として，被告Y持分抵当権設定登記に更正登記手続をせよ。

〈事例〉　X，Y，Aは，被相続人甲の相続人であるが，Yが甲の遺産である土地を勝手にYの単独所有名義にしたことから，Xは，Yに対し，自己(X)の共有名義にするよう求めた。なお，Yは，同土地について，Z銀行のために，Yを債務者とする抵当権設定登記をしている。

《参照判例》最二小判昭38・2・22民集17・1・235，判時334・37，最三小判昭56・9・29判時1023・51，最三小判昭59・4・24判時1120・38
《参照条文》民法249条・252条，不動産登記法66条・68条

解　説

1　相手方となる共有者に対する請求

共同相続において，共同相続人の1人が，相続財産である被相続人名義の不動産に単独の所有権移転登記をしたとしても，他の共同相続人は自己の持分について相続登記を経ることなく第三者に対抗することができる（前掲《参照判例》最二小判昭38・2・22）。そうすると，Xは，無断で単独名義にしたYに対し，当該

登記の全部について抹消登記を求めることができそうでもある。しかしながら，このような場合，共同相続人Xが，持分権に基づく妨害排除として請求し得るのは，自己の持分についての更正登記であって，Y名義の登記全部の抹消登記ではないとするのが確立した判例である（前掲《参照判例》最二小判昭38・2・22，最一小判昭44・5・29判時560・44，前掲《参照判例》最三小判昭59・4・24等）。これらの判例に従えば，登記上持分の記載のない共有者は，自己の持分に関する登記の更正を求めることができるにすぎないから，本件の場合，原告Xは，自己の持分を超えて（すなわち，訴訟当事者になっていないAの持分についてまで），本件土地の更正登記を求めることはできない。したがって，**基本型**の1を「被告Yは，原告Xに対し，別紙物件目録記載の土地について……原告X，被告Y及びAの各持分を3分の1とする所有権移転登記に更正登記手続をせよ。」とするのは誤りであり，そのまま認容すれば，上訴審では判決の更正によって対応することができず，取消し（または変更）になることは避けられない。

登記手続を命じる判決主文は，実現されるべき登記について不動産登記法上の登記申請に必要な意思表示に代わるものであり，しかも，民事執行法177条によって擬制される意思表示は判決主文において表示されるべきものであるから，更正登記を命じる判決主文では，更正後の登記事項が明確になっていなければならない（前掲《参照判例》最三小判昭56・9・29。更正登記を申請するにあたっては，登記申請書に更正後の共有者およびその持分割合を記載しなければならない，かつ，その合計は「1」とならなければならないとするのが登記実務である。）。したがって，本件の判決主文においては，登記申請上権利者となるべき原告Xの持分割合だけでなく，義務者となる被告Yの更正後の持分についても明示する必要がある。もっとも，原告Xの請求は，自己の持分が実体と一致することの実現を図る限度において認容されるにすぎないから，判決主文における更正後の持分としては，原告Xの持分が3分の1，被告Yの持分がXの持分を差し引いた3分の2としてそれぞれ表示されることになる。

なお，登記実務では，更正登記の登記原因は錯誤とするのが通例であるが，登記原因の日付は記載されないことから，更正登記を命じる判決主文においても，登記原因の日付に関してはその記載を省略して差し支えないと思われる。

2　抵当権設定登記等を有する第三者に対する請求

次に，被告Yの単独名義が原告Xおよび被告Yの共有名義に更正されるとな

ると，抵当権者であるＺ銀行の権利が害されることになる（Ｚ銀行の抵当権は被告Ｙの持分に限られることになる。）ところ，登記実務では，所有権移転登記の更正登記は，実質的に所有権移転登記の一部抹消とされていることから，上記抵当権者であるＺ銀行のような登記上の利害関係を有する第三者がある場合には，当該第三者の承諾があるときに限り，上記１の更正登記が認められる（不登68）。この場合，登記申請者となる原告Ｘは，Ｚ銀行の承諾を証するＺ銀行が作成した情報またはＺ銀行に対抗することができる裁判があったことを証する情報を登記所に提供しなければならない（不登令別表25の項添付情報欄ロ参照）。そのようなことから，原告Ｘは，Ｚ銀行の承諾が任意に得られなければ，Ｚ銀行を被告として，承諾請求訴訟を提起する必要があり，その請求の趣旨およびそれが認められる場合の判決主文は，**基本型の２(1)記載のとおり**となろう。なお，前掲《参照判例》最高裁第二小法廷昭和38年２月22日判決および最高裁第三小法廷昭和59年４月24日判決は，いずれも所有権移転請求権保全の仮登記をした第三者に対する更正登記請求を認めていることから，被告Ｚに対しては，**基本型の２(2)記載のとおり**，その抵当権設定登記を被告Ｙ持分抵当権設定登記に更正登記するよう求めることも可能と思われるが，登記手続上の利害関係を有する第三者がある場合にはその承諾を要する旨定める不動産登記法68条の文言および原告Ｘが被告Ｚに求める承諾は被告Ｚ自身の抵当権設定の更正についてのものではなく，当該抵当権の目的とされた被告Ｙ持分の更正についてのものであり，被告Ｚの抵当権の目的の更正は，被告Ｚの承諾があると認められる場合に被告Ｙの持分の更正（縮減）に伴い当然に更正（縮減）されるものとして登記官が職権で行うべきものであることからすると，被告Ｚに対しては，被告Ｙの持分の更正についての承諾を求める方が不動産登記法の条文に忠実であり不動産登記手続の性質に適したものといえる。

３　更正登記以外の方法による是正を検討する必要が生じる場合

　１のとおり，共同相続が生じた不動産について，共同相続人の１人が勝手に単独所有名義にした場合，他の共同相続人らは，上記単独所有名義人に対し，各自の共有持分権に基づき，自らの持分割合を登記上反映させるよう更正登記を求めることができるものの，他の共同相続人の持分まで更正させることはできず，勝手に単独所有名義にした者も共同相続人の１人として共有持分を有する以上，上記相続登記の全部までは抹消することができないのが原則である。

もっとも，事案如何によっては，共同相続人の持分割合が実体と異なる場合にそれを是正する方法として，上記のような更正登記の方法が使えない場合があることに注意を要する。例えば，甲の所有する不動産について，XとAが共同相続したものの，当該不動産の所有名義が甲のままAが死亡し，Aの相続が生じたところ，Aの法定相続人Yが，実際とは異なり，甲からAに単独相続が生じたかのように装った上，中間省略的な数次相続を原因として甲から直接Yに相続登記（○年○月○日A相続，○年○月○日相続）をした場合（このような登記ができる先例として，昭30・12・16民甲2670号民事局長通達・先例集追Ⅰ507頁）において，Xが自らの持分を登記上回復すべく上記相続登記を是正するための方法としては，上記相続登記の更正登記ではなく，Xの持分をYからXに移転するよう求める真正な登記名義回復を原因とする所有権一部移転登記か，あるいは，上記相続登記の全部抹消登記のいずれかを選択する必要がある。その理由は，更正登記は，錯誤または遺漏のため登記と実体関係の間に原始的な不一致がある場合に，その不一致を解消させるべく既存登記の内容の一部を訂正補充する目的をもってされる登記であり，登記の前後を通じて登記としての同一性がある場合に限り認められるものであるが，上記相続登記は，中間省略的な数次相続登記であり，これを更正するとなれば，Yの単独登記名義をYが含まれないXおよびAの共同相続登記に更正した上，そのようにして更正されたAの持分全部についてYに移転する旨の更正登記を行う必要があるところ，これにより，更正登記の前後で登記名義人が異なることになるほか，1個の登記を2個にする（更正によって登記の個数が増える）ことにもなって，更正前後の登記が同一性を有するとはいえないからである（最一小判平12・1・27判時1702・84，最一小判平17・12・15判時1920・35）。そして，このような場合における登記の是正方法として，①自らの持分について真正な登記名義回復を原因とする所有権一部移転登記を求める方法，あるいは，②当該登記について全部抹消登記を求める方法のいずれを選択するかについては，個々の事案において請求を立てる当事者次第であるところ，具体的には，自らの持分が登記上反映されれば足りると考えるならば①を，権利変動の過程・態様等を実体に合わせて登記上忠実に反映させる必要があると考えるならば②を，それぞれ選択することになると思われる。
　したがって，共有不動産に係る持分登記の是正に当たり，どのような請求の立て方（主文の在り方）が最も適切であるかについては，請求者から当該登記

の是正を求める目的,意図を聴取した上,当該事案と類似する先例や判例の事案との異同を比較検討し,必要に応じて法務局に問い合わせるなどして,当事者及び関係者との間で十分に協議しておくことが望ましい。

なお,〈事例〉において,原告Xが,誤って被告Yに抹消登記手続を求めた場合(すなわち,請求の趣旨が抹消登記手続を求めるものであった場合),更正登記は実質的に一部抹消登記の性質を有するものであり,抹消登記手続請求は更正登記手続請求を包含すると解し得るから,裁判所は,請求の趣旨を変更等させることなく,更正登記を命じる判決をすることができ,これは民事訴訟法246条に反しない(前掲《参照判例》最二小判昭38・2・22。なお,後掲(佐藤晋一郎「抵当権設定登記抹消の請求に対し,抵当債権額の更正登記を命じる場合」)参照)が請求の一部認容となるので,「その余の請求を棄却する。」を入れることが必要となる(前掲最一小判昭44・5・29)。もっとも,原告Xが,前記のような誤りをしている場合は,可能であれば,請求の趣旨の変更等を求めるのが相当であろう。

(2) 共有関係が相続以外によって生じた場合

> **基本型**
> 1 被告甲及び被告Yは,原告Xに対し,別紙物件目録記載の土地について,錯誤を原因として,○○法務局○○支局令和○年○月○日受付第○号をもってされた所有権移転登記を,被告Yの持分を3分の2,原告Xの持分を3分の1とする所有権移転登記に更正登記手続をせよ。
> 2(1) 被告Z_1及び被告Z_2は,原告Xに対し,前項の土地について,同法務局同支局令和○年○月○日受付第○号をもってされた所有権移転登記を,錯誤を原因として,被告Z_1の持分3分の1,被告Z_2の持分3分の1とする被告Y持分全部移転登記に更正登記手続をせよ。
> または,
> (2) 被告Z_1及びZ_2は,原告Xに対し,前項の更正登記手続について承諾せよ。)。

〈事例〉X，Y，Aは，甲からその所有する土地を各自の持分を3分の1として買い受けたところ，Yがこの土地を勝手に単独所有名義にしたことから，Xは，Yに対し，自己(X)の共有名義にするよう求めた。なお，Yは，同土地について，Z_1，Z_2に対し，各持分2分の1とする所有権移転登記をしている。

《参照判例》最二小判昭38・2・22民集17・1・235，判時334・37，最三小判昭56・9・29判時1023・51，最三小判昭59・4・24判時1120・38

《参照条文》民法249条・252条，不動産登記法66条・68条

解　説

1　(1)の場合との相違点

本件に関しても，Xが，本件土地について，Yの単独所有名義の状態を訂正したい場合は，(1)の場合と同様，Yを被告として，更正登記を求めることになる。しかしながら，本件は，(1)の場合と異なり，X，Y，Aは，本件土地を前所有者である甲から売買によって取得しているので，このような場合に更正登記を申請するには，当該登記の更正を受けるYのみならず，前所有者である甲も登記義務者としなければならないとするのが登記先例である（昭36・10・14民事甲2604号民事局長回答・先例集追Ⅲ702頁）。相続登記の更正登記の場合は，前所有者（被相続人）が登記義務者になることはないが，売買や贈与等の特定承継の場合は，前所有者が登記義務者になるからである。したがって，原告Xは，甲の協力が得られない場合，Yとあわせて甲も被告として更正登記手続を求めることになる。

2　相手方となる第三者に対する請求

本件では，YからZ₁およびZ₂に所有権移転登記がなされているので，両名も被告として手続に関与させなければならないが，その請求については2通りの考え方があると思われる。すなわち，典型的な順次抹消登記の例（例えば，Pの所有する土地についてPからQ，Rに順次なされた所有権移転登記がいずれも無効である場合，PがQ名義の登記を抹消するには，登記実務上，R名義の登記を抹消した上，Q名義の登記を抹消しなければならないとされている。）によれば，現在の登記名義人であるZ_1およびZ_2は登記義務者となるから，両名に対しては，更正登記を求めるべきとも考えられるし，あるいは，原告Xが被告

Yらに請求することができるのは，あくまで原告Xの持分についてのみの更正（一部抹消）であって，被告Yらの名義を全部抹消できるものではないから，被告Z_1およびZ_2は登記上利害の関係を有する第三者と解し，両名に対しては，被告Yの所有権の更正について承諾を求めるべきとも考えることができる（その場合，被告Z_1およびZ_2の登記は登記官が職権で更正する。）が，いずれの判決主文も可能であろう。なお，本件においても，(1)の場合と同様，原告Xは自己の持分（3分の1）について更正登記を求めることができるにすぎないから，更正後の被告Yの持分はこれを差し引いた3分の2となり，被告Z_1およびZ_2の持分も各3分の1に更正されるにとどまり，訴訟当事者となっていないAの持分は判決主文に表れない。

(3) 共有名義の不動産に不実の登記が存在する場合

基本型

被告Zは，原告Xに対し，別紙物件目録記載の土地について，○○法務局○○支局令和○年○月○日受付第○号をもってされたY持分全部移転登記の抹消登記手続をせよ。

〈事例〉X，Y，Aは，被相続人甲の相続人であり，甲の遺産である土地について，相続を原因として，X，Y，Aの各持分を3分の1とする所有権移転登記がされていたところ，Y持分について，Zに対し，売買を原因とするY持分全部移転登記がされた。これに対し，Xは，Zに対し，YからZへのY持分の売買契約は虚偽表示または公序良俗違反により無効であると主張している。

《参照判例》最二小判平15・7・11民集57・7・787，判時1833・114
《参照条文》民法249条・252条

解説

1 実体上の権利を取得していない共有名義人に対する請求

本件において，ZへのY持分移転登記を抹消したいXとすれば，どのような請求をすることができるか。(1)，(2)の場合と同様に考えれば，Xは，あくまで本件土地について3分の1の持分権を有しているにすぎないのであるから，仮

に，YからZへの持分譲渡が無効であり，同移転登記が実体に合致しない登記であるとしても，Xの持分権は何ら侵害されていないとして，持分権に基づく抹消登記手続を求めることはできないとも考えられそうである。しかしながら，前掲《参照判例》最高裁第二小法廷平成15年7月11日判決は，「不動産の共有者の1人は，その持分権に基づき，共有不動産に対して加えられた妨害を排除することができるところ，不実の持分移転登記がされている場合には，その登記によって共有不動産に対する妨害状態が生じているということができるから，共有不動産について全く実体上の権利を有しないのに持分移転登記を経由している者に対し，単独でその持分移転登記の抹消登記手続を請求することができる。」と判示し，共有不動産の共有者は，その持分割合如何にかかわらず，実体上無権利である第三者に持分移転登記の抹消登記を求めることができるとした。したがって，本件の場合，YからZへの持分譲渡が無効と認められることによって，Zに対するY持分移転登記の抹消登記の請求は認容されることになる。

2 (1), (2)の場合との整合性

ところで，(1), (2)の場合では，共有不動産について共有者の1人が自己の持分を超える所有名義を有していたとしても，他の共有者は自己の持分割合において更正（一部抹消）を求めることができるにすぎないのに対し，本件のように，何らの持分権も有しない無権利の第三者が登記上共有者となっている場合は，他の共有者は自己の持分割合に関係なく当該第三者の登記を抹消することができることになり，これらの整合性が問題となる（従来の判例も，ある不動産について何ら実体上の権利のない者が所有名義を有している事案に関し，当該不動産の共有者の1人は，持分割合にかかわらず，いわゆる保存行為として，無権利者の登記の全部を抹消することができるとしているところ（最一小判昭31・5・10民集10・5・487，最三小判昭33・7・22民集12・12・1805頁），前掲《参照判例》最高裁第二小法廷平成15年7月11日判決はこれらを引用する一方で，(1), (2)の場合の前掲《参照判例》最高裁第二小法廷昭和38年2月22日判決，最高裁第三小法廷昭和59年4月24日判決等を変更しているものではない。）。

共有不動産について，共有者の1人が自己の持分を超えた所有名義を有する場合の訂正手段として，前掲最高裁第二小法廷昭和38年2月22日判決等の判例が，一貫して，抹消登記ではなく更正登記としてきた理由は，当該共有者が自己の持分を超えて所有名義を有しているとしても，当該共有者自身の持分に関

する限り実体関係に符合しており，その部分については不実の登記と言い切れず，そのように少なくとも一部有効な持分移転登記まで排除することは不合理だからと解されているところ，この理によれば，当該共有者への所有権移転登記を抹消して前所有者名義の登記まで戻すことはできないことになる。その一方で，当該共有者の持分を超えた部分のみを取り出して抹消するという登記手続は存せず，しかも，ある当事者間の持分を更正しようとする場合に，当事者以外の持分も含めた「更正」をすることは不動産登記法上予定されていないから，結局，更正登記という手続を選択する以上，保存行為を根拠にするとしても，訴訟当事者となっていない他の共有者の持分まで記載される登記に更正することはできないと思われる。

　これに対し，共有不動産に全く実体上の権利を伴わない持分移転登記が存在する場合，このような登記は持分割合等を訂正する余地もない存在自体があり得ない妨害物というほかないから，真実の共有者であれば，その持分割合如何にかかわらず，このような不実の登記については持分権に基づく妨害排除としての抹消登記手続によって排除することができる（それによって本来の共有者間で持分割合等を決定し得る状態に回復させる。）のは当然ともいえるし，不実の移転登記そのものを全部抹消するのであるから，登記手続としても何ら支障はない。そうすると，前掲《参照判例》最高裁第二小法廷平成15年7月11日判決では，共有不動産に排除されるべき不実の移転登記が存する事案についての判断がなされているにすぎず，共有者の1人が自己の持分を超えて所有名義を有している場合の処理について判示しているのではないから，そのような場合は，これまでの判例どおり，他の共有者としては，自己の持分に関して登記の更正を求めることができるにとどまり，それを超えて当該登記の抹消もしくは共有者全員の持分登記への更正を求めることができないことに変わりはないと思われる（同判決は，共有者全員の持分登記への更正を認めず自己の持分についてのみ登記の更正を認めた前掲最高裁第三小法廷昭和59年4月24日判決を引用した上，同判決とは事案を異にする旨判示している。）。

　本件の場合，原告Xの主張によれば，Yから被告Zへの持分譲渡は無効であり，その持分移転登記は全く不実の登記というのであるから，登記の一部が実体に合致している(1)，(2)の場合と異なり，本件土地の共有者の1人である原告Xは，その持分割合に関係なく，持分権に基づき，単独で，被告Zに対し，Y持分移転登記の抹消登記を求めることができる。

なお，本件において，仮に，Yが，Y持分をZに譲渡するのではなく，無効な原因によってAからA持分を譲り受けて自己の持分を3分の2にしたというものであったとしても，前掲《参照判例》最高裁第二小法廷平成15年7月11日判決の考え方によると，Xは，Yに対し，A持分移転登記の抹消登記を求めることができることになろう。この場合，一見，共有者の1人が自己の持分を超えて所有名義を有している事案に見えるかもしれないが，(1)，(2)の場合と異なり，AからYへのA持分移転登記の抹消を認めても，本来有効なY持分（3分の1）の登記に何ら影響はない上，そもそもAからYへのA持分移転登記は不実の登記であって，本件土地から排除されて当然の妨害物だからである。

3 登記手続上，不実の登記部分を抹消することができない場合

本件のように，共有不動産に不実の移転登記による実体のない登記部分が存在し，それが当該不動産に対する妨害物となっている場合，他の共有者は，当該不実の登記部分を抹消すべく，原則的には，上記のとおり，単独でその抹消を求めることができると解されるが，登記手続上の制約から，不実の登記部分を全部抹消することができない場合もあることに留意する必要がある。例えば，X，甲が各2分の1の割合で共有する不動産について，X，甲，Yを共有者（持分各3分の1）とする所有権保存の登記がなされている（すなわち，当該保存登記にY名義の不実登記部分が含まれている）場合，Xは，Y名義の登記部分の全部を排除することはできず，自己(X)の持分についての更正登記を求めることができるにとどまる。その理由は，当該事例において，Y名義の登記部分は，当該保存登記の一部であるところ，1個の登記の一部のみを抹消する登記手続は不動産登記法上存在しないことから，理論上はともかく，Y名義の登記部分の抹消を求めることは，不動産登記法上許容されていない登記手続を求めることにほかならないからである。また，仮に，Y名義の登記部分を全部排除しようとするならば，Xとしては，自らの持分登記を更正するのみでは足りず，甲名義の持分登記も更正する必要がある（更正後の登記においても表示される共有者の持分割合は全員分を合計して「1」にする必要がある。）ところ，更正登記手続において，自己の持分にとどまらず，他人の持分についてまで更正を求めることは，他人の権利に対する過剰な介入として許されない（前掲最二小判昭38・2・22および最三小判昭59・4・24各参照）。したがって，上記事例では，Xは，Xの持分を2分の1，甲の持分を3分の1，Yの持分を6分の1とする所

有権保存登記への更正登記手続を求めることができるにとどまることになる（最三小判平22・4・20判時2078・22）。もっとも，この場合，Y名義の不実の登記部分が一部（持分6分の1）残ることになるところ，仮に，Xが，Y名義の登記部分を全部抹消したいと考えるのであれば，Yおよび甲を被告として当該不動産についての所有権確認請求訴訟を提起するとともに，併せて当該保存登記の抹消を求めるほかはないと思われる。

《**参考文献**》永井ユタカ「不動産登記手続訴訟―主として判決主文例（請求の趣旨例）を中心として―」判タ672号6頁，幸良秋夫『改訂版・判決による登記』228頁（日本加除出版，2012）

〔井上　博喜〕

○表題登記がない公図上無番地の土地について所有権保存登記を得るための訴訟の被告（国）と請求の趣旨

基本型
(1) 所有権確認請求訴訟による場合
　　別紙物件目録記載の土地について，原告が所有権を有することを確認する。
(2) 所有権移転登記手続請求訴訟による場合
　　被告は，原告に対し，別紙物件目録記載の土地について，令和○○年○月○日時効取得を原因とする所有権移転登記手続をせよ。

《参照条文》不動産登記法36条・74条1項1号・2号

解　説

1　公図上無番地の土地の概要
(1)　公図上無番地の土地の所有関係

　公図上無番地の土地には，①公図・地図上の番号記載の過誤やめがね地表示の欠落などのため，公図・地図上のみ無番地となっている民有地，②無番地のまま国有財産台帳に登録されている国有地，③公図上里道・水路敷等の表示がされた国有地，④国有地たる脱落地・未定地があり，特に問題となるのは，④脱落地・未定地である。

　明治政府の地租改正事業の一環として，明治6年以降，全国の土地を官有地と民有地に仕分けする作業（官民有区分）が行われた（なお，官民有区分の結果，政府が一度官有地としたものについても，私人に下げ戻す処分（民有地編入）が行われることもあった。）。脱落地とは官民有区分の調査対象から漏れた土地であり，未定地とは官民有区分の調査対象となりながら区分未了のまま推移している土地である。

　官民有区分は，民有でない土地は全て官有にすることを基本方針としていたところ，国有土地森林原野下戻法（明治32年4月18日法律99号）において，下戻期限である明治33年6月30日までに下戻手続に準じた手続をとらない限り下戻申請（民有地編入の申請）の許可がされないこととなったため，脱落地・未

定地は，同日経過時点で，官有地編入が擬制され，国の所有となった。

したがって，公図上無番地の土地として特に問題となる脱落地・未定地は，通常，国が所有する土地ということができる。

(2) 公図上無番地の土地の登記

民有地については，旧土地台帳法上，全て付番するものとされ，不動産登記簿と土地台帳・家屋台帳との統一により登記簿の表題部の記載が表示に関する登記の役割を果たすことになったから，民有地であれば表示に関する登記が基本的に存在する。

他方，国有地については，地租改正事業の下では，地租を賦課する対象ではないため付番されず，土地台帳への登録対象外とされた。その後も，不動産登記の表示に関する登記の申請義務の規定は，当分の間，適用しないこととされたため（旧不登昭35法14改正附則5），登記が存在しないものがある。

なお，道路法，河川法および下水道法の適用または準用を受けない国土交通大臣所管の法定外公共物（里道・水路等）については，市町村への譲与が進められた（国有財産特別措置法5①五参照）が，これについても同様である。

2 所有権保存登記を得るための訴訟の被告と請求の趣旨

表示に関する登記のうち，当該不動産について表題部に最初にされる登記を表題登記というところ（不登2二十），表示に関する登記を欠く土地，すなわち表題登記がない土地の所有者は，所有権を有することを証明できる確定判決があれば，表題登記の申請をした上で表題部所有者として所有権保存登記を受けるか（不登36・74①一），または直接自己名義の所有権保存登記を受ける（不登74①二）ことができる。ここで必要になる確定判決は，所有権の確認判決に限られず，所有権移転登記手続を命じる給付判決でもよい。なお，表題登記がない土地でも所有権移転登記手続を求めることは妨げられないと解される（未登記建物につき最三小判昭31・6・5民集10・6・643，判タ61・59参照）。

公図上無番地の民有地は，どの地番の土地に属するかが不明確なだけで，表題登記そのものはされていることになるから，表題登記のない公図上無番地の土地は，通常，国有無番地（特に脱落地・未定地。なお，以下では市町村に譲与された場合も含めて「国有無番地」という。）である。したがって，国有無番地につき所有権を取得し（時効取得がその典型である。），その登記を得ようとする場合には，所有権を有することを証明できる確定判決を得るために，国（ま

たは市町村）を被告として，所有権の確認または所有権移転登記手続を求める訴訟を提起すればよい（昭55・11・25民事局第三課長回答・登記先例追加編Ⅵ883頁参照）。冒頭の**基本型**(1)，(2)は，この請求の趣旨の例である。

3　訴訟の審理

訴訟において，被告となった国が当該土地につき民有有番地であるとの主張をする場合がある（その例として東京高判昭52・5・31東高時報28・5・118, 判タ359・225）。公図・地図上のみ無番地である民有地と国有地たる脱落地・未定地の区別は，必ずしも容易ではなく，この点について原告と被告国の認識が異なることはあり得る。

当該土地が国有無番地であることは，所有権確認の訴えにおいては訴えの利益を基礎付ける事実であり，所有権移転登記手続請求においては請求を理由付ける事実であるから，その証明責任は原告にある。公図上無番地の土地が脱落地または未定地であると主張して訴えを提起する原告は，公図・地図の沿革の調査を十分に行っておく必要があるといえよう。

しかし，脱落地および未定地の発生の経緯からすれば，公図上無番地の土地が国の所有する土地であることについて事実上の推定が働くといってよい。したがって，これを争う被告国も，単に民有有番地の可能性を指摘するだけでは足りず，事実関係を調査した上での主張立証が要求される。

《参考文献》寳金敏明『新訂版　里道・水路・海浜』特に21ないし63頁（ぎょうせい，2003）

〔奥山　豪，橋之口　峻〕

○登記権利者または義務者が死亡した場合の請求の趣旨と判決主文

(1) 死亡した買主の相続人（単数または複数）からの登記請求の場合

> **基本型**
> 被告（注：売主）は，原告（注：買主の相続人）に対し，別紙物件目録（省略）記載の不動産につき，令和〇〇年〇〇月〇〇日売買を原因とする訴外亡Ａ（被相続人）に対する所有権移転登記手続をせよ。

《参照条文》不動産登記法62条

解説

1 相続人による登記申請

　Ａを買主，Ｂを売主とする不動産の売買契約がなされ，売買契約後に買主Ａが死亡し，その不動産につき，売買契約による所有権移転登記が未了の場合には，亡Ａの相続人と売主Ｂの共同申請によりＢから亡Ａへの所有権移転登記をするのが基本である（不登62・60）。買主Ａは，死亡前，売主Ｂに対する実体法上の登記請求権を有しており，Ａの相続人が相続によりこれを承継しているからである。不動産登記法62条は「登記権利者，登記義務者又は登記名義人が権利に関する登記の申請人となることができる場合において，当該登記権利者，登記義務者又は登記名義人について相続その他の一般承継があったときは，…」とし，手続上の登記権利者または登記義務者が死亡した場合（双方が死亡した場合も含む。）において，被相続人が申請しえたであろう内容の登記を，その相続人が申請できるものとする。

2 請求の趣旨と判決主文

　売主Ｂが登記申請手続に協力しないような場合，亡Ａ（買主）の相続人(ら)が原告となって，亡Ａ名義への所有権移転登記手続を求めることになるが，そのような場合の請求の趣旨（判決主文）が基本型である。

　不動産登記請求訴訟は，登記申請をする義務，すなわち登記申請という意思表示をする義務の履行を被告に求める給付訴訟であると考えられるところ，基本型の「訴外亡Ａに対する」という文言は，判決により被告がしたものと擬制

される意思表示の内容を示すものである。原告が相続した登記請求権は，Bから亡Aに対する所有権移転登記請求権であり，「Bから」という記載がないのは，Bが当該訴訟の被告であることで明らかであるからである。もっとも，登記手続請求訴訟における請求の趣旨は未熟なものが多く，「Bから」がないのがどのような理由によるのか，不明であることが多いため，訴状釈明の段階から「Bから」を挿入させ，判決主文でも「Bから訴外亡Aに対する」としている例は少なくない。

3　相続人が複数の場合

亡Aの相続人が複数であっても，相続人の1人が，単独で，Bから亡Aへの所有権移転登記を求めることができる（複数ないし全員ででもよい。）。保存行為と考えられるからである（不可分債権との考え方もありえよう。）。なお，抹消登記の事案ではあるが，最高裁第一小法廷昭和31年5月10日判決（民集10巻5号487頁，判タ60号48頁）は，不動産共有者の1人が，単独で，登記簿上の所有名義人に対しその登記の抹消を請求できるとしている。

そして，この判例が直接の論旨とするところではないが，亡Aの相続人が，Bから亡Aに対して所有権移転登記を求める訴えは，必要的共同訴訟ではないものと解される。

4　訴訟係属中に原告A（買主）が死亡した場合の措置

訴訟係属中にAが死亡した場合においても判決主文は基本型と同一であろう（当事者の表示で「亡A訴訟承継人原告某（相続人）」と表示すべきことになる。）。もっとも，請求の趣旨は，「被告は，原告に対し，別紙物件目録（省略）記載の不動産につき，令和〇〇年〇〇月〇〇日売買を原因とする所有権移転登記手続をせよ。」とされていたであろうから，裁判所としては，訴訟指揮により請求の趣旨を基本型の形に改めさせて提示させるのがより明確である。

(2)　売主の死亡の場合における売主の相続人（単数または複数）に対する登記請求の場合

基本型

被告（注：売主の相続人）は，原告（注：買主）に対し，別紙物件

> 目録（省略）記載の不動産につき，令和○○年○○月○○日売買を原因とする訴外亡Ｂ（注：売主，被相続人）から原告への所有権移転登記手続をせよ。

《参照条文》不動産登記法62条

解　説

1　請求の趣旨と判決主文

　買主Ａと亡Ｂ（売主）の相続人とが共同で登記申請することは，前記(1)の1の場合と同様である。

　亡Ｂの相続人が登記申請に協力しないような場合における訴状の請求の趣旨（判決主文）として基本型が考えられる。基本型の「訴外亡Ｂから原告への」の文言は，判決により被告がしたものと擬制される意思表示の内容を示すものである。

2　Ｂの相続人が相続登記を済ませている場合

　亡Ｂの相続人が，所有権移転登記を済ませてしまう場合がある。しかし，亡Ｂの相続人は亡Ｂの包括承継人であるから，Ａとは対抗関係に立たず，Ａは亡Ｂの相続人に対して登記請求権を有する。このような場合において，Ａの亡Ｂの相続人に対する訴えの請求の趣旨（判決主文）は次の①のとおりとなる。

　これに対し，亡Ｂの相続人から直接に原告Ａへの所有権移転登記を認めるのが判例・実務である（大判大15・4・30民集5・344，昭37・3・8民甲638号民事局長回答）。この場合の請求の趣旨（判決主文）は次の②のとおりとなる。

> 〈請求の趣旨〉
> ①
> 　被告(ら)は，原告に対し，被告(ら)が別紙物件目録（省略）記載の不動産につき，△△地方法務局△△支局令和△△年△△月△△日受付第△号の所有権移転登記の同日錯誤を原因とする抹消登記手続をなしたうえ，原告に対し，同不動産につき，令和○○年○○月○○日売買を原因とする所有権移転登記手続をせよ。
> ②
> 　被告(ら)は，原告に対し，別紙物件目録（省略）記載の不動産につき，令

和○○年○○月○○日売買を原因とする所有権移転登記手続をせよ。

3 相続人が複数の場合の問題点

(1) 基本型の場合および②の場合については，亡Bの複数相続人のうちの一部の者を被告として勝訴判決を得ても，登記先例によれば，当該判決のみでは不動産登記法63条1項（平成16年法律123号による改正前の同法27条）による登記申請は却下される（昭33・5・29民甲1086号民事局長心得回答）。

しかし，判例（最二小判昭36・12・15民集15・11・2865，最一小判昭44・4・17民集23・4・785，判時557・239，判タ235・108）は，相続人の負担する所有権移転登記手続義務は不可分債務と解すべきであるとし，必要的共同訴訟ではないとするので，登記申請に協力する相続人が一部いる場合，協力を得られない相続人のみを被告として勝訴判決を得て，これと併せて，協力を得られた相続人と共同申請で，登記申請をすることは可能である。

実務上は，登記申請に協力を得られる者が一部ある場合，その者らを除いた相続人を被告として訴えを提起するときと，相続人全員を被告として訴えを提起するものの，争わない者（登記申請に協力を得られる者）らが弁論期日に欠席するなど事実を争わないときとがある。争わない被告については，必要的共同訴訟ではないから，分離して判決することができることはいうまでもない。

(2) 相続人がした相続登記が相続人全員の法定相続分にしたがった登記となっておらず，その一部が何らかの理由で脱落している場合，例えば，遺産分割協議で単独登記などがされているとき，あるいは，相続放棄がなされているときはどう扱うべきか。

遺産分割協議により単独登記などがなされている場合であるが，本来，所有権移転登記義務自体が債務であること，しかも不可分債務であることからすると，登記義務は遺産分割の対象とはならないはずである。登記先例（昭34・9・15民甲2067号民事局長回答）も，売主たる被相続人死亡の場合において，相続放棄をした者を除いて，相続人全員が登記申請義務を負うものとしている。しかし，現実には不動産自体の有する積極的な資産性によって遺産分割協議がなされ，登記義務はそれに実際上随伴する。そこで，遺産分割協議の当該部分は本来無効とされるべきではあるが，各相続人は不可分債務を負担するのでその1人を相手に全部の履行を求めることができると解されること（大判昭10・11・22裁判例

9・288)や，いわゆる中間省略登記でもその登記が実体的権利関係に合致する場合には対抗力を持ち得ることから，遺産分割協議により単独登記などがなされているときは，登記上の所有者のみを被告（訴訟係属中に死亡および登記の経由があったときには訴訟承継ないし引受）として登記請求をし，判決をすることも可能であると解すべきであろう。

相続放棄をした者がある場合も，その者を被告とする必要はない。

(3) また，①の場合にも，相続人全員を被告とすることなく，登記上の所有者のみを被告として登記請求をし，判決をすることも可能であると解すべきであろう（必要的共同訴訟であるとする解釈はありえようが，訴訟進行は事実上難しい。）。

4 訴訟係属中に被告B（売主）が死亡した場合の措置

判決主文は基本型と同一であろう（当事者の表示で「亡B訴訟承継人被告某（相続人）」と表示すべきことになる。）。もっとも，訴訟指揮により請求の趣旨を基本型の形に改めさせて提示させるのがより明確である。

《参考文献》永井ユタカ「不動産登記手続請求訴訟」判タ672号6頁，藤山雅行「移転登記，保存登記(6)」岡崎彰夫＝白石悦穂編『裁判実務大系』12巻200頁（青林書院，1992），神崎満治郎『改訂判決による登記の実務と理論』128頁（テイハン，1989）

〔佐藤　晋一郎〕

○登記引取請求の主文

> **基本型**
>
> 　被告（注：買主）は，原告（注：売主）に対し，別紙物件目録（省略）記載の不動産について，令和○○年○○月○○日売買を原因とする原告から被告への所有権移転登記手続をせよ。

《参照判例》最二小判昭36・11・24民集15・10・2573
《参照条文》不動産登記法60条・63条１項

解　説

1　登記引取請求の意義および必要性

　売買を原因とする所有権移転登記について，登記義務者である売主が登記手続に協力しない場合，登記権利者である買主から移転登記手続を求めることができ，買主は，その旨の判決を得ることにより単独で移転登記手続をすることができる（不登63①）。

　では，逆に，買主が所有権移転登記手続に協力しない場合，売主は，買主に対して移転登記手続に協力すべきことを求めること，すなわち登記を引き取るように請求することができるであろうか。これが登記引取請求の問題である。所有権移転登記については，実務上，そう多くはないが，時折生起する問題である。

　登記名義が売主に残っていると，登記名義人が固定資産税の納税義務者とされている（地税343）ため，固定資産税を納付しなければならないこと，不動産の所有者としての概観を呈することにより，実体的に請求権があるか否かはともかくとして，不動産が建物であれば，敷地の不法占有者として建物収去土地明渡を求められたり，賃料相当損害金の支払を求められたりすること，土地工作物責任（民717）を追及される可能性があることなどの不利益が考えられる。そのため，売主としては，早期に所有権移転登記手続を終えたい場合がある。にもかかわらず，買主が登記手続に協力しない場合，売主から買主に対し登記を引き取るよう，訴えをもって請求する必要性がある。

　結論的に登記引取請求を認めているのが現在の実務である。判例（前掲《参照

判例》最二小判昭36・11・24参照）も，後記4のとおり抹消登記手続請求の事案においてであるが，認めている。

2 実体法上の根拠

登記引取請求権を認める実体法上の根拠については議論があり，買主に契約上の付随義務を認めて債権的請求権として登記引取請求権を認める考え方（買主に受領義務を認める考え方もある。）や，物権的請求権ではないが一種の妨害排除請求権として登記引取請求権を認める考え方などがあって，帰一していない（小田泰機「登記の引取請求」岡崎彰夫＝白石悦穂編『裁判実務大系』12巻104頁（青林書院，1992）に詳しい。）。契約上の付随義務として債権的請求権と構成するのが簡明なように思われるが，契約上の付随義務といったものを特段の事情を検討することなく当然に認めることにつき十分な説明がないといった批判がある。いずれにしても，今日の実務では，売買契約に基づく構成であれば，売買契約の成立と買主の引取り拒絶とを主張立証すればよく，その法律上の正当性を訴状でも，判決でも，展開する必要はなくなっている。

3 手続上の問題

実体法上売主に登記引取請求権が認められるとしても，平成16年法律123号による改正前の不動産登記法（以下「旧不動産登記法」という。）27条が「判決…ニ因ル登記ハ登記権利者ノミニテ之ヲ申請スルコトヲ得」と，判決による登記申請について登記権利者による場合しか規定していないことから，登記義務者である売主（原告）が，判決により単独で登記申請をすることができるのかどうかという手続上の問題があった。

しかしながら，この問題については，旧不動産登記法27条は原則的な場合を規定したものであって，登記義務者からの判決による単独申請を禁止する趣旨ではないものと解されていた（幾代通（徳本伸一補訂）『不動産登記法（第4版）』76・107頁（有斐閣，1994）参照）。不動産登記法63条1項は，「第60条…の規定にかかわらず，これらの規定により申請を共同してしなければならない者の一方に登記手続をすべきことを命ずる確定判決による登記は，当該申請を共同してしなければならない者の他方が単独で申請することができる。」とし，判決による単独申請について，登記権利者，登記義務者の文言を使わない規定とされたため，疑義は解消されたものと思われる（清水響編著『一問一答新不動産登記法』174頁（商事

法務, 2005)参照)。

なお，登記実務上は，登記義務者（売主）からの判決による単独申請を認める運用として確立している。

4 判例

前掲《参照判例》最高裁第二小法廷昭和36年11月24日判決は，土地をY（上告人，控訴人，被告）から買い受けて所有権移転登記を経由していたX（被上告人，被控訴人，原告）が，Yの債務不履行による売買契約解除に基づきYに対して当該所有権移転登記の抹消登記手続を求めた事案において，登記名義人（登記義務者）であるXが当該登記の抹消登記手続を求めることが許されるとしたものである。実質的に登記引取請求を認めたものといえる。

5 主文とその問題点

登記引取請求における請求の趣旨および判決主文の基本型は冒頭のとおりである。

不動産登記請求訴訟は，登記申請手続をする義務，すなわち登記申請という意思表示をする義務を被告に求める給付訴訟であるところ，**基本型のうち「原告から被告への」**の文言は，判決により被告がしたものと擬制される意思表示の内容を明確にするために記載したものである（通常は，登記請求権者と登記権利者が一致するので，上記のような文言を記載する必要性に乏しい。すなわち，「被告は，原告に対し，…所有権移転登記手続をせよ。」と記載すれば，被告から原告への所有権移転登記申請を意思表示の内容とするものと理解できる。）。

なお，登記引取請求の訴状の請求の趣旨欄において，「原告から被告への」の記載のないものもまま見受けられるが，この記載は意思表示の内容を明確にするための記載であり，当事者同士も理解できるのが通常であるから，あえて釈明を求めるまでもないであろう。

《参考文献》上記判例に対する判例解説として宮田信夫『最高裁判例解説民事篇昭和36年度』387頁（法曹会）。参考文献として本文中のもののほか，藤田耕三＝小川英明編『不動産訴訟の実務（7訂版）』18頁（新日本法規, 2010），永井ユタカ「不動産登記手続訴訟－主として判決主文例（請求の趣旨例）を中心として－」

判タ672号6頁，田中康久「登記引取請求権（売主の買主に対する売買を原因とする所有権移転登記請求権）」香川最高裁判事退官記念論文集『民法と登記（中）』350頁（テイハン，1993）。

〔佐藤　晋一郎〕

○抵当権設定登記抹消の請求に対し，抵当債権額の更正登記を命じる場合

> **基本型**
> 1　原告の主位的請求（注：抵当権設定登記の抹消登記請求）を棄却する。
> 2　被告は原告に対し，別紙物件目録（省略）記載の不動産につき，○○地方法務局○○支局令和5年4月1日受付第○○号の抵当権者Y，抵当権設定者X，債務者Aとする同日付け金銭消費貸借契約に基づく債権額金2000万円，弁済期令和7年3月31日利息年3分損害金年1割の抵当権設定登記につき，債権額を金500万円とする更正の登記手続をせよ。

〈事例〉物上保証人Xが，訴外Aが金融業Yから融資を受けるに当たって，Aとの間で抵当債権額を500万円と合意し，Aに対し必要な書類（白紙委任状を含む。）を交付したが，Aが勝手にYとの間で抵当債権額を2000万円とする抵当権設定登記をしてしまった。Xは，Yに対し，登記されたような抵当権設定登記を承諾したことはないとして，抵当権設定登記の抹消登記を求めている。

《参照裁判例》福岡高判昭36・5・30下民12・5・1240，判時276・21，東京高判昭32・4・13高民10・3・168，判時117・7，判タ70・67
《参照条文》不動産登記法2条16号・66条・83条1項・88条1項，民事訴訟法246条

解　説

1　上記事例における問題の所在

抵当権の設定者とされるXが抵当権を有するというYに対し，登記されている抵当債権額を2000万円とするような抵当権設定登記は承諾した覚えはないと主張して，抵当権設定登記の抹消登記を求めている事案において，債権額を改める形での更正登記の限度で請求を認容してよいかという問題（一部認容ができない場合，全部請求棄却となるはずである。）である。本事例のような場合に訴訟手続上一部認容判決が可能か，その前提として，登記手続上更正の登記が可能な場合かという点が問題となる。

2　更正登記

「更正の登記」（更正登記）とは，既に存在する登記につき，その当初の登記手続において「登記事項に錯誤または遺漏があった」ために，登記と実体関係との間に原始的な不一致がある場合に，この不一致を解消するため既存登記の内容の一部を付加または抹消によって訂正する登記をいう（不登2十六）。更正登記が可能なのは，更正登記の前後において同一性が認められる程度の「錯誤または遺漏」であることを要する。

担保権の登記における債権額は，登記事項（不登83①一）であり，登記された権利の具体的内容を示す記載であるが，その額を訂正するのは同一性を損なうものではなく，理論的には更正登記が許されるものと解される。

もっとも，債権額が増加するような場合には，後順位担保権者に影響を与える可能性がある。そのため，更正登記については，登記上の利害関係を有する第三者がない場合または当該第三者がいる場合にはその承諾を得たときに限り，付記登記（既にされた権利に関する登記と一体のものとして公示され，当該登記と同一順位となる登記（不登4②））ですることができる（不登66）が，さもなければ，増加分については，登記上の利害関係を有する第三者（後順位担保権者）の更に後順位の担保権として登記することになる。

3　請求の趣旨と判決主文

Xがその主張上，登記されているような債権額2000万円の抵当権設定登記の合意はしていないとして抵当権設定登記の抹消登記を求めた場合において，仮に，裁判所が，抵当債権額は500万円であるが，それ以外の登記事項は現存の登記のとおりであるとの心証を抱いたとする。抵当権設定登記の抹消登記請求をすべて棄却すると，既判力のために債権額の更正登記を求める再訴ができない可能性がある（金銭債権であれば，その全部請求を棄却する判決が確定すると，数量的一部請求は既判力に抵触する。）。仮に再訴が可能であるとしても，抵当債権額について理由中でされた認定には既判力はないから，再訴において，Xは，最初から出直しとなる。このため，考えられるのが，更正登記をする旨の判決（一部認容判決）である。

一般的に，当事者の申立てに比して量的に多くまたは質的に異なる判決をすることはできないが，質的に申立てと同一であり，量的に申立ての範囲内であれば，その趣旨の判決をすることは民事訴訟法246条に反しないとされている

（菊井雄大＝村松俊夫『全訂民事訴訟法(I)補訂版』1182頁（日本評論社，1993），秋山幹雄＝伊藤眞＝垣内秀介＝加藤新太郎＝日下部真治＝高田裕成＝福田剛久＝山本和彦『コンメンタール民事訴訟法Ｖ（第2版）』53頁（日本評論社，2022））。しかし，量的な問題はともかく，質的に同一であるか否かは，当事者の意思に反しないか否かについて，抽象的妥当性と具体的妥当性のバランスを考え，慎重に検討して決する必要がある。

　本事例について，当事者の合理的意思を推し量るならば，Ｘとしては，再訴が可能かどうか（上記のとおり，抹消登記請求を全部棄却された場合に更正登記を求める再訴がその受訴裁判所により不適法と判断されるというおそれもないではない。）という訴訟上の問題と，再訴が可能であるとしても最初から出直しとなるという訴訟経済上の問題があり，合理的意思解釈としては，更正登記をも求めていると認めることができようし，他方，Ｙにとっても格別の不利益もないから，質的に同一と考えてよいであろう（なお，債権額減額の場合，後順位抵当権者が存在しても，その者の承諾は不要である。）。

　もっとも，実際の訴訟においては，可能な限り，原告に釈明を求めて，次のとおり更正登記を求める旨の予備的請求を追加させるべきものであろう。

〈請求の趣旨〉
1　（主位的請求）　被告は原告に対し，別件物件目録（省略）記載の不動産について，○○地方法務局○○支局令和5年4月1日受付第○○号の抵当権設定登記の抹消登記手続をせよ。
2　（予備的請求）　被告は原告に対し，別紙物件目録（省略）記載の不動産につき，○○地方法務局○○支局令和5年4月1日受付第○○号の抵当権者Ｙ，抵当権設定者Ｘ，債務者Ａとする同日付け金銭消費貸借契約に基づく債権額金2000万円，弁済期令和7年3月31日利息年3分損害金年1割の抵当権設定登記につき，債権額を金500万円とする更正の登記手続をせよ。

　これに対し，判決主文は，基本型のとおりとなる。

4　訴訟指揮上の注意点

　本事例は，当事者の合理的意思解釈の問題であるが，「請求の趣旨」という訴

訟行為として重大な意味をもつ行為の解釈に関するものであるから，基本的には，原告が，その判断の前提となる情報を十分に把握し，その上で自ら決定すべきことである。

そこで，債権額が500万円であると認定できることを踏まえた上で，釈明権を十分に活用し，更正登記の請求を予備的請求として追加してもらうべきである。この釈明権の行使は，事案によれば，Xにとっては実質上の全面敗訴の場合もあり，容易であるといえないが，可能であれば，判決釈明のような形とせず，弁論にのせることで，無用な控訴，再訴を減らすことにつながろう。

5　裁判例

X所有の不動産について抵当権者Y，抵当権設定者Xの抵当権設定登記がなされていた（登記上，被担保債権元本額60万円）が，同不動産を競落によって取得し所有権移転登記を経由したYに対して，Xが，抵当権設定登記の抹消登記等を求めて提訴した。この事案について，前掲《参照裁判例》福岡高裁昭和36年5月30日判決は，抵当権設定登記の抹消登記請求について，被担保債権元本額が50万円であることを認定し，請求全部を棄却しないで被担保債権元本額を50万円とする更正登記を命じた。理由として，抹消登記請求には一部の抹消請求ともいうべき抵当債権額60万円を50万円に更正する更正登記請求を包含していないとはいえないとし，また，全部棄却の判決が確定すると，一部抹消登記手続請求権に当たる債権額60万円を50万円に更正する更正登記手続請求権をも有しないことにつき既判力が及んでしまうとも指摘した。

釈明権を行使するのに困難な事案であったとも思われるが，予備的請求を追加させていた方が簡明であったと思われる。既判力についての判示については異論もあろうが，結論は相当であろう。

他方，抵当権抹消登記請求において更正登記を命ずることは申立ての範囲に含まれないとして全部棄却した裁判例として前掲《参照裁判例》東京高裁昭和32年4月13日判決がある（ただし，債務者・貸付日・弁済期・利息が合意と異なり，また，合意のない損害金の定めも登記されていたと認定されている。）。

《参考文献》幾代通（徳本伸一補訂）『不動産登記法（第4版）』184頁（有斐閣，1994）

〔佐藤　晋一郎〕

○自分の所有不動産に不当な仮差押えの登記がされている場合に，当該仮差押えの登記の抹消を求める訴えの主文

基本型

(1) 保全異議および保全取消しの場合

　債権者の債務者に対する（申立人と被申立人との間の）○○地方裁判所令和○○年㈲第○○号仮差押命令申立事件について，同裁判所が令和○○年○○月○○日にした仮差押決定は，これを取り消す。

(2) 第三者異議の場合

　被告が○○に対する○○地方裁判所令和○○年㈲第○○号仮差押決定の正本に基づいて別紙物件目録記載の不動産につきした仮差押えの執行は，これを許さない。

《参照判例》最三小判昭63・6・21家月41・9・101，金法1206・30
《参照条文》民事保全法47条5項，民事執行法54条

解　説

1　抹消登記請求の意味と仮差押えの嘱託登記

　不動産登記の抹消登記手続を求める請求は，被告の抹消登記申請という意思表示を求める給付請求であり，勝訴判決が確定すれば，被告がその意思表示をしたとみなされて（民執177①），その判決の執行が完了する（最二小判昭41・3・18民集20・3・464，判時445・31，判タ190・121）。もっとも，登記の申請手続は，登記権利者と登記義務者の共同申請主義をとっており（不登60），判決で登記申請の意思表示が擬制されただけでは，登記申請行為として足りないため，登記義務者が抹消登記に応じないときは，登記権利者が判決をもって単独で抹消登記の申請をすることになる（不登63①）。

　ところで，仮差押えの登記は，裁判所書記官の嘱託によって（民保47③）記入される。そして，その抹消登記についても，裁判所書記官の嘱託によるのであって（民保47⑤，民執54），性質上，債務者と債権者の共同申請によることや債務者その他の利害関係人から訴えによって抹消登記手続を求めることは許されず

（内田龍執筆，鈴木忠一＝三ケ月章編『注解民事執行法(2)』150頁（第一法規，1984）），裁判所書記官の嘱託によってのみ可能であると解されている。このことは，当該抹消登記が登記権利者と登記義務者の共同申請によって制度的に実現される類のものでなければ，そのような抹消登記手続が請求できないことを意味するのであり，また，仮差押登記の抹消は，仮差押執行の取消しにほかならないからである（東京高判昭47・1・21判タ276・162，潮久郎・判タ282・61評釈）。

したがって，不動産所有者を原告，仮差押債権者を被告，所有権に基づく妨害排除請求権を訴訟物などとして，当該仮差押登記の抹消登記手続を求めるような訴えを提起すれば，不適法なものとして却下を免れないことになる。

2　仮差押執行の解放を求める方法

仮差えの登記の抹消は，仮差押命令の執行の申立てが取り下げられたときまたは仮差押命令の執行手続を取り消す決定が効力を生じたとき，登記所に対する裁判所書記官の嘱託が義務づけられる（民保47⑤，民執54①，なお，以下では，民事保全法の適用を受けない平成3年1月1日前の仮差押命令申請事件のために，必要に応じて旧法関係の適条も掲げる。旧民執175⑤，旧民訴748・650③・690・651）。裁判所書記官は，そのとき，登記の目的や不動産の表示等を記載した嘱託書（不登16②・18，不登令3，旧不登25②・36）に取下書や取消しの裁判書などの登記原因を証する書面等を添付して嘱託する。

そこで，仮差押登記につき自分で身に覚えがなかったとしても，当該仮差えの債務者として，債権者との間で何らかの決着がつき，債権者が当該仮差押命令の申立てを取り下げた場合には，手続は簡明である。執行機関が発令裁判所であるとき（民保47②，旧民執175②，旧民訴751②），発令と執行との密接な関係からみて，申立ての取下げには併せて執行取消し（民保46，民執40①・39①三，旧民執174④）の申立てないし執行の申立ての取下げも含まれていると解して取り扱われており，裁判所書記官の認証する取下書が保全執行裁判所に提出されれば，その裁判所書記官が取下書の副本あるいは取下書の提出があった旨の証明書を添えて，仮差押登記の抹消の嘱託をする。これに対し，債権者が取り下げない場合は，当該仮差押命令やその執行を取り消す裁判を求めるしかなく，仮差えの登記のされた実情や権利関係などに応じて，仮差押命令に対する異議（民保26，旧民訴744）の申立てまたは取消し（本案訴訟不提起による取消し（民保37，旧民訴746），事情変更による取消し（民保38，旧民訴747①前段）の申立てもしくは仮

差押えの執行に対する第三者異議の訴えの提起（民保46，民執38）をしなければならない。

3　仮差押命令等を取り消す裁判

　保全異議および保全取消しは，当該仮差押えの債務者（あるいはその一般承継人，破産管財人等）として，これを争う場合である。当該不動産が全くの第三者の所有に帰属するのに，債務者の所有するものと誤認されて，仮差押えの登記が記入された場合には，この不動産所有者は，仮差押えの執行処分を排除するため，当該仮差押えの債権者を被告とし，債務者が第三者の所有権を争うときは債務者も共同被告として，第三者異議の訴えを保全執行裁判所に提起することになる。

　実務的に第三者異議事件の事案としては，相続に関連して実際にありうる。相続人の債権者が既に相続放棄されていることを知らないまま，代位によって相続不動産につき共同相続の登記を経由し，債務者たる相続人の持分に対して仮差押えをした事案（最二小判昭42・1・20民集21・1・16，判時476・34，判タ204・109）や，第1の相続の承認または放棄がされないうちに第2の相続が生じた再転相続について，第2の相続の相続人が第1の相続の放棄をした後に第2の相続の放棄をしたのに対し，その債権者が代位による相続登記を経て，債務者の相続持分に仮差押えをした事案（前掲《参照判例》最三小判昭63・6・21）などである。このうち，前者の判決では，原判決を破棄自判し，仮差押登記の抹消登記手続を命じてしまっているが，後者の判決では，当該仮差押えの執行につき不許を宣言するにとどめている（なお，この一，二審判決も，仮差押登記の抹消登記手続を命じていたため，上告審で，執行不許の請求が追加された。）。これらの実例から，実務家においても，仮差押登記については抹消登記手続請求を観念してしまう思考のあることが読み取れ，興味深いものがある。

　こうした裁判の結果，当該仮差押命令が取り消され，あるいは，その執行につき不許が宣言され，そして，執行力のあるこれらの執行取消文書が保全執行機関に提出されて，執行処分の取消しがあると（民保46，民執40①・39①一，旧民執174④），裁判所書記官が抹消登記の嘱託をする。

　なお，仮差押えの登記が古くて，調査によっても，債権者の相続人の存否が確知できないときは，これらの裁判の提起の際，その相手方について，債権者たる地位を相続財産清算人のいない相続人不明の相続財産とみて，特別代理人

の選任をすることになろう（民訴35，大決昭5・6・28民集9・640，大決昭6・12・9民集10・1197）。

〔平田　直人，神野　律子〕

第9 仮執行宣言付支払督促に対し督促異議の申立てがあった場合

○仮執行宣言付支払督促に対し督促異議の申立てがあった場合の主文

> **基本型**
> 1　○○簡易裁判所令和○年㋺第○○○号事件の仮執行宣言付支払督促を認可する。
> 2　督促異議申立て後の訴訟費用は被告の負担とする。

《参照判例》最二小判昭36・6・16民集15・6・1584，最二小判昭38・4・19裁判集民65・601

《参照条文》民事訴訟法395条・396条，民事執行法22条4号・35条・39条1項3号・40条

解　説

1　督促手続と訴訟手続との関係

督促手続は，債権者が訴訟よりも簡易かつ迅速に債務名義を取得するための手続である。すなわち，債権者は，訴えの提起の2分の1の手数料で支払督促を申し立てることができ（民訴費3①・別表1⑩。なお，郵便費用の手数料への一本化につき，令和4年法律48号による改正後の民訴費3②・別表2⑪参照），簡易裁判所の裁判所書記官は，債務者を審尋することなく，実体審理に入らずに迅速に支払督促を発する（民訴382・386①）。債権者の申立てにより支払督促に仮執行宣言が付されると（民訴391），仮執行宣言付支払督促は債務名義となる（民執22四）。

他方，債務者は，仮執行宣言の前後を問わず，支払督促に対する督促異議を申し立てることができ（民訴386②），これにより，支払督促の申立ての時に訴えの提起があったものとみなされ，訴訟に移行する（民訴395）。

したがって，訴訟に移行する場合としては，仮執行宣言前の督促異議の申立てによる場合と，仮執行宣言後の督促異議の申立てによる場合があることになるが，判決主文が問題になるのは，後者の場合である。

2 仮執行宣言後の督促異議の申立てにより移行した訴訟における審判の対象

判決主文は，審判の対象に対する判断を表示するという基本的役割を有するから，仮執行宣言後の督促異議の申立てにより移行した訴訟における審判の対象をまず検討する（仮執行宣言前に督促異議の申立てがあったときは，支払督促は効力を失い（民訴390），その後の訴訟における審判の対象は本来の請求の当否であって，判決主文も通常の訴訟と異ならないことについて異論はない。）。

仮執行宣言後に督促異議の申立てがあっても，支払督促の効力は失われず，仮執行宣言の効力も当然には停止しないこと（民訴403参照）に着目する見解は，仮執行宣言後の督促異議後の訴訟は，有効に存在する支払督促の取消手続であって，審判の対象は，上訴の場合に準じ，督促異議の当否であるとし，原告の請求に理由があるときは判決主文で異議を棄却し，原告の請求に理由がないときは仮執行宣言付支払督促を取り消して請求を棄却すべきであるとする。

しかし，仮執行宣言後の督促異議は，仮執行宣言前の督促異議と同様，単に督促手続を排し通常訴訟手続による審判を求めるものであって，督促手続の構造に照らし，移行後の訴訟を上訴に準じるものと見るのは無理がある。そこで，判例・実務は，仮執行宣言後の督促異議後の訴訟における審判の対象は本来の請求の当否であると解するが，判決主文においては，仮執行宣言付支払督促の取消し，変更または認可を宣言するのが相当であるとしている（旧民事訴訟法の仮執行宣言付支払命令に対する異議について，前掲《参照判例》最二小判昭36・6・16，最二小判昭38・4・19）。つまり，判決主文において請求の当否の判断だけを記載しても，これを民事訴訟法260条1項の「本案判決を変更する判決」や民事執行法39条1項1号の「債務名義…を取り消す旨…を記載した…裁判」とみるのは困難であり，その結果，債務名義が，確定判決と仮執行宣言付支払督促で重複（請求認容判決の場合）または矛盾（請求棄却判決の場合）する事態が生じることを回避する必要があるということである。

3 請求認容の場合の判決主文

判例・実務によれば，仮執行宣言付支払督促の督促異議後の訴訟における請求認容の場合の主文は，**基本型**のとおり，仮執行宣言付支払督促を認可し，訴訟費用についての判断は，督促異議申立て後のものに限ることとなる。審判の対象である請求についての判断そのものは主文には表示されず，執行力は，認可された仮執行宣言付支払督促の執行力が維持され，確定判決自体は債務名義

とはならない。もっとも，既判力は，請求の当否を判断した確定判決について生じるから，確定後の仮執行宣言付支払督促について請求異議の訴えが提起された場合（民事執行法35条1項は確定前の仮執行宣言付支払督促について請求異議の訴えを認めない。），異議事由は，確定判決の既判力によって制限される（民執35②参照）。

なお，仮執行宣言付支払督促に対し督促異議の申立てがない場合は，支払督促は「確定判決と同一の効力」（民訴396）を有すると規定されているが，その効力とは執行力を意味し，既判力は含まれないとされ（法務省民事局参事官室編『一問一答民事訴訟法』452頁（商事法務研究会, 1996）），請求異議の訴えが提起された場合にも異議事由の時的制限はない。

4　請求棄却の場合の判決主文

> 1　○○簡易裁判所令和○年(ロ)第○○○号事件の仮執行宣言付支払督促を取り消す。
> 2　原告の請求を棄却する。
> 3　訴訟費用は原告の負担とする。

仮執行宣言付支払督促の督促異議後の訴訟で請求に理由がない場合の判決主文の記載の順序は，まず，仮執行宣言付支払督促の取消しを宣言し，次に，原告の請求を棄却するのが実務である。仮執行宣言付支払督促を取り消した確定判決の正本は，執行取消文書（民執39①一・40）となる。

5　請求の一部認容の場合の判決主文

> 1　○○簡易裁判所令和○年(ロ)第○○○号事件の仮執行宣言付支払督促は，○○万円及びこれに対する令和○年○月○日から支払済みまで年○％の割合による金員を支払えとの限度において認可する。
> 2　原告のその余の請求を棄却する。
> 3　訴訟費用は，これを○分し，その○を原告の負担とし，その余を被告の負担とする。

請求の一部認容の場合は，仮執行宣言付支払督促を一部認可した上，認可しなかった部分についての原告の請求を棄却する必要がある（厳密には，仮執行宣言付支払督促の認可しなかった部分について取消しの宣言が必要とも思われるが，認可した部分以外の原告の請求を棄却すれば，その趣旨は明らかであろう。）。

6　請求の減縮（一部取下げ）があった場合の全部認容判決主文

> 1　〇〇簡易裁判所令和〇年(ロ)第〇〇〇号事件の仮執行宣言付支払督促は，〇〇万円及びこれに対する令和〇年〇月〇日から支払済みまで年〇％の割合による金員を支払えとの限度において認可する。
> 2　督促異議申立て後の訴訟費用は被告の負担とする。

　原告が請求を減縮する場合は，上記主文例に対応する請求の趣旨を陳述し，請求の減縮を申し立てて減縮後の請求原因事実を陳述する。裁判所は，即日結審する期日に一部取下げがあった場合には，これに同意するかを被告に確認しておいた方がよいであろう。

　請求減縮部分は当然に訴訟係属がなくなるから，減縮後の請求を全部認容する場合，その余の請求を棄却するとの主文を掲げる余地はなく，訴訟費用も，督促異議申立て後のもので，かつ，請求の減縮後のものについて判断すれば足りる。

　なお，減縮後の請求を一部認容する場合は，主文においてその余の請求を棄却しなければならないが，さらに進んで，請求の減縮により失効した部分を主文で明らかにしておく必要があるか。この点，控訴審において請求の一部が減縮された場合の主文の記載方法についての議論が参考になる。もっとも，控訴の場合は，単に「本件控訴を棄却する」との主文では，第一審判決の執行力のある部分が明らかとはならないため，執行の便宜上，請求の減縮により失効した部分を主文で明示する必要があるが，仮執行宣言付支払督促異議訴訟の場合は，主文で執行力の範囲が明示されるから，「その余の請求を棄却する」との旨を記載すれば足りると考える。

7　請求の拡張的変更があった場合の判決主文

> 1　○○簡易裁判所令和○年㋺第○○○号事件の仮執行宣言付支払督促を認可する。
> 2　被告は，原告に対し，前項の認可に係る金額のほか，○○万円及びこれに対する令和○年○月○日から支払済みまで年○％の割合による金員を支払え。
> 3　督促異議申立て後の訴訟費用は被告の負担とする。
> 4　この判決は，仮に執行することができる。

　原告が，請求の元金等を増額するなどして請求を拡張する場合は，上記判決主文例に対応する請求の趣旨を陳述し，請求の拡張を申し立てて拡張後の請求原因事実を陳述する。上記主文例の2項の「前項の認可に係る金額のほか」との部分は，分かり易さの点を考慮した記載である。

8　請求の交換的変更があった場合の判決主文

> 1　○○簡易裁判所令和○年㋺第○○○号事件の仮執行宣言付支払督促を取り消す。
> 2　被告は，原告に対し，別紙物件目録記載の機械1台を引き渡せ。
> 3　訴訟費用は被告の負担とする。
> 4　この判決は，仮に執行することができる。

　例えば，売買契約に基づく代金請求について支払督促を得た債権者が，仮執行宣言付支払督促の督促異議後の訴訟手続において，売買契約の解除を主張して所有権に基づく動産（特定物）引渡請求に訴えを変更する場合，金銭その他の代替物または有価証券の一定の数量の給付を目的とする請求についてのみ許される仮執行宣言付支払督促の変更では対応できない。そこで，上記主文例のとおり，仮執行宣言付支払督促を取り消し，訴え変更後の請求について認容することとなる（横浜簡判昭31・2・22下民7・2・405は審判の対象を異議の当否と解するものの結論は同旨）。
　なお，理論的には，訴えの交換的変更により新訴が係属し，旧訴が適法に取

り下げられると考えると，旧訴に係る仮執行宣言付支払督促は当然に失効するから，主文でこれを取り消す必要はないとも考えられるところである。この場合，債務名義が訴えの取下げにより効力を失ったことを証する裁判所書記官の作成文書が執行取消文書（民執39①三・40）となるであろう。

9 仮執行宣言付支払督促の督促異議後の訴訟における訴訟指揮上の問題

(1) 債権者が請求の趣旨で給付を求める判決を求めた場合

原告が，請求の趣旨において，仮執行宣言が付されない場合の督促異議と区別せずに，単に給付判決を求める判決を求める場合も少なくない。その場合でも，裁判所は，仮執行宣言付支払督促を認可する旨の宣言を求める趣旨かを原告に釈明し，判決主文に仮執行宣言付支払督促の認可または取消しを明示すべきである（なお，前掲《参照判例》最高裁第二小法廷昭和36年6月16日判決は，一審判決が仮執行宣言付支払命令について何ら触れることなく請求どおりの給付を命じた事案について，一審判決が仮執行宣言を付していないことから，仮執行宣言付支払命令を取り消す趣旨であると解し，一審判決を維持した原判決を支持したもので，いわば救済判例であり，しかも，判決で仮執行宣言を付さない場合に限定されている。）。

(2) 調書判決の請求の表示

督促手続の債務者は，仮執行宣言後においても，請求原因は争わないが分割払いを求めて督促異議の申立てをすることが多い。

移行した訴訟において調書判決（民訴254）をする場合，調書の請求の表示は，既判力の対象を明らかにするため，本来の請求を特定して表示しなければならない。もっとも，請求の趣旨と請求原因が記載された訴状に代わる準備書面等を別紙として調書に添付する場合は，請求原因の記載により請求が特定されるため問題は生じない。

(3) 訴訟上の和解における注意点

仮執行宣言付支払督促の督促異議後の訴訟において和解が成立した場合，仮執行宣言付支払督促の執行力は当然に失効する（民執39①三）。もっとも，督促異議の申立てに伴う執行停止決定を得ておらず，既に執行がされた場合は，「被告は，原告に対し，原告が〇〇簡易裁判所令和〇年(ロ)第〇〇〇号事件の仮執行宣言付支払督促に基づいてした強制執行に異議を述べない。」と和解条項に記載した上，執行により給付されたものの返還等の処理をする必要がある。また，

未だ執行がされていない場合も，仮執行宣言付支払督促との関係を和解条項に記載しなければ，外形上は，和解調書と仮執行宣言付支払督促において債務名義が重複または矛盾するとの誤解を招きかねないから，「原告は，被告に対し，○○簡易裁判所令和○年(ロ)第○○○号事件の仮執行宣言付支払督促に基づく強制執行をしない。」との旨を和解条項に記載するのが相当である。実務上もそのような取扱いが一般である。

《参考文献》最高裁判所事務総局『新しい督促手続の基本的諸問題』121頁，裁判所書記官研修所『支払命令における実務上の諸問題の研究』238頁，高島義郎「支払命令異議訴訟の性質と取扱い」鈴木忠一＝三ヶ月章監『実務民事訴訟講座2』371頁（日本評論社，1969），松浦馨・民商46巻1号105頁

〔有冨　正剛〕

第10 督促異議により移行した訴訟において原告（債権者）が補正命令で定められた期間内に手数料を追納しない場合

○督促異議により移行した訴訟において原告（債権者）が補正命令で定められた期間内に手数料を追納しない場合の主文

> **基本型**
> (1) 訴状却下命令
>   本件支払督促申立書を却下する。
> (2) 訴え却下判決：仮執行宣言前の督促異議申立てにより訴訟に移行した場合
>   本件訴えを却下する。
> (3) 訴え却下判決：仮執行宣言後の督促異議申立てにより訴訟に移行した場合
>   1 本件につき○○簡易裁判所令和○年㋺第○○○号事件の仮執行宣言付支払督促を取り消す。
>   2 本件訴えを却下する。

《参照判例》最二小判昭36・6・16民集15・6・1584，最三小判昭57・10・19裁判集民137・391，判時1062・87，判タ485・78，最一小判平27・12・17裁判集民251・121

《参照条文》民事訴訟法137条・140条・395条

解　説

1　督促手続から訴訟手続への移行に伴う手数料の追納

督促手続においては，債権者は，訴えの提起の2分の1の手数料で支払督促の申立てができるが（民訴費3①・別表1⑩。なお，郵便費用の手数料への一本化につき，令和4年法律48号による改正後の民訴費3②・別表2⑪参照），支払督促に対し適法な督促異議の申立てがあったときは，支払督促の申立ての時に訴えの提起があったものとみなされる（訴訟係属の生じる時期は，支払督促が債務者に送達された

時であると解されている。)。この場合，原告（債権者）は，訴えを提起する場合の手数料の残りの額（半額）の手数料を納付しなければならず(民訴395，民訴費3②。なお，令和4年法律48号による改正後の民訴費3③参照)，裁判所は，原告（債権者）に対し，補正命令により，追納額を明示し，追納期間を定めて，手数料の追納を命ずる(民訴137①)。実務では，補正命令において，以後の手続を進めるための郵券の予納も同時に命じている。また，督促手続から訴訟手続に移行した場合は訴状が存在しないため，補正命令において，手数料および郵券の予納と同時に，訴状に代わる準備書面の提出を催告する取扱いもある。その場合，原告（債権者）は，訴状に代わる準備書面に印紙を貼付して手数料を追納する。

2 原告（債権者）が手数料を追納しない場合の措置

手数料未納の申立ては不適法な申立てとみなされるが(民訴費6)，原告（債権者）が補正期間内に手数料を追納しない場合に裁判所がとるべき措置については，第1に，民事訴訟法137条2項を準用し，裁判長（官）の命令により訴状（支払督促申立書）を却下すべきであるとする見解，第2に，民事訴訟法140条により，裁判所は，口頭弁論を経ないで，判決言渡期日を指定し，判決で，訴えを却下すべきであるとする見解，第3に，裁判所は，口頭弁論期日を指定して，口頭弁論を開いて，判決で，訴えを却下すべきであるとする見解が対立する。

第1の見解は，通常の訴えにおいて訴訟係属が生じる前に原告が手数料を納付しない場合の取扱いと同様の取扱いをするものであるが，これに対しては，支払督促の申立てとしては適法であったのだから，申立書を却下できないはずであるし，支払督促送達時に訴訟係属の効果が生じているから，訴訟係属が生じる前の状態における訴状却下とは同視できないとの批判がある。しかし，支払督促の申立てとしては適法であったとしても，訴状に代わる性質を有する支払督促申立書としては不適法であると解することができないわけではないし，手数料を納付しない者に訴訟手続の利用を認めないのが相当であるという点で趣旨を同じくする民事訴訟法137条を督促異議申立後の訴訟において「準用」することも理論的に許容されないわけではないと考えられる。

第2の見解に対しては，手数料は，判決言渡までに印紙を追貼すれば補正されるから，「その不備を補正することができない」(民訴140)とするのは無理であるとの批判がある。しかし，裁判所が補正命令を発しても原告（債権者）が補正期間内に追納せず，補正期間が経過した後も裁判所書記官の催促にも応じ

ないような場合には，もはや原告（債権者）に手数料の追納を期待することはできず，「その不備を補正することができない」といっても無理ではないと思われる。第2の見解によれば，判決言渡期日の指定をすれば足り，当事者に対して期日の呼出しをする必要はないが（前掲《参照判例》最三小判昭57・10・19参照），判決正本の送達は必要となる。

第3の見解は，理論的には最も無理がないといえる。しかし，この見解によると，裁判所が第1回口頭弁論期日の指定に先立って補正命令を発していた場合には，原告（債権者）に対し補正命令の謄本を送達した後，第1回口頭弁論期日を指定し，当事者双方に対し第1回口頭弁論期日の呼出状を送達することになる（実務上は原告（債権者）には期日請書を提出してもらうことも多いが，手数料も納付しない者に期日請書の提出も期待できないであろう。）。

実務上は，印紙を貼付しない原告は，必要な郵券も通常納付しないことから，送達費用の点を重視し，これに判決言渡しおよびその送達の手続の煩瑣をも考慮し，第1の見解による運用が最も多いようである。なお，訴状却下命令が確定する前に手数料の追納がされれば，不納付の瑕疵は補正され，訴状（支払督促申立書）は遡って有効となる（前掲《参照判例》最一小判平27・12・17参照）。

仮執行宣言付支払督促に対し督促異議申立てがあった場合，第1の見解による場合は，債務名義が効力を失ったことを証する裁判所書記官の作成文書が執行取消文書となる（民執39①三・40）。第2または第3の見解による場合は，判決主文において，仮執行宣言付支払督促の取消しを宣言したうえで訴えを却下すれば，その判決正本が執行取消文書（民執39①一・40）となる（前掲《参照判例》最二小判昭36・6・16参照）。

《参考文献》最高裁判所事務総局『新しい督促手続の基本的諸問題』126頁，裁判所書記官研修所『支払命令における実務上の諸問題の研究』229頁，菊井維大＝村松俊夫『全訂民事訴訟法Ⅲ』457頁以下（日本評論社，1986），秋山幹男ほか『コンメンタール民事訴訟法Ⅶ』303頁以下（日本評論社，2016）

〔有冨　正剛〕

第5章　事件類型ごとの請求の趣旨と主文

第1　詐害行為取消訴訟の主文

○詐害行為取消訴訟の主文

> **基本型**
> 1　訴外B（債務者）と被告（C：受益者）が令和○○年○月○日にした別紙物件目録（省略）記載の不動産についての売買契約を取り消す。
> 2　被告（C：受益者）は，上記不動産について○○地方法務局令和○○年○月○日受付第○○号の所有権移転登記の抹消登記手続をせよ。

《参照判例》大判明44・3・24民録17・117, 最一小判昭39・1・23民集18・1・76, 判時365・59, 大判明39・9・28民録12・1154, 最二小判昭40・9・17裁判集民80・341, 最一小判昭53・10・5民集32・7・1332, 判時912・58, 判タ373・60, 大判明36・12・7民録9・1339, 最三小判昭30・10・11民集9・11・1626, 判タ53・37, 最一小判昭42・6・29裁判集民87・1407, 判時492・55, 最二小判昭50・12・1民集29・11・1847, 判時803・61, 判タ332・198, 最二小判平30・12・14民集72・6・1101, 判時1714・1, 判タ1458・92, 最一小判昭54・1・25民集33・1・12, 判時918・69, 判タ380・81, 最大判昭36・7・19民集15・7・1875, 判時266・6, 最一小判平4・2・27民集46・2・112, 判時1416・42, 判タ781・78
《参照条文》民法424条・424条の5～424条の9・425条

解　説

1　不動産の売買契約の取消しの場合
(1)　詐害行為取消権の性質，内容
〈事例1〉債務者Bは，債権者Aに多額の債務を負担しており，自宅の土地建物以外にめぼしい資産がないにもかかわらず，その土地建物をC（受益者）に時価よりも低廉な価格で売却し，所有権移転登記をした。Aは，B・C間の売買が詐害行為であるとして，詐害行為取消訴訟を提起した。

　詐害行為取消権の性質については，債務者の行為（詐害行為）の効力を消滅させる形成権であるとする説，詐害行為によって逸出した財産の返還を求める

請求権であるとする説,両者の合体したものであるとする説（折衷説），逸出した財産に対する強制執行を可能にする状態を作出するものであるとする説（責任説）などが主張されている。

前掲《参照判例》大審院明治44年3月24日判決は，詐害行為取消権は，債務者の法律行為（詐害行為）を取り消し，債務者の財産の状態をその法律行為をする以前の原状に復し，債権者をしてその債権の正当な弁済を受けることができるようにし，その担保権を確保することを目的とするものであるとして，折衷説の立場を採ることを明らかにし，以後一貫して折衷説を採っている。改正法は，この判例法理である折衷説の立場を明文化したものと考えられる。

詐害行為取消訴訟を提起する原告は，①詐害行為の取消しとともに，②詐害行為の目的物の返還またはこれに代わる価額の償還を請求することができる（民424の6）。

また，被告となるのは受益者Cであり，債務者Bは被告とならない（民424の7①）。なお，改正前民法下では，詐害行為の取消しは，債権者が受益者または転得者から詐害行為の目的財産の返還を請求する前提として，その者に対する関係においてだけ詐害行為の効力を否認するもの（相対的取消）と考えられていたが，改正法では，これを一部見直し，詐害行為取消訴訟の認容確定判決は，債務者およびその全ての債権者に対しても効力を有することとなった（民425）。

(2) 逸失財産の返還の方法（返還の対象および返還先）

逸失財産の返還の方法は，受益者または転得者から逸失財産そのもの（現物）の返還を受けることが原則であり，これが困難な場合には価額償還請求の方法によることができる（民424の6）。前記の〈事例1〉では，詐害行為の目的物は未だ受益者Cの下にあるから，現物返還が可能であり，現物返還の方法によることとなる。なお，価額償還請求の方法による場合については，後記3を参照されたい。

また，詐害行為取消権は，逸出した財産を債務者の一般財産へ復帰させるものであるから，目的財産の返還先は債務者Bであり，債権者A（原告）ではない。しかし，返還の対象が，金銭，動産の場合は，債務者が受領を拒絶すると返還が困難であるので，改正前民法下では，例外的に債権者（原告）への支払，引渡しを求めることができる（前掲《参照判例》最一小判昭39・1・23）とされていたところ，改正法において，この判例法理が明文化された（民424の9）。

(3) 登記名義の回復方法

詐害行為の目的物が，不動産のように登記を伴うものである場合には，逸失

財産の回復は，登記名義を債務者に戻すことによって行われる。登記名義の回復は，所有権移転登記を抹消する方法による（前掲《参照判例》大判明39・9・28）。もっとも，判例は，抹消登記に代えて，受益者から債務者へ真正な登記名義の回復を原因とする所有権移転登記をすることも許容している（前掲《参照判例》最二小判昭40・9・17）。なお，移転登記による場合の移転先は債務者であり，債権者に対する移転登記を求めることはできない（前掲《参照判例》最一小判昭53・10・5）。このような移転登記は債務者の協力がなくても実現可能であり，債権者への直接移転を認める必要はないからである。以上の判例法理は，改正法においても維持されている。

冒頭の**基本型**は，〈事例1〉について抹消登記の方法による場合の主文例である。

(4) 転得者がいる場合

〈事例2〉前記の〈事例1〉において，受益者Cが目的不動産を更にD（転得者）に売却し，Dが所有権移転登記をした。

〈事例2〉の場合に，受益者C，転得者Dがともに悪意のときは，債権者は，転得者を被告として詐害行為の取消しと財産の返還を請求することもできるし（民424の5・424の6②前段），受益者を被告として，詐害行為の取消しと価額の償還を請求することもできる（民424・424の6①後段）。

転得者を相手にして取消訴訟を提起した場合の主文例は，以下のとおりである。なお，逸失財産の回復の方法として抹消登記を選択すると，受益者・転得者間の移転登記の抹消は可能であるが，債務者・受益者間の移転登記の抹消はできないので（転得者はこの登記の登記義務者ではない。），更に受益者を共同被告として，債務者・受益者間の移転登記の抹消を求めることになる。他方，移転登記を選択すると，被告は転得者のみで足りるので，こちらの方法が簡便である。また，価額償還請求の場合の主文例は，後記3を参照されたい。

〈例1〉抹消登記を求める場合・被告はC，D
1　訴外B（債務者）と被告C（受益者）が令和○○年○月○日にした別紙物件目録（省略）記載の不動産についての売買契約を取り消す。
2　被告D（転得者）は，上記不動産について○○地方法務局令和△△年△月△日受付第△△号の所有権移転登記の抹消登記手続をせよ。
3　被告Cは，上記不動産について○○地方法務局令和○○年○月○日受

付第○○号の所有権移転登記の抹消登記手続をせよ。

〈例２〉 移転登記を求める場合・被告はＤ
1　訴外Ｂ（債務者）と訴外Ｃ（受益者）が令和○○年○月○日にした別紙物件目録（省略）記載の不動産についての売買契約を取り消す。
2　被告（転得者Ｄ）は，訴外Ｂに対し，別紙物件目録記載（省略）の不動産について，真正な登記名義の回復を原因とする所有権移転登記手続をせよ。

(5)　取消しの範囲
　〈事例３〉債務者Ｂは，債権者Ａに1000万円の債務を負担していたが，唯一の資産である10筆の土地をＣ（受益者）に時価よりも低廉な価格で売却し，所有権移転登記をした。この土地の詐害行為取消訴訟の口頭弁論終結時の価格は，1筆当たり220万円であった。
　改正前民法下においては，詐害行為の目的財産が可分であり，その価格が債権者の債権額を超える場合は，原則として，債権額の範囲で詐害行為を取り消すことができるにすぎない（前掲《参照判例》大判明36・12・7）とされていた一方，1棟の建物のように不可分物の場合は，その価格が債権額を超過する場合であっても，全部について取り消すことができる（前掲《参照判例》最三小判昭30・10・11）とされていた。改正法で，この判例法理が明文化された（民424の8）。まず，債務者がした行為の客体（詐害行為の目的財産）が可分であるときは，債権者の債権額が詐害行為取消しの上限となる（民424の8①）。他方，前記(2)のとおり，現物返還が原則となっているから（民424の6），民法424条の8の反対解釈として，行為の客体が不可分物であるときは，現物返還が困難である場合（民424の6）を除き，その価値が債権者の債権額を上回る場合であっても，債権者は，詐害行為全体を取り消して現物の返還を求めることができると解される。また，後記３のように，現物返還が困難であるため，価額償還請求をする場合は，債権者の債権額が詐害行為取消しの上限となる（民424の8②）。したがって，〈事例３〉の場合は，5筆の限度（1000万円に満つるまででかつ最後の１筆は不可分物として全部）で詐害行為の取消しと返還を求めることができる。
　なお，抵当権の付着する不動産の場合については，後記３に記述する。

2 債権譲渡契約の取消しの場合

〈事例4〉債務者Bは，債権者Aに多額の債務を負担していたが，唯一の資産であるZに対する200万円の債権をC（受益者）に贈与し，Zに対して債権譲渡の通知をした。

(1) 債権譲渡契約も，財産権を目的とする行為であるから，詐害行為になり得る（前掲《参照判例》最一小判昭42・6・29，民424）。

〈事例4〉の場合の逸失財産の回復方法は，当該債権を再び債務者に帰属させることであり，取消債権者は債権譲渡の取消しを第三債務者Zに対抗できるように（民467①），受益者Cに対し，当該債権譲渡の詐害行為による取消しを第三債務者に通知することを求めることができる。

しかし，債権者は，当該債権を直接債権者に帰属させるように求めることはできないし，第三債務者に対して直接債権者に対して支払うように請求することもできない。この場合も，当該債権の復帰に債務者の協力は不要であり，直接債権者に返還させる必要はないからである。

---

1 訴外B（債務者）と被告（受益者C）が令和〇〇年〇月〇日にした別紙債権目録（省略）記載の債権の譲渡契約を取り消す。
2 被告は，訴外Z（第三債務者）に対し，前項により債権譲渡が取り消された旨を通知せよ。

---

(2) なお，受益者Cが譲り受けた債権の取立てを完了している場合は，債権の現物返還は不可能であるから，価額償還請求としてその弁済金の支払を請求することとなる。この場合の遅延損害金については，後記3を参照されたい。

---

1 訴外B（債務者）と被告（受益者C）が令和〇〇年〇月〇日にした別紙債権目録（省略）記載の債権の譲渡契約を取り消す。
2 被告は，原告に対し，200万円及びこれに対する訴状送達の日の翌日から支払済みまで年3％の割合による金員を支払え。

3 価額の償還を命ずる場合

(1) 価額の算定時と遅延損害金

　前記のとおり，詐害行為取消権による逸失財産の返還は現物返還の方法が原則であり，これが困難な場合に，例外として価額償還請求の方法によることが許される（民424の6）。また，価額償還請求をする場合，直接債権者に支払うことを求めることができる（民424の9②）。

　償還すべき価額の算定時については，詐害行為時，目的物処分時，詐害行為取消訴訟の口頭弁論終結時などが考えられるが，改正前民法下の価格賠償請求に関して，判例は，口頭弁論終結時としている（前掲《参照判例》最二小判昭50・12・1）。また，受益者に対する贈与等を詐害行為として取り消し，受領金相当額の返還とともに訴状送達日の翌日以降の遅延損害金の支払を求めた事案で，改正前民法下における判例は，取消しの効果は過去にさかのぼって生ずるものと解すべきであるとし，受益者に受領時から詐害行為取消判決確定時までの受領金の運用利益の全部を得させることは相当でないことから，受益者の受領金支払債務は，詐害行為取消判決の確定により受領時にさかのぼって生ずるものと解すべきであるとした上で，受益者の受領金支払債務は期限の定めのない債務であり，これが発生と同時に遅滞に陥ると解すべき理由はなく，履行の請求によって遅滞に陥ると判断していた（前掲《参照判例》最二小判平30・12・14）。詐害行為取消しが認められるのは受益者または転得者が悪意の場合であり，悪意の受益者または転得者に受領時から判決確定時までの受領金の運用利益を取得させるという結果は相当でないことに照らすと，上記判例の法理は，転得者が被告になった場合にも妥当するものと考えられる。なお，上記判例は，受領金支払債務が遅滞に陥る時期について判断したものであり，改正前民法下における価格賠償請求について判断したものではないが，その法理は，価額の償還が問題となる場合の金銭支払債務にも妥当するのではなかろうか。以上を前提とすると，遅延損害金を請求する場合は，訴状送達の日の翌日から年3％の割合（民404・419①）によることとなる。

(2) 価額償還請求をすることができる場合

　ア　価額償還請求による場合の第1は，詐害行為の目的物が消滅した場合である。例えば，目的物が家屋である場合に譲受人（受益者）がこれを取り壊してしまった場合，目的物が債権である場合に債権の譲受人（受益者）が当該債権の取立てを完了してしまった場合などである。

　イ　第2は，目的物が第三者（転得者）に譲渡された場合である。前記の

とおり，目的物が転得者に譲渡された場合であっても，債権者は，受益者を被告として，詐害行為を取り消し，価額償還請求をすることができる。前記の〈事例2〉において，目的不動産の口頭弁論終結時の価額が1000万円である場合，主文は以下のとおりとなる。

---

1 訴外B（債務者）と被告C（受益者）が令和○○年○月○日にした別紙物件目録（省略）記載の不動産についての売買契約を取り消す。
2 被告Cは，原告に対し，1000万円及びこれに対する訴状送達の日の翌日から支払済みまで年3％の割合による金員を支払え。

ウ 第3は，詐害行為の目的物が抵当権の付着した不動産等であり，目的物の一部についてしか詐害行為が成立しない場合である。

〈事例5〉債務者Bは，Zのために抵当権が設定されている自己所有土地を，抵当権が設定されたままC（受益者）に売却し，C名義で所有権移転登記がされた。債権者AがCに対し詐害行為取消訴訟を提起。

〈事例6〉債務者Bが，抵当権者C（受益者）に対して負担する800万円の債務の代物弁済として，Cに対する同額の抵当権が設定されている時価1000万円の自己所有土地をCに譲渡し，その結果，Cの抵当権も消滅した。Cはさらに土地をD（転得者）に譲渡し，登記もD名義に移転された。債権者AがDを被告として，詐害行為取消訴訟を提起。なお，口頭弁論終結時の同土地の価額は，1100万円であった。

抵当権の付着した不動産は，被担保債権の限度では抵当権者の優先的な引当てになっており，残余部分のみが一般債権者の引当となる。したがって，当該不動産の処分について詐害行為が成立するのは，財産価格（詐害行為取消訴訟の口頭弁論終結時の価格）から抵当債権額を控除した残余部分についてだけである。

改正前民法下において，判例は，この場合の現物返還の可否は，抵当権が付着した状態のままで当該不動産を返還することが可能か否かの観点から判断していた。

まず，〈事例5〉のように抵当権が消滅せずに残っている場合は，所有権移転登記の抹消または移転登記をすれば，抵当権が付着したままの状態で債務者の財産への復帰が可能であるから，現物返還による（前掲《参照判例》最一小判昭54・

1・25)。この結論は，改正法下においても妥当するものと考えられる。この場合の主文は，冒頭に掲げた**基本型**と同じである。

他方，〈事例6〉のように抵当権が当該詐害行為またはその後の処分により消滅してしまった場合は，抵当権を復活させた上で不動産を債務者に返還させることは困難であるから，改正前民法下において，価格賠償の方法によるものとされていた。この場合は，詐害行為が成立する限度において一部取消しをし，その限度で価格の賠償を命じる（前掲《参照判例》最大判昭36・7・19，最一小判平4・2・27)。この結論は，改正法下においても妥当する（なお，改正法では価額償還請求になる。）ものと考えられる。

〈事例6〉の主文は，以下のようになる。

1　訴外B（債務者）と訴外C（受益者）が令和○○年○月○日にした別紙物件目録（省略）記載の土地についての売買契約を，300万円の限度で取り消す。
2　被告（転得者D）は，原告に対し，300万円及びこれに対する訴状送達の日の翌日から支払済みまで年3％の割合による金員を支払え。

《参考文献》飯原一乗編『詐害行為の取消・否認の実務』（新日本法規，1998)，飯原一乗『詐害行為取消訴訟第2版〔新装版〕』（日本評論社，2017)，筒井健夫＝村松秀樹編著『一問一答民法（債権関係）改正』98頁以下（商事法務，2018)，高須順一『行為類型別詐害行為取消訴訟の実務』（日本加除出版，2021)，奥田昌道＝佐々木茂美『新版債権総論中巻』413頁以下（判例タイムズ社，2021）

〔瀧澤　泉，原　雅基〕

第2　共有物分割訴訟

【共有物の分割に係る民法の改正について】
　裁判による共有物の分割について定める民法258条は，令和3年法律24号により改正された（施行日・令和5年4月1日）。同改正は，主として，いわゆる賠償分割を明文化して，現物分割と並列に列挙するとともに（改正後の民法258条2項），共有物の分割を命ずる場合における金銭債務の履行を確保するための手続的措置等に関する規律を整備するものである（同条4項）。改正法は，基本的には，以下の解説で言及する参照判例に基づく実務を踏まえ，これを明確化したものであり，なお以下の解説が妥当するものと考えられる（以上につき，村松秀樹＝大谷太『Q＆A令和3年改正民法・改正不登法・相続土地国庫帰属法』108頁以下（きんざい，2022）参照）。

○現物分割の場合の主文

> **基本型**
> 1　別紙物件目録記載の土地を，別紙分割目録記載1，2及び別紙分割図面記載1，2のとおり分割する。
> 2　別紙分割目録記載1及び別紙分割図面記載1の土地を甲の所有とする。
> 3　別紙分割目録記載2及び別紙分割図面記載2の土地を乙の所有とする。

《参照判例》最三小判昭57・3・9裁判集民135・313，判時1040・53，判タ469・186，最大判昭62・4・22民集41・3・408，判時1227・21，判タ633・93，最二小判平4・1・24家月44・7・51，判時1424・54，判タ789・116
《参照条文》民法258条

解　説

1　共有物分割訴訟の性質，現物分割の意義
　共有物分割訴訟は，共有物（不動産，ことに土地である場合が多い。）につい

て、共有者間の分割協議が成立しない場合に、共有関係の解消を目的として提起される訴訟である。共有物分割訴訟は、共有者間の共有関係を廃止して、共有物を分割すべき法律関係を画一的に創設することを求める形式的形成訴訟と解されており、裁判所は、分割方法に関する当事者の申立てに拘束されるものではない（前掲《参照判例》最三小判昭57・3・9）。

そして、共有物を持分の割合に応じて物理的に分割して各共有者ごとの単独所有とする現物分割は最も原則的な分割方法であり、民法258条2項もこれを前提とする規定をしている。目的物が土地の場合を例にとると、現物分割の場合の主文は、前記基本型のとおり、目録、図面等により各共有者の単独所有に帰することとなる土地の範囲を明示する形で表示される。そして、現物分割においては、判決において、各持分権者の単独所有の範囲が確定されることによって分割が終了することとなる。

2 現物分割と価格賠償による調整

ところで、現物分割の具体的な方法を定めるに当たっては、共有物の性質、形状、位置または分割後の管理・用益の利便等が考慮されることになる。したがって、持分の価格に応じた分割をするとしても、各共有者の取得する現物の価格に過不足を生ずる場合がありうるから、持分の価格を超えて現物を取得する共有者に当該超過分の対価を支払わせ、過不足の調整をすること（一部代償分割）も現物分割の一態様として許される（前掲《参照判例》最大判昭62・4・22）。例えば、甲、乙の共有に係る土地の現物分割をする場合に、甲の取得する現物の価格がその持分の価格を超過する場合には、甲に、共有者である乙に対して右の超過分の対価を支払わせることが可能である。

そして、前記の対価支払の義務付けは、共有物分割の効果を補完するものであり、判決により形成される法律関係の一内容をなすものであるとみることができるから、裁判所は、対価支払が必要と認められる場合には、当事者の申立てを待たずに、その裁判をすることができ、かつ、そうしなければならない。また、共有物分割については、遺産分割における旧家事審判規則110条、49条＝家事事件手続法196条のように、金銭の支払等の給付を命ずることができる旨の明文規定はないが、前記の共有物分割における対価支払の意義に加え、金銭債権の特質からすれば、裁判所は、対価支払の義務を形成するのみならず、その給付を命ずる判決をすることもできるものと解される（柴田保幸『最高裁判所判

例解説民事篇昭和62年度』245頁（法曹会））。

　この場合の主文は，前記の例でいえば，甲，乙それぞれが単独で所有することとなる土地の範囲を確定すること（基本型参照）に加え，「甲は，乙に対し，○○円を支払え」との給付判決の形式で表示される（なお，実務上，給付判決の形式によらず，「甲は，乙に対し，○○円を支払う」との表示をする例もみられるが，これは，同主文が，給付を命ずるものではなく，対価支払の義務を形成するにとどまるとの見解に立脚したものと解される。）。

3　多数の共有不動産についての現物分割と一括分割

　また，分割の対象となる共有物が多数の不動産である場合には，個別の不動産のそれぞれについて，各共有者ごとに持分に応じた分割を行う方法のほかに，これらの不動産を一括して分割の対象とし，分割後のそれぞれの部分を各共有者の単独所有とすることも，現物分割の一方法として許される。このような分割方法は，これらの不動産が外形上一団とみられるときはもとより，数か所に別れて存在するときであっても可能である（前掲《参照判例》最大判昭62・4・22）。例えば，甲乙両名の共有に係るＡ，Ｂ２筆の土地について同時に現物分割をする場合に，Ａ地，Ｂ地のそれぞれについて持分に応じて甲，乙に分割する方法（主文は，前記基本型と同様である。）のほかに，Ａ地を甲に，Ｂ地を乙に取得させる方法によることも可能である。

　この場合の主文は，次のとおりとなる。

　　別紙物件目録記載１及び２の各土地を次のとおり分割する。
　(1)　別紙物件目録記載１の土地を甲の所有とする。
　(2)　同目録記載２の土地を乙の所有とする。

　前掲《参照判例》最高裁大法廷昭和62年４月22日判決の考え方は，共有物分割訴訟の対象を各共有物ごとに分断的に把握し，それぞれの共有状態を解消することに尽きるものととらえるのではなく，共同相続人間で遺産に属する複数の共有物を一括して合目的的に分割する遺産分割（民906）と類似した分割方法が可能であることを示唆するものとみることができる。もっとも，遺産分割の審判においては，遺産に属する一切の物または権利が当事者の申立ていかんにかかわらず分割の対象とされるが，共有物分割訴訟においては，当事者のいず

れもが分割を求めていない物件を職権で取り上げて分割の対象とすることはできず，当該物件を共有物分割の対象とするためには，少なくとも当事者の一方からの申立てが必要であることはもとより当然である。このように，処分権主義が妥当するか否かという点で，両手続には大きな差異がある（奈良次郎「共有物分割訴訟と遺産分割手続との異質性－手続の類推適用は許されるか」三ヶ月章先生古稀祝賀『民事手続法学の革新』中巻652頁（有斐閣，1991））。

4　複数共有者間の現物分割と一部分割

さらに，共有物について，共有者の1人から分割請求がなされた場合に，当該共有物のすべてについて各共有者ごとの単独所有となるような分割を行い，共有関係を完全に解消させるのみでなく，共有物の一部を一共有者の単独所有とし，残余については他の複数共有者による共有関係を存続させる分割方法をとることも可能である（前掲《参照判例》最大判昭62・4・22）。これとは逆に，分割請求をした共有者が複数の場合に，分割請求の相手方である共有者の持分の限度で当該（相手方）共有者の単独所有とする現物分割をし，その余は分割請求者の共有状態を存続させる分割方法によることもできる（前掲《参照判例》最二小判平4・1・24）。

これらの場合の主文は次のように表示される。

別紙物件目録記載の土地を次のとおり分割する。
(1)　別紙分割目録記載1及び別紙分割図面記載1の土地を甲の所有とする。
(2)　別紙分割目録記載2及び別紙分割図面記載2の土地を乙，丙の各持分2分の1の共有とする。

〔瀬木　比呂志，近藤　裕之，塚原　洋一〕

○代償分割の場合の主文

> **基本型**
> 　別紙物件目録記載の土地を次のとおり分割する。
> (1)　同目録記載の土地を甲の所有とする。
> (2)　甲は，乙に対し，○○円を支払え。

《参照判例》①最一小判平 8・10・31 民集 50・9・2563，判時 1592・51，判タ 931・148，②最一小判平 8・10・31 裁時 1182・5，判時 1592・55，判タ 931・144，③最一小判平 8・10・31 判時 1592・59，判タ 931・142，④最二小判平 9・4・25 判時 1608・91，判タ 946・169

《参照条文》民法 258 条

解　説

1　代償分割の 2 類型

　代償分割には，一部代償分割と全面的価格賠償とがある。
　一部代償分割は，前記のとおり，現物分割により持分価格を超える現物を取得した共有者に，当該超過部分について他の共有者に対価を支払うことを義務付けることによって過不足の調整を図るものであり，現物分割の補完的意味を有するにとどまる。
　以下，この項で論ずるのは，全面的価格賠償の場合であり，その場合の主文は基本型のとおりとなる。

2　《参照判例》①最高裁第一小法廷平成 8 年 10 月 31 日判決の判旨

　前掲《参照判例》①最高裁第一小法廷平成 8 年 10 月 31 日判決は，前掲（瀬木比呂志，近藤裕之，塚原洋一「現物分割の場合の主文」）のような現物分割の場合における過不足の調整のための一部代償分割のみならず，共有物を共有者のうちの 1 人の単独所有または数人の共有とし，これらの者から他の共有者に対して持分の価格を賠償させる全面的価格賠償の方法による分割をすることも許される旨判示した。
　同判決は，その根拠として，「民法 258 条 2 項は，共有物分割の方法として，

現物分割を原則としつつも、共有物を現物で分割することが不可能であるか又は現物で分割することによって著しく価格を損じるおそれがあるときは、競売による分割をすることができる旨を規定している。ところで、この裁判所による共有物の分割は、民事訴訟上の訴えの手続により審理判断するものとされているが、その本質は非訟事件であって、法は、裁判所の適切な裁量権の行使により、共有者間の公平を保ちつつ、当該共有物の性質や共有状態の実状に合った妥当な分割が実現されることを期したものと考えられる。したがって、右の規定は、すべての場合にその分割方法を現物分割又は競売による分割のみに限定し、他の分割方法を一切否定した趣旨のものとは解されない。」と説示する。この判旨は、共有物分割訴訟の非訟事件たる性質から、裁判所が裁量によって、現物分割、競売分割のいずれとも異なる分割方法を定めると解し得る余地があるとの結論を導き出したものである。

　そして、前記判決は、全面的価格賠償による分割が許される特段の事情が認められるための2つの要件として、㋐当該共有物の性質および形状、共有関係の発生原因、共有者の数および持分の割合、共有物の利用状況および分割された場合の経済的価値、分割方法についての共有者の希望およびその合理性の有無等の事情を総合的に考慮し、当該共有物を共有者のうちの特定の者に取得させるのが相当であると認められること、㋑その価格が適正に評価され、当該共有物を取得する者に支払能力があって、他の共有者にはその持分の価格を取得させることとしても共有者間の実質的公平を害しないと認められること、を掲げている。

　甲、乙の共有に係る土地について、前記の特段の事情が認められる場合、主文は、**基本型**のとおり、当該土地を甲の単独所有とし、乙に対する価格賠償金の支払を甲に対して命ずる形となる。

3　《参照判例》①最高裁第一小法廷平成8年10月31日判決と同時に言い渡された判例およびその後の判例の動向

　前掲《参照判例》①最高裁第一小法廷平成8年10月31日判決と同時に言い渡された判例によれば、㋐の要件に関し、共有者の1人の土地持分割合が97パーセントを超えており、立地条件からして残余の持分比率では分割後の土地の効用が乏しく、持分割合の大きい共有者が全面的価格賠償の方法による分割を希望していること（前掲《参照判例》②最一小判平8・10・31）、共有者の一部が土地を

病院等の建物の敷地として一体的に病院運営に利用しており，現物分割をすれば病院運営が困難化することも予想され，これらの共有者が全面的価格賠償の方法による分割を希望していること（前掲《参照判例》③最一小判平8・10・31)，さらに，その後の判例によれば，借地権および地上建物の遺贈を受けた者に対する遺留分減殺請求権行使の結果，同借地権等の共有関係が発生し，建物に居住し，持分6分の5を有する共有者が全面的価格賠償の方法による分割を希望していること（前掲《参照判例》④最二小判平9・4・25）などが考慮要素として挙げられており，また，いずれの事案においても，前記④の当該共有物取得者の支払能力の有無が重視されている。

4　債務負担による遺産分割の要件との類似性

ところで，家事審判規則109条（現行法では家事事件手続法195条）は，「特別の事由」が認められる場合に，共同相続人の1人または数人に債務負担をさせる方法で現物分割に代替し得る旨規定しているが，「特別の事由」とは，現物分割が不可能な場合，あるいは，これが可能であっても，分割後の財産の価値を著しく損なうか，または特定の遺産に対する特定の相続人の利用を保護する必要がある場合などで，かつ，債務負担を命ぜられる相続人に債務支払の資力がある場合を意味すると解されている（司法研修所編『遺産分割事件の処理をめぐる諸問題』318頁（法曹会，1995））。

このように「特別の事由」は，前記「特段の事情」とおおよそ共通の意義に解釈されており（もっとも，現物分割が不能であることなどは，全面的価格賠償の要件とはされていない（河邉義典『最高裁判所判例解説民事篇平成8年度』888頁（法曹会））。），全面的価格賠償は，債務負担による遺産分割と類似した要件の下で認められる共有物分割方法であるということができる。

5　価格賠償金の支払確保の方法について

(1)　価格賠償金の支払確保の必要性

現物分割の場合には，判決により各持分権者の単独所有に帰する範囲が確定されれば分割は終了し，後掲（瀬木比呂志，近藤裕之「競売を命ずる場合の主文」）の競売分割の場合には，民事執行法の定めに従い，買受人の代金納付によって不動産取得の効果が生ずる。これに対し，全面的価格賠償の方法による分割の場合には，共有物を取得する者（現物取得者）から共有持分を喪失する者

に対する価格賠償金の支払をいかにして確保するかという問題が残ることになる。

　全面的価格賠償の方法による共有物分割が認められるためには，現物取得者に賠償金の支払能力があることを要することは前記のとおりであるが，この支払能力の有無自体は，現物取得者の資産状況等に関する資料に基づき相当程度の確実性をもって認定可能である。また，全面的価格賠償の方法による共有物分割が相当と認められるのは，前記2に掲げた⑦の要件や判例の動向からすれば，現物取得者が，持分の相当部分を有し現に共有物を用益しているとか同方法による分割を希望している事例が多くを占め，そのような事例においては，現物取得者が，現物取得の意欲を持ち，これを実現すべく賠償金支払の十分な能力を有する場合がほとんどであって，賠償金支払の蓋然性が疑われる事案は少ないと考えられる。

　もっとも，事案によっては，現物取得者の資産状況から支払能力を有することが一応うかがわれるものの，負債の有無や額が明らかではないなどの事情により賠償金支払の蓋然性に疑問があり，その支払の確保に格別の配慮が必要となる場合もないではない（最二小判平10・2・27判時1641・84，判タ974・96の河合伸一裁判官の補足意見は，この点を指摘する。）。

(2)　支払確保のための方法

　ア　給付判決と債務名義

　現物分割を補完するための対価支払について給付判決が可能であることは前記のとおりであり，このことは全面的価格賠償の場合にも変わりはない。しかし，持分を喪失する共有者が現物取得者に対する債務名義を取得したとしても強制執行が成功するとは限らないし，現物取得者からの担保提供の可能性を示唆する明文規定も存在しない。

　イ　引換給付

　共有物が不動産の場合には，現物取得者が持分移転登記手続を併合して請求することが多く，同登記手続請求と賠償金支払請求は相互に密接な牽連性があるから，同時履行の関係が認められ，引換給付の判決をすることができると解される。この場合，基本型の「甲は，乙に対し，○○円を支払え」という無条件の給付を命ずる主文に代えて，「乙は，甲から○○円の支払を受けるのと引き換えに，別紙物件目録記載の土地の持分○分の○について，共有物分割を原因とする持分移転登記手続をせよ」との引換給付の主文が掲げられることになる。

なお，賠償金取得者が同時履行の抗弁を主張しない場合であっても，共有物分割訴訟の非訟事件たる性格からすれば，裁判所の裁量で引換給付を命ずることも不可能ではない（最一小判平11・4・22裁時1242・3，判時1675・76，判タ1002・114の遠藤光男，藤井正雄裁判官の補足意見）。これらの場合，引換給付判決によって，賠償金債務の履行確保を図り得る。また，未登記不動産が分割の対象とされた場合であっても，判決を代位原因とする保存登記をなし得るから，持分移転登記手続との引換給付判決をすることは可能である。

　ウ　賠償金債務の履行を条件とする形成判決

　一方で，賠償金債務を先履行とし，現物取得の効果発生を賠償金の支払という条件に係らしめることによって，賠償金債務の履行確保を図ろうとする見解がある。すなわち，現物取得者が判決確定後一定の期間内に裁判所の定める一定額の金員を支払うことを条件として当該共有物を現物取得者の単独所有とし，現物取得者が同期間内に支払をしない場合には当該共有物を競売に付してこれを分割する旨を命ずるとするものである（前掲最二小判平10・2・27において，河合裁判官が補足意見で提唱した見解であり，前掲最一小判平11・4・22の遠藤裁判官の追加補足意見もこれを支持する。）。

　引換給付判決が可能な場合であっても，結局，その支払がなされなかった場合には，分割の効果が発生しているにもかかわらず，その終局的な目的が達せられないのに対し，前記見解によれば，賠償金債務が履行されない限り，分割の効果は発生せず，一定期間経過後は競売分割に移行することになるから，履行確保の手段としては強力である（河邉・前掲判例解説893頁）。また，全面的価格賠償の方法による現物取得の効果形成が是認されるには，賠償金の支払が確保されることが当然の前提となるから，その履行の蓋然性を疑わせる事情がある場合には，裁判所が，裁量により，その効果形成を賠償金債務の先履行に係らせることも，非訟事件の特質にかんがみれば，不可能ではないであろう（もっとも，形成判決の効力の発生を条件に係らしめることの当否という法律問題はある（河邉・前掲判例解説893・904頁参照）。）。

　その場合の主文の表示は例えば，次のようなものとなろうか。

　別紙物件目録記載の土地を次のとおり分割する。
(1)　本判決確定の日から〇月以内に甲が乙に対し〇〇円を支払ったときは，同目録記載の土地を甲の所有とする。

> (2) 甲が前項の支払をしないときは，同目録記載の土地について競売を命じ，その売得金から競売手続費用を控除した金額を甲に〇分の〇，乙に〇分の〇の割合で分割する。

　もっとも，裁判所がこのような条件付き形成判決をする必要が生ずるのは，現物取得者の賠償金支払が相当に懸念される場合であるところ，そのような事例においては，そもそも現物取得者の支払能力自体が認められず，全面的価格賠償による分割が許容されないことが多いと思われる。したがって，条件付き形成判決が賠償金債務の履行確保の手段として機能するのは，例外的，限定的な場合にとどまるものと考えられる。

〔瀬木　比呂志，近藤　裕之〕

○競売を命ずる場合の主文

> **基本型**
> 別紙物件目録記載の土地について競売を命じ，その売得金から競売手続費用を控除した金額を，甲に○分の○，乙に○分の○の割合で分割する。

《参照条文》民法258条3項

解　説

　民法258条3項は，共有物の現物分割ができないとき，または現物分割によってその価格を著しく減少させるおそれがあるときは，裁判所がその競売を命ずることができる旨規定している。すなわち，裁判所は，共有物が現物分割に適する場合には現物分割を命ずるが，前記のような事情がある場合には，現物分割に代わる方法として，共有物を一括して競売に付し，その売却代金から競売手続費用を控除した残額を各共有者に共有持分の割合で分配することを命ずることになる。その場合の主文は基本型のとおりである。なお，特段の事情がある場合に裁判所が裁量で全面的価格賠償による分割をなし得ることは前掲（瀬木比呂志，近藤裕之「代償分割の場合の主文」）のとおりである。

　この場合の競売は，担保権の実行としての競売の例によるものとされ，競売の対象が不動産の場合，買受人から代金の納付がなされたときに不動産取得の効果が生じ，納付代金が各持分権者に配分されて手続が完了することになる（民執195・188・79）。

〔瀬木　比呂志，近藤　裕之〕

第3 境界確定訴訟

○境界確定訴訟の主文

〈請求の趣旨〉
　別紙物件目録1記載の土地と同目録2記載の土地との境界の確定を求める。
　別紙
　　　　　　　　　　物件目録
1　所在　○○市△△町□丁目
　　地番　甲番地の1
　　地目　宅　地
　　地積　××平方メートル
2　所在　○○市△△町□丁目
　　地番　乙番地の2
　　地目　宅　地
　　地積　▽▽平方メートル

基本型

　別紙物件目録記載1の土地と同目録記載2の土地との境界は，別紙図面A，B…Hの各点を順次直線で結ぶ線であることを確定する。

《参照判例》文中に引用したもののほか，最三小判昭37・10・30民集16・10・2170，判時321・18，最三小判昭37・12・18裁判集民63・709，最一小判昭39・12・17裁判集民76・547
《参照条文》民事訴訟法253条（旧民事訴訟法191条）

解　説

1　請求の趣旨と主文
　境界確定訴訟の法的性質については諸説があり，かつては既に客観的に定ま

っている隣接地間の境界を宣言するにすぎないとして確認訴訟説（大判大9・7・6民録26・958）に立つ裁判例もあったものの，現在の通説・判例は，当事者の主張や合意に拘束左右されずに当事者の申立てを契機として国家が定めた地番と地番との境界を定める非訟事件としての性質を有する形式的形成訴訟であるとしている（これと同様の性質を有する代表的な訴訟としては共有物分割訴訟がある。）。

そのため，境界確定訴訟の請求の趣旨は，原告は特定の境界線の主張を要せず，被告も請求棄却を求める必要はなく，双面訴訟あるいは双方の訴えとされることから，反訴も意味がない。被告としては，原告が確定を求める地番の土地が複数人の共有であったり，境界地が複数の地番にわたりその所有者も複数人にわたるにもかかわらず，その一部しか被告とされていないなど，訴えが不適法である場合に，訴えの却下を求めることができるにとどまる（後述3参照）。

それゆえ，境界確定訴訟の判決の主文も，仮に原告からの主張ないしそれを裏付ける証拠資料の提出による立証が不十分であったり，証拠調べの結果原告と被告のいずれの言い分が正しいのか不明であったとしても，弁論主義の適用はないから，主張立証責任に依拠して請求を棄却することにはならず，地番を異にする土地と土地の境界を確定するに足りる結論を示すことが求められる（そうかといって，審理不尽のままで結論を出せば違法となることは一般の事件と異なることはない。）。

かつては，「X所有の甲土地とY所有の乙土地との境界は…と確定する。」といった形で土地所有者を表示する例が多かった（これは，境界確定訴訟が提起される背景に，隣接する土地所有者間の係争地についての利用権争いがあることによる。実際に，この種の事件では，係争地の所有権確認訴訟が併合提起されることが多い。）。しかし，境界確定訴訟が地番を異にする土地相互間の境界を確定するものであることからすると，「土地境界確定の訴えにおいては，判決主文において，特定の隣接地番の土地相互の境界を表示すれば足るのであって，所有権確認の請求が含まれない限り，右土地の所有者が誰であるかを主文に表示することを要するものではない。」（前掲《参照判例》最三小判昭37・10・30）ということになる。

ところで，実際の訴訟においては，上記のように各土地の所有者であるXとYとの間の境界域の土地所有権の帰属を巡って争われることが多いため，原告は請求の趣旨をより具体的に「甲土地と乙土地の境界は別紙図面A，B…Hの

各点を順次直線で結ぶ線であることを確認する。」旨，他方同様に被告も答弁書で「本件各土地の境界は，（原告請求のものではなく）別紙図面ア，イ…キの各点を順次直線で結ぶ線であることを確認する。」旨各自が自己の利害に沿う境界線を明示して，その確認を求めてくる場合が多い。

　そして，裁判所が客観的な境界を証拠上認定した場合には，その主文において，「甲土地と乙土地の境界は…と確認する。」と表記するのが一般的である。ただし，この場合でもその判決効は第三者にも及ぶと解されているので，「原告と被告との間において，…」といった形での主文の表現では，判決の既判力が当事者間のみに生じる印象が強いから，無益有害な表現となる。また，当事者間でも各土地の境界が不明で，裁判所が形成的にその境界を定める場合には，「…と確定する。」と表記することになる。

2　境界と筆界の用語

　不動産登記法147条が，「民事訴訟の手続により筆界の確定を求める訴訟」との用語を用いており，これは，従来からある境界確定訴訟を指すものと解されている。かつて，境界確定訴訟における審理の対象に関し，所有権界とする説もあったが，相隣接する土地の公法上の境界を指すとする見解が通説・判例であり，上記規定が設けられた平成17年の不動産登記法改正以降は議論の余地はないとみてよいと思われる。「筆界」について，不動産登記法は，「表題登記がある一筆の土地とこれに隣接する他の土地との間において，当該一筆の土地が登記された時にその境を構成するものとされた二以上の点及びこれらを結ぶ直線をいう」と定義しているが（不登123一），従来の判例の「境界」と同義である。したがって，現在においては，法令の用語に従って「筆界確定訴訟」というべきであるが，慣例に従い，本稿では以後も「境界確定訴訟」との用語を用いる。また，引用文中には「境界」の用語を用いることがある。

　なお，古い判例や文献では，「経界」（裁判所構成法14条2号，旧々民事訴訟法（明治23年4月21日法律29号）参照）や，「疆界」（平成16年法律147号による改正前の民法209条参照）の用語を用いていることがあるが，いずれも「境界」（すなわち「筆界」）と同じ意味であると理解してよい。

3　主文における境界の特定方法

　(1)　筆界の一般的な特定方法としては，必ず不動のものを基点とし，それか

らの方位，角度，距離を表示して境界線の起点を定める。さらに起点から方位，角度，距離を表示して次の測点を定め，起点から次の測点を結ぶ線をもって2点間の境界線を特定し，順次同じ要領で各測点と境界線を特定することとされている（石飛善正『境界紛争の予防と解決の手引［新版］』38頁（新日本法規，2003））。判決においては，現地復元性のある各土地および明認可能な起点や測量点等の位置関係が記号で示してある図面を添付して，当該図面上の記号を用いて筆界線の位置を特定することになろう。最近は，審理の過程において土地家屋調査士に鑑定を依頼し，当事者の主張する筆界（および裁判所が判決において定める筆界）を示す図面を作成することが多い。この場合は，座標で図面上の各点を特定するものがほとんどである。また，筆界特定手続が先行している場合や，審理の過程で筆界特定手続を申請した場合には，同手続中で筆界特定書（不登143①）等が作成され，これら書面中に当事者双方の主張する筆界が記載されていることが多いことから，これらの書面を活用することも考えられる。もっとも，当事者の主張が筆界特定手続中におけるものと変わることがあるほか，裁判所として独自に新たな筆界を認定する場合もあるので，筆界特定手続を経れば常に鑑定が不要になるということではない。

(2) 境界確定訴訟においては，主文不明確による違法が原判決破棄の事由となっているものが少なくない。ただし，今日では専門家による実測図に基づいてこれを別紙として判決書に添付した上で判決主文に引用するなどしているため，あまり問題にならないと思われるが（所有権確認訴訟が併合提起されていて，その和解の際の図面で問題となることがあるくらいではなかろうか。），かつては以下のような議論がなされていたのでここで紹介しておくこととする。

まず，境界線の特定は，判決主文自体で明確にしておくことが望ましい。その方法としては，主文に検証調書添付の図面その他の訴訟記録中に存する文書の引用を許す裁判例（大判大10・5・28民録27・1003）もあるものの，主文と一体をなすものとして前記(1)のように図面を添付するのが適当である。検証調書添付の図面を判決書末尾に添附して判決主文で当該図面中の朱線に相当する線を境界と判示しても，その朱線が現場のどの箇所に該当するかを識別できない場合（大判大10・4・11民録27・628）であるとか引用図面中の記号を連結した線を境界線と判示しても，記号を附された各地点の1つをも具体的に識別できない場合（大判大14・5・14新聞2421）には違法になるとしているものもある。

また，主文のほか判決理由その他の記載事項から明らかな限りなお違法とい

うには当たらず，判決全体を参照してもなお明らかでない場合にはじめて違法となるとされている（高島義郎・民商44巻1号75頁）。

4　多数当事者訴訟の判決主文

境界の争いは，通常，相隣接する土地の所有者間で生起し，当該各当事者に当事者適格があるところ，係争地の一方が共有である場合には，「土地の所有権確認と密接に関係を有するものであり，かつ，隣接する土地の所有者全員について合一に確定すべきものであるから」，固有必要的共同訴訟であるとされている（最一小判昭46・12・9民集25・9・1457，判時667・27，判タ277・151）。例えば，当初，夫のAが紛争の当事者として隣接地の所有者であるBと境界確定訴訟を遂行していたところ，控訴審の段階で，境界紛争地である甲番地の土地の所有権はAとその妻であるCとの共有であることが判明したというようなことがある（これは夫婦の間で居住用不動産等の贈与が行われた場合に，基礎控除のほかに配偶者控除を受けて贈与税の負担を軽減することができることから，節税対策のため共有にしておく実態が多いためである。）。この種訴訟では，当事者適格に関する訴訟要件の具備に注意した上で，判決においても各当事者に過不足のない適切な判断を主文で明示する必要がある。また，土地の共有者のうちに境界確定の訴えを提起することに同調しない者がいる場合には，その余の共有者が同調しないものを被告にして境界確定訴訟を提起することができる（最三小判平11・11・9民集53・8・1217，判時1699・79，判タ1021・128）。

係争地の権利の全部または一部を譲り受けた者が新たに当該訴訟へ参加してくることがある。訴訟係属中に係争地の全部を一方の当事者から譲り受けた場合には訴訟承継の問題となり，同様に土地部分の一部を分筆の上譲り受けたり（係争隣接地に面していなくても当事者適格が認められる場合がある。最二小判平11・2・26裁判集民191・591，判時1674・75，判タ1001・84参照），土地の持分権の一部を譲り受けて共有となる場合には訴訟参加が問題となる。

前掲《参照判例》最高裁第一小法廷昭和39年12月17日判決によると，原告Aと被告Bとの間で山林の境界確定訴訟（以下「旧訴」という。）が係属し，第一審で原告Aの実質的勝訴の判決が出て被告Bが控訴したところ，原告Aから山林の所有権を譲り受けたとしてCが第二審において当事者参加し（以下「新訴」という。），原告Aは旧訴を取り下げた。控訴審判決は，境界確定に対する判断が第一審判決の主文の文言と合致したため，控訴を棄却した。これに対して被

告Bが上告した。判決は，「かかる場合，控訴審はすべからく新訴について第一審として判決をなすべきであり，これと訴訟物を異にする旧訴につき控訴棄却の判決をなすべきでない。この点で原判決は違法であって破棄を免れないものというべきである。」とした。

5　訴訟指揮上の留意点

　当事者間では具体的位置について争いのない地点であっても，当該地点を筆界確定の基点とする場合などには，当事者の主張に不用意に則って当該地点を特定したり表記することなく，その地点を客観的に判決書のみから特定できるようにしなければならない。裁判所が現地検証をしたり鑑定測量を実施する際には，地点の確認を当事者や土地家屋調査士と打ち合わせた上で慎重に行い，鑑定の対象があいまいにならないよう鑑定事項に留意する必要がある。鑑定結果に基づいて基点を選択する場合にも，確定不動なもの，例えば界標，巨石，巨木，石くい，切株などにより現地のいずれの地点に当たるかを明確にしておくべきである（村松俊夫「境界確定の訴について」（民訴雑考所収）237頁（日本評論社））。

　基点の表記が不十分であったにもかかわらず，その具体的位置そのものは少なくとも当事者間では争いがなかったことから，原審の高裁は，第一審における鑑定書の附図をそのまま判決の別紙図面として採用しており，「基点附近に柿の木の切り株がある」ことが記載されているものの数値による表示を欠いていた事例において，最高裁第三小法廷昭和35年6月14日判決（民集14巻8号1324頁）は，主文に表示された境界線の基点が，判決理由および添付図面と対照しても，現地のいずれの地点に当たるかを確定しえないときは，当事者間ではその基点の位置につき争いがなかったとしても，主文不明確の違法を免れないとした。

　また，当事者間の係争地の鑑定を採用する場合にも，釈明権を適切に行使して，実測すべき土地の範囲を明らかにする必要がある。福岡高裁昭和46年7月22日判決（判時653号93頁）は，「関係土地の地積実測の鑑定を申し立てた当事者が，争いある境界のいずれの主張を基準としての実測を求めるのかを明らかにしていないときは，裁判所は鑑定を命ずるに先立ち，釈明権を行使し，実測すべき土地の範囲を明らかならしめる義務がある」としている。

《参考文献》安藤一郎編『現代裁判法大系』5巻323・359頁（新日本法規，1998），

加藤新太郎「境界確定訴訟」塩崎勤＝安藤一郎編『裁判実務大系』24巻381頁（青林書院，1995），倉田卓次『最高裁判例解説民事篇昭和35年度』212頁（法曹会），坂井芳雄『最高裁判例解説民事篇昭和37年度』390頁（法曹会），上田徹一郎・民商49巻1号115頁，最高裁事務総局民事局監修『境界確定訴訟に関する執務資料』（法曹会，1985），野上誠一「境界確定訴訟」滝澤孝臣編『最新裁判実務体系4 不動産関係訴訟』（青林書院，2016），寳金敏明『改訂版 境界の理論と実務』（日本加除出版，2018）

〔福島　政幸，金澤　秀樹〕

第4 遺産確認請求訴訟

○特定の財産が被相続人の遺産に帰属することの確認を求める請求の趣旨と判決主文

> **基本型**
>
> 別紙財産目録記載○の土地，同○の建物，同○の各株式および同○の各預貯金債権が甲野太郎の遺産であることを確認する。

《参照判例》最一小判昭61・3・13民集40・2・389，判時1194・76，判タ602・51，最三小判平元・3・28民集43・3・167，判時1313・129，判タ698・202，最大決平28・12・19民集70・8・2121，判時2333・68，判タ1433・44
《参照条文》民事訴訟法40条・134条の2，民法249条・898条

解 説

1 遺産確認の訴え

共同相続人間に遺産分割の問題が生じているとき，その前提として，特定の財産につき被相続人の遺産に属するか否かが争いとなる場合が少なくない。当該財産の遺産帰属性を主張する共同相続人の一部が，これを否定する相続人を被告として，共有持分割合などの点を捨象し，端的に当該財産が被相続人の遺産に属することの確認を求めるという訴えの類型が考えられ，かつてはその適法性，性質等をめぐって議論があった。しかし，前掲《参照判例》最高裁第一小法廷昭和61年3月13日判決が遺産確認の訴えの適法性を認めたことにより，論争に一応の終止符が打たれた。そして，同判決は，遺産確認の訴えは，「当該財産が現に被相続人の遺産に属すること，換言すれば，当該財産が現に共同相続人による遺産分割前の共有関係にあることの確認を求める訴え」であり，「その原告勝訴の確定判決は，当該財産が遺産分割の対象たる財産であることを既判力をもって確定し，したがって，これに続く遺産分割審判の手続において及びその審判の確定後に当該財産の遺産帰属性を争うことを許さ」ないとしている。

このように，遺産確認の訴えは，遺産分割の前提問題として審理されるものであり，当該財産が被相続人の遺産に帰属するかどうかだけが焦点なのであっ

て，遺産帰属性の有無さえ確定されれば，以後，これに基づいて遺産分割の手続が進められることになり，当該財産についても改めてどの共同相続人に帰属することになるのかが決定されていくわけであるから，各共同相続人が有する共有持分の割合までも訴訟において確定することにはほとんど意味がない。そこで，遺産確認の訴えにおいては，被相続人と遺産帰属性の確認を求める対象財産とが明らかにされる必要があるが，また，それで足りるというべきである。

2 請求の趣旨と判決主文

したがって，請求の趣旨および主文では，被相続人および確認の対象となる財産が特定され，その遺産帰属性の確認であることの趣旨が表されていれば十分であり，共有持分の割合やその余の要素を表記することは不要である。

なお，相続財産のうち金銭債権等のような可分債権については，理論的には，共同相続が開始すると同時に法定相続分に応じて当然に分割されることになる（最一小判昭29・4・8民集8・4・819，最三小判平16・4・20裁判集民214・13ほか）が，実務上は，このような債権も遺産分割の対象になるものとされていた（後掲《参考文献》清水参照）ところ，前掲《参照判例》最高裁大法廷平成28年12月19日決定は，預貯金債権の内容と性質に照らし，共同相続された普通預金債権，通常貯金債権および定期貯金債権は，いずれも，相続開始と同時に当然に相続分に応じて分割されることはなく，遺産分割の対象となるものと解するのが相当であると判示し，従前の判例を変更した（後掲《参考文献》齋藤，最一小判平29・4・6裁判集民255・129，判タ1437・67参照）。

〈請求の趣旨〉
　別紙財産目録記載1および2の各土地，同3の賃借権，同4ないし7の各建物，同8(1)ないし(4)の各株式ならびに同9(1)ないし(3)の各預貯金債権が甲野太郎の遺産であることを確認する。

これに対し，判決主文は，次のとおりとなるであろう。

1　別紙財産目録記載1の土地，同5の各建物，同8(1)ないし(3)の各株式ならびに同9(1)および(2)の各預貯金債権が甲野太郎の遺産であることを確認する。

2　原告のその余の請求を棄却する。

3　訴訟指揮上の注意点
(1)　固有必要的共同訴訟
　遺産確認の訴えは,「当該財産が現に共同相続人による遺産分割前の共有関係にあることの確認を求める訴えであり, その原告勝訴の確定判決は, 当該財産が遺産分割の対象である財産であることを既判力をもって確定し, これに続く遺産分割審判の手続および右審判の確定後において, 当該財産の遺産帰属性を争うことを許さないとすることによって共同相続人間の紛争の解決に資することができるのであって, この点に右訴えの適法性を肯定する実質的根拠があるのであるから, 右訴えは, 共同相続人全員が当事者として関与し, その間で合一にのみ確定することを要するいわゆる固有必要的共同訴訟と解するのが相当である」(前掲《参照判例》最三小判平元・3・28)。したがって, この点を看過し, 紛争が生じている共同相続人の一部のみを当事者として訴えが提起された場合には, 当事者とされていない残りの共同相続人全員を当該訴訟に引き込むことを示唆しなければならず, 原告がしかるべき対応をしなければ, 訴えを却下せざるを得ないこととなろう。
　また, 特定の財産について共同相続人の1人の所有権確認請求を棄却する判決が他の共同相続人の一部との間で確定し, 相続による当該財産の共有持分取得を主張し得なくなった場合であっても, 同判決の既判力が共同相続人全員に及ばない限り, その敗訴した共同相続人は, なお遺産分割の訴えを提起することができる(最二小判平9・3・14裁時1191・18, 判時1600・89, 判タ937・104)。遺産確認の訴えは, 前記のとおり, 当該財産の遺産帰属性を共同相続人全員の間で合一に確定するための訴えだからである。
(2)　共有持分権確認の訴え
　特定の財産の遺産帰属性を求めつつ, その手段として, 共有持分権確認の訴えが提起される場合がある。前掲《参照判例》最高裁第一小法廷昭和61年3月13日判決により遺産確認の訴えの適法性が宣せられる以前は, むしろ遺産帰属性を主張する共同相続人の一部がこれを争っている共同相続人を被告として法定相続分に応じた共有持分を有することの確認を求める訴えを提起することが少なくなかった。この類型の確認訴訟は, 固有必要的共同訴訟ではないため,

各相続人が単独で一部の共同相続人を被告として提起することが許されるが,その判決は,当事者以外の相続人を拘束しない点で遺産帰属性の問題を根本的な解決に導かない。また,共有持分権確認の訴えが他の共同相続人全員を被告として提起された場合であっても,その勝訴判決が既判力をもって確定するのは原告が当該財産に関し一定の共有持分を有することだけであって,原告が当該財産を被相続人から相続によって取得したことまでも確定するわけではない。よって,仮にその判決を前提として遺産分割審判がされたとしても,同審判には既判力がないことから,追って提起される訴訟において当該財産の遺産帰属性が否定され,結果的に遺産分割審判の内容が覆滅される可能性を秘めているといわなければならない。そこで,そのような類型の訴えが提起された場合,当該財産の遺産帰属性の確認を訴訟のテーマとしているという原告の意図が確認できたときは,原告に対し,遺産確認の訴えへ変更するよう示唆すべきである。

(3) 遺産確認の基準時

前掲《参照判例》最高裁第一小法廷昭和61年3月13日判決は,遺産確認の訴えを,当該財産が現に共同相続人による遺産分割前の共有関係にあることの確認を求めるという,現在の法律関係の確認を求める訴えと捉えていると解されるから,遺産確認の基準時は口頭弁論終結時ということになる。したがって,共同相続が開始して以後口頭弁論終結時までの間に,共同相続人の1人が遺産に属する財産を時効取得した場合や,共同相続人が全員の合意によって遺産に属する財産を第三者に処分した場合などは,これらの財産は遺産確認の対象から外れることになる。また,滅失や費消等によって存在しないこととなった財産についても,原則として,遺産確認の対象ではなくなるが,代償財産があるときには,当該財産が確認の対象となるものと解するのが相当である。

4 関連テーマ

遺産分割の前提として,特定の財産が遺産の範囲に属するかどうかの問題の亜型として,特定の財産が共同相続人の1人に生前贈与されている場合などにおいて,それが特別受益となるかどうかが争われることがあり,その場合,当該財産が特別受益財産(みなし相続財産)であることの確認を求める訴えとして提起されることがある。しかし,特別受益財産であるかどうかは,個々の共同相続人の具体的相続分を算定する過程で必要となる観念的な事項にすぎず,

特別受益に当たるかどうかの判断が共同相続人らの何らかの実体的な権利義務に影響を及ぼすものではない上，それを確認することによって直ちに具体的相続分の算定が可能となるわけではないことなどから，この訴えは，確認の利益を欠く不適法な訴えとされている（最三小判平7・3・7民集49・3・893，判時1562・50，判タ905・124）。また，同様の理由で，共同相続人間において具体的相続分についてその価額または割合の確認を求める訴えについても確認の利益を欠くというべきである（最一小判平12・2・24民集54・2・523，判時1703・137，判タ1025・125）。

《参考文献》水野武『最高裁判例解説民事篇昭和61年度』142頁（法曹会），田中壮太『同平成元年度』96頁，小山昇・民商95巻6号102頁，徳田和幸・判評373号200頁，山本克己・判タ652号20頁，林屋礼二・家月39巻8号1頁，松原正明「代償財産・遺産収益」梶村太市＝雨宮則夫編『現代裁判法大系』11巻145頁（新日本法規，1998年），清水節「現金・金銭債権・金銭債務」同120頁，齋藤毅『最高裁判例解説民事篇平成28年度』526頁（法曹会）

〔岸　日出夫〕

第5 遺留分減殺請求権訴訟

○遺留分権利者から不動産の持分移転登記請求を受けた受遺者が当該訴訟で価額弁償の意思表示をした場合における判決主文（平成30年法律72号による改正前）

(1) 《参照判例》最高裁第三小法廷平成9年2月25日判決が用いた主文例

被上告人(Y)は，上告人(X)に対し，被上告人が上告人に対して民法1041条所定の遺贈の目的の価額の弁償として2272万8231円を支払わなかったときは，第一審判決添付第一目録記載の各不動産の原判決添付目録記載の持分につき，所有権移転登記手続をせよ。

(2) 《参照判例》最高裁第一小法廷平成9年7月17日判決が用いた主文例

被上告人(Y)は，上告人甲野一郎(X_1)に対し，被上告人が同上告人に対して241万4750円を支払わなかったときは，原判決添付物件目録記載の土地の持分各40分の1について，平成元年7月31日遺留分減殺を原因とする所有権移転登記手続をせよ。

《参照判例》最三小判平9・2・25民集51・2・448，判時1597・66，判タ933・283，最一小判平9・7・17判時1617・93，判タ953・108
《参照条文》民法1041条（平成30年法律72号による改正前）

解説

1 相続法の改正による金銭債権化について

遺留分は，かつては，遺留分に関する権利が行使されると当然に物権的効果が生じ，遺贈または贈与の一部が無効となって共有状態が生ずるものとされていたが，平成30年法律72号による相続法の改正により，金銭債権化された。同改正後の遺留分に係る請求は，改正後民法1046条1項の規定に基づく遺留分侵害額請求権の行使によって生じた金銭債権の支払を求めるものとなり，その主文は，通常の金銭請求と同様となる。

もっとも，上記改正法の施行の日である令和元年7月1日前に開始した相続については，なお従前の例によるとされており（改正法附則2），実務的には，今後ともしばらくの間は，改正前民法が適用される遺留分の紛争が続くものと思われる。以下の解説は，改正前民法における遺留分についてのものである。

　なお，改正後民法1047条5項は，裁判所は，受遺者または受贈者の請求により，遺留分侵害額の支払につき相当の期限を許与することができると定めている。これが抗弁として主張すれば足りるのか，独立の訴えを要するのかについては，解釈が固まっていないが，抗弁として主張すれば足りると解するのであれば，「被告は，原告に対し，本判決確定の日から1年間が経過した日限り，〇〇円を支払え」のような主文となろう（以上につき，堂薗幹一郎・野口宣大編著『一問一答　新しい相続法〔第2版〕』122頁以下（商事法務，2020）参照）。

2　遺留分減殺事件における持分移転登記を命ずる主文の特徴

　遺留分減殺請求権行使の事件は，遺産に関する争いとして，遺言無効請求，養子縁組無効確認請求などとともに，典型的なものであるが，その中でも特に複雑困難を極める事件類型である。

　まず，遺留分算定の基礎財産としては，相続開始前1年間にされた贈与，遺留分権利者を害することを知ってした贈与，不相当な対価でされた有償行為等が加えられ，次に，遺留分減殺行使の順序として，減殺の対象となる遺贈または贈与が複数あるときは，まず遺贈が減殺の対象となり，贈与は後のものから順次遡って対象となる。遺留分減殺請求権が行使されると，当然に，遺留分侵害行為はその限度で効力を失い，受遺者等が取得した権利はその限度で遺留分権利者に移転する（遺留分減殺請求の形成権説，物権的効果説などといわれる。）。このため，遺留分権利者が，遺贈等の一部について減殺請求すると，遺贈等された財産が不動産である場合には，当然に共有持分権を取得することになるが，その持分を算出するには，多くの変動的な要素が算入されるため，その持分割合は，分母・分子とも，気が遠くなるような大きな数字になる。しかも，裁判所が認定する数字は原告が主張する数字とは大きく乖離し，また，第一審と控訴審とでもかなり相違するのが，常態である。ちなみに，前掲《参照判例》最高裁第三小法廷平成9年2月25日判決の事案では，第一審では「1億0360万2704分の2353万7868」，控訴審では「2億1547万1500分の2236万1016」という数字が見られるが，このような数字も通常の範囲内に入るのであり，むし

ろ前掲《参照判例》最高裁第一小法廷平成9年7月17日判決が「40分の1」という簡素の数字になっているのが例外的である。

前掲《参照判例》最高裁第三小法廷平成9年2月25日判決では，判決主文に「民法1041条所定の遺贈の目的の価額の弁償として」という記載があり，その反面，前掲《参照判例》最高裁第一小法廷平成9年7月17日判決が記載した登記原因である「平成元年7月31日遺留分減殺を原因とする」との通常は必要とされる記載がない。前掲《参照判例》最高裁第一小法廷平成9年7月17日判決のコメントによれば，いずれも許容範囲内であるというが，判決の主文で登記手続を命じ，かつ，登記原因（特定の日に遺留分減殺請求権の行使の意思表示がされたこと）が明らかであるのに，記載しないのは最近の民事裁判の実務ではもはや許されない。前掲《参照判例》最高裁第一小法廷平成9年7月17日判決のように記載すべきものである。もっとも，「民法1041条所定の遺贈の目的の価額の弁償として」の記載は，あってもなくても実務上差し支えないとされている（立退料の支払と引換えに明渡しを命ずる判決主文など実務上はむしろ金員の性格を主文に表示しないのが普通である。）が，記載がないときは，判決理由によって理解することになるのであるから，筆者は記載したほうがベターではないかと考える。

3 受遺者が当該訴訟で価額弁償をした場合の判決主文

この場合の主文の表現方法については，かつていくつかの工夫例があった。最も一般的であったのは，前掲《参照判例》最高裁第三小法廷平成9年2月25日判決の原判決がしているように，遺留分権利者Xに帰属した持分の所有権移転登記請求を認容したうえで，受遺者等Yは価額弁償として具体的な金額の支払をしたときは，その所有権移転登記義務を免れることができる，というものであったが，これでは，その判決の確定だけで遺留分権利者が持分について所有権移転登記手続をすることができてしまい，受遺者等はこれを阻止することができないなどの問題点があった。

このため，前掲《参照判例》最高裁第三小法廷平成9年2月25日判決は，そのような考え方を基本的に是認しながら，実効性という観点から主文を技術的に改良したものであり，これによって，実務上は決着した。すなわち，前掲《参照判例》最高裁第三小法廷平成9年2月25日判決，最高裁第一小法廷平成9年7月17日判決のような主文であれば，遺留分権利者が持分移転登記をするため

には，判決の確定だけではなく，執行文付与が必要であり，裁判所書記官が受遺者等に一定期間を定めて催告するなどの手続を要することになり，受遺者等はその期間内に価額弁償の提供をすることができるのである（民執177参照）。

〔塚原　朋一〕

第6　手形訴訟

○手形訴訟の典型的な主文

(1)　訴訟判決
〈例１〉全部却下
　１　本件訴えを却下する。
　２　訴訟費用は原告の負担とする。
〈例２〉一部却下：特別訴訟要件の欠缺
　本件訴えのうち，売買代金（注：手形による金銭の支払を求める部分でない請求の部分）の請求に係る部分を却下する。
　本件訴えのうち，年○分の利率を超える付帯請求部分を却下する。
　（なお，続く訴訟費用の負担の裁判の主文例については，省略）
(2)　本案判決
〈例３〉
　１　被告は，原告に対し，○○○万○○○○円及びこれに対する令和○年○月○日から支払済みまで年○分の割合による金員を支払え。
　２　訴訟費用は被告の負担とする。
　３　この判決は仮に執行することができる。
〈例４〉
　１　被告らは，原告に対し，各自○○○万○○○○円及びこれに対する令和○年○月○日から支払済みまで年○分の割合による金員を支払え。
　　（２及び３　〈例３〉と同じ。）
〈例５〉
　１　原告の請求を棄却する。
　２　訴訟費用は原告の負担とする。

《参照判例》最三小判昭30・2・1民集9・2・139，判タ47・48
《参照条文》民事訴訟法9条・67条・259条・350条・355条～357条，手形法28条・38条・47条～49条・77条1項3号・78条1項

解　説

1　訴訟判決について

終局判決は，訴訟判決と本案判決に分かれるが，手形訴訟における訴訟判決は，（通常訴訟と共通の）一般訴訟要件の欠缺を理由とするものと，手形訴訟に固有の特別訴訟要件の欠缺を理由とするものに分かれる。この分類は，不服申立方法の違いとなって現れる。すなわち，一般訴訟要件の欠缺を理由として却下された訴訟判決についてのみ，控訴が許される（民訴356但書）が，特別訴訟要件（民訴350①）の欠缺を理由として却下された訴訟判決（民訴355①）については，不服の申立てが許されず（民訴356・357本文），判決の言渡しにより確定する（なお，民訴355②による救済的措置がある。）。ただ，上記訴訟判決は，全部却下の場合，主文においては，ともに〈例1〉であり，区別ができない。判決の理由により区別される。

2　本案判決について

本案判決は，満期後の現在請求の事例における全部認容の場合，〈例3〉のとおりとなる。

手形訴訟のうち，約束手形訴訟においては，原告は手形所持人であり，被告は振出人，遡求義務者たる裏書人である。

手形は，その所持人が支払呈示期間内に支払を受けるためには，その期間内に支払場所における手形呈示が必要である（呈示証券性。手38・77①三）。この適法な支払呈示により，主債務者（約束手形の振出人，為替手形の引受人）および遡求義務者（約束手形の裏書人，為替手形の振出人等）に対し，手形金と満期からの法定利息の支払を請求することができる（手28②・48・49・78①。なお，手形法48条1項2号「満期以後ノ利息」には，満期当日の利息を含むのが通説・判例である（最三小判昭35・10・25民集14・12・2775）。）。この適法な支払呈示が行われなかった場合は，遡求義務者に対する遡求権を喪失するが，主債務者に対する請求権は，失われず（主債務者は，手形債務の絶対的債務者である。），その後，当該請求権が時効消滅するまでは，手形を主債務者に呈示すれば遅滞に陥り，手形金と遅延損害金を請求することができる（民520の9・520の18・520の20）。

すなわち，主たる請求として，手形金元金の全部または一部が，付帯請求（民

訴9②）として，これに対する①満期日から支払済みまでの法定利息金，または②支払呈示の翌日から支払済みまで法定利率による遅延損害金が請求されるのが通常である（なお，民事訴訟法350条1項の「附帯する請求」の意味につき，川上喬市『手形・小切手訴訟の実務〔三訂版〕』37頁（新日本法規，1992）参照。また，付帯請求としては，拒絶証書作成費用等の請求もある（手28②・48①三・49三・77①四・78①）。）。

ただ，主文は，その法的性質が捨象された結論であることから，付帯請求が前記①または②の場合も〈例3〉のとおりの記載例となるが，主文における両者の違いは，その起算日に現れうる。つまり，前記①の利息金請求の場合は満期日から請求することができ（なお，遡求義務者たる裏書人を被告とする事案について，付言すれば，手形の所持人が呈示期間内に支払人に対し適法に呈示した以上，遡求義務者が遅滞に陥っているか否かを問わないものである。），前記②の遅延損害金請求の場合は呈示日の翌日から請求することができるからである（なお，遅延損害金の起算日については，下記4の最高裁第三小法廷昭和30年2月1日判決を参照）。

そこで，例えば，支払呈示期間内に支払呈示がある事案において，約束手形の振出人を被告とする場合，当該付帯請求が利息金を請求するものなのか，遅延損害金を請求するものなのか不明な場合，付帯請求の起算日を利用して両者を見分けることもできる。ただ，当事者に釈明し，明確にさせるべきであろう。

3　被告が複数の場合

約束手形訴訟としては，被告を振出人のみとするのではなく，遡求義務者たる裏書人も共同被告として提起される場合がある。その場合の主文例としては，〈例4〉のとおりである。「各自」とあるのは，振出人の義務と裏書人の義務は，合同債務とされているからである（手47・77①四）。したがって，「合同して」とすることもできる。

4　付帯請求について

被告を振出人とする約束手形訴訟の訴状送達に（手形の呈示は伴わないものの）付遅滞効を認める判例（支払命令の事例について，前掲《参照判例》最高裁第三小法廷昭和30年2月1日判決は，「裁判上手形金の支払を請求する場合は，手形の呈示を伴わないでも，訴状の送達により債務者を遅滞に付する効力

を生ずると解する趣旨は，大審院当時より多くの判例の存するところであり，当裁判所においてもこれと異なる解釈をすべきものとは認められない。」とする。）の立場から（いわゆる催告説といわれる。実務の通説である。），主債務者への付帯請求として遅延損害金を請求し，その起算日を「訴状送達の日の翌日」として訴えが提起されることも多い。そこで，共同被告として遡求義務者たる裏書人にも手形金請求を行い，同人に対する付帯請求としては法定利息金を請求しているものの，わかりやすさの観点から，同人に対する付帯請求の起算日を「訴状送達の日の翌日」として，振出人に対する請求と体裁を併せて〈例4〉のような請求の趣旨が掲げられる事例もある。

5 主文の体裁について

手形ごとないし被告ごとに付帯請求の起算日が異なる場合には，例えば，
「被告(ら)は，（各自）原告に対し，○万○○○○円及び
　うち○○円に対する令和○年○月○日から，
　○○円に対する令和○年（同年）○月（同月）○日から
支払済みまで年○分の割合による金員を支払え。」などと，わかりやすさを考慮して改行して記載することも考えられる。

なお，上記「年○分」とする部分につき，下記8(2)参照。

6 為替手形の場合

手形訴訟のうち，為替手形訴訟においては，原告は手形所持人であるが，被告は，支払人兼引受人，振出人，裏書人である。この約束手形訴訟との違いは，為替手形がいわゆる支払委託証券であることに基づくものであり，為替手形の振出人は，約束手形の振出人と異なり，遡求義務者（すなわち，裏書人と同じ責任を負う。）となる。この違いを踏まえれば，為替手形訴訟における主文の記載例としては，約束手形訴訟において述べたところが基本的に当てはまる。

7 棄却判決について

棄却判決については，通常訴訟と同様の主文例となる（〈例5〉）。一部認容判決もありうるが，その場合は，認容主文の次に，「原告のその余の請求を棄却する。」とすることを忘れてはならない。

8 その他，訴訟費用の裁判など

(1) 訴訟費用の裁判は，裁判所の職権である（民訴67）。上記の例のほか，一部認容判決などの場合，「訴訟費用はこれを3分し，その1を原告の，その余を被告の負担とする。」などとする場合があることは，通常訴訟と同様である。

手形訴訟における認容判決について仮執行宣言を付することは，義務的である（民訴259②）。仮執行宣言について，担保の提供を条件とする場合は，「この判決は，原告が金〇〇円の担保を供するときは，仮に執行することができる。」などと記載する。また，仮執行免脱宣言を付する場合は，仮執行宣言に続けて，「但し，被告が金〇〇円の担保を供するときは，執行を免れることができる。」などと記載する。

なお，本案判決については，不服の申立て方法としては，その判決をした裁判所に対する異議の申立てのみ許される（民訴356本文・357）。

(2) 〈例2〉から〈例4〉までにおいて「年〇分」とする部分について，遡求金額に係る手形法48条1項2号かっこ書の適用を受ける場面（なお，同法49条2号についても同じ。）においては，同かっこ書の規定にしたがい，「年6分」となる場合がある。

《参考文献》清水信雄「手形小切手判決」村重慶一編『裁判実務大系』2巻407頁（青林書院，1984），村重慶一「手形小切手訴訟の訴状」同13頁（青林書院，1984），中野哲弘「約束手形請求の訴状」東京地裁手形実務研究会編『手形訴訟の実務』75頁（きんざい，1994）

〔内野　宗揮〕

○手形支払期日未到来の場合の主文における手形支払呈示の条件表示（満期前将来請求の場合の主文）

(1) 約束手形の振出人・為替手形の引受人に対する請求
〈例１〉（手形金および遅延損害金の請求を認容する場合）
　１　被告は，原告に対し，令和○年○月○日（注：満期日）○円及びこれに対する同年同月○日（注：満期日の翌日）から支払済みまで年○分の割合による金員を支払え。
〈例２〉（手形金および法定利息金の請求を認容する場合）
　１　被告は，原告に対し，令和○年○月○日（注：満期日）○円及び原告が同日又はこれに次ぐ２取引日内に別紙手形目録記載の手形を支払のため支払場所に呈示することを条件としてこれに対する同日から支払済みまで年○分の割合による金員を支払え。
(2) 遡求義務者（約束手形の裏書人，為替手形の振出人等）に対する請求
〈例３〉（手形金および法定利息金の請求を認容する場合：支払拒絶証書の作成が免除されているとき）
　１　被告は，原告に対し，原告が令和○年○月○日（注：満期日）又はこれに次ぐ二取引日内に別紙手形目録記載の手形を支払のため支払場所に呈示したことを条件として令和○年○月○日（注：満期日）○円及び令和○年○月○日（注：満期日）から支払済みまで年○分の割合による金員を支払え。
〈例４〉（手形金および法定利息金の請求を認容する場合：支払拒絶証書の作成が免除されていないとき）
　１　被告は，原告に対し，原告が令和○年○月○日（注：満期日）又はこれに次ぐ二取引日内に別紙手形目録記載の手形を支払のため支払場所に呈示し支払拒絶されたことを条件として令和○年○月○日（注：満期日）○円及び令和○年○月○日（注：満期日）から支払済みまで年○分の割合による金員を支払え。
　　〔注〕以上に続くべき訴訟費用の負担の裁判と仮執行宣言の主文例については，省略

《参照判例等》最二小判平5・10・22民集47・8・5136,判時1478・152,判タ833・152,京都地判昭41・7・1下民17・7-8・600,判時461・53,判タ194・108
《参照条文》民事訴訟法135条

解　説

1　はじめに

いわゆる将来の給付の訴え（民訴135）として，手形満期時における手形金および満期後の利息または遅延損害金をあらかじめ請求するものとして，いわゆる満期前将来請求がされることがある。将来の給付の訴えとしての請求であるから，各個の請求について，「あらかじめその請求をする必要がある場合」に認めることができる。

2　手形の呈示は条件か等

約束手形の振出人・為替手形の引受人に対する手形金および遅延損害金の請求を認容する場合は，〈例1〉のとおりとなる。

主債務者（約束手形の振出人・為替手形の引受人）に対する満期前の将来給付の訴えにより，手形金の請求を認容する場合，手形の呈示を必要だとする立場は，執行実務において，執行官は，債務名義に引換給付の条件の明示がない以上，債務者に手形の交付をしていないことから，債務者の二重払いの危険を防止すべく，主文に条件を付すべきであるとする。

しかし，実務は，主債務者に対して手形金および遅延損害金を訴求する場合（満期後現在請求），手形の呈示を要するかという点について不要としており，その取扱いは，裁判上の現在給付の訴えを提起する場合と，将来給付の訴えを提起する場合とで区別する理由はないとして，〈例1〉のとおりとなっている。すなわち，債務者は，手形金の支払について，当該手形の引渡しを請求すべき同時履行の抗弁権を有しており（手39①・50①），二重払いの危険は，同人自らの権利行使によって防止する（執行官が手形の引渡しに応じない場合は，執行異議（民執11）を申し立てる。）ことができる。この観点から，手形の呈示証券性等を根拠に，手形金の請求に関し，その主文において手形の呈示を条件とすべきではない。さらに，実務上の通説は，主債務者に対する裁判上の請求に付遅滞効を肯定する立場（いわゆる催告説）であることから，結局，主債務者に対し，

手形金および遅延損害金を請求するには、手形の呈示は不要である。そして、これらの考え方は、裁判上の現在給付の訴えを提起する場合と、将来給付の訴えを提起する場合とで区別する理由はない、とするのである（将来の給付の訴えにかかる場合だけ、手形の呈示証券性を根拠に呈示を条件として付する理由はないなどとするものとして、前掲《参照判例等》京都地裁昭和41年7月1日判決がある。）。

満期前将来請求において遅延損害金の請求が認められるといっても、あくまであらかじめの請求が認められるにすぎない。ただ、その必要性が認められる以上、将来の満期には支払がされる見込みがないと認定されているのであるから、実体法上の呈示を要せず、一般の期限付金銭債権と同様、満期の到来によって遅滞に陥ると考えられる（山崎潮「手形金請求における訴訟形態と呈示」判夕377号37頁）。すなわち、遅滞に陥るのは、満期日の翌日である。したがって、遅延損害金の起算日は、満期日の翌日となる。

3　約束手形の振出人等に対する請求を認容する場合

約束手形の振出人・為替手形の引受人に対する手形金および法定利息金の請求を認容する場合は、〈例2〉のとおりとなる。

満期の当日から法定利息金を請求する場合には、第三者方払い（支払場所）の記載のある手形については、支払呈示期間内に支払場所での呈示を要するとするのが通説、判例である（福永弘子「満期前将来請求の訴状」東京地裁手形実務研究会編『手形訴訟の実務』102頁（きんざい、1994）など）。前記2のとおり、主債務者に対する訴えにおいて、手形金を請求する場合、手形の呈示は要件とならない。あくまで、法定利息金を請求するための条件であるから、（〈例3〉と異なり）〈例2〉のような書きぶりとなる。

4　遡求義務者に対する請求を認容する場合

遡求義務者（約束手形の裏書人、為替手形の振出人等）に対する手形金および法定利息金の請求を認容する場合は、〈例3〉または〈例4〉のとおりとなる。

約束手形の振出人に対する満期前手形金請求の訴状の送達は、遡求権保全の要件としての支払呈示と同一の効力を有しない（前掲《参照判例等》最二小判平5・10・22）。遡及義務者に対して遡求権を行使するには、支払呈示期間内に支払場

所において手形を呈示することが必要であり，これは，将来給付の訴えにおいても同様である。したがって，適法な支払呈示が条件として付されることとなる。

〈例3〉と〈例4〉の違いは，手形に拒絶証書不要文句（手46①参照）が記載され，拒絶証書の作成が免除されている事案かどうかである。わが国で現実に流通している手形は，ほとんどすべて拒絶証書の作成は免除されている（田邊光政『最新手形法小切手法〔三訂版〕』202頁（中央経済社，1994）など）から，実務としては，〈例3〉の主文例によるものが多いものと思われる。

5 被告が複数の場合

満期前将来請求の事案において，主債務者に手形金および遅延損害金を，遡求義務者に対して手形金および法定利息金を請求して共同被告とする場合，以上述べたところからすれば，認容されるべき主文が異なる。したがって，この点に誤解がある場合，釈明し，請求の趣旨を変更してもらうことになろう。遡求義務者に対する請求において〈例3〉にみるような条件付加に応じない場合は，一部認容判決として条件を付した判決をすべきである（東京地判昭50・12・18判時823・80など）。

6 訴訟係属中の満期到来について

満期前将来請求の事件においては，訴訟係属中に満期が到来した場合の取扱いが問題となる。

この点，満期前将来請求として，主債務者に対し手形金および遅延損害金を請求している事案（〈例1〉が請求の趣旨として掲げられている事案）において，適法な呈示がなかった場合（ないしそのための弁論がなかった場合）は，当然に現在請求に変更されたものとして取り扱われるのが実務である。考え方としては，満期前に訴状が送達されていれば，その送達の状態が訴訟係属中継続していると考えられるので，満期の到来により，訴状送達による催告の効力が生じ，遅滞となり，満期の翌日から遅延損害金を請求しうる（山崎潮「手形金請求における訴訟形態と呈示」判タ377号37頁参照）という前提の下，当事者の合理的意思を考慮して，上記のような取扱いを行うものと考えられる。

しかし，主債務者に対して手形金および法定利息金を請求している事案また

は遡求義務者に対して手形金および法定利息金を請求している事案（〈例２〉，〈例３〉が請求の趣旨として掲げられている事案）においては，条件を付してある部分を無条件に，請求原因として適法な支払呈示が行われていること（すなわち，満期またはこれに次ぐ二取引日以内に支払場所に呈示したこと）が主張されることが必要である（適法な呈示がなければ，遡求義務者に対する遡求権を喪失し，主債務者には満期からの法定利息を請求できないのであって，当然，事実として，適法な呈示が行われていることが前提である。なお，適法な呈示が事実としてなければ，主たる債務者に対して，訴状送達の日と満期日を比較し，どちらか遅い日の翌日からの遅延損害金の請求に変更することができる。遡求義務者への請求は，主たる債務者への訴え提起ないし訴状の送達が遡求権行使の要件たる支払呈示としての効力がない以上，主たる債務者と共同被告にかかる事案であっても，棄却される（前掲《参照判例等》最二小判平５・10・22）。）。この訴え変更の手続および請求原因事実の追加の弁論が期日において適法に行われるのであれば，問題はない。

では，主債務者に対して手形金および法定利息金を請求している事案または遡求義務者に対して手形金および法定利息金を請求している事案において，条件を付してある部分を無条件とし，請求原因として適法な支払呈示が行われていることを追加した準備書面が被告に送達されず，かつ，被告が当該期日に欠席した場合，どう扱われるべきであろうか。このような場合においては，被告の予想するところとして，期日において，原告に訴えの変更および請求原因事実の追加の弁論を行わせるのが実務の大勢であるとされている（福永・前掲105頁）。

7　その他

〈例３〉および〈例４〉において「年○分」とする部分について，遡求金額に係る手形法48条１項２号かっこ書の適用を受ける場面（なお，同法49条２号についても同じ。）においては，同かっこ書の規定にしたがい，「年６分」となる場合がある。

《参考文献》村重慶一「手形小切手訴訟の訴状」『裁判実務大系』２巻13頁（青林書院，1984），福永弘子「満期前将来請求の訴状」東京地裁手形実務研究会編『手形

訴訟の実務』101頁（きんざい，1994），山崎潮「手形金請求における訴訟形態と呈示」判タ377号34頁，蔡勝錫「19　手形金の請求につき将来の給付の訴が認められた場合と遅延損害金の問題」ジュリ423号137頁，七沢章「19　手形金の請求について将来の給付の訴が認められた事例」ジュリ248号71頁

〔内野　宗揮〕

○満期前現在請求の場合の主文

基本型

　被告は，原告に対し，金○円及びこれに対する令和○年○月○日（注：訴状送達の翌日あるいは訴え提起日の翌日）から支払済みまで年○分の割合による金員を支払え。
〔注〕以上に続くべき訴訟費用の負担の裁判と仮執行宣言の主文例については，省略

《参照条文》手形法43条・48条2項

解　説

1　訴えの性質

　満期前現在請求は，手形法43条後段に規定する事由（支払人の支払停止など）が生じた場合，いわゆる中間利息を控除した手形金および遅延損害金または法定利息の支払を即時請求するものであって，現在給付の訴えである。すなわち，勝訴した原告は，請求認容判決に基づいて満期の到来を待たずに直ちに強制執行をすることができる。

2　約束手形について

　原告は，手形所持人である。被告は，主債務者（約束手形の振出人・為替手形の引受人），遡求義務者（約束手形の裏書人，為替手形の振出人等）である。手形法43条は，満期前の遡求の要件について定めるが，同条を準用する手形法77条1項4号は，「支払拒絶ニ因ル遡求」とすることから，約束手形について満期前遡求を認めないようにもみえるが，これを肯定するのが判例であり（最一小判昭57・11・25判時1065・182，判タ487・76），異論はない。

3　金額を明示すべきか等

　請求金額については，手形法48条2項が定める。主文としては，執行機関に金額の特定を任せることは妥当でないことから，実務では，具体的な金額を特定することとなる（金額特定説）。つまり，手形金額から日本銀行の公定割引率

（公定歩合）による中間利息を控除した金額が請求金額となる（ここで，公定割引率の基準日をいつにするかについては，見解が分かれるが，実務は，訴提起日を基準としている。）。すなわち，訴提起日から満期の前日までの日数と日本銀行公定割引率との積を，手形金額にかけ，その値を365（閏年の場合は，366）で除し，その値を手形金額から差し引いた金額が元本額（請求金額）となる（手形金額－手形金額×訴提起日から満期の前日までの日数×日本銀行公定割引率／365（閏年は366））。この取扱いを前提とすれば，付帯請求は，事前に現実の呈示が行われている場合（なお，呈示場所は，手形券面上のものではなく，民法520条の8・520条の18・520条の20に基づき支払地内の手形の主債務者の営業所または住所となる。前記最高裁第一小法廷昭和57年11月25日判決参照）には，訴提起日の翌日からの利息請求となる。また，主債務者に対して請求する事案において，事前の現実の呈示が行われていない場合には，訴状送達の翌日から遅延損害金請求となる（満期前現在請求の場合にも，訴状の送達に付遅滞の効力が認められるべきことについて，例えば，大隅健一郎＝河本一郎『注釈手形法・小切手法（初版）』328頁（有斐閣，1977））。

4 その他，主文のあり方について

(1) 満期前現在給付の判決として，手形の支払呈示を条件として主文に掲げる裁判例（大森簡判昭43・6・6判時538・76）があるが，無条件の判決とすべきであろう（同旨，同判決の評釈である西島梅治「10 満期前の約束手形金請求の許否」ジュリ483号150頁）。

なお，上記は，金額特定説によるべき旨述べたが，具体的な金額を明示しない見解（いわゆる抽象文言説。主文例は，後掲《参考文献》において掲げた（鈴木正美＝福永弘子「満期前現在請求の訴状」東京地裁手形実務研究会編『手形訴訟の実務』116頁（注2）（青林書院，1984））参照）もある（上記大森簡裁判決の評釈の今井宏「満期前の約束手形金の請求」商事法務568号168頁は，中間利息の計算方法を示して，現実の支払日を基準として確定される金額について抽象的に支払を命ずることも許されるであろう，とする。）。

(2) 主文例において「年○分」とする部分について，遡求金額に係る手形法48条1項2号かっこ書の適用を受ける場面（なお，同法49条2号についても同じ。）においては，同かっこ書の規定にしたがい，「年6分」となる場合がある。

《参考文献》村重慶一「手形小切手訴訟の訴状」『裁判実務大系』2巻13頁（青林書院，1984），鈴木正美＝福永弘子「満期前現在請求の訴状」東京地裁手形実務研究会編『手形訴訟の実務』101頁（きんざい，1994），山崎潮「手形金請求における訴訟形態と呈示」判タ377号34頁

〔内野　宗揮〕

○手形判決後に原告が死亡した場合の異議判決における主文

基本型

1　××（注：被相続人）と被告間の○○裁判所令和○年（手ワ）第○号約束手形金請求事件について同裁判所が令和○年○月○日に言い渡した手形判決を認可する。
2　異議申立後の訴訟費用は被告の負担とする。
3　第1項掲記の手形判決主文第1項を、「被告は、原告（注：相続人）に対し、○○○万○○○○円及びこれに対する令和○年○月○日から支払済みまで年○分の割合による金員を支払え。」と変更する。

《参照裁判例》東京高判昭58・9・26判タ513・171
《参照条文》民事訴訟法116条・257条・361条～363条

解　説

1　はじめに

手形金請求を認容した手形判決に対する異議訴訟の係属中に原告が死亡して訴訟承継があった場合、後の異議判決は、どのようにすべきであろうか。この点についての主文例としては、**基本型**のとおりである。

2　異議判決について

手形判決（本案判決）について適法な異議があった場合、手形判決は確定を遮断され（民訴116②）、当該訴訟手続は、口頭弁論終結前の状態に復し、異議後の手続（異議訴訟）は、通常手続による（民訴361）。この異議訴訟でなすべき判決（異議判決）が当該手形判決と符合するときは、当該手形判決を認可し（民訴362①本文）、符合しないときまたは符合しても手形訴訟の手続が法律違反となっているときは、当該手形判決を取り消さなければならない（民訴362①但書②）。手形訴訟と異議訴訟は、第一審の手続として一体のものであり、その訴訟物は同一であり、審理対象は、異議事由の有無でもなければ、当該手形判決の当否でもなく、あくまで、原告の請求それ自体である。そうなると、いずれの債務名義で執行するのか疑義が生ずるため、異議判決については、上記のような形

式が採用されているものである。

3 主文のあり方について

本件の場合，相続人は，被相続人たる原告の地位を承継し，訴訟を承継する（当然承継）。既に述べたところからすれば，これは，口頭弁論終結前に当事者に当然承継があった場合に相当するものである。そうだとすれば，手形金請求を認容した手形判決に対する異議訴訟の係属中に原告が死亡し，その地位が承継されたことが記録上明らかであった場合には，異議判決において，**基本型**のとおり，手形判決を認可した上で，これを変更（更正）し，相続人の権利義務関係に対応させておくことが望ましいと考えられる（上訴審において，原判決が当事者を被承継人のまま判決を下していたことが判明した場合の取扱いについて，最二小判昭42・8・25判時496・43，判タ211・151参照）。そして，この場合は，「原告のその余の請求を棄却する。」との文言は不要である。

4 訴訟費用の裁判について

訴訟費用については，民事訴訟法が定める。したがって，裁判所は，手形判決を認可して異議申立後の訴訟費用についてのみ負担を命ずることも（基本型），手形判決の主たる主文のみを認可し，訴訟費用の主文については取り消した上で手形訴訟および異議訴訟を通じて，改めて負担の裁判を行うこともできる。

5 その他

基本型3において「年○分」とする部分について，遡求金額に係る手形法48条1項2号かっこ書の適用を受ける場面（なお，同法49条2号についても同じ。）においては，同かっこ書の規定にしたがい，「年6分」となる場合がある。

《参考文献》山崎潮「異議訴訟の判決」村重慶一編『裁判実務大系』2巻479頁（青林書院，1984）。なお，異議訴訟全般について，日野忠和「異議後の手続」同450頁

〔内野　宗揮〕

第7 執行関係訴訟

○請求異議の主文

基本型
(1) 具体的執行の不許の場合
　被告が原告に対する○○地方裁判所令和○年㈹第○○号○○請求事件の執行文の付された判決の正本に基づき令和○年○月○日別紙物件目録（省略）記載の物件についてした強制執行は，これを許さない。
(2) 債務名義全体の不許の場合
　被告から原告に対する○○地方裁判所令和○年㈹第○○号○○請求事件の判決に基づく強制執行は，これを許さない。
(3) 仮の処分の認可
　本件につき，当裁判所が令和○年○月○日にした令和㈲第○号強制執行決定はこれを認可する。
　この判決は，前項に限り，仮に執行することができる。

《参照条文》民事執行法35条・36条1項・37条1項

解　説

1　主文について
(1) 全部認容
　請求異議を全部認容する場合の主文は，具体的な執行のそれは**基本型(1)**であり，債務名義全体のそれは**基本型(2)**である。債務名義の執行力を一時的に制限する場合は，次のとおりである。

　被告から原告に対する，○○地方裁判所令和○年㈹第○○号○○請求事件の和解調書第○項に基づく強制執行は，令和○年○月○日までこれを許さない。

(2) 一部認容，一部棄却
　異議のうち，一部のみが理由がある場合には，次のような一部認容，一部棄

却となる。

> 1　被告から原告に対する，○○地方裁判所令和○年(ワ)第○○号○○請求事件の判決に基づく強制執行は，別紙債務名義目録記載の部分を除き（これ以外にも，例えば，「金○万円およびこれに対する令和○年○月○日から支払済みまで年3分の割合による金員を超える部分については」とする。），これを許さない。
> 2　原告のその余の請求を棄却する。
> 3　本件につき，当裁判所が令和○年○月○日にした令和(モ)第○号強制執行決定は第1項において強制執行を許されないものとした限度において認可し，その余の部分を取り消す。
> 　この判決は，前項に限り，仮に執行することができる。

(3)　仮の処分

> 　本件につき，当裁判所が令和○年○月○日にした令和(モ)第○号強制執行決定は，これを取り消す。
> 　この判決は，前項に限り，仮に執行することができる。

　上記仮の処分についての主文例は，棄却の主文に対応するものである。認容については，**基本型**(3)の仮の処分の認可，(2)　一部認容，一部棄却は，主文3である。

　請求異議の訴えの提起に伴い，受訴裁判所は，申立てにより，終局判決における仮の処分をするまでの間，決定をもって，強制執行の停止や取消等を命じることができる（民執36①）。上記仮の処分は，本案判決により当然に失効しないので，本案判決の主文において認可，変更または取消しの裁判をするとともに，これについての仮執行宣言をしなければならない（民執37①）。その場合の主文は，次のとおりである。この裁判を欠くと，脱漏になる。なお，この裁判は，判決の内容となっており，決定ではないから当然には告知によって効力を生じないので，判決の確定を待たずに即時に発効させるために仮執行宣言を付すことを要する。

2 請求異議の訴えの意義，法的性質等について

(1) 請求異議の訴えは，債務名義の執行力の排除を目的とする訴えである。債務名義の成立とこれに基づく強制執行の開始，終了との間にはある程度の時の経過を免れることができず，その間に，債務名義に表示された給付請求権について，実体上の変動（消滅，期限の猶予など）を生じることがある。このように債務名義に表示された実体上の権利関係と現実の権利関係とに不一致がある場合には既判力の時的限界の点からみても，当該債務名義の執行力の排除を求めることができる。また，裁判以外の債務名義（例えば執行認諾付公正証書のような執行証書，和解調書，調停調書，請求認諾調書など）については，その成立過程について手続的保障がない上，裁判のそれと異なり記録上明確ではないこともあり，その成立の瑕疵を主張して，当該債務名義の執行力の排除を求め得るものとされた。

(2) 請求異議の訴えは，本来債務名義の執行力の排除を目的としており，現実にされた具体的執行の排除を目的にはしていない。理論的には，具体的執行の不許を求める訴えは許されないとの指摘もされているが（その理由は，この請求は一部請求ではなく，また，仮にこれを認めると債権者は他の財産に対して執行できる反面，債務者もこれに対抗して重ねて請求異議の訴えを提起でき，同一の異議事由により重複した裁判がされることになるという。），実務上は債務名義全体の不許を求めるとすると申立手数料等費用の点で資力の乏しい債務者の救済が困難になることやこの訴えに勝訴した場合にはその後の強制執行も事実上阻止することができることなどの便宜に鑑み，このような訴えも必要として許容されている。なお，債務名義に表示された数個または1個の請求の一部について執行力の排除を求める訴えは，いわゆる一部請求として適法である。

3 訴えの法的性質，訴訟物等について

請求異議の訴えの法的性質については，基本的に形成訴訟説，確認訴訟説，給付訴訟説，救済訴訟説があり，その諸説においても細部では分かれているが，実務では債務名義に表示された請求権に関する実体上の異議事由が存在する場合には，形成権たる執行法上の異議権が生じ，これに基づいて当該債務名義の執行力の排除を求める形成の訴えであるとして運用されているものと思われる。

訴訟物についても，異議事由説，異議権説，請求権説，法的地位説等の諸説

があるけれども，実務上は，形成訴訟説に立って，形成権たる執行法上の異議権として，債務名義1つにつき異議権は1個として扱われ，異議事由は同時に主張しなければならない（民執35③）。したがって，次に述べる実体上の各個別の異議事由は攻撃方法となる。

4　異議事由の内容
　(1)　すべての債務名義についての異議事由（請求権に関する変動）
　①消滅事由として弁済，代物弁済，相殺，更改，免除，時効消滅，放棄等，②効力の停止・限定事由として期限の猶予，履行条件の変更，限定承認（判決主文に責任限度の留保が付されていないとき，限定承認をした債務者は，訴訟手続内で限定承認の要件事実を主張していたにもかかわらず認められなかった場合を除いて，請求異議の訴えは許されると解する。），不執行の合意（最二小決平18・9・11民集60・7・2622），③主体の変動事由として執行債権の譲渡，免責的債務引受等，④請求権の行使の違法事由として権利濫用がある（なお，権利濫用を肯定した最一小判昭37・5・24民集16・5・1157，判時301・4（交通事故による損害賠償請求の執行につき，確定判決後の事情の変更により権利濫用とした。），最二小判昭43・9・6民集22・9・1862（承継人に対する建物収去土地明渡しの強制執行につき，確定判決後の特殊な事情により権利濫用とした。）があり，他方これを否定した最三小判昭40・12・21民集19・9・2270，判時435・3，判タ187・112（当事者の通謀により取得された確定判決であるとしても損害賠償請求は別として請求異議の訴えは許されない。）がある。）。
　(2)　裁判以外の債務名義に限っての異議事由
　　ア　債務名義の存在それ自体について
　請求権の発生を妨げる事由として錯誤，通謀虚偽表示，公序良俗違反等がある。
　　イ　債務名義の成立自体について
　執行受諾の意思表示の瑕疵，錯誤等がある。

5　異議事由の制限
　確定判決についての異議事由は，既判力の効果により，その標準時である事実審の口頭弁論終結時後に生じた事由に限られる（民執35②）。確定した支払督促，不動産引渡命令，訴訟費用額確定決定，執行証書，裁判上の和解調書，調

停調書，認諾調書は，いずれも既判力とは関係しないので上記制限を受けない。なお，法律行為の取消等，請求権の不発生または消滅の効果が債務者の有する形成権によって発生する場合には，形成権の行使が既判力の標準時までに可能であったときには請求異議の訴えを提起することは許されない（最一小判昭55・10・23民集34・5・747，判時983・73，判タ427・77）。

ただし，相殺については，自己の債権を消滅させるという不利益を伴うのでこれを行使するか否かは債務者の自由な判断に委ねられてよいので，制限を受けない。建物買取請求権も同様である（最二小判平7・12・15民集49・10・3051，判時1553・86，判タ897・247）。

6　訴え提起の時期

具体的な執行の不許の場合は，具体的執行行為の着手後でなければ訴訟提起できない。債務名義の不許の場合，債務名義作成後であれば，執行文の付与または執行の開始がされたかどうかは問わない。当該債務名義に基づく強制執行が行われ，債権者が債権全額の満足を受けたときには，その債務名義の執行力の排除を求めるという目的を欠くので，訴えの利益はなくなり，訴えは却下される（東京高判平7・5・29判時1535・85）。一部の満足を受けた場合には，執行力の残存する限度で訴えの利益がある。

7　和解について

形成訴訟説に立って，訴訟法上の異議権を訴訟物とすると，判決主文において形成されるものと同一内容の条項は許されず，債務名義に表示された実体法上の権利関係の存否を確認するなどの条項を入れて，形の上で異議権が残って訴訟終了の効力に疑義が残らないように，訴えの取下げについても定めておくことに留意する。

《参考文献》原田和徳＝富越和厚『執行関係等訴訟に関する実務上の諸問題』司法研修所編，司法研究報告書37輯2号（法曹会，1989），佐藤歳二「執行関係事件と和解」後藤勇＝藤田耕三編『訴訟上の和解の理論と実務』377頁以下（西神田編集室，1987）

〔小島　浩，長瀬　笑子〕

○第三者異議の主文

> **基本型**
> 1　被告がAに対する○○地方裁判所令和○年(ワ)第○○号○○請求事件の執行文の付された判決の正本に基づき令和○年○月○日別紙物件目録（省略）記載の物件についてした強制執行は，これを許さない。
> 2　仮の処分の認可
> 　本件につき，当裁判所が令和○年○月○日にした令和(モ)第○号強制執行決定はこれを認可する。
> 　この判決は，前項に限り，仮に執行することができる。

《参照条文》民事執行法38条・36条1項・37条1項

解　説

1　主文について
(1)　全部認容
　基本型のとおりであり，請求異議の具体的執行の不許の場合の主文と同様である。
(2)　一部認容，一部棄却
　具体的な執行の一部を許さない場合は，次のとおりである。

> 1　被告がAに対する○○法務局所属公証人○○○○作成令和○年第○○号の執行文の付した金銭消費貸借公正証書に基づき令和○年○月○日別紙物件目録（省略）3から5までに記載の物件についてした強制執行は，これを許さない。
> 2　原告のその余の請求を棄却する。
> 3　本件につき，当裁判所が令和○年○月○日にした令和(モ)第○号強制執行決定は第1項において強制執行を許されないものとした限度において認可し，その余の部分を取り消す。
> 　この判決は，前項に限り，仮に執行することができる。

(3) 仮の処分

> 本件につき，当裁判所が令和○年○月○日にした令和㋲第○号強制執行決定は，これを取り消す。
> この判決は，前項に限り，仮に執行することができる。

上記仮の処分についての主文例は，棄却の主文に対応するものである。認容については，基本型2の仮の処分の認可，(2)一部認容，一部棄却については，主文3の仮の処分の変更である。第三者異議についても，請求異議に関する執行停止の裁判が準用される。受訴裁判所がした仮の処分については，本案判決により当然に失効しないので，請求異議の主文の場合と同じく本案判決の主文において認可，変更または取消しの裁判をするとともに，これについての仮執行宣言をしなければならない。

2 第三者異議の訴えの意義，法的性質等について

強制執行は債務者の責任財産に対してのみ行われなければならない。一方，強制執行では迅速性が強く要請されるため，執行の目的物が債務者の責任財産に属するかどうかについて，一定の外観を信頼して執行できるものとし，厳密な審査を執行機関に課していない。その結果，債務者の責任財産以外の財産や債務者以外の第三者の財産上の権利に対して執行が行われる事態が生じることがある。このような執行行為も執行法上は当然に違法ではないが，実体的には不当な執行であり，第三者異議の訴えは，民事執行法上この権利侵害を受けた第三者を救済するために，訴えをもって執行に対する異議を主張する機会を与えた制度である。

訴えの法的性質については，請求異議と同様の議論が展開されているが，実務の大勢は，強制執行の目的物について所有権その他の目的物の譲渡または引渡しを妨げる権利を主張し，執行機関の執行処分を判決によって不適法として排除することを目的とする形成の訴えであり，訴訟物は執行法上の異議権であるとしている。

3 異議事由

第三者が強制執行の目的物について「所有権その他目的物の譲渡又は引渡し

を妨げる権利」(民執38①)を有する場合，第三者異議の訴えにより強制執行の不許を求めることができる。この訴えが認められるためには，第三者が執行対象物について有する何らかの権利ないし法的地位が執行により侵害され，かつ，執行債権者に対する関係でかかる侵害を受忍すべき理由がないことを要する（最一小判昭38・11・28民集17・11・155）。以下，個別の事由について検討する。

(1) 対抗要件

民法177条の第三者と同じく，登記の欠缺を主張する正当な利益を有する者に限る。ただし，対抗要件の主張立証責任については権利抗弁説に従い，原告は請求原因事実として対抗要件の具備まで主張立証することは要せず，被告の権利抗弁を待って，これを主張立証すればよいと考える。また，権利能力なき社団・財団の所有する不動産について，代表者個人の登記しか許されていないため，代表者の債権者によって差し押さえられるという事態も起こるが，権利能力なき社団はこの登記のままで第三者に対しその権利を対抗できる（東京地判昭59・1・19下民35・1〜4・1，判時1125・129，判タ523・177）。

(2) 所有権等

所有権，共有権，占有権，地上権，永小作権，使用・収益をしない旨を定めていない不動産質権，目的物の引渡しを拒むことができる場合で質権者の承諾を得ずに差押えが行われた動産質，債権質の債権者は第三者異議の訴えを提起できる。

(3) 所有権留保

担保目的という実質，所有権留保特約の取引社会において売り主，買い主の双方にとって有益なものとして機能していることなどに照らして，第三者異議の訴えを提起できる（最一小判昭49・7・18民集28・5・743，判時754・48，判タ312・207）。

(4) ファイナンス・リース特約

ファイナンス・リースとは，ある者が必要とする機械や車等をリース業者に買い取って貰った上，これを借り受け，その使用料として一定期間中，購入代金これに金融利益・手数料等を上乗せして支払うものである。利用者の債権者から差押えを受けた場合には，リース業者は所有権に基づいて第三者異議の訴えを提起できる。

(5) 留置権

不動産留置権者は，例えば強制管理のような目的物の占有・収益を伴う民事

執行に対しては第三者異議の訴えを提起できる。動産の留置権については，留置権者の承諾を得ないで差し押さえられた場合にはこの訴えを提起でき，執行異議を申し立てることもできる。その反面，任意に引き渡した場合には，これによって留置権の効力を失うことになろう。

(6) 抵当権，先取特権者

抵当権者や先取特権者は，目的物からの優先弁済権を有するに止まり，目的物の占有使用権能を有しないので原則として第三者異議の訴えを提起することができない。

ただし，一体として担保価値を有する抵当権の目的物を分離して一部のみに対して執行が行われたとき（例えば，抵当権の目的である従物でその効力の及ぶ動産を差押えたようなとき）には，担保価値を減損するから，第三者異議の訴えを提起することができる。

(7) 譲渡担保権

不動産の譲渡担保については，譲渡担保権者が執行債権者に対抗できるかどうかは前記(1)の対抗要件の問題となる。不動産を目的とする譲渡担保において，被担保債権の弁済期後に譲渡担保権者の債権者が目的不動産を差し押さえ，その旨の登記がされたときは，設定者は，差押登記後に債務の弁済をしても，第三者異議の訴えにより強制執行の不許を求めることはできない（最二小判平18・10・20民集60・8・3098）。その理由は，設定者が債務の履行を遅滞したときは，譲渡担保権者は目的不動産を処分する権能を取得するから，被担保債権の弁済期後は，設定者としては，目的不動産の換価処分を受忍すべき立場にあり，目的不動産を差し押さえた譲渡担保権者の債権者との関係では差押え後の受戻権行使による目的不動産の所有権の回復を主張することができなくてもやむを得ないという。

動産の譲渡担保の場合，当該動産の占有・使用は通常設定者に留保されており，設定者の一般債権者がこれを差し押さえるという事態が生じる。判例（最一小判昭56・12・17民集35・9・1328，判時1030・32，判タ462・70）は，譲渡担保権者は特段の事情のない限り，譲渡担保権者たる地位に基づいて目的物件に対し譲渡担保権設定者の一般債権者がした強制執行の排除を求めることができるとして，譲渡担保権者からの第三者異議の訴えを認めている。もっとも，譲渡担保は，担保的機能を果たせば足りるから，執行債権者において，抗弁として譲渡担保権者の被担保債権額が目的物の価額を下回ることが明白であること等を特

段の事情として主張立証すればよい。
 (8) 仮差押債権者
 仮差押債権者は，仮差押命令により，何らの実体法上の権利を取得するものではないから，第三者異議の訴えの原告適格は有しない(東京地判令3・3・19(令2(ワ)17978))。

4 訴え提起の時期
 訴えの提起時期は具体的な強制執行の開始後である。特定物の引渡し執行の場合には，目的物が特定しているので，判例・通説は例外的に執行の着手前でも第三者異議の訴えを提起できるとされているが，形成訴訟説からすると，将来の訴えと解するしかなく理論的な説明が困難である。執行終了後には，訴えの利益を欠くので，訴えは不適法として却下される。この場合，原告となった第三者が損害を被っていれば，請求の基礎に変更はないので，損害賠償の請求に変更できる。

5 和解について
 第三者異議の訴訟物は執行法上の異議権であるので，訴訟物自体についての和解はできない。当事者の自由処分の範囲内である異議の原因である実体法上の権利についての存否・内容を和解条項に入れることとなる。執行手続との関係では，停止・取消文書としての要件を整えるように，例えば有体動産差押申立事件を取り下げるとし，また訴訟法上の異議権が残らないように取下げ合意か，訴訟終了の合意を定めておくのが通例である。このほか，執行停止についての裁判がされている場合には供託金の取り戻し等についての合意を定める。

《参考文献》原田和徳・富越和厚『執行関係等訴訟に関する実務上の諸問題』司法研修所編，司法研究報告書37輯2号（法曹会，1989），佐藤歳二「執行関係事件と和解」後藤勇＝藤田耕三編『訴訟上の和解の理論と実務』377頁以下（西神田編集室，1987）

〔小島　浩，長瀬　笑子〕

○配当異議訴訟の主文

基本型
(1) 債権者からの配当異議の訴え
　　○○地方裁判所令和○年(ケ)第○○号不動産競売申立事件につき令和○年○月○日作成された配当表の「配当実施額等」の欄のうち，被告への配当額△△円とあるを××円に，原告への配当額△△円とあるのを××円にそれぞれ変更する。
(2) 債務者からの配当異議の訴え
　　○○地方裁判所令和○年(ケ)第○○号不動産競売申立事件につき，新たな配当表の調製のために，令和○年○月○日作成された配当表の被告の項のうち，損害金については△△円を，元本については××円を，合計については☆☆円を，配当実施額等については同金額に対応する金額を超える部分をいずれも取り消す。

《参照条文》民事執行法90条

解説

1　主文について
(1)　配当異議の訴えを認容するときは，主文で配当表中の係争部分を変更し，または新たな配当表の調製のために配当表を取り消す。一般的に変更は債権者からの配当異議の訴えに，取消しは債務者からの配当異議の訴えに対応する。いずれの場合も一部認容の主文が考えられ，その場合には前記**基本型**(1)に続いて，原告のその余の請求を棄却すると記載する。**基本型**(2)の場合も同じである。
(2)　債権者からの配当異議の訴えの場合には，係争配当額の帰属を決めることに尽きるから，この判決の効力は当事者間での相対的であり，認容する場合も，配当表中の被告の債権額の記載を変更できない。けだし，この記載は，訴訟外の債務者および他の債権者との関係では有効であり，原告は被告の配当額を争っているにすぎないからである。
　この場合の一般的な主文例は**基本型**(1)であり，判決の相対効を前提とした配当表中の配当額の直接的な変更となる。なお，関連する訴えが併合されて係属

する場合には，執行裁判所において，併合されずに各別に審理されて判決された場合に準じて各判決の結果相互間に矛盾のないよう新たな配当表を調製するため，配当表の該当部分を取り消すこともできる。その場合の主文は，基本型(2)に準じることになろう。

(3) 債務者からの配当異議の訴えにおける一般的な主文例は基本型(2)であり，判決の絶対効を前提とした取消しを命じることになる。なお，その際には，配当表調製の基準として変更すべき配当額または債権額等を明らかにしておく必要があるが，理由中で記載すれば足りる。

2 訴えの意義，性質等について

(1) 配当手続において，執行裁判所は，配当を受けるべき債権者と認めた者を配当期日に呼び出し，必要な審尋を行い，配当表を作成する。配当表に記載されている配当の順位および額は，全債権者に合意が成立した場合にはその合意により，その他の場合には実体法の定めるところにより記載する。制度上，執行手続においては権利の外観に従った処理がされ，実体的権利関係の確定は，執行手続とは別の訴訟，すなわち配当異議の訴えによって解決されることとされている。なお，配当によらない弁済金交付手続による場合には，債権者間の利害対立が考えられていないから，交付表に対する不服は認められず，配当異議訴訟の余地はない。

(2) 配当期日において，配当異議の申出をするとともに，配当期日から1週間以内に執行裁判所に訴え提起の証明（一般には訴状受理証明書）等を要し，これをしないときは配当異議の申出を取り下げたものとみなされる。受訴裁判所には提出されないが，この点は原告適格の要件でもあるので，実務上は必ず当初の段階で当事者に確認をしておくことが肝要である。

(3) 配当異議の申出をした後，これを完結する訴えには，①債権者からの配当異議の訴え，②債務者から無名義債権者（担保権者）への配当異議の訴え，③債務者から有名義債権者への請求異議の訴えの3種類がある。前記①の訴えの目的および確定すべき内容は，債権者の配当額の増加であって，相手方の執行債権または被担保債権の存否，額，順位等ではない。また，上記②の訴えは，配当表に記載された執行債権および附帯債権の額，順位を是正し，これに従った配当表の変更（調製）のために配当表の取消しを求めるものである。

配当異議の訴えの性質については，諸説があるが，実務上は配当表の変更ま

たは取消しを目的とする訴訟法上の形成訴訟とされている。訴訟物は，前記①の債権者からの配当異議の訴えのそれは，この形成要件，すなわち債権者から異議の申出があった配当額についての配当受領請求権の存否である。また，前記②の債務者からの配当異議の訴えは，配当表に記載された債権の額および順位を是正し，これに従った配当表の変更のために配当表の取消しを求める形成訴訟と解され，その訴訟物は担保権不存在確認，請求異議と同様に執行債権等の存否，順位，額である。

3　当事者適格，訴えの利益

(1) 原告適格

配当期日に配当異議の申出をした債権者，債務者で，承継人も含まれる。配当表に記載されていない債権者は，執行異議を提起し，これを認められた場合にのみ原告適格がある（最一小判平6・7・14民集48・5・1109参照）。執行異議が却下された場合は原告適格は認められない。

(2) 被告適格

配当表上配当を受けることとされた債権者である。ただし，租税等債権者に対しては，その債権の存否，課税処分の適否は抗告訴訟で争うこととされているから，配当異議訴訟においては順位，配当計算の方法を争う限度でしかできない。

(3) 訴えの利益

債権者からの配当異議の訴えは，自らへの配当額の増加を目的としており，この趣旨に合っていない場合，例えば執行債権等の満足を得ている債権者や自らへの配当増が見込まれない債権者には，配当異議の訴えの利益がない（最三小判昭50・11・28民集29・10・1614）。

4　和　解

配当異議訴訟における和解については，当事者の合意により配当表の変更，取消しの効力を生じさせることの可否が問題となる。

債権者からの配当異議の訴えの場合には，係争配当額に関する限度で和解をする限り，他の債権者を害する結果とはならないので，和解をすることは許される。債務者からの配当異議の訴えの場合，被告以外の他の債権者には有利な結果となり，権利を害されないので，和解をすることには問題はない。なお，

形成訴訟なので，和解においては配当表の取消し，変更という内容ではなく，次のとおり，個々の債権者の配当受領権につき合意することになる。いずれの場合も他の形成訴訟と同様，訴えの取下条項が必要になる。

〈例1〉　債権者からの配当異議の訴えについて
　「原告と被告は，○○地方裁判所令和○年(ケ)第○○号不動産競売申立事件につき，同裁判所が令和○年○月○日作成した配当表中，被告に対する配当額○万円のうち，本件配当異議訴訟における係争配当額金○万円を，原告が金○円，被告が金○円を取得することを合意する。」

〈例2〉　債務者からの配当異議の訴えについて
　「原告と被告は，○○地方裁判所令和○年(ケ)第○○号不動産競売申立事件につき，同裁判所が令和○年○月○日作成した配当表中，被告に対する配当額○万円について，被告に対する配当額を○万円とし，残余の○万円については原告に帰属するものとする。」

〔注〕この場合，原告に帰属する金○円については，単純に原告が取得するのではなく，申立以外の債権者のために執行裁判所が新たに調整する配当表で配当を実施することになる。

《参考文献》原田和徳・富越和厚『執行関係等訴訟に関する実務上の諸問題』司法研修所編，司法研究報告書37輯2号（法曹会，1989），佐藤歳二「執行関係事件と和解」後藤勇＝藤田耕三編『訴訟上の和解の理論と実務』377頁以下（西神田編集室，1987）

〔小島　浩，長瀬　笑子〕

○仮登記権利者が不動産売却手続によりその仮登記を抹消された場合に，供託された配当金の交付を受けようとする場合の請求の趣旨

基本型

○○地方裁判所平成○年(ケ)第○○号不動産競売事件（令和○年(ヌ)第○○号不動産強制競売事件）について，原告が金△△万円の配当金の受領請求権を有することを確認する。

《参照裁判例》東京高判昭61・3・27東高時報37・1〜3・19，判タ609・104，判時1196・117，東京高判昭49・8・30東高時報25・8・147
《参照条文》民事執行法59条・82条・87条・91条1項5号・92条1項・188条，不動産登記法109条

解　説

1　民事執行法91条1項の供託（配当留保供託）と供託事由消滅文書について

不動産執行において，配当等を受けるべき債権者の債権に係る先取特権，質権または抵当権が仮登記されたものであるときは，当該債権に関する配当等の額に相当する金銭は供託される（民執91①五）。配当留保された供託金は，後日「供託の事由が消滅したとき」（民執92①）に執行裁判所により配当等が実施されるが，仮登記権利者が供託された配当金の交付を受けるには，本登記をするのに必要な条件を具備することが必要とされる（最三小判昭50・4・25裁判集民114・661，判時780・40）。

しかし，競売目的不動産につき買受人の代金納付があると，抵当権等の仮登記は嘱託登記により抹消されるから，以後抹消された仮登記を本登記にすることは現実には不可能となる。この場合，実務上は，現実に本登記手続を行うのは不可能であるとしても，かつて存在した仮登記を本登記にするのに必要な条件を具備し，それを証明する文書を執行裁判所に提出した場合に，配当等の実施を受けることができるとの運用がされている。

そこで，仮登記の本登記手続は本登記義務者との共同申請によりなされるのが通常であるから，仮登記の抹消後でも本登記義務者の協力が得られる場合に

は、本登記義務者による本登記を承諾する旨の文書（印鑑証明書付きのもの。仮登記設定時ではなく、配当期日前後に作成されたものであることが必要である。）等を執行裁判所に提出すれば、仮登記権利者は配当金等の交付を受けられる。問題は本登記義務者の協力が得られない場合である。

2　訴訟による場合の請求の趣旨（請求）の検討

　実務上多く用いられているのは、本登記義務者等に対して配当金交付（受領）請求権存在確認請求の認容判決を得て、確定した当該判決正本を証明文書とする方法である。もっとも、相手方が裁判所ではないことからすると、確認の対象となる権利は、実務上多くみられる配当金の「交付請求権」の確認ではなく、正確には「受領請求権」の確認であり、以下これによる。ただし、判例については、その用法に従う。

　判例では、仮登記抵当権者が設定者兼売却当時の所有者であった被告に対して配当金交付請求権存在確認を求めた事案につき、前掲《参照裁判例》東京高裁昭和61年3月27日判決は、「（仮登記抵当権者が）配当金の交付を受けるためには、登記義務者に対して直接当該配当金の交付（ないし受領）請求権を有することの確認判決を得べき道を開くことを要し、かつそれを以て足りると解するのが相当である。」として、配当金の交付を受けるためには配当金受領請求権存在確認判決で足りるとした。なお、上記裁判例は当事者間に争いがない権利関係の場合にも確認の利益があるかにつき、「配当金の交付（受領）請求権の確認を訴訟によって求める必要があることを否定できず、かつ、その法律上の地位の不安状態除去のためには右訴訟が最も直接的であって、このことは相手方が右請求権を争うか否かにかかわらない」として確認の利益を認めている（もっとも、配当金交付を受けるために必要な書面の作成に協力しないことからすると、相手方はこれを争っているともいえよう。）。

　仮登記が存続する場合、本登記義務者の協力が得られなければ、仮登記権利者は本登記義務者に対し本登記手続請求訴訟を提起し、認容判決等の債務名義を得て単独で本登記申請をすることになる。しかし、この請求について認容判決が得られるのは、口頭弁論終結時において仮登記が存在する場合に限られるから、仮登記が抹消された場合、本登記請求が先行し、抹消登記手続が行われる前に口頭弁論が終結した場合を除いて、この方法を採ることはできない。また、抵当権存在確認判決を得る方法も考えられるが、仮登記抹消後に訴求する

場合，売却により消滅した抵当権がかつて存在したことを確認する形となり，過去の法律関係の確認となるため，配当金受領請求権存在確認判決を得る方が簡明である。このような理由により，配当金受領請求権存在確認請求という訴えが認められている。

なお，配当金受領請求権存在確認請求ではなく，配当金交付請求という給付訴訟の形式を採る例もみられるが，配当金を交付するのは執行裁判所（現実には裁判所書記官が供託所に対し支払委託をする方法で行われる。）であるから，給付請求にすると被告を債務者（所有者）等としていることと整合せず，理論的な説明も困難であって，賛同できない。

3 配当金交付（受領）請求権確認訴訟における留意点

配当金受領請求権存在確認訴訟における判決は，仮に仮登記が抹消されずに存続していたならば，本登記請求権が発生し，仮登記権利者がその担保権の優先順位により現実に配当等を受け得る権利があることを直接確認するものでなければならない。被担保債権の存在を確認するだけでは足りない。配当留保供託がされるのは，被担保債権の存否が不明であるからではなく，本登記がされていないからである。そこで，不動産登記法105条2号に基づく仮登記の場合は，仮に仮登記が抹消されずに存続していたならば，仮登記原因と同一性のある実体上の原因に基づいて本登記原因が発生した事実（停止条件の成就など）の摘示も必要となる。なお，停止条件付または不確定期限付債権は民事執行法91条1項1号の供託事由でもある。

4 配当金交付（受領）請求権確認訴訟における被告

仮登記の設定後に物件の所有権が第三者に移転した場合，誰を被告とすべきか問題となるが，仮登記の登記義務者（設定当時の所有権の登記名義人），売却当時の所有者のいずれを被告としてもよいと解する。所有権以外の仮登記の本登記請求については，仮登記の登記義務者または現在の所有権の登記名義人のいずれに対しても本登記手続請求をできるとするのが判例（最二小判昭37・5・25民集16・5・1184，最一小判昭35・7・27民集14・10・1926参照）であり，登記実務（昭37・2・13民三発75号民事局第三課長回答）である。仮登記の順位とその優先債権の額については債務者（所有者）や後順位債権者は配当異議訴訟で争えるのであり（ただし，被担保債権の消滅は配当金受領請求権存在確認請求における抗弁

事由となる。），配当等を受けるのに本登記義務者の承諾書の提出で足りることとの均衡上，配当金受領請求権存在確認請求についても仮登記義務者，売却当時の所有者のいずれを被告とすることも可能と解してよいと思われる。

《参考文献》東京地裁民事執行実務研究会『改訂不動産執行の理論と実務（下）』637頁（法曹会，1999），西岡清一郎＝畑一郎＝上田正俊編『民事執行の実務－不動産執行編（下）』259頁（きんざい，2003）

〔小島　浩，岡村　抄矢子〕

第8　執行判決

○執行判決の主文

> **基本型**
> 1　原告と被告との間の○○国△△所在の××裁判所‥年第‥号事件について同裁判所が令和‥年（西暦‥年）‥月‥日に言い渡した「被告は，原告に対し，○○ドルを支払え。」との判決に基づいて，原告が被告に対し強制執行をすることを許す。
> 2　原告と被告との間の○○国△△所在の××裁判所‥年第‥号事件について同裁判所が令和‥年（西暦‥年）‥月‥日に言い渡した別紙（省略）記載の判決に基づいて，原告が被告に対し強制執行をすることを許す。

《参照条文》民事執行法22条6号・24条，民事訴訟法118条，仲裁法45条・46条

解　説

1　外国裁判所の確定判決

　裁判権も主権国家の一作用であるから，国際法上，外国裁判所の確定判決が当然に日本国内において効力を有するということはない。しかしながら，外国裁判所の確定判決には一定の紛争解決機能があることから，民事訴訟法118条は，同条所定の要件（①法令または条約により外国裁判所の裁判権が認められること，②敗訴の被告が訴訟の開始に必要な呼出しもしくは命令の送達（公示送達その他これに類する送達を除く。）を受けたことまたはこれを受けなかったが応訴したこと，③判決の内容および訴訟手続が日本における公の秩序または善良の風俗に反しないこと，④相互の保証があること）がある場合に限り，日本国内において外国裁判所の確定判決がその効力を有することを認めている。

　しかし，外国裁判所の確定判決はそのままで日本国内において執行することはできない（そのままでは債務名義とはならない。）。外国裁判所の確定判決に基づき民事執行をするためには，執行判決を得る必要がある。

2 外国裁判所の確定判決に関する執行判決

民事執行法22条6号は，確定した執行判決のある外国裁判所の判決（家事事件における裁判を含む。）を債務名義としている。そして，同法24条が外国裁判所の判決についての執行判決を求める訴えについて規定しているため，外国裁判所の確定判決に基づき民事執行をするためには，同条に基づく訴えを提起し，執行判決を得る必要がある。

なお，この訴訟手続においては，外国裁判所の判決が確定しているかどうか，また，民事訴訟法118条各号の要件を具備するかどうかを審理し，それを超えて当該判決の当否を判断することは許されない（民執24④⑤）。

3 執行判決の管轄裁判所

外国裁判所の判決についての執行判決を求める訴えは，債務者の普通裁判籍の所在地を管轄する地方裁判所が管轄するが，家事事件における裁判に係るものについては，家庭裁判所が管轄する（民執24①）。

もっとも，地方裁判所または家庭裁判所は，上記訴えの全部または一部に管轄違いがあった場合においても，相当と認めるときは，申立てによりまたは職権で自ら審理および裁判をすることができる（民執24②③）。これは各国の裁判手続に係る法制度が様々であって，上記訴えが家事事件における裁判であるかどうか常に明確であるとまではいい難いことなどが理由とされている（内野宗揮編著『一問一答　平成30年人事訴訟法・家事事件手続法等改正』178頁（商事法務，2019））。

4 執行判決の主文

民事執行法24条6項は，「執行判決においては，外国裁判所の判決による強制執行を許す旨を宣言しなければならない。」と規定している。このような規定にかんがみると，執行判決の主文は，外国裁判所の判決を特定した上で（主文例記載のとおり，裁判所名，事件番号および判決年月日ならびに当該裁判所の所属する国等により判決を特定する必要がある。さらに，主文例記載のとおり，適宜別紙等を用いることにより，当該判決の内容を明らかにすべきと考えられる。)，当該判決に基づく強制執行を許す旨を記載する必要がある。

また，強制執行を許す部分が外国裁判所の確定判決の一部分である場合には，下記のとおり，強制執行を許す部分を主文で特定する必要がある。

> 1 原告と被告との間の○○国△△所在の××裁判所‥年第‥号事件について同裁判所が令和‥年（西暦‥年）‥月‥日判決した判決中の「被告は，原告に対し，金○○ドルを支払え。」との部分および内金△△ドルに対する令和‥年‥月‥日から支払済みまで年‥パーセントの割合による金員の支払義務について，原告が被告に対し強制執行をすることを許す。
> 2 原告のその余の請求を棄却する。

5 仲裁判断に関する執行決定について

(1) 仲裁判断

仲裁判断は，既に生じた民事上の紛争または将来において生ずる一定の法律関係に関する民事上の紛争の全部または一部の解決を仲裁人にゆだねかつその判断に服する旨の仲裁合意に基づき，仲裁人によりなされる判断である（仲裁2①参照）。

仲裁判断（仲裁地が日本国内にあるかどうかを問わない。）は，確定判決と同一の効力を有するものの，仲裁判断に基づき民事執行をするためには，執行決定を得る必要がある（仲裁45①。民事執行法22条6号の2は，確定した執行決定のある仲裁判断を債務名義として規定している。）。

なお，かつて，旧公示催告手続及ビ仲裁手続ニ関スル法律（明治23年法律29号）802条は，仲裁判断に基づく民事執行をするためには外国裁判所の確定判決と同様，執行判決を得る必要がある旨規定していたところ，仲裁法（平成15年法律138号）の制定により，執行決定を得る旨改正されたものである。

(2) 執行決定の主文

> 原告，被告間の××仲裁判断事件について，仲裁人○○，同△△および同□□が令和‥年‥月‥日付けでした別紙記載の仲裁判断に基づいて，原告が被告に対して，強制執行することを許す。

執行決定は，「仲裁判断に基づく民事執行を許す旨の決定」と定義されている（仲裁46①かっこ書）ことから，外国裁判所の判決に関する執行判決と同様，その

主文には，仲裁判断を特定し（上記のとおり，仲裁判断の年月日および仲裁人の氏名により仲裁判断を特定し，さらに，適宜別紙等を用いることにより，当該仲裁判断の内容を明らかにすべきと考えられる。），当該判決に基づく強制執行を許す旨を記載する必要がある。

〔加藤　聡〕

第9 証書真否確認訴訟

○証書真否確認訴訟の主文

> **基本型**
> 　別紙（省略）記載内容の契約書が真正に成立したものであることを確認する。
> 〈不真正確認〉
> 　○○家庭裁判所○○号遺言書検認申立事件につき令和○年○月○日検認された別紙（省略）記載内容の遺言書が真正に成立したものではないことを確認する。

《参照条文》民事訴訟法134条の2

解　説

1　証書真否確認の訴えの意義と主文

　証書真否確認の訴えは、書面の成立の真否を確認することによって紛争の抜本的な解決がされる場合があることから、事実の存否の確認のうち、「法律関係を証する書面」の真否の確認に限って、例外的に認められた訴えである（民訴134の2）。書面によって証明されるべき法律関係によって利益を受ける者は当該書面が真正に成立したものであることの確認を、不利益を受ける者は真正に成立したものでないことの確認を求めることになる。この訴えは、書面の成立の真否、すなわち当該文書の作成者と主張されている者が、その意思に基づいてその文書を作成したか否かの確定をする訴えであり、書面の記載内容が実質的に客観的事実に合致するか否かの確認（例えば、「買収計画書と題する書面に買収土地の地目現況として記載されていることは、その土地の実況と相違し、真実でないことの確認」など）を求めることは許されない（最一小判昭27・11・20民集6・10・1004、判タ26・41）。なお、主文においては、判決で確認をする書面を特定するため、当該書面の記載内容を別紙により引用するのが望ましい。

2　法律関係を証する書面

　法律関係を証する書面とは，その書面自体の内容から直接に一定の現在の法律関係の成立存否が証明され得る書面を指すとされており（最一小判昭28・10・15民集 7・10・1083, 判タ34・49），手形，貨物引換証等の有価証券のほか，定款，契約書，借用証書，遺言書等がこれに当たる。上記のような書面の真否が確認されることにより，場合により，その書面によって証明されるべき権利や法律関係に関する紛争の抜本的な解決につながるからである。「受取人不在に付差出人に返戻す。広島県」と記載されているにすぎない書面や，借地権を譲渡したことを証明するとの内容の証明書は，いずれも一定の法律関係の存否が直接証明される文書とはいえず，法律関係を証する書面には当たらない（最二小判昭27・12・12民集 6・11・1166, 判タ27・53, 最一小判昭38・6・20裁判集民66・579）。

　なお，法律関係を証する書面に当たらない文書の確認を求める訴えにおいて，相手方がその請求の認諾をしても，訴訟法上の効力は生じない（前掲最一小判昭28・10・15）。被告が請求原因をすべて自白した場合や欠席した場合でも，確認を求める文書が法律関係を証する書面に当たらない限り，却下すべきである。

3　確認の利益

　書面の真否が確認されたとしても，これにより原告の権利または法律上の地位に存する危険または不安定が除去解消されることにならない場合は，証書真否確認の訴えは確認の利益を欠き許されない（最一小判昭42・12・21裁判集民89・553, 判時510・45）。したがって，書面によって証明される法律関係について既に確定判決が存する場合はもちろん，別訴が係属している場合には，確認の利益がない。遺言書の真否の確認は，遺言者の生前は認められないと解される（遺言者の生前における遺言無効確認の訴えを否定した最一小判昭31・10・4民集10・10・1229, 判時89・14, 判タ66・49参照）。また，書面によってされた法律行為の効力についても争いのある場合等，書面の真否だけを確認しても紛争の抜本的解決が得られない場合についても，確認の利益は認められない。このような場合は，権利の確認または給付を求める訴えに変更するよう促すべきであろう。

4　訴訟指揮上の問題点

　書面の成立の真否は，本案に関する独立した攻撃もしくは防御の方法または訴訟手続に関して争われる事項には当たらないから，中間判決（民訴245）はでき

ない。また，現在の法律関係または権利関係の存否の確認について認められる中間確認の訴えの対象にもならない。

　証書真否確認訴訟の主張・立証責任は，通常の訴訟と同様に，書面が真正に成立したと主張する者が負担する。したがって，書面の不真正確認の訴えにおける原告は，訴状の段階では，訴訟物である特定の書面が真正に成立したものではないとの法律上の主張と確認の利益の基礎となるべき事実の主張をすれば足りる。なお，書面の成立についての推定規定（民訴228）は，この訴訟でも適用される。

　前述のとおり，証書真否確認訴訟は，書面の成立の真否を確認する訴訟であり，その書面によって証明されるべき権利や法律関係自体の存否を確定する訴訟ではない。したがって，紛争解決方法として迂遠となる場合が多く（証書真否確認訴訟が通常の訴訟に比べて簡便という訳ではないし，権利または法律関係は確定されないため，判決を得ても当事者に不安が残る場合が多く，実益はあまり評価されていない。），実務においてこの訴訟に接することはまれであり，逆に，証書真否確認訴訟が本来予定していない書面の真否確認を求める訴えが提起される例が少なくなく，先例には却下事例が多い。

《参考文献》河野信夫「文書の真否」鈴木忠一＝三ヶ月章監『新・実務民事訴訟講座2』203頁（日本評論社，1981）

〔伊藤　大介〕

第6章　人訴事件

第1 離婚事件

○主たる主文

> **基本型**
> 1 原告と被告とを離婚する。
> 2 原告と被告の間の長男○○（平成△年○月×日生）及び長女××（平成○年△月△日生）の親権者をいずれも原告と定める。

《参照判例等》東京地判平12・9・26判タ1053・215, 浦和地判昭59・9・19判時1140・117, 判タ545・263, 最一小判昭33・1・23家月10・1・11, 名古屋地一宮支判昭53・5・26判時937・64, 判タ372・140, 長野地判昭35・4・2家月12・10・117, 判時226・39, 横浜地川崎支判昭46・6・7判時678・77, 東京高判昭52・2・28判時852・70, 判タ364・240, 東京地判平5・2・26判タ849・235, 東京高判昭47・1・28東高時報23・1・3, 判タ276・318

《参照条文》民法770条1項各号・771条・766条

解　説

1　人事訴訟における訴訟の集中

離婚訴訟は, 形成訴訟であり, 判決により初めて離婚という効果を発生させるため,「原告と被告とを離婚する。」との主文となる。そして, 夫婦の間に, 未成年の子どもがある場合, 親権者を指定することが必要になる。

人事訴訟における判決には対世効が認められること（人訴24), 人事訴訟の判決確定後, 前訴において, 訴えの変更により主張できた事実（原告の場合), あるいは反訴により主張できた事実に基づいて, 同一の身分関係に関する人事訴訟を提起することはできない（失権的効力, 人訴25）ため, 同一当事者間の離婚訴訟は, 必ず併合され, 全部について判決され, 一部判決はあり得ない。被告が自ら離婚を求める意思を有する場合, 反訴を提起することが必要とされる。

離婚訴訟の管轄は, 妻の住所地および夫の住所地のいずれも管轄とされたため（人訴4), 当事者双方が, わずかの間に, それぞれの住所地に訴訟を提起することが起きうる。この場合, 2つの離婚訴訟は, 必ず, 移送・回付のうえ, 併

合される必要がある。この場合，訴訟の遅延のおそれや当事者間の衡平（暴力の有無，子どもの存在，経済力の違い，有責性等）に従ってそのいずれに併合するのが相当か，判断されることになる（人訴7）。

2　双方から離婚の請求がされた場合の審理について

　XがA家裁に先に提訴した後に，YがB家裁に提訴し，上記のように移送・回付の後，A家裁で双方の離婚請求が審理された場合，判決書の冒頭の事件の表示において，Xの提訴した事件を「甲事件」，Yの提訴した事件を「乙事件」と略称する旨が記載されていることを想定している。本訴・反訴の場合は，表記のみにつき，これに準じればよい。

>　〈例1〉双方の請求を認容する場合
>　甲事件原告の請求及び乙事件原告の請求に基づいて
>　　甲事件原告・乙事件被告と甲事件被告・乙事件原告とを離婚する。
>　〈例2〉一方の請求のみを認容する場合
>　甲事件について
>　　甲事件原告（乙事件被告）の請求を棄却する。
>　乙事件について
>　　乙事件原告（甲事件被告）と乙事件被告（甲事件原告）とを離婚する。

　双方から離婚の訴訟が提起された場合，どのように審理し，また，判決の内容をどのようにするかについては議論が存在する。この議論は，離婚訴訟における訴訟物の議論と関連するとされた。離婚訴訟における訴訟物が民法770条1項各号毎に異なる訴訟物であると解すると，それぞれの主張する各号に該当する事実の有無についてそれぞれ審理することになるが，離婚訴訟における訴訟物を離婚する地位であるとすれば，双方が離婚を求めている以上，訴訟物の存在を認めることができ，双方の請求を認容する結論となる。裁判例としては，①双方の主張する離婚原因の有無をそれぞれ審理し，それぞれの離婚原因の存在が認められれば，双方の離婚請求を認容する判決をするというもの（前掲《参照判例等》東京地判平12・9・26，浦和地判昭59・9・19。前者の判例は双方から離婚とともに相手方に対し慰謝料請求がされていた事案であることに注意），②審理の結果，一方当事者の主張する離婚原因の存在が認められた場合，それ以上他方当事者の主張

する離婚原因の有無を審理する余地がない（離婚請求が認容されるため）として，一方当事者の離婚請求を認容し，他方当事者の訴えを却下するという判例（前掲《参照判例等》最一小判昭33・1・23，名古屋地一宮支判昭53・5・26），③当事者双方が互いに相手方に対して明らかに離婚の意思を表明し，その婚姻関係が客観的にも破綻していることが判明した場合（親権者が争われる場合に多い。），離婚原因の有無，有責性を審理判断するまでもなく，双方の離婚請求を認容するという判例（前掲《参照判例等》長野地判昭35・4・2，横浜地川崎支判昭46・6・7，東京高判昭52・2・28，浦和地判昭59・9・19，東京地判平5・2・26）が存在する。

なお，最高裁第三小法廷昭和36年4月25日判決（民集15巻4号891頁）は，離婚訴訟における訴訟物につき，民法770条1項各号毎に別個の訴訟物と扱ったものであるとされるが，上記最高裁判例は訴訟物に個数につき明示したものではないとの指摘がある（最高裁判例解説川添利起）。

実務的には，770条1項5号を離婚原因と主張することが多いことや人事訴訟における失権効（人訴25）との関係から，原告が離婚原因として770条1項1号から4号を主張している場合でも，裁判所から同項5号の主張の有無について釈明されることが多い。また，双方から離婚訴訟が提起され，離婚自体については当事者間で意見の一致をみているが，親権者の指定や財産分与等の附帯処分について争いがある場合には，双方が離婚を望む以上，婚姻関係が破綻していることが認められるとして，個々の離婚原因の審理がされることなく，離婚請求に関しては認容される扱いが多い。ただ，その場合，当事者双方から離婚を求める書面が提出されているほか，当事者双方の離婚意思の有無を審理の中で確認し，調書に残すなど明確にしておくべきであろう。また，一方の請求を認容し，他方の請求を棄却する主文となるのは（前記〈例2〉），当事者の一方が有責配偶者であるためその離婚請求を認容するべきではないという主張がされた場合が考えられる。いずれにしても，実務的には，離婚原因について770条各号のうち該当する号を明らかにするよう釈明し，何が婚姻関係を破綻させる結果をもたらした事実かを明確にすることが求められる。離婚訴訟においては，当事者間の婚姻から別居までの歴史が延々と主張されることがままあるが，これは離婚原因の主張としては不明確である。日常的生活事実の積み重ねにより婚姻生活を継続させることが難しくなったというのであれば，端的に日常生活の何が問題であったかを指摘すべきである。裁判所はその事実が離婚原因となるかについて判断することになる。離婚判決における理由中の事実認定およ

び判断は，冗長にならないよう，審理の中で主張や証拠を整理していくことが重要となる。

　また，最近の社会的価値観や生活様式の多様化に伴い，婚姻関係も変化しており，一度も同居したことのない夫婦間における離婚訴訟，同居中の夫婦が家庭内別居であるとして離婚請求するものなど，婚姻生活および破綻の原因も様々である。このような場合，婚姻当初における婚姻形態（同居の有無，家庭における双方の役割等）と当事者双方の認識，それが期間経過に伴う変化の有無とそれに対する当事者の認識，夫婦としてお互いに協力扶助する場面の有無（婚姻中の交流の有無および内容等），当事者双方の将来の婚姻生活についての考え等，それぞれの事案を検討し，従来の家族観のみでなく，婚姻関係継続の可否や相当性（身分関係としての継続の面と互いに負担する協力扶助義務（他方に対する責任）の継続の面），子どもの有無や影響，場合によっては婚姻関係の第三者への影響等の観点から婚姻関係破綻の有無を審理することになる。

《**参考文献**》東京家庭裁判所家事第6部「「東京家裁人訴部における離婚訴訟の審理モデル」について」家庭の法と裁判51号129頁

〔惣脇　美奈子〕

○親権者の指定，監護者の指定，子の引渡し，面会交流の主文

> **基本型**
> 1　原告と被告とを離婚する。
> 2　原告と被告との間の長女○○（平成・年・月・・日生）の親権者を原告と定める。

《参照判例等》最二小判昭56・1・30家月33・9・51，最二小決昭59・7・6裁判集民142・273，判時1131・79，判タ539・325，最一小決平25・3・28民集67・3・864，東京地判昭30・2・18下民6・2・274，判タ46・50

《参照条文》民法819条2項・766条（平成23年に法改正があり平成24年4月に施行），人事訴訟法32条1項～3項，旧家事審判法9条1項乙類4号＝家事事件手続法別表2第3号。なお，令和6年5月17日，家族法制の見直しに関する「民法等の一部を改正する法律」（令和6年法律33号。以下「令和6年改正法」という。）が成立し，公布の日（令和6年5月24日）から2年以内の政令で定める日から施行される予定であるところ（附則1条），本稿執筆時点で未施行であるため，本稿本文では改正前の現行法を引用し，それを前提とした実務として解説し，特に改正後の条文を引用する場合は，「改正後民法○条」等と表記する。

解　説

1　親権者の指定

裁判所は，裁判上の離婚請求を認容するに際し，当事者間に未成年子がいる場合には，父母の一方を親権者と定めなければならない（民819②，人訴32③。ただし，改正後民819②では，父母の一方の単独親権と双方の共同親権のいずれかを選択する旨が定められた。）。当事者から親権者指定の申立てがなくても，親権者を指定することを要し（最三小判昭39・6・23裁判集民73・167），当該離婚請求を認容する判決の主文に掲げて裁判する。実務上は，原告が自己を親権者に指定することを求める旨の申立てをするのが一般的である（原告が被告を親権者に指定することや，長女○○の親権者を原告，二女△△の親権者を被告に指定することを求める申立ても時々見られる。）が，親権者の指定は裁判所の職権によってなすものであるから，当事者の上記申立ては裁判所の職権発動を求める申出であり，裁判所

はこの申立てには拘束されない（前掲《参照判例等》東京地判昭30・2・18）。したがって，親権者指定の申立てに反する親権者指定の判決をする場合でも，判決主文でこれを棄却する必要はなく，基本型の記載で足りる。

次に，離婚訴訟において，被告が離婚の反訴請求を提起し，原告の本訴請求が棄却され，被告の反訴請求が認容された場合（例えば，原告（反訴被告）が，不貞行為を理由に民法770条1項1号に基づき離婚請求しているのに対し，被告（反訴原告）が，長期間の別居等で破綻したことを理由に同項5号に基づき離婚請求している場合において，不貞行為は認定できないが，長期間の別居により婚姻関係が破綻しているものと認められるケース等が想定される。）の主文は，下記のとおりである。

〈例1〉 本訴請求が棄却され，反訴請求が認容された場合
1　原告（反訴被告）の本訴請求を棄却する。
2　被告（反訴原告）の反訴請求に基づき，原告（反訴被告）と被告（反訴原告）とを離婚する。
3　原告（反訴被告）と被告（反訴原告）との間の長女○○（平成・年・月・・日生）の親権者を被告（反訴原告）と定める。

父母の間に複数の未成年の子がある場合において，「きょうだい不分離」も一要素として考慮する必要があるが，他の要素も総合的に考慮した上で，個々の子ごとに，いずれを親権者に指定するのが子の福祉に合致するのかを個別具体的に検討し，父母にその親権を分属させることが相当である場合もあり（東京高判昭63・4・25判時1275・61），その場合の主文については，下記のとおりである。

〈例2〉 複数の未成年子がおり，父母間に親権を分属させる場合
1　原告と被告とを離婚する。
2　原告と被告との間の長男○○（平成・年・月・・日生）の親権者を原告，長女○○（平成・年・月・・日生）の親権者を被告とそれぞれ定める。

また，親権者の指定は，原被告のいずれかを親権者と指定する形成処分であるが，裁判所は，上記形成処分に加えて，附帯処分として職権で，「当事者に対

し，子の引渡し又は金銭の支払その他の財産上の給付その他の給付を命ずることができる。」(人訴32②③)とされている。裁判所は，例えば，子が連れ去られた親を親権者として指定するのが相当である場合において，その実効を期する必要があると判断したときは，職権で子の引渡しを命ずることができる(人訴32②)。通常は，当事者がその申立てをするであろうが，この申立ては，裁判所の職権の発動を促すものにすぎない。その場合の判決主文は次のとおりとなる。

〈例3〉 子の引渡しを命じる場合
1　原告と被告とを離婚する。
2　原告と被告との間の長女○○（平成・年・月・・日生）の親権者を原告と定める。
3　被告は，原告に対し，長女○○を引渡せ。

2　その他の附帯処分

裁判所は，裁判上の離婚請求を認容するに際し，当事者の申立てがある場合には，子の監護者の指定その他の子の監護に関する処分，財産分与に関する処分または年金分割に関する処分（以下「附帯処分」と総称する。）をしなければならない(人訴32①)。「子の監護に関する処分」としては，子の監護者の指定，子の監護費用（養育費），面会交流が含まれる(民766①②)。これらの事項は，いずれも実質的には家事審判事項であるが，婚姻関係解消に付随する重大な身分的・財産的事項である上，婚姻解消の原因の審理と密接に関係するため，離婚手続にこれらの附帯処分を併合審理して一括的に解決することが，当事者にとって便宜であり，訴訟経済にも資するなどの理由から，例外的に附帯処分事項については離婚請求を認容する判決と同時に裁判することとされている（石田敏明『新人事訴訟法－要点解説とＱ＆Ａ－』32頁（新日本法規，2004），松原正明「附帯処分の審理」野田愛子＝安倍嘉人監『人事訴訟法概説』194頁（日本加除出版，2004））。

これらの附帯処分についての裁判は，当事者の申立てを必要とする点で，親権者の指定と異なるが（この申立ては，非訟事件としての性質を有するため，求める具体的な処分の内容を特定する必要まではないものの，実務上は，できる限り具体的に記載するのが相当である(松原・前掲201頁)。），主文に掲げられなければならないこと（人訴32①），子の引渡しや金銭の支払等の給付を命じることができること（人訴32②③）については，親権者の指定の場合と同じである。

なお，離婚請求を棄却する場合は，附帯処分についての申立ても当然に排斥され，これを排斥する旨を判決主文に掲げることを要しない。また，離婚請求を認容する場合であっても，附帯処分についての申立てを不相当として排斥するときには，その旨の判断を判決理由中で説示するだけではなく，実務的には，判決主文でも却下の判断を示している。

附帯処分のうち，監護者の指定，面会交流について，その具体的な内容および主文の記載例を，以下で検討する（なお，養育費の支払については，項を変えて検討する。）。

(1) 監護者の指定

子の監護は親権の主たる作用であるから（民820），原則として，子の監護権は親権者に所属する。そして，現行法上は，親権者とは別に監護者を定めることができるとされているが（民766①②。なお，改正後民766①では，監護の分掌が定められ，子の監護を父母で分担することができるものとされた。），親権者を定める場合，親権者が監護者となるのが通常であり，親権者の指定とは別に監護者の指定が申し立てられることはほとんどなく，実務上も親権と監護権を分属させる例はほとんどない（小河原寧編著『人事訴訟の審理の実情〔第2版〕』17頁（判例タイムズ社，2023））。もっとも，令和6年改正法により離婚後共同親権とすることが選択可能となるため（改正後民819②），その施行後は，共同親権が選択された場合において，監護者の指定がこれまでより重要な意味を有することになろう。ところで，父母以外の第三者に子の監護をさせる必要がある場合に監護者の指定が必要である旨を指摘する見解もあるが（清水節「親権と監護権の分離・分属」判タ1100号145頁，広島家呉支審昭33・7・28家月10・9・91，大阪地判昭33・12・18下民9・12・2505，東京家審昭42・6・15家月20・1・92，判タ228・236，大阪家審昭49・2・13家月26・10・68），第三者を監護者に指定するケースは稀であろう。

第三者を監護者に指定する場合の主文例は次のとおりである。

〈例4〉 第三者を監護者に指定する場合
1 原告と被告とを離婚する。
2 原告と被告との間の長女○○（平成・年・月・・日生）の親権者を原告と定める。
3 長女○○の監護者を××（本籍地………，昭和・年・月・・日生）と定める。

(2) 面会交流

　面会交流については,「子の監護に関する処分」に含まれる（人訴32①）から,離婚訴訟において面会交流を附帯処分として申し立てることができる。なお,令和6年改正法では,民法766条1項の「面会及びその他の」の文言が削除され,「子との交流」とされ（改正後民766①）,また,父母以外の親族と子との交流の規定（改正後民766の2）,別居中の親子の交流の規定（改正後民817の13）等が設けられた。

　しかしながら,離婚訴訟において,面会交流について判断がされることはあまりないというのが実情である。まず,この申立ては,通常は自らが親権者として指定されない場合の予備的申立てとならざるを得ないし,面会交流審判とは異なり,離婚判決前に面会交流についての裁判を得ることはできない。また,確かに,人事訴訟においても,事実の調査として（人訴34）,家裁調査官による子の意向の確認や子の監護状況の調査等が可能であるが,家事調停・審判と異なり,家裁調査官による期日立会いや環境調整等のための措置が認められておらず（人事訴訟法には家事事件手続法59条（258条により調停手続にも準用）のような規定がない。）,面会交流の際に必要なきめ細かい調整をすることがほぼ不可能である。そのため,離婚訴訟の実務では,訴訟上の和解で解決できる場合はともかくとして,面会交流については,離婚訴訟と並行して別途調停を申し立てるよう促し,調停や審判によって解決される場合が多く,判決で判断されることはあまりない（小河原・前掲17頁）。

　上記のとおり,離婚訴訟の手続の中では十分に面会交流の審理ができず,適切な面会交流の条件を定めることができないため,そのまま判決まで至ると,却下するか,仮に面会交流を定めるとしても,あまり実効性のある形では定めることはできないのが実情である。そのため,離婚訴訟においては,面会交流の日時,頻度,具体的な実施方法（面会交流時間の長さ,子の引渡し方法等）について,双方の合意ができているような場合でない限り,家事審判で判断する場合と同様の判決の主文とするのは困難と思われる。なお,実務的には判決主文ではあまり実例はないが,抽象的な定め方,あるいは間接的面会交流を定めた主文例を参考として記載すると,以下のとおりである。

〈例5〉面会交流を命じる場合
1　原告と被告とを離婚する。

> 2　原告と被告との間の長女○○（平成・年・月・・日生）の親権者を原告と定める。
> 3　原告は，被告に対し，被告が長女○○と随時に面会交流することを認めなければならない。
> 〈例6〉　手紙の交換等の間接的面会交流を認める場合
> 　原告は，被告が長女宛てに手紙を送付することを妨げてはならず，これを受領したときは同人に渡さなければならない。

3　訴訟指揮上の問題点

　裁判所が，離婚の裁判をなすに当たり，未成年の子に対する親権者指定を脱漏した場合については，民事訴訟法258条1項にいう「裁判所が請求の一部について裁判を脱漏したとき」に当たり，裁判所は職権をもって親権者指定の追加判決をすべきである（前掲《参照判例等》最二小判昭56・1・30，最二小判昭56・11・13裁判集民134・221，判時1026・89，判タ457・85）。また，申立てがなされたにもかかわらず，監護者の指定，養育費の支払等に関する裁判を脱漏した場合についても，同様である。

　《参考文献》　本文中に掲記のもののほか，沼邊愛一「子の監護・引渡し・面接交渉の審判権」鈴木忠一＝三ヶ月章監『新・実務民事訴訟講座』8巻133〜185頁（日本評論社，1981）。監護権者の指定については，沼邊愛一『注解家事審判法［改訂］』350・351頁（青林書院，1992），右近健男ほか「家事事件の現況と課題」（判例タイムズ社，2006）

〔林　寛子，遠藤　東路〕

〇離婚訴訟で養育費の支払を命ずる場合の判決主文

基本型

1 原告と被告とを離婚する。
2 原告と被告の間の長女〇〇（平成・年・月・日生）の親権者を原告とする。
3 被告は，原告に対し，長女〇〇の養育費として，本判決確定の日から同人が満20歳に達する日の属する月まで，毎月末日限り，月額・万円を支払え。

《参照判例》最二小判平元・12・11民集43・12・1763，判時1337・56，判タ718・73，最一小判平9・4・10民集51・4・1972，判時1620・78，判タ956・158，最三小決平18・4・26判タ1208・90

《参照条文》人事訴訟法32条1項〜3項，民法766条・771条。なお，令和6年5月17日，家族法制の見直しに関する「民法等の一部を改正する法律」（令和6年法律33号。以下「令和6年改正法」という。）が成立し，公布の日（令和6年5月24日）から2年以内の政令で定める日から施行される予定であるところ（附則1条），本稿執筆時点で未施行であるため，本稿本文では改正前の現行法を引用し，それを前提とした実務として解説し，特に同法改正後の条文を引用する場合は，「改正後民法〇条」等と表記する。

解 説

1 離婚訴訟において養育費を請求することの許否

かつては，離婚訴訟を提起するに当たり，原告が離婚後の親権者に指定されることを前提として，被告に対し，養育費の支払を求める申立てをすることができるかどうかについて，旧人事訴訟手続法15条1項（現行の人事訴訟法32条1項）に基づき可能であるとする説とこれを否定する説が対立していた。この点については，前掲《参照判例》最高裁第二小法廷平成元年12月11日判決は，「人事訴訟手続法15条1項は，裁判上の離婚に際し，子の監護をすべき者その他子の監護につき必要な事項を定めるものとしている民法771条，766条1項の規定を受け，裁判所が，申立により離婚訴訟の判決で右の事項を定めることが

できるものとしている。そして、民法の右条項は、子の監護をする父母の一方がその親権者に指定されると否とにかかわらず、父母の他方が子の監護に必要な費用を分担するなどの子の監護に必要な事項を定めることを規定しているものと解すべきである。したがって、離婚訴訟において、裁判所は、離婚請求を認容するに際し、子を監護する当事者をその親権者に指定すると否とにかかわらず、申立により、子の監護に必要な事項として、離婚後子の監護をする当事者に対する監護費用の支払を他方の当事者に命ずることができるものを解するのが相当である。」と判示し、現在においては、離婚請求を認容する際、親権者の指定とは別に子の監護者の指定をしない場合であっても、申立てにより、監護費用の支払を命ずることができる点について争いはない。なお、令和6年改正法では、養育費の履行の確保のため、①養育費債権に先取特権を付与し（改正後民306三・308の2）、②法定養育費の制度を新設し（改正後民766の3）、③1回の申立てにより複数の執行手続を可能とする規定を設け（改正後民執167の17）、④家庭裁判所の手続における収入情報の開示命令の規定を新設した（改正後家事152の2、改正後人訴34の3①等）。

2 養育費の支払の命じ方

(1) 主文の記載

未成熟子の養育は、長期にわたるのが通常であるから、特段の事情のない限り、一時支払を避け、継続的支払（定期給付）の方法によるのが通常であり、以下は、継続的支払の方法によることを前提として説明する。その場合の通常の主文表記は、前記のとおりである。なお、養育費等に係る定期金債権を請求する場合の特例として設けられた民事執行法151条の2の規定は、期限が到来したのに支払われていない定期金があるときは、期限が到来していない分の定期金についても、その期限の到来を待たずに、給料その他の継続的給付に係る債権を差し押さえることができるとしている。主文においては、法的性質を明示せずに抽象的に金員の支払を命ずるのが伝統的な考え方であるが、この特例の適用があることを明らかにするため、養育費の支払であることを、理由中ではなく主文でその旨明示してもよいと思われる。

(2) 金　額

養育費は、その夫婦の収入・資力等に照らし、子供の養育に必要な金額であるが、具体的な養育費の額の算定は、①収入支出の把握、②必要生活費の算出、

③分担額の算定という過程を経てなされることになる。②の方法には，実費方式，生活保護基準方式，労研方式，標準生計費方式の4つがあり，それぞれ事案に応じて用いられ，かつては，主として生活保護基準方式によって養育費を算定していた（算定の詳細については，斉藤啓昭「養育費の算定方式と裁判例」判タ1100号67頁などを参照されたい。）。しかし，平成15年に，統計資料に基づき標準的な割合を推計して，簡易迅速な算出を可能にするため，東京・大阪養育費等研究会から，標準算定方式および標準算定表が提案され（判タ1111号285頁），これが実務上定着し（前掲《参照判例》最三小決平18・4・26），その後，令和元年12月に，最新の統計資料等に基づき改定標準算定方式が発表された（「養育費，婚姻費用の算定に関する実証的研究」司法研究報告書第70輯第2号）。

なお，養育費の支払いを命ずる裁判は，形式上判決によって行われたとしても，非訟事件による裁判であることに変わりはないから，既判力はなく，事情が変更し養育費の額等が不相当になれば，家庭裁判所の審判によって取消変更することができる（民766③，旧家審9①乙四，家事別表2三）。

(3) 始期および終期

ア 始　期

前掲《参照判例》最高裁第一小法廷平成9年4月10日判決は，「離婚の訴えにおいて，別居後単独で子の監護に当たっている当事者から他方の当事者に対し，別居後離婚までの期間における子の監護費用の支払を求める旨の申立てがあった場合には，裁判所は，離婚請求を認容するに際し，民法771条，766条1項を類推適用し，人事訴訟手続法15条1項により，右申立てに係る子の監護費用の支払を命ずることができるものと解するのが相当である。」と判示し，別居後離婚までの期間についての養育費の支払を命ずることを認めた（反対・石田敏明『新人事訴訟法－要点解説とＱ＆Ａ－』32頁（新日本法規，2004），野田愛子＝安倍嘉人監『人事訴訟法概説』197頁（日本加除出版，2004））。もっとも，別居後離婚までの期間の監護費用（養育費）は，同期間の婚姻費用の一部と解されるところ，通常は，調停または審判において婚姻費用として請求し，あるいは未払婚姻費用の一部として財産分与において清算されているため，実務的には，これを訴訟において監護費用（養育費）として請求するケースはあまり見られないし，その必要性も乏しいように思われる。なお，婚姻費用分担の終期と養育費支払の始期との関係については，小川理佳・吉川紀代子「養育費等の履行確保のための新しい強制執行制度について－東京地方裁判所民事執行センターにおける運用状況－」

家裁月報57巻9号8頁以下が参考になる。

　イ　終　期

　養育費の終期については，生活保持義務を負うべき未成熟子でなくなるまでである。成年年齢（満18歳）以上であっても，子に経済的自立を期待できず両親による経済的援助を要する状態にある子については，監護親および非監護親の経済的事情や子が自立していない理由等も踏まえ，未成熟子として養育費の対象になる。成年年齢が18歳に引き下げられた現在でも，改正の前後で未成熟子についての社会的実態に特段の相違があるわけではないから，従前と同様に未成熟子を脱するのは早くとも20歳に達する日であると考えられ，一般論としては，養育費の終期は20歳に達する日が相当であろう（前掲司法研究報告書51頁以下参照）。

　現在未成年の子が大学を卒業する時点を終期として養育費の支払を命ずる場合，次のような主文例が考えられる。

〈例〉大学卒業までとする場合
1　原告と被告とを離婚する。
2　原告と被告の間の長女○○（平成・年・月・・日生）の親権者を原告と定める。
3　被告は，原告に対し，本判決確定の日から，長女○○が満22歳に達した日の後に最初に到来する3月まで，養育費として，毎月末日限り，月額・万円を支払え。

〔林　寛子，遠藤　東路〕

○慰謝料の主文

基本型

被告は，原告に対し，○○万円及びこれに対する令和○年△月×日から支払済みまで年3分の割合による金員を支払え。

〈例〉不貞行為の相手方も同時に慰謝料請求を行った場合

被告○○（注：配偶者）は，原告に対し，△△万円（うち××万円につき被告□□と連帯して）及びこれに対する令和○年○月○日から支払済みまで年3分の割合による金員を支払え。

被告××（注：第三者）は，原告に対し，被告○○と連帯して，×万円及びこれに対する令和○年○月○日から支払済みまで年3分の割合による金員を支払え。

《参照条文》民法709条

解　説

1　審　理

　離婚請求が家庭裁判所の専属管轄とされたことに伴い（平成15年改正），離婚の請求の原因である事実によって生じた損害の賠償に関する請求に限り家庭裁判所に管轄を認める規定がおかれた（人訴8・17）。上記損害賠償請求は不法行為に基づく請求であるから，本来，地方裁判所や簡易裁判所に管轄が存在するが，人事訴訟の請求原因事実を基礎とする損害賠償請求に限り，当事者の主張立証の便宜や訴訟経済の観点から家庭裁判所に管轄を認め，人事訴訟と共に損害賠償請求を家庭裁判所に提起できるとともに，地方裁判所等に提起された損害賠償訴訟を家庭裁判所に移送し，併合して審理することが認められた。例えば，離婚の相手方に対する慰謝料を請求することができるほか，不貞行為の相手方である第三者に対する慰謝料請求訴訟についても，家庭裁判所に移送され，併合審理することが認められている。ただ，婚姻生活破綻の原因が配偶者の両親（両親の言動等）にあるという理由で，配偶者の両親に対する慰謝料請求を離婚訴訟と同時に提起されることがあるが，このような場合，配偶者の両親の言動の有無と婚姻生活の破綻の有無は必ずしも一致しないにもかかわらず，当

事者双方の主張の対立が激しくなり,離婚原因事実の有無といった離婚という身分関係の審理が円滑に進まないことが多い。そのような場合には,配偶者の両親に対する慰謝料請求と離婚訴訟を分離し,審理するか,訴訟提起の早期の段階であれば,別訴提起を促すことも必要となる(井上繁規「離婚訴訟における訴訟の集中」藤原弘道＝山口和男編『民事判例実務研究』6巻209頁(判例タイムズ社,1989)を参照)。また,実務上,原告の離婚請求に対し,原告が不貞行為による有責配偶者であると主張して被告が離婚を争う場合,被告は離婚の反訴請求をしなくとも,原告の不貞行為の相手となる第三者に対する慰謝料請求を家庭裁判所に提起することが許されている(東京家裁の扱い。最三小判平31・2・12民集73・2・107もこの扱いを容認する。)。なお,離婚請求と併合して審理されるのは,請求原因事実によって生じた損害賠償請求であるから,不貞行為等離婚原因に当たる事実について慰謝料の支払につき合意したと主張し,合意に基づく慰謝料の請求をする場合は,不法行為に基づく請求とはならないため家庭裁判所に管轄はなく,地方裁判所または簡易裁判所に訴訟を提起する必要がある(家庭裁判所に提起した場合は,地方裁判所,簡易裁判所に移送されることになる(民訴16①)。)。そのため,家庭裁判所において併合審理を望む場合には,不法行為による損害賠償請求を提起し,その審理において当事者間に賠償額について合意が存在することを事情として主張することが行われる。

　離婚に伴う慰謝料請求訴訟を離婚訴訟と共に家庭裁判所に提起するか,慰謝料請求訴訟のみを地方裁判所に提起するかは,当事者の選択に任されることになる。しかし,双方の訴訟の審理の内容が重なることが予想され,当事者の負担や訴訟経済上の観点から,別々の審理とすることが適当ではないとして,当事者でない第三者に対する慰謝料請求訴訟も含め,慰謝料請求訴訟は地方裁判所から家庭裁判所に移送されることが多い(人訴8①)。そして,地方裁判所から移送された慰謝料請求訴訟は,必ず離婚訴訟と併合される(人訴8②)。ただ,裁判所は,進行上の関係で別途審理することを当事者が希望した場合や,離婚訴訟の審理がほぼ終了に近い段階で地方裁判所から家庭裁判所に慰謝料請求訴訟が移送された場合などには,第三者に対する慰謝料請求訴訟を一度併合した後,分離して審理することができる。

2　内　容

　離婚に伴う慰謝料請求の内容は,2つに分かれると言われている(大津千秋「離

婚訴訟における実証的研究」司法研究報告書65頁以下，井上・前掲206頁以下）。1つは，離婚そのものより生じる精神的苦痛についての慰謝料であり，もう1つは，個々の離婚原因（例えば，不貞行為，暴力等）より生じた慰謝料である。ただ，双方を併せて主張しているものも多いし，2つの違いを意識しているか不明確な場合も多い。当事者が主張する離婚原因となる事実は，相手方の暴力や不貞行為等の婚姻中に受けた行為を総じて主張し，離婚と慰謝料を求める内容となっていることが多く，個別の暴力行為等ごとに慰謝料請求を求めるとはいえないので，離婚訴訟における慰謝料は，これらの離婚原因となる各行為の一連の経過により離婚を決意せざるを得なくなっていくことで生じる精神的苦痛と離婚そのものによって被る精神的苦痛の双方を含むものというのが，実務，判例の立場である（大津・前掲書64頁以下）。裁判所は慰謝料請求がある場合，離婚自体による慰謝料請求であることを釈明することになる。

3 認容額

慰謝料の認容額は，裁判所が諸般の事情を考慮して決定するので，請求額がそのまま認容されることはあまりない。被告が欠席を続けた場合でも，慰謝料額は，原告の主張額そのままを認容することはあまりなく，審理の結果認められた諸般の事情を考慮してその額が定められる。そのため，一部認容となった場合には，必ず，「原告のその余の請求を棄却する。」という主文が必要となる。

また，慰謝料の認容額については，離婚自体に対する慰謝料額の方が離婚原因事実に対する慰謝料額より高額となるのが通常と考えられる。このようなことから離婚自体慰謝料が離婚原因事実に対する慰謝料を包含しているという意見もある。離婚自体に対する慰謝料額を検討するに当たっては，離婚原因の内容（不貞行為，暴力，モラハラ，生活費負担の有無，家事・育児の負担についての意見の違い等），婚姻期間中の当事者双方の言動，それぞれの原因に対する責任の有無等を総合して判断する。離婚原因事実に対する慰謝料は，暴力や不貞行為を除けば個々の行為に対する慰謝料であるため高額にはなりにくいのが通常である。実務の分析として，平成24年4月から平成25年12月までにおける東京家庭裁判所における慰謝料認容額を分析した文献として神野泰一裁判官による「離婚訴訟における離婚慰謝料の動向」（ケース研究322号26頁）がある。

なお，訴状において金銭の支払を求める請求の趣旨は，財産分与か慰謝料か明確でないこともあり得るので，訴状の請求原因の記載で慰謝料であることを

明確にすべきということができるし，明らかでない場合は当事者に釈明する必要がある。

なお，上記慰謝料請求の附帯請求である遅延損害金の発生日については，後述となる。

《**参考文献**》丹羽敦子「離婚訴訟における関連損害賠償請求の範囲と審理」家庭の法と裁判25号41頁

〔惣脇　美奈子〕

○財産分与の主文

基本型

(1) 金銭の給付を命じる場合
　　被告は，原告に対し，○○○万円及びこれに対する判決確定の日からの翌日から支払済みまで年3分の割合による金員を支払え。
(2) 不動産の給付を命じる場合
　　原告に対し，被告の有する別紙物件目録記載の不動産を分与する。
　　　被告は，原告に対し，別紙物件目録記載の不動産につき，前項の財産分与を原因とする所有権移転登記をし，かつ，引渡しをせよ。
(3) 不動産の分与により，分与額を超過したとして，他方に債務負担を命じた場合
　1　原告に対し，被告の有する別紙物件目録記載の不動産を分与する。
　2　被告は，原告に対し，別紙物件目録記載の不動産につき，前項の財産分与を原因とする所有権移転登記をし，かつ，引渡しをせよ。
　3　原告は，被告に対し，○○万円を支払え。
(4) 定期金の給付を命じる場合
　　被告は，原告に対し，令和△年△月から令和×年×月まで，1か月○万円を毎月末日限り支払え。
(5) 債務負担を命じる場合
　1　被告は，原告に対し，○○万円を支払え。
　2　被告は，原告に対し，原告の前項の支払を担保するために，別紙物件目録記載の不動産に別紙抵当権目録記載の抵当権を設定し，抵当権設定手続をせよ。この登記費用は原告と被告との平等負担とする。

《参照判例等》最二小判昭41・7・15民集20・6・1197，判時456・32，判タ195・79，東京地判昭34・12・9家月12・3・134，判時211・18，判タ102・49，仙台高判昭32・2・12下民8・2・272，最大判昭62・9・2民集41・6・1423，大阪高判平4・5・26判タ797・253，東京高判平6・10・13家月48・6・61，判タ894・248，神戸地判平元・6・23判時1343・107，判タ713・255，東京地判平20・11・

18判タ1297・307，京都地判平5・12・22判時1511・131，浦和地判昭59・11・27判タ548・260，東京高判昭63・12・22判時1301・97，東京地判平11・9・3判時1700・79，判タ1014・239，横浜地判平9・1・22判時1618・109，東京高決平10・3・13家月50・11・81，東京高判平10・3・18判時1690・66，名古屋高判平12・12・20判タ1095・233，東京高判昭61・1・29家月38・9・83，判時1185・112，横浜家審平13・12・26家月54・7・64，大阪家審平17・6・28（新家族法大系①［新日本法規］491頁で紹介）

《参照条文》民法768条

解　説

1　申立ての要否ないし当否，申立ての実際的な機能

　財産分与の申立ては，附帯処分であり，その求める財産分与の内容を詳細に記載する必要はないし，裁判所もその内容に拘束されず，相当と判断された内容の分与を命じる。そのため，「原告は，被告に対し，相当の財産分与を求める。」あるいは「別紙物件目録記載の財産について，適正な財産分与を求める。」といった記載がされる（前掲《参照判例等》最二小判昭41・7・15）。

　ただ，離婚訴訟においては，金銭給付の場合には「被告は，原告に対し，〇〇万円を支払え。」，不動産の分与を求める場合には「被告は，原告に対し，別紙物件目録記載の不動産を分与せよ。」等，財産分与について具体的な内容を記載することが求められる。このような具体的記載がない場合でも，裁判所は，当事者に分与を希望する財産の内容について釈明する（不動産の分与を希望しないという意思かとか，いくらの金銭の支払を求めるかといった釈明になる。）。

　請求の趣旨において取得する財産の内容を具体的に明示されたが，審理の結果，財産の一部のみを認める場合，残部について「原告のその余の請求を棄却する。」との主文を表示する必要はない。これは，上記にあるように，財産分与の審理において請求の上限を画する意味での処分権主義の適用はなく，当事者が求めた具体的財産分与の内容に拘束されないので，一部棄却の主文は必要とされない（前掲《参照判例等》東京地判昭34・12・9，仙台高判昭32・2・12）。

　さらに，財産分与の義務を負う側が財産分与の申立てができるかという問題もある（最判昭62・9・2角田・林裁判官補足意見）。離婚の際，財産分与について一回的解決を図ることは，財産分与において義務を負う側であったとしてもメリットがあるといえる。財産分与の申立てが財産分与請求権の存在を前提とし，

その具体的内容の形成を求めるものであることを理由に義務者の側から申し立てることはできないとされる見解も多い（前掲《参照判例等》大阪高判平 4・5・26, 東京高判平 6・10・13）。他方，義務者からの申立ても許されるとした裁判例も存在する（前掲《参照判例等》神戸地判平元・6・23）。離婚訴訟の機会を利用して当事者間に存在する紛争を解決しようという考えは合理的である。特に，離婚訴訟において審理される婚姻生活の内容の審理は，夫婦間における寄与の内容や財産分与において考慮される「一切の事情」と密接に関わるし，婚姻費用の支払状況や財産分与の内容となる慰謝料的要素の内容においてその審理が重なることも予想される。双方当事者が同意しており，当事者の主張立証の状況が財産分与の判断をするに相当程度熟している場合などは，裁判所は審理判断することが可能であれば判断することが妥当である。ただし，訴訟の最終段階に至っているなど，訴訟の遅延をもたらす場合には当事者の同意があっても財産分与の申立てを認めないことが相当である。

　なお，財産分与の対象となる不動産等が夫婦共有名義となっている場合（共働き夫婦が住宅購入の際，それぞれが住宅ローンを組む場合等），財産分与の手続のほか，共有物分割手続を申し立てることもできる（前掲《参照判例等》東京地判平 20・11・18）。離婚訴訟の結果が出るまで時間がかかる場合等に，不動産だけ共有物分割により先に清算することが可能である。

2　被告が予備的財産分与を申し立てる場合
　被告の申立てとしては「仮に原告の請求が認められた場合，被告は，原告に対し，相当の財産分与を求める。」という記載になる。被告が財産分与を求めるのであれば，離婚の反訴を提起すると共に財産分与を求めることもありうるが，離婚を積極的に望まない被告に，離婚の反訴を強いるのは不合理であるとして，予備的な財産分与の申立てを可能とするのが通説・実務である（前掲《参照判例等》京都地判平 5・12・22）。実際上も，破綻主義の下での離婚訴訟に関する審理判断は，財産分与の審理と密接に関わることが多いことから，両者を併せて審理判断することが当事者の便宜と訴訟経済に合致するとされる。

3　財産分与を命じた場合のその具体的な実現のための付随的措置
　(1)　現金，貯金，株式（投資信託含む。），債券
　対象となる財産を，別紙目録を利用して特定し，その引渡しを命じるのが通

常である。現金は金銭給付を命じる場合と同様の主文となる。
(2) 借家権（借家権の設定をした場合，前掲《参照判例等》浦和地判昭59・11・27）

> 1 離婚に伴い，被告が原告に対し，○○万円及び次の賃借権の財産分与をするものと定める。
>   賃借権
>   賃貸人被告・賃借人原告
>   対象　別紙物件目録記載の建物
>   期間　離婚の日から令和○○年○月○日まで
>   賃料　月額×万円，毎月末日当月分払
>   特約　被告は，原告のため賃借権の不動産登記をする。
> 2 被告は，原告に対し，○○万円を支払い，かつ，前記賃借権の設定登記手続をせよ。

　上記裁判例は，妻が，夫のギャンブルによる多額の借財で，婚姻関係が破綻したとして，離婚を求めると同時に，養育費の支払，財産分与として金銭および借家権の設定と登記手続を求めた訴訟において，妻は当該建物でピアノ教室を開き収入を得ていること，夫は当該建物を利用する意思のないこと，建物取得の際にした妻の両親からの借入れを建物売却により返済するしか方法がないが，妻が建物を利用するなら妻の両親は，貸付金の返済を求めない意思を表明していることをふまえ，子どもの成年に達する日の前日を期限とする賃借権の設定を認めた。この事例のほかにも，使用借権の設定をした裁判例もある（前掲《参照判例等》東京高判昭63・12・22）。この場合の主文は「被告から原告に対して別紙物件目録(4)記載の建物（但し，付属建物を除く。）を分与し，かつ，同目録記載(1)の土地につき，被告を貸主，原告を借主とし，右建物を所有することを目的とする使用借権を設定する。」というものであった。
(3) 住宅ローンの処理

> 1 原告に対し，財産分与として，別紙物件目録記載の不動産（共有持分）を分与する。
> 2 原告と被告との間において，別紙債務目録記載の債務を原告に負担させる。

住居の評価額が残債務の額より少ない場合（オーバーローンの場合），その住居は価値がないものとして，そもそも財産分与の対象財産とならないとされるのが通常である。ただ，この処理によると，住宅ローンの残額があっても住居の評価額の方が上回り，積極財産として分与する際には債務の存在が考慮されている。そのため，土地・家屋が分与されるにもかかわらず，土地・家屋がオーバーローンの場合にはその負債に関しては分与されず，金融機関等に対して債務を負担する者が残債務全額の返済を（大概において長期にわたる。）強いられるのは公平でないとの指摘がされ，負債（住宅ローン）についても財産分与の対象財産とすべきであるとの主張がされる。負債そのものを財産分与の対象とした裁判例もある（前掲《参照判例等》東京地判平11・9・3，なお，大阪家審平17・6・28参照）。

財産分与は，婚姻中に夫婦間で形成された財産の清算が主な内容であるから，本来的には負債は財産分与の対象財産とはならない。負債の分与を行ったとしても，その効果は当事者間において生じ，債権者である金融機関等には何らの効果を生じないし，契約によっては不動産の所有権移転登記をすることを禁じられている場合もあり，所有権移転を伴う分与が可能であるかという問題がある。また，未成年者を養育し，養育費以上の負担をしている当事者も存在する。これらの事情を考慮すると，仮に住宅ローン債務の分与を認めるとしても，住宅ローン債務そのものを財産分与しなければ，当事者間の公平が図れない事例に限り，住宅ローンの負担を認めるべきであろう。

(4) 農地

農地が財産分与の対象財産である場合，居住建物等の不動産と同様に，分与を命じることで足りる。農地はその所有権移転や賃借権の設定等をする場合，通常は農業委員会の許可を必要とするが（農地3），財産分与による権利移動等については農業委員会の許可を必要としない（農地3①十二）からである。

(5) 退職金

支給されることを条件として，財産分与の給付を命じる場合の主文例は，以下のようになる。

被告は，原告に対し，被告が○○株式会社から退職金を支給されたときは，○○万円及びこれに対する同支給日の翌日から支払済みまで年3分の割合による金員を支払え。

ア　財産分与の対象となる退職金

　退職金が既に支払われた場合には，支払われた退職金が財産分与の対象となり，問題はない。では，退職金が未払で具体的な権利となっていない場合，財産分与の対象となるかについて，かつての実務は消極的意見が多かったが，現在は，退職金が賃金の後払いという性質があるとして財産分与の対象となる財産であることは争いがない。ただ，退職金は，将来支給される財産であるため，支給されることにある程度確からしさがある場合に財産分与の対象とできるとされる。そして，将来受給できる財産であるため，財産分与を認める主文も何種類かの形をとっている。①将来取得できる退職金を現在の価値に引き直して計算し，判決時点での金銭の支給を命じるもの（前掲《参照判例等》東京地判平11・9・3），②将来取得できることから，退職金が給付されることを条件として，金銭の給付を命じるもの（前掲《参照判例等》横浜地判平9・1・22，東京高決平10・3・13，東京高判平10・3・18，名古屋高判平12・12・20），③将来，退職金が取得できることを事情として考慮して，財産分与の全体の金額を定め，金銭の給付を命じるもの（前掲《参照判例等》東京高判昭61・1・29）が見受けられる。なお，最近は，財産分与の基準日において自己都合退職をしたなら支給される退職金を財産分与の対象とするものがある（秋武憲一＝岡健太郎編著『リーガル・プログレッシブシリーズ7離婚調停・離婚訴訟［改訂版］』179頁（青林書院，2013））。

イ　計算方法

　受領時に支給された金額の2分の1とするもの（前掲《参照判例等》横浜地判平9・1・22），離婚以前に退職金が支給されたならば退職金が費消されている可能性もあり，全額が存在するとは限らないとして，将来の不確定な要素を考慮し，その寄与率を4割として分与額を算定したもの（この場合，主文は，「原告（反訴被告）は，被告（反訴原告）に対し，原告（反訴被告）が△△学園から退職金を受領したとき，○○万円（その受領額の4割の金員）を支払え。」というもの（前掲《参照判例等》東京高決平10・3・13），同居期間のみを考慮するとして算定した判例（前掲《参照判例等》横浜家審平13・12・26）等が存在する。実務的には，実質的婚姻期間（通常，婚姻時から別居時）を算定の根拠とする計算式が多く使われている。その際の退職金の計算式は次のとおりである。

　退職金×実質的婚姻期間÷在職期間×寄与度＝分与額

　なお，前記の自己都合退職をしたと仮定して算定する場合も，退職金のうち実質的婚姻期間に相当する金額を出し，寄与度を掛け，計算する。上記の実質

的婚姻期間は婚姻から別居時までの期間であることが多く，財産分与の基準時までの期間となる。将来支給される退職金を財産分与の対象とする場合，退職時までの勤務期間総数のうち実質的婚姻期間に対応する退職金額を算出し，法定利率3パーセントによる中間利息をライプニッツ方式で計算して控除し，将来の退職金を現在の価値に引き直した後，寄与度を掛けて計算された金額について財産分与を命じる。

(6) 審理

財産分与が人事訴訟手続に附帯して申し立てられた場合，その審理手続は家事事件であることから基本的には職権探知主義により審理される。そのため，人事訴訟手続の中に弁論主義と職権探知主義の双方が併存することになる。当事者の主張から財産分与の寄与の事情等，財産分与の判断に当たって考慮すべき事情が明らかとなっている場合などに，その事情が財産分与の事情として主張されていないからとその事情を考慮しないで判断すると，審理不尽となる可能性がある。実際には，争点整理手続の中で，離婚原因の主張整理とともに財産分与に関する主張整理が行われ，訴訟の進行に従うことになる。しかし，裁判所が職権探知主義により審理することができないわけではなく，積極的に証拠収集することができる。例えば，当事者の主張や明らかとなった事情から不動産の存在が明らかになった場合，職権をもって登記事項証明書を取り寄せることは可能である（実務的には，釈明し，資料提出を促すことが通常である。）。なお，家事事件についても財産的紛争となる経済事件は，その主張と資料提出を当事者に主導させ，当事者主義的運用をするべきであるとされるので，人事訴訟においても同様に審理される。いずれにしても，当事者に対する不意打ちを避けるため，裁判所は釈明することで，当事者に主張や資料提出を促していくことが相当である。

財産分与の審理に当たっては，当事者は，①財産分与対象財産を確定する基準日，②財産分与の対象となる財産の特定（特有財産の主張，評価を含む。），③財産分与に当たって考慮されるべき事情を主張し，資料の提出をする必要がある。財産分与の対象財産の特定，評価，他方当事者の認否反論等の主張（特有財産の主張等）等の主張整理については，家庭裁判所が財産や主張整理の一覧表のひな型・書式をホームページ等で公表していることが多く，この一覧表を利用することで審理を迅速に行うことができる。財産分与の審理では，分与対象財産の主張をしないことや対象財産に関する細かい主張（特有財産の主張

等）をすることで審理に非協力的態度をとる当事者もあり，審理が遅延する原因となっている。探索的な調査嘱託にならない限り，調査嘱託を利用するなどして早期に対象財産の特定や特有財産の有無等を明らかにするなどして，迅速な審理を図ることが必要である。審理に全く協力が得られず，分与対象財産の特定に至らなかったとしても，事案によっては，容易に確認し，否定できる事実について反論せず，不合理な弁解を繰り返したこと，対象財産の特定に非協力的姿勢であったこと，婚姻中の収入や財産状況，生活の程度（家計の収支等を利用）等を考慮事情とし，当事者間の公平を図るため財産分与の支払を命じることもあり得る。

　なお，財産分与は，離婚請求が認容される場合に判断される事項であるため，離婚原因の有無が大きな争点となっている場合，離婚を争う側は財産分与の審理に非協力的なことが多く，財産分与についての主張，資料の提出を促すことが難しいのが通常である。しかし，そのような場合でも，裁判所は非協力的当事者に主張，資料の提出を促し，できる範囲で財産分与の対象財産を明らかにし，相当な財産の分与を判断する必要がある。

　分与する財産の金額は，双方が主張する対象財産の総和を2分の1の額を算出し，そこから財産分与義務者が保持している財産総額を引くと財産分与権利者への分与額となる。

　（申立人財産＋相手方財産）×寄与率（2分の1）－相手方財産

　審理の結果，財産分与を求めた側の財産の方が相手方財産より多く，財産分与を求めた側が相手方に対し財産（金銭等）を分与する結果となることがある。財産分与が婚姻中形成された財産の清算という性質を有することから，財産分与を求めた側に相手方に対する財産の分与を命じることができるという考えもあるが，相手方が分与する財産はないと主張する以上に，自らに分与を求める意思を表明していない場合にまで財産分与を申し立てた側に相手方に対する分与を命じるべきではないという意見の方が多い。裁判所は，双方の主張整理の結果，財産分与義務を負担する者が申立人ではない可能性が生じた場合には，積極的に自らに分与を求める意思の有無を相手方に釈明すべきといえる。

(7) 財産分与の要素について（慰謝料との関係）

　財産分与には，清算的要素，慰謝料的要素，離婚後扶養の要素があるとされる。実務においては，離婚後にはお互いに扶養義務がなくなることから離婚後扶養の要素を考慮する場合は補助的要素として考慮するとされることが多い。

清算的財産分与において相応な財産の分与が認められる場合は扶養的要素が考慮されることはない。扶養的要素を考慮する場合には，当事者の年齢，健康状態，就労経験，資格技能の有無，離婚に至る経緯等の事情を考慮し，当事者間の公平の観点から離婚後扶養の要素を認めるべきとされるからである。

慰謝料的要素については，離婚請求と共に慰謝料請求をしている場合，重複的認容を避けるため財産分与では慰謝料的要素を考慮せず，清算的要素のみを考慮して判断する。なお，あえて慰謝料請求をせずに財産分与で考慮してほしいという趣旨の場合（例えば，慰謝料の要素を考慮して，居住用不動産の所有権を分与されることを希望する場合）があり，そのような場合，裁判所は上記のような意味を含むものかについて当事者に釈明することになる。ただ，財産分与において慰謝料的要素を考慮して分与の内容が判断されても，財産分与の判断後に慰謝料請求訴訟を提起することは理論的にも禁じられていないため，財産分与の内容が慰謝料を考慮した内容ではないか，慰謝料としては額や方法において不十分であるときには，その後に，慰謝料請求を行うこともありうるようである。

(8) 主文の内容

形成する内容を主文に掲げる判決主文もあるが，形成する内容については主文に挙げないものがほとんどである。婚姻中に形成された複数の財産をそれぞれに財産分与として譲渡することを主文で記載し，その後，婚姻中に形成した債務の負担を命じた判例もある（前掲《参照判例等》東京地判平11・9・3）。

1　原告に対し，別紙物件目録一及び三記載の不動産，同目録四の2記載のゴルフ会員権並びに同目録六の1記載の預金をそれぞれ分与する。

2　被告に対し，別紙財産目録二記載の不動産，同目録四の1記載のゴルフ会員権，同目録五記載の各生命保険解約返戻金並びに同目録六の2及び3記載の各預金をそれぞれ分与する。

3　被告は，原告に対し，別紙財産目録一記載の不動産の共有持分につき，第1項記載の財産分与を原因とする所有権（共有持分権）移転登記手続をせよ。

4　原告は，被告に対し，別紙財産目録二記載の不動産の共有持分につき，第2項財産分与を原因とする所有権（共有持分権）移転登記手続をせよ。

5　原告は，被告に対し，金○○万円を支払え。

> 6　原告は，被告に対する前項の支払を担保するために，被告に対し，別紙財産目録一記載の不動産に抵当権を設定し，抵当権設定手続をせよ。右登記費用は原告と被告の平等負担とする。
> 7　原告と被告との間において，別紙債務目録一，二記載の債務を原告に負担させる。

　なお，この裁判例は，上述したように，夫婦共同生活の中で形成された債務が財産分与の対象となることを認めている点でも注目される裁判例である。

《**参考文献**》高野耕一「財産分与をめぐる諸問題」鈴木忠一＝三ケ月章監『新・実務民事訴訟講座』8巻（日本評論社），鈴木眞次『離婚給付の決定基準』（弘文堂，1992），松本哲泓『離婚に伴う財産分与―裁判官の視点にみる分与の実務―』（新日本法規，2019）

〔惣脇　美奈子〕

○附帯請求の起算日

> **基本型**
> (1) 慰謝料について
>   被告は，原告に対し，○○万円及びこれに対する令和○年○月○日から（離婚原因事実に対する慰謝料の場合，訴状送達の日の翌日とされることが多い。），あるいは，本判決確定の日の翌日（離婚に対する慰謝料の場合）から支払済みまで年3分の割合による金員を支払え。
> (2) 財産分与について
>   被告は，原告に対し，○○万円及びこれに対する判決確定の日の翌日から支払済みまで年3分の割合による金員を支払え。
> (3) 慰謝料と財産分与が共に金銭給付であるため，同一の主文で記載された場合
>   被告は，原告に対し，○○万円及びうち△△万円に対する令和×年×月×日（上記と同様，慰謝料が離婚原因事実に対する慰謝料の場合）から，うち××万円に対するこの判決確定の日の翌日から，それぞれ支払済みまで年3分の割合による金員を支払え。

《参照判例等》最二小判令4・1・28民集76・1・78，東京高判昭58・9・8判時1095・106，京都地判平5・12・22判時1511・131
《参照条文》民法709条

解　説

　不法行為の附帯請求は，不法行為のあったその日から起算されるのが原則であり，離婚訴訟で請求される慰謝料の法的根拠は不法行為であるから，交通事故等の不法行為請求権の附帯請求の起算日（事故の日＝不法行為の行われた日）と同様に，離婚訴訟における慰謝料請求権の附帯請求の起算日も不法行為のあった日と考えられる。実務上は，訴状送達の日の翌日から請求することや判決確定の日の翌日から請求するものがみられる。裁判例には，婚姻関係破綻の日より後となる日を遅延損害金の起算日と認めたものがある（前掲《参照裁判例》東

京高判昭58・9・8）。この場合，離婚請求とともに請求された慰謝料請求は離婚そのものに対する慰謝料ではないことになる。理論的には，個々の離婚原因事実に対する慰謝料請求につき婚姻関係が破綻したと認められたその日から遅延損害金の支払を請求することも可能であるが，破綻した日の立証や認定は困難なことが多い。実務的には，離婚慰謝料請求に係る遅延損害金の起算日は，婚姻関係の破綻の時か，あるいは，離婚成立時かとに分かれていた。この点について，前掲《参照判例等》最高裁第二小法廷令和4年1月28日判決は，離婚成立時に遅滞に陥ると判示した。

　前項目の慰謝料の主文にあるように，離婚請求の際の慰謝料請求について，離婚自体による慰謝料と個々の離婚原因事実による慰謝料請求の2つの場合があるとすれば，どちらの慰謝料請求であるかによって，附帯請求の起算日も異なることになる。前者であれば，離婚判決確定の日の翌日からとなり，後者であれば，個々の離婚原因の事実が生じた日となる。上記の婚姻関係が破綻したとしてその損害賠償とこれに対する訴状送達の日の翌日からの遅延損害金を請求するというものは，離婚自体に対する慰謝料請求か，離婚原因事実に対する慰謝料請求か，不明確である。どちらの意味の慰謝料請求であるかについて釈明し，主張された内容に応じた附帯請求の起算日に主張を明確にするように釈明することが必要である。

　離婚訴訟における金銭請求は，損害賠償請求とともに財産分与に基づき金銭請求を行うことがある。この場合，金銭請求の額の内訳を明らかにする必要がある。不法行為に基づく慰謝料請求が○○万円，財産分与として△△万円と請求金額を個々に記載することになる。

　財産分与については，離婚成立を停止条件として発生するものであるから，これに対する遅延損害金は判決確定の日の翌日からということになる。この点について，裁判例は一致している。なお，被告が予備的に財産分与を請求した場合，その財産分与に遅延損害金の請求を付することはできないとした裁判例が存在する（前掲《参照裁判例》京都地判平5・12・22）。

〔惣脇　美奈子〕

仮執行宣言は付けられないことに注意）。その場合，冒頭の基本型にあげた主文を記載することになる（前掲《参照裁判例》浦和地判昭59・9・19）。

〔惣脇　美奈子〕

にかかる事項は本来家事審判（非訟）事項であり，本来的請求である離婚訴訟に附帯して訴訟手続により同時に判決がなされるのは例外的であるという原則論から演繹的に一律に結論を導き出すことは妥当ではない。結局，訴訟経済，当事者の便宜などの利益考量から考えるべき問題であり，そうすると，上記最高裁判例は，一審で離婚訴訟の係属が消滅した場合に限定すべきものと考えられる。

　以上は，旧人事訴訟手続法の下における議論であるが，現行人事訴訟法の下においては，離婚訴訟を地方裁判所から家庭裁判所に移管したことから，当事者が改めて家庭裁判所に家事審判の申立てをしなければならないとすることの不合理性は顕著であり，現行人事訴訟法36条は，訴訟経済，当事者の便宜の観点から，上記最高裁判決のような場合であっても，受訴裁判所は，附帯処分の申立てに係る事項について，却下することなく，引き続き審理および裁判をしなければならないと定めている。

3　親権者指定，財産分与等についてのみ上訴することの可否についての下級審裁判例

　離婚訴訟において，親権者指定，財産分与等についてのみ上訴することが許されるか否かに関しての下級審裁判例の動向を見ると，下級審裁判例は，旧くから，財産分与（仙台高秋田支判昭37・8・29高民15・6・452，大阪高判昭42・1・27家月20・5・115）についても，親権者の指定（東京高判昭31・6・5下民7・6・1469，判タ60・58）についても，附帯申立ての判断に対してのみ上訴を申し立てることが許されるとしていた。

　上記仙台高裁秋田支部昭和37年8月29日判決は，「同一当事者間における離婚請求及び財産分与請求を認容する1個の判決に対し財産分与のみを不服とする控訴が提起された場合でも，同判決中離婚請求に関する部分は，独立して確定することなく，控訴審に移審し，附帯控訴により現実に控訴審判の対象となる可能性をも有し，財産分与の請求と同一時期に確定されることになるから」，財産分与についてのみ控訴することが許されると判示している。

　この見解は，本来的請求である離婚の訴えについては争いがなくなっているのに，専ら争われている附帯申立等につき上訴審の訴訟手続による審判権を肯定せんがために形式的には不服の範囲外である離婚の訴えも附帯申立等と不可分的に上訴審に移審することになるから，上記附帯申立等の審判をなしうる要

件に欠けるところはないと説明するものである。

　以上の理論的説明に加えて，上記2の場合と同様に，離婚訴訟において，親権者指定，財産分与等についてのみ上訴することの可否についても，訴訟経済，当事者の便宜などの利益考量の見地からも考えるべきであり，離婚請求の附帯申立等について，いったん訴訟手続の中に取り込まれて判決という形式で裁判がされた以上，その後は訴訟上の手続に従って不服申立てができるというべきであろう。

4　最高裁第三小法廷昭和61年1月21日判決

　この問題について最高裁として初の判断を示したのが，前掲《参照判例》最高裁第三小法廷昭和61年1月21日判決である。本判決は，離婚請求を認容した原判決のうち，親権者指定に関する部分に限定して上告がされた事案につき，「このような上告の申立てもこれを不適法として許されないものとすべき実質的，合理的な理由はないから，適法なものというべきである。」と判示した。従来の実務の取扱いを肯定したものである。また，この判決の考え方は，財産分与等の場合や控訴の場合にも同様に考えることができるものと思われる。

5　最高裁第一小法廷平成16年6月3日判決

　ところで，上訴審が，原審の判断のうち財産分与の申立てに係る部分について違法があることを理由に原判決を破棄し，または取り消して当該事件を原審に差し戻すとの判断に至ったときには，離婚請求を認容した原審の判断に違法がない場合であっても，財産分与の申立てに係る部分のみならず，離婚請求に係る部分をも破棄し，または取り消して，共に原審に差し戻すこととするのが相当であるとした最高裁の判例がある（最一小判平16・6・3家月57・1・123，判時1869・33，判タ1159・138）。

　この最高裁判例と離婚および財産分与を命じた判決に対し，財産分与の申立てに係る部分についてのみ上訴することが許されると解する実務上異論のない見解との関係が問題となる。上記見解によっても，不服の範囲外である離婚請求部分も財産分与の申立てに係る部分と不可分的に上訴審に移審することになり，また，離婚請求部分と財産分与の申立てに係る部分とを同時に解決することを求めることができるという当事者の利益も侵害されていない。すなわち，上記見解は，裁判所が判決をするに当たり，離婚請求に係る部分と財産分与の

申立てに係る部分とを分離することができることを肯定したものとはいえないから，上記最高裁判例と整合性のあるものというべきである。

《参考文献》塚原朋一・ジュリ860号90頁，岡垣学『人事訴訟手続法』283・309頁（第一法規，1981），司研1968Ⅱ126頁，『最高裁判所判例解説民事篇昭和58年度』29頁（法曹会），小野瀬厚＝岡健太郎『一問一答新しい人事訴訟制度』162頁（商事法務研究会，2004）

〔生島　弘康，遠藤　東路〕

○離婚調停の無効確認を求める訴えと離婚調停の一部である清算条項の無効確認を求める訴えの適法性

基本型

○○家庭裁判所令和○年（家イ）第△△号夫婦関係調整事件において令和○年○月○○日に成立した調停は無効であることを確認する。

《参照裁判例》東京高判平12・10・3家月54・5・118，判時1759・73，判タ1072・251（上告不受理）

《参照条文》民事訴訟法134条の2・267条，旧家事審判法21条1項＝家事事件手続法268条1項

解　説

1　家事調停の既判力と無効確認の訴えの適法性

　家事調停の合意における意思表示に詐欺や錯誤等を理由とする瑕疵があるときに，調停条項について無効確認を求める訴えは許されるであろうか。この点については，裁判上の和解および民事調停についてと同様に，既判力が認められるかどうかという議論と関連する。学説上，既判力肯定説，既判力否定説および制限的既判力説の対立がある。既判力肯定説では，調停の成立過程における意思表示の瑕疵は，再審事由に相当する場合にだけ，しかも，再審の訴えによってその効力を否定できるにすぎないとする。既判力否定説や制限的既判力説では，調停が成立しても，民法上の和解契約の場合と同様に，私法の規律するところに従って，調停における意思表示の瑕疵に基づいて，その無効または取消しを認めるべきであり，しかも，その主張を再審の訴えによってする必要はないということになる。判例は，訴訟上の和解や調停成立後，当事者の意思表示の瑕疵や代理権の欠缺を理由とする訴訟上の和解や調停の無効の主張を認めており（最一小判昭38・2・21民集17・1・182，最一小判昭44・7・10民集23・8・1450，判時568・50，判タ238・120），後者の立場をとる。そうであれば，家事調停条項について無効確認を求めることは許される。実務的には，調停無効確認請求の事例は多く，高裁，最高裁で，特に問題なく，内容にわたった判断がされている。

2 離婚調停の一部（清算条項）の無効確認請求の適法性

調停離婚が成立した場合，調った調停条項の末尾に「当事者双方は，本件離婚に関し，上記調停条項に定める他何らの債権債務のないことを相互に確認する。」などと定めることが多い。

離婚する旨の調停が成立した後に，その清算条項のみについて無効であることの確認を求める訴えは許されるであろうか。

3 東京高裁平成12年10月3日判決

清算条項のみの無効確認請求の適法性を巡って争われた裁判例として，前掲《参照裁判例》東京高裁平成12年10月3日判決がある。これは，次のような事例である。

X男を申立人，Y女を相手方とする夫婦関係調整調停事件において，調停離婚が成立した。その調停条項は，①XとYは調停離婚する，②両名間の未成年の子の親権者をXとする，③Yは両名間の4名の子の将来の出費に備えて，同人達の各名義で1人当たり60万円あて預金する，④両名は相互に相手の立場を尊重する，⑤当事者双方は，本件離婚に関する紛争は一切解決したものとし，今後は相互に名義の如何を問わず何ら金銭その他の請求をしない，というものである。Xは，Yが他に財産を持っていないことが上記調停の前提となっていたにもかかわらず，Yにおいて他に財産を持ちながらことさらにその事実をXに秘して上記調停を成立させたものであるとして，Yの詐欺を理由に上記調停を成立させる旨の意思表示を取り消した。XはYを相手方として財産分与を求める調停を申し立てており，Xは，この調停を行うため必要であるとして，⑤の清算条項のみの無効確認を求めて，訴えを提起した。

4 調停条項中の一部の無効請求の可否

調停は通常複数の調停条項をもって成立し，各条項は，相互に他の条項についての前提条件となるなど関連し合っている場合が多い。各条項が一体となって1つの調停を成り立たせているとみるべき場合には，一部の条項は有効で，他の条項は無効ということは実体法上認められないであろう。調停条項の意思解釈の問題であるが，上記東京高裁裁判例は，本訴請求は，「本件調停のうちの離婚及び親権者の指定等に関する合意は有効に成立したものとして，これを維持したまま，いわゆる清算条項である本件条項のみの無効確認を求めるもので

ある」と述べた上,「複数の調停条項のうち,特定の権利義務を定めた条項だけを取り上げて,」「当該条項に基づく特定の権利義務を負わないことの確認を求めることも場合により許されないではない」と述べるが,本件が一部の無効確認が許される場合であるか否か明言しない。しかし,特に清算条項というのは,通常,他の条項と不可分一体の関係にあるものであるから,そもそもそれだけを切り離して無効の主張をすることは許されないというべきであろう。そうであれば,離婚調停の一部である清算条項の無効確認請求は許されない。

5 清算条項の無効確認を求める確認の利益

さらに,上記東京高裁裁判例は,清算条項の無効確認を求める確認の利益について,「本件条項は,いわゆる清算条項であって,特定の権利義務を定めたものではなく,したがって,本件条項のみの無効を確認しても,これによって,当事者間の特定の権利義務の存否や法律関係が確定するものではないから,特段の事情のない限り確認の利益はない」として確認の利益を否定した。特段の事情として,Xは,Yに対し改めて離婚に伴う財産分与について調停するためには,清算条項の無効を確認する利益があると主張したが,清算条項があったとしても,当事者間において新たな合意をすることに支障はないとして,それだけでは確認の利益は肯定できないと判示した。また,別件の調停事件が不成立となり,審判手続に移行した場合についても言及し,本件事例においては,Xの財産分与請求権は,離婚の時から2年を経過しており,本件清算条項の有効無効にかかわらず消滅しているので,審判手続においてその請求権を主張することはできず,その場合においても確認の利益がないと判示した。

上記東京高裁裁判例が判示するように,確認の利益が否定されるという点からも,離婚調停の一部である清算条項の無効確認請求は,不適法として許されない。

《参考文献》石渡哲・法研75巻11号115頁,石川明・判タ1135号180頁,齋藤哲・法セ567号112頁

〔生島　弘康,遠藤　東路〕

○協議離婚した元夫婦の一方が他方に対し協議離婚の際にされた親権者指定協議の無効確認を求める訴状の請求の趣旨と判決主文

> **基本型**
>
> 令和○年○月○日東京都○区長に対する届出によりなされた原告と被告との間の長男Ａ（平成○年○月○日生）の親権者を被告と指定する協議が無効であることを確認する。

〈事例〉協議離婚をした夫婦の一方が，離婚自体は自らの意思に基づくものとしながら，離婚届に記載された未成年の子の親権者の指定について，そのような協議がされていないとして紛争となることがある。具体例を挙げると，離婚届出用紙の届出人欄等には，署名押印がなされているものの，親権者についての協議が調わず，親権者欄が空欄となっている作成途中の未完成の届出用紙が手中にあることを奇貨として，これを用いて，夫婦の一方が他方に無断で親権者欄に，自らの氏名を記載して届出をし，受理され，戸籍に離婚と親権者の氏名とが記載されたような場合に，他方が，親権者についての協議の不存在，無効を理由として争うというようなケースである。

《参照裁判例》東京高判平15・6・26判時1855・109，東京高判平20・2・27判タ1278・272，東京高判令5・4・28（令4年(ﾈ)第5551号）

《参照条文》民法819条1項・5項，なお，令和6年5月17日，家族法制の見直しに関する「民法等の一部を改正する法律」（令和6年法律33号）が成立し，公布の日（令和6年5月24日）から2年以内の政令で定める日から施行される予定であるが（附則1条），本稿執筆時点で未施行であるため，本稿本文では改正前の現行法を引用し，それを前提とした実務として解説し，特に改正後の条文を引用する場合は，「改正後民法○条」等と表記する。戸籍法114条（令和6年3月1日施行の令和元年法律17号による改正後の戸籍法114条（以下，同改正後の戸籍法を「改正後戸籍法」という。）），戸籍法116条

解説

1　親権者についての協議のない離婚の効力

まず，親権者についての協議のないまま，無断で親権者欄に氏名を記載して

届け出られた離婚届による離婚自体の効力が問題となり得る。夫婦が協議離婚をする場合には，協議によりその一方を未成年の子の親権者と定めることは協議離婚の要件となっているからである（民819①。なお，改正法施行後は，双方を親権者と定めることも可能となり（改正後民819①），また，親権者について合意ができていない場合でも，親権者の指定を求める家事審判または家事調停が申し立てられている場合は，離婚自体は可能となる（改正後民765①二））。しかし，離婚と親権者指定は，本来は別個の身分行為であるし，民法819条1項に違反する届出であっても，離婚の届出が受理されたならば，離婚の効力は妨げられない（民765②）とされているのであるから，離婚届に記載された親権者指定の協議が成立していなくても，離婚意思，離婚届出意思が備わっている限り，離婚自体は有効である（名古屋高判昭46・11・29高民24・4・438，判時656・64，判タ272・232）。

2 親権者変更の審判

そうすると，離婚自体は有効であることを前提とした上で，親権者の指定について争う方法はどのようにすればよいであろうか。

上記事例のケースにおいて，無断で親権者欄に自己の氏名を記載した者よりも，他方の方が親権者として適当であると認めるべき事情があるときには，親権者指定協議の効力を争うことなく，他方は，民法819条6項により，親権者を自己に変更する審判（家審9①乙類七（現行家事事件手続法別表第2八））を求めることができるとした審判例がある（大阪家審昭49・3・2家月27・1・119）。実務的には，協議離婚後間もなく親権者変更の申立ての調停等が提起され，親権者指定の協議がなされていないことを理由とされる例も見受けられる。また，戸籍の記載を前提とするため戸籍訂正の問題も生じないという利点もある。しかし，本来無効な親権者の指定を前提としてそれからの変更手続を観念するという点で理論的な説明は困難であり，実務的な便法というべき審判例であろう。

3 親権者指定の審判

次に，民法819条により，親権者指定の審判（家審9①乙類七（現行家事事件手続法別表第2八））を求める方法によるとした審判例がある（大阪高決平3・4・4家月43・9・23，大阪家審平8・2・9家月49・3・66）。

親権者についての協議がなされていないわけであるから，共同親権の状態にあり，協議により改めて親権者を定めることになり，協議が調わないときには，

民法819条5項の規定により，申立てにより，家庭裁判所は，協議に代わる審判をして親権者の指定をすることになる。そして，上記2審判例とも，戸籍上記載された無効な親権者の指定の抹消を審判の前提とはしていない。

4　親権者指定協議無効確認の訴え

次に，親権者指定の審判において，親権者指定協議の有効性について判断がなされても既判力がなく，紛争が蒸し返される可能性があるため，親権者指定協議無効の確認訴訟を提起することが考えられる。この点に関し，前掲《参照裁判例》東京高裁平成15年6月26日判決は，かかる訴訟類型について判断を示し，「このような訴訟は，人事訴訟手続法に定められた人事訴訟の類型ではなく，また現在解釈上人事訴訟の類型として認められている訴えではないが，事案の性質に鑑み，離婚無効確認訴訟と同様に解釈上人事訴訟として，手続や効果を規律するのが相当である。」として適法とした。その後も，前掲《参照裁判例》東京高裁平成20年2月27日判決において，かかる訴訟類型は認められ，前掲《参照裁判例》東京高裁令和5年4月28日判決も，「本件訴えは，人事訴訟について定める人事訴訟法2条各号所定の訴えのいずれにも該当するものではないが，同条柱書きの「その他の身分関係の形成又は存否の確認を目的とする訴え」に当たるものと解される。」としている。

5　戸籍の訂正

親権者指定協議の無効確認判決が確定し，新たな親権者指定がなされた場合，戸籍訂正の手続について，戸籍法114条（改正後戸籍法114条）によるか，戸籍法116条によるかという問題があるが，訂正の対象が親族・相続法上身分関係に重大な影響を及ぼす場合であるから，戸籍法116条により，戸籍にある子の親権者の記載を削除し，改めて父母間で親権者の指定の協議またはこれに代わる審判で親権者を定めることになろう。

《参考文献》岡本和雄＝新谷雄彦『家事審判と戸籍訂正』（日本加除出版，1997），若林昌子「親権者指定協議無効確認の訴えの適法性」判タ1184号120頁

〔生島　弘康，遠藤　東路〕

第2　親子関係事件

○親子関係事件の主文

> **基本型**
> (1) 認知の訴え
>   原告が被告の子であることを認知する。
> (2) 嫡出否認の訴え
>   被告が原告の嫡出子であることを否認する。
> (3) 親子関係存否確認の訴え
>   原告と被告の間に親子関係が存在しないことを確認する。

《参照条文》本稿では，令和6年4月1日施行の「民法等の一部を改正する法律」（令和4年法律102号）による改正前の民法については「民法○条」，改正後の民法については「改正後民法○条」と表記し，また，改正前の人事訴訟法については「人事訴訟法○条」，改正後の人事訴訟法については「改正後人事訴訟法」と表記する。　民法772条（改正後民法772条）・民法774条（改正後民法774条）・民法775条（改正後民法775条）・民法777条（改正後民法777条）・民法787条　人事訴訟法27条2項（改正後人事訴訟法27条2項）・人事訴訟法42条1項（改正後人事訴訟法44条1項）

解　説

1　認知，嫡出否認および親子関係存否確認の訴えの相互の関係
(1)　各訴えの意義

認知ないし嫡出否認の訴えおよび親子関係（実親子関係ないし養親子関係）存否の確認の訴えは，いずれも人事訴訟法上の訴えであり（人訴2二・三），第一審の裁判は家庭裁判所の管轄に属する。

認知の訴えは，嫡出でない子とその父母との間の法律上の親子関係を創設することを目的とする形成の訴えである（民787）。判例上，母と非嫡出子間の親子関係は出産により当然に発生するとされるから，認知の訴えは，通常，父子関係について問題となる。基本型(1)は，子である原告が父とされる被告に認知を

求める請求が認容された場合の主文である。

　嫡出否認の訴えは，民法772条（改正後民法772条）により嫡出推定を受ける子について嫡出の推定を遡及的に消滅させることを目的とする形成の訴えである（民774・775（改正後民774・775））。**基本型**(2)は，父である原告が嫡出推定を受ける子を被告として嫡出否認を求める請求が認容された場合の主文である。確定した否認の判決は訴訟物たる否認権の存在につき既判力を有するが，父子関係の存在しないことまでを確定するものではない（後掲《参考文献》福永，反対：後掲《参考文献》梶村）。人事訴訟法上の用語からすれば，主文には「子」ではなく「嫡出子」と記載するのが相当であろう（旧人事訴訟手続法は「子ノ否認」との用語を用いていた。）。

　親子関係存否確認の訴えは，特定人の間の法律上の親子関係という身分関係の存在または不存在の確定を目的とする確認の訴えであり，実親子関係の存否確認の訴え（人訴2二）および養親子関係の存否確認の訴え（人訴2三）に分類される。

　基本型(3)は，親子関係の当事者の一方による親子関係不存在確認の訴えに関する請求認容の主文である。確認の対象となるのが父子関係であるか母子関係は判決理由から明らかであり，主文でこれを区別しない例が多い。

　(2)　各訴え相互の関係

　　ア　実親子関係については，人事訴訟法上，嫡出否認の訴え，認知の訴え，認知の無効および取消しの訴えならびに父を定める訴えがある（人訴2二）。これらの親子関係に関する訴えと親子関係存否確認の訴えはそれぞれ独自の存在意義を有し，対象となる親子関係は別個のものである。

　　イ　実父子関係につき，認知ないし嫡出否認の訴えと親子関係存否確認の訴えの関係を整理すると次のとおりである。

　①認知により父子関係が生じる場合，認知のないまま父子関係の存在確認を求める訴えを提起しても不適法である（最一小判平2・7・19裁判集民160・271，判時1360・115，判タ739・76），②嫡出推定を受ける子につき親子関係不存在確認の訴えをもって父子関係の存否を争うことはできず，その訴えは不適法であり（最二小判平10・8・31家月51・4・33，判時1655・112，判タ986・160），嫡出否認の訴えを提起しうる期間の経過後も同様である（最三小判平12・3・14家月52・9・85，判時1708・106，判タ1028・164）。③嫡出否認の訴えは，子につき嫡出推定が働かないときは，形成対象を欠く不適法なものとなる。

ウ　実母子関係について認知の余地がないとする立場に立てば，母子関係の確定は，常に親子関係存否確認の訴えによる。
(3)　民法の親子法制の改正
ア　民法等の一部を改正する法律（令和4年法律102号）による改正により，民法の親子法制が一部改正され，令和6年4月1日から施行される。改正法は，原則として，施行日以後に生まれた子に適用され，施行日前に生まれた子については改正前民法が適用されるが，新たに設けられた子や母による嫡出否認の訴えの規定は，施行日前に生まれた子についても適用され，その場合の出訴期間は，改正法の施行日から1年とされている（改正法附則4）。
イ　嫡出推定制度の見直し
婚姻成立中に懐胎した子は夫の子と推定するという改正前民法のルールは維持した上で，第一に，婚姻成立の日から200日以内に生まれた子にも嫡出推定が及ぶとし（改正後民772①②），第二に，母が前夫以外の男性と再婚した後に生まれた子について，再婚後の夫の子と推定し（改正後民772③），後婚の推定を優先させた。その結果として，女性の再婚禁止期間を定めた規定（民733）は削除された。
ウ　嫡出否認制度の見直し
改正前民法では，嫡出否認権者は夫のみに限定され（民774），出訴期間も子の出生を知ってから1年以内に限定されていた（民777）。今回の改正で，第一に，否認権者が拡大され，否認権は，夫のほか，子（改正後民774①），母（改正後民774③），前夫（改正後民774④）にも認められた。第二に，出訴期間が伸長され，父と前夫については，子の出生を知った時から3年以内（改正後民777一・四），子と母については，子の出生の時から3年以内（改正後民777二・三）を出訴期間とした。

2　審理におけるDNA鑑定の利用

(1)　認知ないし嫡出否認の訴えと親子関係存否確認の訴えのいずれにおいても，血縁上の親子関係の存否が問題となりうる。血液型の背馳や供述証拠による認定が可能な場合はあるものの，これらによる認定が困難な場合，DNA鑑定（鑑定嘱託を含む。以下同じ。）が行われる場合が多い。客観性が高く，綿棒等で採取する口腔内粘膜を検体として擬父（擬母）・子間の鑑定が可能であるなど関係者への負担が少ない鑑定手法だからである。
(2)　婚姻中に懐胎した子（民法772条2項（改正後民法772条2項）所定の期

間内に出生した子についても嫡出推定が及ぶ。）について，父子関係の確定が親子関係存否確認の訴えによるか嫡出否認の訴えによるかは，同条による嫡出推定の排除がされるか否か（「推定の及ばない子」かどうか）による。その意味では嫡出推定の有無はそれぞれの訴えにおいて訴訟要件のように機能する。かつては血縁上の父子関係の証明には困難なものがあったが，現在は，DNA鑑定によりこれを客観的・科学的に判定することが可能である。そうすると，血縁上の父子関係の不存在が判明した場合（いずれの訴えにおいても本案の要件である。），嫡出推定排除はどうなるかという議論が生じることになる。

　判例（最一小判昭44・5・29民集23・6・1064，判時559・45，判タ236・123）は，形式的には民法772条（改正後民法772条）の推定要件を満たしていても，離婚の届出に先立ち約2年ないし2年半前から事実上の離婚をして別居し，夫婦の実態が失われていた場合に嫡出推定が及ばないとして外観説を採用し，最高裁第三小法廷平成12年3月14日（判タ1028号164頁）は，それまでの判例を集約する形で，民法772条2項（改正後民法772条2項）所定の期間内に妻が出産した子であっても，妻がその子を懐胎すべき時期に既に夫婦が事実上の離婚をして夫婦の実態が失われ，または遠隔地に居住して，夫婦間に性的関係を持つ機会がなかったことが明らかであるなどの事情が存在する場合には，その子は実質的には同条の推定を受けない旨判示していた。そうした中，最高裁第一小法廷平成26年7月17日（民集68巻6号547頁，金判1453号14頁，判タ1406号59頁）は，婚姻中に妻が子を懐胎し出産したが，DNA検査の結果によれば夫と子の間に生物学上の父子関係が認められないなどの事実関係において，夫と民法772条（改正後民法772条）により嫡出の推定を受ける子との間に生物学上の父子関係が認められないことが科学的証拠により明らかであり，かつ，夫と妻が既に離婚して別居し，子が親権者である妻の下で監護されているという事情があっても，親子関係不存在確認の訴えをもって父子関係の存否を争うことができない旨判示し，生物学上の父子関係がDNA検査の結果という科学的証拠により明白に認められない場合でも，なお外観説の判断枠組みによることが示された。

3　被告となる者の死亡と検察官の当事者適格

　認知の訴えにおいて被告となる父が死亡した後は，検察官が被告となる（人訴42①（改正後人訴44①））。親子関係存否確認の訴えにおいて父母または子の死亡により被告とすべき者がないときも検察官が被告となる（人訴12③）。被告とな

る子が死亡したときは，嫡出否認の訴えを提起する余地はない（人訴27②（改正後人訴27②）参照）。

　これらの訴えにおいて，検察官は，職務上の当事者として当該訴訟の被告となる。これは検察官が敗訴した場合に訴訟費用を国庫の負担とする旨の規定（人訴16①）からも明らかである（国が当事者であればこのような規定は不要である。）。訴訟費用の裁判を含む主文例は，次のとおりとなる。

〈例1〉認知の訴えの例
　原告が亡甲野太郎（本籍・東京都千代田区○町○番○号）の子であることを認知する。
　訴訟費用は国庫の負担とする。
〈例2〉親子関係存否確認の訴えの例
　原告と亡乙野花子（本籍・東京都千代田区大手町○番○号）との間に親子関係が存在しないことを確認する。
　訴訟費用のうち参加によって生じた部分は補助参加人の負担とし，その余は国庫の負担とする。

　（上記〈例2〉は被告（検察官）に補助参加がされた場合の主文である。）

4　当事者の表示
(1)　検察官が当事者となる場合

　人事訴訟の判決書には，戸籍届出の際の便宜をはかるため，当事者の表示に住所だけではなく本籍を記載する。検察官が当事者となる場合，当該訴訟の係属する裁判所に対応する検察庁に所属する検察官を統括する長たる検察官によって代表される。当事者の表示には，その長たる検察官を記載する。人事訴訟が東京家庭裁判所に提起されたときは東京地方検察庁検事正であり，東京高等裁判所に控訴されたときは東京高等検察庁検事長であり，最高裁判所に上告されたときは検事総長である。取り扱う検察庁が異なっても当事者としての一貫性を失うわけではない。その表示例は次のとおりである。

本　籍　東京都千代田区○町○番○号
住　所　東京都豊島区○○町○番○号

```
    原        告              甲  野  太  郎
        上記訴訟代理人弁護士       乙  田  花  子
東京都千代田区霞が関1丁目1番1号
    被        告              東京地方検察庁検事正
                              内  野  次  郎
```

(2) 出生届未了の場合

　離婚後300日以内に生まれた子について，出生届のないまま，その母が子の法定代理人として母の前夫に対する親子関係不存在確認の訴えを提起する場合がある。戸籍事務管掌者には形式的審査権しかなく，前記期間内に出生した子は，離婚の際の父母の戸籍に入るところ（戸籍法18①），戸籍先例によれば，父子間の親子関係の不存在を確認する裁判書の提出とともにするのであれば，母の再婚相手との嫡出子ないしは母の非嫡出子としての出生届が受理されるからである（嫡出子出生届につき昭40・9・22民甲2834号民事局長回答，非嫡出子出生届につき昭46・2・17民甲567号民事局長回答）。前記の場合に親子関係不存在確認の訴えは戸籍の記載を真実に合致させるために必要であり，確認の訴えの利益は認められる。

　この場合，出生届のされる子との同一性を明確にする必要があり，判決書には，母の本籍および住所，子の生年月日，子が命名されている場合はその名など子を特定するに足りる表示をすることが望ましい（「第72回戸籍事務連絡協議会議事録」家月17・1・187）。その表示例は次のとおりである。

```
本　籍　（出生届未了）
住　所　東京都豊島区○○町○番○号
            原        告          甲  野  太  郎
                                  平成○年○月○日生
本　籍　東京都千代田区○町○番○号
住　所　原告に同じ
            原告法定代理人親権者    甲  野  花  子
```

《参考文献》福永有利「嫡出否認の訴と親子関係不存在確認の訴」現代家族法大系編集委員会編『現代家族法大系』3巻23頁（有斐閣，1979），梶村太市「嫡出子否

認の訴えと親子関係不存在確認の訴え」判タ934号35頁，水野紀子「嫡出推定・否認制度の将来」ジュリ1059号115頁，梶村太市「家裁実務におけるDNA鑑定」ジュリ1099号84頁，岡垣学「人事訴訟における検察官の地位㈠」『人事訴訟の研究』53頁（第一法規，1980）

〔奥山　豪，遠藤　東路〕

第7章　訴訟手続に関する判決

第1　訴訟の特殊な原因による終了

○和解，訴えの取下げ等により訴訟が終了した旨を宣言する判決主文

> **基本型**
> 1　本件訴訟は，令和○○年○○月○○日訴訟上の和解が成立したことにより終了した。
> 2　原告（または被告）による令和○○年○○月○○日付け期日指定申立て後の訴訟費用は，原告（または被告）の負担とする。

《参照判例等》最二小判昭47・1・21裁判集民105・13，大決昭6・4・22民集10・380，最一小判昭33・6・14民集12・9・1492，最二小判昭46・6・25民集25・4・640，判時637・40，判タ265・138，大決昭8・7・11民集12・2040，東京高判昭34・7・15東高時報10・7・159，判タ94・43，津地判平12・9・7判タ1080・226
《参照条文》民事訴訟法261条・263条・267条

解　説

1　訴訟終了宣言判決の意義

　民事訴訟における判決とは，通常，訴え（裁判所に対し訴訟上の請求の当否についての判断を求める原告の申立て）に対する裁判所の判断を示すものであり，訴えが不適法である場合には訴え却下の判決がされ，訴えが適法である場合には，請求についての理由の有無によって，請求認容または請求棄却（場合により，一部認容・一部棄却）の判決がされるものである。そして，このような判決のほか，訴状却下命令（民訴137②）等の判決以外の終局裁判が確定（民訴116・122参照）すれば，その訴訟はその時点で終了する。

　また，民事訴訟は，上記裁判以外の理由によって終了することもある。民事訴訟法においては，訴えの取下げ（民訴261），訴えの取下げの擬制（民訴263），和解と請求の放棄および認諾（民訴267参照）がそのような終了原因として規定されており，これらの終了原因が生じたときは，その訴訟は，その時点で終了することとなる。

328　第7章　訴訟手続に関する判決

　ところが，事案によっては，当事者が，後に，上記終了原因の存否または効力を争い，終了したとされる訴訟がなお係属していると主張することがある。このような当事者の主張に対し，裁判所が，やはりその訴訟は既に終了していると判断したときに行われるのが，いわゆる訴訟終了宣言判決である（なお，当事者の死亡により訴訟が当然に終了する場合等にも訴訟終了宣言判決がされることがある。この点については，後掲（伊藤正晴「本来相続人に承継されるべき訴訟の当事者が死亡したがその相続人がいない場合の訴訟終了宣言判決の主文」，同「人訴事件および行政事件における当事者の死亡と判決主文」および同「一身専属的な権利に関する訴訟における当事者の死亡と判決主文」）参照）。
　このような訴訟終了宣言判決は，それ自体は，訴訟が既に終了し訴訟係属が消滅したという裁判所の判断を対外的に明確にするものにすぎず，これにより何らかの法的効果が直接生ずるというものではないが，判決という形式によってその判断が示されることにより，訴訟終了という判断の当否が法的に確定する契機となり，訴訟係属の有無に係る紛争を解決し，または予防する意義があるものといえる。すなわち，訴訟終了宣言判決も判決の1つであるから，通常の判決に対するのと同様の不服申立てができるのであり，この判決が確定することによって，訴訟終了という判断が既判力をもって確定されることとなるのである（訴訟終了宣言判決の既判力の範囲については，前掲《参照判例等》最二小判昭47・1・21参照）。

2　訴訟上の和解により訴訟が終了した場合

　訴訟上の和解により訴訟が終了したと扱われたものの，その後，その和解について錯誤があったなどとして和解の無効を主張する者は，別訴を提起してこれを主張する方法のほか，従前の訴訟について改めて期日指定の申立てをすることによって，その主張の当否の判断を求めることができるというのが判例（前掲《参照判例等》大決昭6・4・22，最一小判昭33・6・14等）である。
　このような期日指定の申立てを受け，裁判所が改めて期日を指定し審理した結果，和解に無効事由は認められず，訴訟はやはり終了していると判断される場合には，前記1のとおり訴訟終了宣言判決がされることとなる。この場合，訴訟費用については，和解成立時（実質的には期日指定申立て前）までの分は民事訴訟法68条または72条に基づき処理されることとなるから，同申立て後の分について負担の裁判をすることとなる。
　また，期日指定申立て後の審理の結果，和解に無効事由が認められると判断

される場合には，もともとの訴えに対する判決をすることとなる（前掲《参照判例等》最高裁第一小法廷昭和33年6月14日判決は，このような事例である。)。

3 訴えの取下げにより訴訟が終了した場合

> 1 本件訴訟は，令和○○年○○月○○日原告が訴えを取り下げたことにより終了した。
> 2 原告による令和○○年○○月○○日付け期日指定申立て後の訴訟費用は，原告の負担とする。

訴えの取下げが無効であると主張する者が，取下げにより終了したとされる訴訟について改めて期日指定の申立てをして，その主張の当否の判断を求めることも判例上認められている（前掲《参照判例等》最二小判昭46・6・25）。

この場合にも，前記2と同様に，審理の結果，無効事由がないと判断されれば訴訟終了宣言判決がされることとなり，他方，無効事由があると判断されればもともとの訴えに対する判断が示されることとなる。

なお，訴えの取下げについては，被告が本案について答弁をした後には原則として被告の同意がなければその効力を生じないことから（民訴261②），このような場合に取下げに無効事由が認められないとして訴訟終了宣言判決をするに当たっては，訴えの取下げに対し被告が同意したことにより終了した旨を宣言する方が正確ではある。しかし，「取下げにより終了」と宣言する以上は，当然，本案の答弁をしている被告がこれに同意していることが前提になっているはずであるから，取下げの日と同意の日とが異なっている場合は格別，取下げと同意が同日に行われたような場合には，「同意により終了した」とまで厳密に宣言する必要はないと思われる。

訴えの取下げに対し，被告が日を改めて同意した場合に係る訴訟終了宣言判決は，次のようなものが考えられる（訴訟費用の負担の裁判は省略する。）。

> 〈例1〉
> 　本件訴訟は，令和○○年○○月○○日の原告の訴えの取下げに対し被告が同月○○日同意したことにより終了した。
> 〈例2〉
> 　本件訴訟は，令和○○年○○月○○日，被告が原告の訴えの取下げに同

意したことにより終了した。

4　訴えの取下げの擬制により終了した場合

> 1　本件訴訟は，令和○○年○○月○○日の経過により訴えの取下げがあったものとみなされたことにより終了した。
> 2　原告による令和○○年○○月○○日付け期日指定申立て後の訴訟費用は，原告の負担とする。

　訴えの取下げの擬制(民訴263)による訴訟終了の効果を争い，終了されたとされる訴訟について改めて期日指定の申立てをして訴訟係属の有無の審理判断を求めることも判例上認められている(前掲《参照判例等》大決昭8・7・11。このほか，前掲《参照判例等》東京高判昭34・7・15もある。)。

　この場合の審理判断の在り方も，前記2および3と変わるところはない。また，現行民事訴訟法においては，当事者が2回連続して期日に不出頭であるか，弁論等をせずに退廷するなどした場合にも取下げ擬制の効果が生ずる旨規定されたが，これにより訴訟が終了した旨を宣言する判決の主文は，次のようなものとなろう(訴訟費用の負担の裁判は省略する。実例としては，前掲《参照判例等》津地裁平成12年9月7日判決がある。)。

> 　本件訴訟は，令和○○年○○月○○日訴えの取下げがあったものとみなされたことにより終了した。

　なお，これらは，訴えの取下げ擬制の効果が生じた後に期日指定の申立てがされた場合の対応であるが，旧民事訴訟法下では，休止期間満了前の期日指定の申立てを権利濫用等を理由に却下し，その結果，訴えの取下げが擬制されることとなるという事案が存在した。このような事案については，後掲(伊藤正晴「原告の訴訟追行が信義則に反する場合等における訴訟終了の判決主文」)を参照されたい。

〔伊藤　正晴〕

○本来相続人に承継されるべき訴訟の当事者が死亡したがその相続人がいない場合の訴訟終了宣言判決の主文

基本型

　本件訴訟は，令和○○年○○月○○日被告が死亡したことにより終了した。

《参照裁判例》東京地判昭55・1・29下民31・1〜4・1，判時986・89，判タ422・118
《参照条文》民事訴訟法124条

解　説

1　当事者が死亡した場合の訴訟の帰趨

　民事訴訟において当事者が死亡した場合において，その訴訟物が相続の予定されている権利関係であるとき（相続の予定されていない権利関係，すなわち，一身専属的な権利関係が訴訟物となっているときは，その訴訟は当事者の死亡により当然に終了する。後掲（伊藤正晴「人訴事件および行政事件における当事者の死亡と判決主文」および同「一身専属的な権利に関する訴訟における当事者の死亡と判決主文」）参照）は，その訴訟はなお係属し，訴訟代理人がある間は中断することもなく（民訴124②），訴訟代理人がない場合には，中断した上，相続人等が承継すべきものとされている（民訴124①一）。したがって，訴訟当事者が死亡したからといって，人訴事件等の例外的な場合を除き，その訴訟が当然に終了することはないのが原則である。

2　訴訟を承継すべき相続人がいない場合

（1）　前記1の原則に対し，実務においては，訴訟代理人のない当事者が死亡し，その相続人が不存在または不分明のため，相続人にその訴訟を承継させることが事実上不可能となる場合が散見される。しかし，この場合であっても，実体法上は，相続財産が法人とされる（民951）のであるから，この法人が前記訴訟を承継すべきものということになる（最二小判昭29・9・10裁判集民15・513参照）。したがって，純理論的には，死亡した当事者の相手方において，法人となった

相続財産に訴訟を承継させるため，相続財産清算人の選任の請求（民952①）をしたり，相続財産法人のための特別代理人の選任の申立て（民訴35。この場合に特別代理人制度の適用があることについては，大決昭5・6・28民集9・640参照）をしたりする必要があることになる。

(2) しかし，死亡当事者が被告である場合には，相続財産法人に一定の財産があるなど，原告においてあえて訴訟を承継させるため前記のような手続をとる動機が存在すればともかく，その多くにおいて，相続財産法人には見るべき積極財産が存在せず（だからこそ，法定相続人が相続を放棄して相続人が不存在になることが多い。），原告において，あえて前記のような手続をとる動機を欠くのが実情である。また，死亡当事者が原告である場合には，相手方当事者の被告が勝訴したからといって経済的利益が得られるわけではなく，逆に訴訟が進行した場合には敗訴の危険が大なり小なり生ずることになるのであるから，やはり前記のような手続をとる動機を欠くのが通常といえる。

このような場合にまで，前記(1)の純理論的考え方に基づき，相手方当事者に対し，訴訟承継のために必要な手続をとることを求め，それをしない限り訴訟が係属し続けると解することは，相手方当事者に必要以上の負担を課すものではないかという問題意識から，いくつかの便法が考えられている。

3　被告の地位を承継すべき相続人がいない場合に訴訟を終了させる方法

(1) 前掲《参照裁判例》東京地裁昭和55年1月29日判決は，不法行為に基づく損害賠償請求訴訟係属中に，訴訟代理人のない被告Yが死亡し，その相続人がすべて相続を放棄したことから，相続人が不存在となり，相続財産も認められないという事例において，Yの死亡により訴訟における被告が不存在となり，訴訟が当然に終了したものといわざるを得ないとして，Yの死亡により訴訟が終了したことを宣言する判決をしたものである。

この裁判例のような処理については，原告があえて訴訟を続行させたいと考えた場合でも訴訟が終了したことになってしまうのかといった問題はあるが，一般的な事例においては実際上の不都合は考え難く，便法の1つとして考えられないことはない（ただし，前掲《参照裁判例》東京地裁昭和55年1月29日判決は，訴訟費用を原告に負担させる旨の裁判もしているが，この点については，後記(3)の問題がある。）。

(2) 他の便法としては，原告に訴えの取下書を提出させ，訴えの取下げによって訴訟が終了したことにする扱いが考えられる。訴訟代理人のない被告が死

亡したことによって，その訴訟は中断しているのであるから，訴えの取下げも，中断中の訴訟行為として本来は許されないものであり，また，取下げに係る書面を送達する（民訴261④）こともできないという問題があるが，訴訟を承継すべき相続人がいないという例外的な場合には，（被告が死亡前に本案の答弁をしていたとしても）訴えの取下げの効力を認めるという見解も実務的にはありえないではないであろう。この場合には，通常，取下書の提出で訴訟が終了したと扱うことで原告と裁判所との間で共通認識ができていると思われるが，手続の明確性，透明性を確保するため，簡単な理由付けのものであっても訴訟終了宣言判決をすることが望ましいといえよう。この場合の判決主文は，次のようなものが考えられる。

> 本件訴訟は，令和○○年○○月○○日原告の訴えの取下げにより終了した。

なお，このような事案において，取下げの効力を認めず原告の訴えを却下した裁判例について，後掲（伊藤正晴「原告の訴訟追行が信義則に反する場合等における訴訟終了の判決主文」）参照。

(3) いずれにしろ，この類型において訴訟終了宣言判決をする場合には，訴訟係属の有無について当事者が争い，この争いに対する判断として訴訟終了宣言判決をする場合と異なり，既に生じている訴訟終了の効果について正に念のためにその旨の宣言をする判決をすることになると思われ，そのような判決は「事件を完結する裁判」（民訴67①）には当たらず，訴訟費用の負担については民事訴訟法73条が適用されるべきものとして，判決主文でその裁判までする必要はないであろう。

4　原告の地位を承継すべき相続人がいない場合に訴訟を終了させる方法

　原告が死亡した場合であっても，原告の相続人が自ら承継の手続をとる場合は特に問題がないが，そのような相続人が存在せず，また，原告に訴訟代理人もいない場合には，その訴訟の進行は事実上困難となる。被告に，訴訟中断状態が続けば被告の地位から解放されることもないとして原告の相続人の調査を依頼することも考えられるが，そのような事実上の不利益を特に異としない被告の場合には，他に被告にとって特段の利益のない前記調査を行うことは期待

し難い。法的には，裁判所が職権で前記調査を行うことも可能である（民訴129参照）が，相続人が自ら名乗り出ないような原告の場合には，相続人が不存在か，容易にはその存否が判明しないことが予想される上，裁判所による調査として現実的に可能なのは，原告の戸籍をその出生時まで遡って確認する程度であり，その前提となる本籍地がそもそも不明であれば，裁判所による調査は事実上不可能といえる。

このような事案においては，原告の請求の内容やそれまでの主張立証の結果等をも踏まえ，事案ごとに対応していくほかないといえようか。なお，訴訟代理人のいる原告が死亡した事案で，訴訟代理人が原告の承継人たる相続人を明らかにすることができなかったことから，請求の趣旨が特定されていないとして訴えを却下した事例として，大阪地裁平成12年2月10日判決（判タ1032号295頁）がある。

〔伊藤　正晴〕

○人訴事件および行政事件における当事者の死亡と判決主文

基本型

1 本件訴訟は，令和○○年○○月○○日原告（または被告）が死亡したことにより終了した。
2 中間の争いに関して生じた訴訟費用は，原告の相続人○○○○の負担とする。
〔注〕訴訟費用を負担させるのは，死亡による訴訟終了の効果を争った者となる（争った者がいなければ，訴訟費用の負担の裁判をしない。）。

《参照判例》最大判昭42・5・24民集21・5・1043，判時481・9，判タ206・204，最三小判平9・1・28民集51・1・250，判時1592・34，判タ931・117，最三小判平16・2・24裁判集民213・567
《参照条文》民事訴訟法124条，人事訴訟法27条

解 説

1 人訴事件における当事者の死亡

　人事訴訟法の施行によって廃止された旧人事訴訟手続法においては，被告が死亡した場合に関する規定は置かれていた（人訴手続2②③⑥・26・32②④）が，原告が死亡した場合については，婚姻の無効取消しまたは離婚の取消しの各訴えにおいて検察官が当事者となった後に相手方が死亡した場合（人訴手続2④）および嫡出否認の訴えの原告たる夫が死亡した場合（人訴手続29③）に関する規定しか置かれていなかった。

　このため，旧人事訴訟手続法下においては，人訴事件の原告が死亡した場合の訴訟の帰趨について争われることが多く，この点について判示した最高裁判例も少なからず存在するが，そのいずれも，原告が死亡した場合には人訴事件は当然に終了するものとしている（〔夫婦の一方が提起した婚姻無効確認請求訴訟について〕最二小判平元・10・13裁判集民158・75，判時1334・203，判タ716・62，〔父が提起した認知無効確認請求訴訟について〕最二小判昭57・12・17裁判集民137・619，〔養親が提起した離縁請求訴訟について〕最三小判昭51・7・27民集30・7・724，判時827・49，判タ340・160および最二小判昭57・11・26裁判集民137・555，判時1066・56，判タ487・79）。また，婚姻

の無効取消し等の訴えにおいて検察官が当事者となった後に相手方が死亡した場合に，弁護士を承継人として選定すべきであるとする旧人事訴訟手続法2条4項については，その規定の合理性に強い疑問が指摘され（河野正憲執筆，吉村徳重＝牧山市治編『注解人事訴訟手続法［改訂］』59頁（青林書院，1993）等），同項の適用を排除した裁判例（大阪高判昭59・8・21高民37・3・159，判タ541・227）も存在した。

現行の人事訴訟法においては，当事者の死亡による訴訟の帰趨に関する規定が整備され，原告が死亡した場合については，その訴訟は特別の定めがある場合を除き当然に終了するとされ（「特別の定め」は，父による嫡出否認の訴えについての人事訴訟法41条2項，認知の無効の訴えについての同法43条1項・3項および子が提起した認知の訴えについての同法44条3項），被告が死亡した場合については，離婚，嫡出否認（父を被告とする場合を除く。）または離縁を目的とする人事訴訟は当然に終了し，それ以外の人事訴訟はなお所定の者を被告として訴訟が追行されるものとされた（人訴26・27）。こうした規定の整備により，人訴事件における訴訟終了の有無に関する争いは，基本的に解決されたものといえる。

2　行政事件における当事者の死亡

行政事件において，原告が死亡したことを理由に訴訟が当然に終了したと判断された事例は多い。最も著名な事件としては，前掲《参照判例》最高裁大法廷昭和42年5月24日判決のいわゆる朝日訴訟判決がある。この判決は，生活保護受給権が被保護者の個人に与えられた一身専属の権利であり，他にこれを譲渡し得ず，相続の対象ともなり得ないことを理由に，生活保護法による保護に関する不服申立てに対する裁決取消請求に係る訴えを相続人が承継しうる余地はないとしたものである。

行政事件において原告の死亡と訴訟の帰趨が問題となった事例の多くは，前記朝日訴訟のように，処分の名宛人が原告となってその処分の取消しを求める訴えを提起していた場合であり，前掲《参照判例》最高裁第三小法廷平成16年2月24日判決もそのような事例であるが，処分の名宛人以外の第三者が原告となっている取消訴訟において原告が死亡し，その訴訟の帰趨が問題となった事例もあり，これが，前掲《参照判例》最高裁第三小法廷平成9年1月28日判決である。

これらのいずれの場合も，訴訟が当然に終了するか，相続人が訴訟を承継す

ることになるかは，死亡した原告についてその原告適格を基礎付けていた権利，利益（行政事件訴訟法9条にいう「法律上の利益」）の性質が，一身専属性を有するか否かによることとなる（大橋寛明「開発許可の取消訴訟を提起した開発区域周辺住民の死亡と訴訟承継の成否　ほか」『最高裁判所判例解説民事篇平成9年度(上)』153頁（法曹会）以下）。

3　訴訟費用の負担の裁判

　当事者の死亡により訴訟が終了したことについて特に争いが生じていない場合には，訴訟終了宣言判決は，手続の明確性，透明性を確保するために念のために行われるものといえ，「事件を完結する裁判」（民訴67①）に当たらず，訴訟費用の負担については民事訴訟法73条が適用されるべきものとして，判決主文でその負担の裁判をする必要はないと解される。

　しかし，当事者の死亡により訴訟が終了したことについて，死亡当事者の相続人がこれを争い（理論的には相手方当事者が争うこともありうる。），訴訟が承継されるべきものとして審理の続行を求めた場合には，訴訟終了宣言判決は，単なる念のための判決とは異なり，訴訟係属の有無という法的紛争に対する判断を示したものとして，「事件を完結する裁判」に当たるということができる。したがって，訴訟費用の負担の裁判をすべきこととなろうが，この場合であっても，本案自体は当事者の死亡によって終了しているのであるから，負担の裁判をすべき訴訟費用の範囲は，当事者の死亡後に生じた部分（「中間の争いに関して生じた訴訟費用」と表現される（前掲《参照判例》最大判昭42・5・24参照）。）に限られることとなる。

〔伊藤　正晴〕

○一身専属的な権利に関する訴訟における当事者の死亡と判決主文

基本型

1　本件訴訟は，令和○○年○○月○○日原告が死亡したことにより終了した。
2　中間の争いに関して生じた訴訟費用は，原告の相続人○○○○の負担とする。
〔注〕訴訟費用を負担させるのは，死亡による訴訟終了の効果を争った者となる（争った者がいなければ，訴訟費用の負担の裁判をしない。）。

《参照判例》最二小判昭53・6・16裁判集民124・123，判時897・62，判タ368・216，最二小判平元・9・22裁判集民157・645，判時1356・145，判タ734・101
《参照条文》民事訴訟法124条

解説

　人訴事件または行政事件以外の民事事件であっても，その訴訟物が一身専属的な権利に関するものであれば，その訴訟は当事者の死亡によって当然に終了することとなる。このような事例についての最高裁判例としては，前掲《参照判例》最高裁第二小法廷昭和53年6月16日判決および最高裁第二小法廷平成元年9月22日判決の2件がある。

　前掲《参照判例》最高裁第二小法廷昭和53年6月16日判決の事案は，ゴルフクラブBの正会員であったAが，Bから除名され，Bのために開設されたゴルフ場を所有するCからはゴルフ場施設利用契約を解除されたことから，B・Cに対し，AがBの正会員であることの確認等を求めたものであるが，この事件が上告審に係属中にA（上告人）が死亡した。最高裁は，Bの会則には会員が死亡したときはその資格を失う旨の規定があることを理由に，Bの会員たる地位は一身専属的なものであって，相続の対象となり得ないものと判断して，職権により，Aの死亡により訴訟が終了した旨の宣言判決をしたものである（ただし，この判例の射程距離には留意する必要がある（最三小判平9・3・25民集51・3・1609，判時1599・75，判タ937・96参照）。）。

前掲《参照判例》最高裁第二小法廷平成元年9月22日判決の事案は，労働者AがY会社に対してした退職の意思表示が無効であると主張し，Y会社に対し，労働契約上の権利を有する地位にあることの確認を求める訴えを提起したが，その第一審係属中にAが死亡し，Aの相続人であるXらが受継の申立てをするとともに，請求の趣旨を，地位確認請求とその地位に基づく賃金請求とに変更する旨の訴え変更の申立てをしたものである。これに対し，第一審裁判所は，Xらは本件訴訟を承継する適格を有さず，本件訴訟はAの死亡により終了したとして訴訟終了宣言判決をしたことから，Xらが控訴したものの，控訴審も第一審判決を相当として控訴を棄却した。そこで，Xらが上告した。しかし，最高裁は，「労働契約上の地位自体は当該労働者の一身に専属的なものであって相続の対象になり得ないものであるから，労働者の提起した労働契約上の地位を有することの確認を求める訴訟は，右労働者の死亡により当然に終了するとした原審の判断は，正当として是認することができ(る)」として，Xらの上告を棄却したものである。なお，公務員の免職処分取消請求訴訟については，免職処分を受けた公務員である原告が訴訟係属中に死亡した場合であっても，訴訟は当然には終了せず，取消判決によって回復される当該公務員の給料請求権等を相続する者が同訴訟を承継するとされている（最三小判昭49・12・10民集28・10・1868，判時762・3，判タ318・238）。この判例と前掲《参照判例》最高裁第二小法廷平成元年9月22日判決の判例の結論の差違については，公務員の免職処分が，取り消されるまでは有効と扱われる行政処分であることから，同処分が取り消されない限り給料請求権等の請求ができない点で，私人間の労働契約関係と異なることに由来するとされている（前掲《参照判例》最二小判平元・9・22参照）。
　これらの2事例のほかにも，当事者の死亡によって訴訟が当然に終了する場合がありえようが，訴訟が当然に終了するとした場合の影響の大きさを考慮すれば，その判断には慎重さが求められよう。

〔伊藤　正晴〕

○原告の訴訟追行が信義則に反する場合等における訴訟終了の判決主文

基本型
1　本件訴えを却下する。
2　訴訟費用は，原告の負担とする。

《参照判例等》最一小判昭63・4・14判タ683・62，仙台地判平5・6・30判タ848・299
《参照条文》民事訴訟法2条・140条・244条・263条

解説

1　旧民事訴訟法下における不熱心訴訟追行原告への対応
(1)　旧民事訴訟法における休止制度（旧民訴238）は，休止満了となる期間が3か月と長期であった上，この期間内に期日指定の申立てをすれば訴え取下げ擬制の効果が生じないとされていたことから，旧民事訴訟法下においては，原告が，口頭弁論期日への欠席（休止）と期日指定の申立てを繰り返して，訴訟の正常な進行を妨害する事例が散見された。

このような休止制度の濫用事例に対しては，休止期間中の期日指定の申立てを権利の濫用として却下する（その結果，当該訴訟は休止満了により取下げが擬制されることとなる。）裁判例（連続14回にわたり休止と期日指定の申立てが繰り返された事例である名古屋地裁昭和40年9月30日決定（判時435号29頁））が現れた。しかし，その後，同様に期日指定の申立てを権利濫用として却下した地裁決定が，抗告審において取り消されるとともに，その決定理由において，訴訟の経過に照らして当事者に訴訟追行の意思が失われたものと認められる場合には，裁判をするに熟したものとして，弁論を終結し，判決をすることもできる，ないし，判決をするのが望ましい旨の判示がされた事例（東京高決昭47・2・22判時659・60，判タ276・169，大阪高判昭50・1・8判時789・43，判タ323・174）が現れたこともあり，休止制度の濫用を考慮事情の1つとした上，原告の請求原因事実を認めるに足りる証拠がないとして請求棄却判決をする事例（東京地判昭52・11・30下民28・9～12・1183，判タ365・281）や，訴えの利益がないとして訴え却

下判決をする事例（岡山地津山支判昭51・1・14判時821・142，東京地判昭52・2・2下民28・1〜4・66，判時868・70，判タ360・212）が現れた（なお，上記抗告審決定後に期日指定申立ての却下決定を是認した事例として，東京高決昭61・8・12訟月33・5・1198がある。）。

また，休止制度の濫用事例とは別に，原告が訴訟の進行を妨害し，または何ら協力しない場合に，訴権の濫用（忌避制度の濫用事例である大阪地判昭41・3・12下民17・3〜4・138，判時455・50，判タ191・197）や旧民事訴訟法202条（現行民訴140）の準用（被告が死亡したのに相続人の調査を何ら行わなかった事例である東京地判昭58・10・4判時1094・83，判タ517・136）を理由に訴えを却下する事例もあった。前掲《参照判例等》最高裁第一小法廷昭和63年4月14日判決は，35年余という極めて長期にわたり原告が何らの訴訟進行措置を採らなかった事例について，訴訟追行権の再行使が原告の重過失により著しく時機に遅れたもので，信義則上許されないとして，訴えを却下すべきであるとした原審（東京高判昭60・4・24東高時報36・4〜5・79，判時1155・264，判タ562・107。なお，この事件の第一審は，東京地判昭58・10・24下民34・1〜4・371，判時1111・121，判タ508・197である。）の判断を是認したものである。

(2) 前掲《参照判例等》仙台地裁平成5年6月30日判決の事案は，前掲（伊藤正晴「本来相続人に承継されるべき訴訟の当事者が死亡したがその相続人がいない場合の訴訟終了宣言判決の主文」）の3の事案のように，訴訟代理人のない被告が死亡し相続人も不存在となったという事案において，原告が訴えの取下書を提出したというものである。裁判所は，「原告の行為なくしては訴訟進行が図れない事態に陥った場合には，原告は積極的に裁判所に対し訴訟進行のための必要な行為をすべきことが要請され(る)」とし，「それにもかかわらず，原告が何らの行為もしないため，訴訟進行が図れない状態が長期間続いた場合」等においては「原告はその訴訟の追行権をもはや行使することができず，その訴えは不適法として却下することができるものと解するのが相当である。」と判示し，原告の訴えを却下する判決をした。

この裁判例の事案は，前記(1)で挙げた事案とはやや趣を異にし，原告の対応にも無理からぬ面があるといえるものであるが，原告によって提起された訴訟を中断状態のまま放置することはできず，何らかの形で終了させる必要があることを考えれば，この裁判例のように判断することも許されるであろう。

2　現行民訴法下における不熱心訴訟追行原告に対する対応

現行民事訴訟法においては，2条で「当事者は，信義に従い誠実に民事訴訟を追行しなければならない。」と，また，244条で，当事者が欠席していても「審理の現状及び当事者の訴訟追行の状況を考慮して相当と認めるとき」に終局判決ができると，それぞれ明文で定められ，さらに，休止制度（民訴263）も，休止期間が1か月と短縮された上，2期日連続して当事者が欠席したような場合には取下げが擬制されると改正された。前記民訴法2条や244条は，旧民訴法下においても解釈上認められていたものを明文化したものにすぎないとされる（法務省民事局参事官室編『一問一答新民事訴訟法』29・286頁（商事法務研究会，1996））が，いずれにしろ，これらの規定が置かれたことから，前記1(1)のような事例自体が相当減少するものと期待されるとともに，仮にそのような事例が生じた場合であっても，本案判決や訴え却下判決により対応することに法文上の根拠が与えられたものといえ，より適時に適切な対応をすることが可能となったものといえよう。

《参考文献》池田辰夫「不熱心訴訟追行原告に対する帰責法理の展開」大阪大学法学部創立三十周年記念論文集『法と政治の現代的課題』336頁（1982）

〔伊藤　正晴〕

第2　訴訟法上の検討を要する主文

○給付請求について請求棄却の確定判決がある場合に，同一の請求を掲げて後訴が提起されたときの判決主文

> **基本型**
> 　原告の請求を棄却する。
> 〔注〕前訴の基準時後に実体関係の変動事由がない場合の判決主文である。

《参照判例》最三小判昭57・3・30民集36・3・501，判時1045・118，判タ471・116
《参照条文》民事訴訟法114条

解　説

1　既判力の意義

　既判力とは確定判決の判断に与えられる通有性ないし拘束力のことをいう。既判力は相殺の場合を除き（民訴114②），判決主文に包含する判断にのみ生じる（民訴114①）。本案判決の判決主文は訴訟上の請求（訴訟物）に対する判断であるから，その既判力は訴訟物に生じることになる。
　既判力の後訴への作用には，消極的作用と積極的作用がある。消極的作用とは，当事者は既判力の生じた判断に反する主張・証拠申出をすることが許されず，裁判所も既判力に反する当事者の主張・証拠申出を採り上げないということであり，積極的作用とは，裁判所が後訴の審判の基礎として既判力ある判断を前提にしなければならないということである。既判力の時的限界（基準時）は事実審の口頭弁論終結時である（民執35②）。

2　請求棄却判決の既判力の後訴への作用

　給付請求において請求棄却の確定判決があるにもかかわらず同一の請求を掲げて訴えが提起された場合，後訴においては，基準時後の事由のみが実体審理の対象となる。時後の事由が実体関係を変動させるものであれば，その結果を前訴の既判力ある判断と併せて後訴請求の当否について本案判決をする。
　基準時後の事由がない場合については，訴え却下判決をするという見解と，請求棄却判決をするという見解がある。裁判例は一致していない。場合を分け

て考えてみよう。

　①前訴の基準時後の事由が主張されたものの，実体審理の結果，これが容認されない場合には請求棄却判決をしなければならない。請求棄却判決をすることによって既判力の基準となる時点を後訴の基準時に移動させ，新たな紛争を防ぐ必要があるからである。②前訴の基準時後の事由との法的見解に基づいて主張された事由があるものの，実際には既判力で遮断される主張のため狭義の実体審理を要しない場合も同様である（前掲《参照判例》最高裁第三小法廷昭和57年3月30日判決は，白地手形の所持人が手形金請求の前訴で白地補充権を行使しないまま手形要件を欠くとして請求棄却の判決を受け，これが確定した場合，特段の事情のない限り，前訴の基準時後に白地部分を補充しても，後訴で手形上の権利の存在を主張することは許されないと判示し，後訴の手形金請求を棄却した原審の判断を是認した。）。③問題は，前訴の基準時以後の新事由の主張そのものがない場合である。主張された新事由が既判力に抵触するとの判断をすることと，基準時以後の新事由の主張がないことを確認することの間に審理として大きな差があるわけではなく，新事由の主張がない場合でも既判力の基準となる時点を移動させて紛争を防ぐ必要性を否定できない。請求棄却判決をするのが正当である。冒頭の基本型は，この立場による判決主文である。

3　後訴の審理

　請求棄却の確定判決があるにもかかわらず同一の請求を掲げて訴えが提起された場合（既判力の存否は職権調査事項であるものの，実際には被告の指摘により判明することが多いであろう。），既判力の作用を反映した審理の手順は次のとおりとなる。①既判力に抵触しない基準時後の事由が主張されればこれを審理する。審理の結果，新事由が容認されれば，前訴の既判力ある判断と併せて後訴請求の当否について本案判決をし，そうでなければ請求棄却判決をする。②既判力に抵触しない基準時後の事由の主張がない場合は，実体審理をすることなく直ちに請求棄却判決をする。

　しかし，実際にこのような後訴が提起される場合は，紛争の背景事情や当事者の性格なども関係して複雑な様相を呈することが多い。全体としての訴訟進行を円滑にするため，ある程度までは厳密な意味での既判力の作用に反する訴訟運営も裁判所の裁量として許されると考える。

〔奥山　豪，金澤　秀樹〕

○給付請求について請求認容の確定判決がある場合に，時効停止・更新の必要を理由に同一の請求を掲げた訴えが提起されたときの判決主文

> **基本型**
>
> 　被告は，原告に対し，○○万円及びこれに対する令和○年○月○日から支払済みまで年○パーセントの割合による金員を支払え。
> （前訴の判決主文と同一内容の判決主文となる。）

《参照判例等》大判昭6・11・24民集10・12・1096，東京地判昭56・3・25下民33・5〜8・1108，判時1028・81
《参照条文》民事訴訟法114条

解　説

　給付請求において請求認容の確定判決がある場合に同一の請求を掲げて訴えが提起された場合，後訴は訴えの利益を欠き，訴え却下の判決がされる。しかし，勝訴判決を得る特別の必要がある場合は再度の給付の訴えが許される。表題のとおり判決確定の時から進行を開始した消滅時効を停止し，更新するためにするのがその典型例である（前掲《参照判例等》）。

　時効の停止及び更新のためには確認の訴えのみが許されるとの見解もあるが，訴えの利益をそのように厳格に考える必要はないであろう。

　既判力が働くために，後訴において，裁判所は前訴の口頭弁論終結時を基準として前訴の訴訟物たる権利が存在することを前提に判断をすることになるため，基準時後の権利の変動事由の有無を判断することになる。基準時後の事由がなければ，この場合の判決主文は，前訴の主文と同一となり，上記主文はその例である。

〔奥山　豪，金澤　秀樹〕

○金銭請求訴訟の継続中に被告が破産し、その請求に係る債務につき免責を得た場合の判決主文

基本型
原告の請求を棄却する。

《参照条文》破産法253条、旧破産法366条の12

解　説

1　免責の効力と判決主文

　免責の法的効力について、旧破産法以来、責任が消滅し自然債務として残存するとの説と、債務そのものが消滅するとの説があるが、判例は、免責決定の確定により、免責の対象となる破産債権は訴えをもって履行を請求しその強制的実現を図ることができなくなるとの一般論を示しており、自然債務説を前提としていると解されている（最三小判平9・2・25裁判集民181・509、判時1607・51、判タ944・116、最三小判平11・11・9民集53・8・1403、判時1695・66、判タ1017・108、最二小判平30・2・23民集72・1・1）。

　免責の効力の及ぶ破産債権に係る請求は、訴求可能性を欠くものとして棄却される。給付請求権につき不執行の合意がある場合（最一小判平5・11・11民集47・9・5255、判時1541・88、判タ888・134）に当該請求権を裁判上行使することが許されるのと異なる。

2　同時破産廃止と訴訟の審理

　訴訟の被告に破産手続開始の決定がされると、破産財団に関する訴訟手続は、後に述べる同時破産廃止（破216①）の場合を除き中断する（破44①）。破産者が破産手続開始の時において有する一切の財産は破産財団を構成することから、財産権に関わる請求訴訟は中断の対象となる。破産管財人は、破産債権に関しない訴訟は受継することができ、訴訟の相手方も受継を申し立てることができる（破44②）。破産債権については、原則として破産手続によらなければ行使することができないため、訴訟が先行している債権者においても破産手続の中で破産債権の届出を行う必要があり、債権調査手続において他の債権者から異議が

出され、あるいは破産管財人が認めなかった場合に、異議者全員を相手に訴訟の受継を申し立てることになる（破127）。

金銭請求訴訟の被告について同時破産廃止がされた場合に、訴訟手続が中断するか否かについて、破産手続開始の決定が決定時から効力が生じる（破30②）のに対し、破産手続の同時廃止の決定の効力が官報公告に掲載された日の翌日であると解されることから、タイムラグが生じることが問題となる。同時破産廃止手続が開始された場合には破産財団が構成されない以上、中断の対象となる「破産財団に関する訴訟」は存在しないものと考えて、訴訟の中断はないとみることができる（伊藤眞ほか『条解破産法〔第3版〕』1492頁（弘文堂、2020））。利害関係人により同時廃止決定に対する即時抗告があったとしても、即時抗告には執行停止効がないため（破216⑤）、そのまま訴訟手続を進めることができるが、同時破産廃止手続決定が抗告審によって取り消された場合には、当該訴訟手続は中断すると解される。

旧破産法の下では、同時破産廃止がされた場合、破産債権に基づく強制執行をすることができ、配当等による弁済がされた後に免責決定が確定したとしても、その弁済が法律上の原因を欠くに至るものではないとされていたが（最三小判平2・3・20民集44・2・416、判時1345・68、判タ725・59）、現行破産法においては、免責許可の申立ておよび破産手続廃止の決定（破216①・217①）または破産手続終結の決定（破220①）があったときは、免責許可の申立てについての裁判が確定するまでの間、破産債権に基づく強制執行等をすることはできず、既にされたものは中止するとされた（破249①）ことから、この問題については立法的に解決されている。

破産債権に係る請求を審判の対象とする訴訟に関し、同時廃止決定があり中断しなかった場合や、異時廃止等により破産手続が終了し、破産者が訴訟を当然に受継した場合（破44⑤）には、免責決定の確定を待つ必要はなく、当該訴訟手続はそのまま進行させて良い。口頭弁論終結時までに免責決定が確定したことが判明すれば、非免責債権（破253①）であるかについての審理を経て、非免責債権と認められなければ、請求棄却の判決をする（もっとも非免責債権であるかどうかの審理を経ることなく訴えの取下や放棄によって訴訟が終了するのが通例である。）。

〔奥山　豪、金澤　秀樹〕

○訴えの変更に関する裁判と終局判決の主文

> **基本型**
> 　被告は，原告に対し，○○万円及びこれに対する令和○年○月○日から支払済みまで年○パーセントの割合による金員を支払え。
> 　原告のその余の請求を棄却する。

〈事例〉金銭の支払を求める訴えの係属中，原告が新請求を追加的に変更する旨申し立てたところ，終局判決の理由中で訴え変更を許さない旨の判断が示され，従来の請求についてのみ一部認容がされた場合を想定した判決主文である。主文に訴えの変更を許さない旨の宣言はなく，新請求に対する応答もない。

《参照判例》最三小判昭43・10・15判時541・35
《参照条文》民事訴訟法143条

解　説

1　訴えの変更の意義

訴えの変更（請求の変更）とは，訴訟の係属後に原告が当初の訴えにおいて審判を申し立てた事項を変更することをいう。訴訟中の訴え提起の態様の1つであり，訴えの変更は，新旧両請求について請求の基礎に変更がなく，著しく訴訟手続を遅滞させない場合等に許される（民訴143①）。

2　訴えの変更に関する審理と判決主文

訴えの変更手続がとられた場合であっても，攻撃防御方法の変更にすぎないなど訴えの変更がないのであれば，そのまま審理を続行する。当事者に争いがあれば，中間判決によるか，終局判決の理由中でその判断を示す。終局判決の主文では，訴えの変更に当たらないとされる請求に対する判断を示すだけで足りる。

訴えの変更を許さない場合は，変更を許さない旨の決定をする（民訴143④）。抗告は許されず，不服申立ては終局判決に対する上訴による。この決定は，弁論の制限に類した一種の訴訟指揮的裁判であり，新請求は決定で却下されるのではなく，終局判決において旧請求に対する判断とともに新請求が排斥される

からである。そうであるとすれば，終局判決の理由中で訴えの変更を許さない旨の判断を示して新請求を排斥することも許される（前掲《参照判例》最高裁第三小法廷昭和43年10月15日判決）。この場合，判決主文で訴えの変更を許さない旨の宣言はしない。

　訴えの変更を許さない場合，終局判決の主文では，旧請求に対する判断のみを示し，新請求への応答はしない。終局判決が訴えの変更を許さない旨の決定と相まって新請求却下の判決をも黙示的に包含した全部判決となるといわれる理由であるが，このような取扱いが理論的に正当かどうかは検討の余地がある。**基本型**は，この場合の判決主文である。

　訴えの変更を許す場合にはそのまま審理を続行する。当事者に争いがあれば，訴えの変更を許す旨の決定をすることもできる（民訴143④類推）。抗告は許されない。終局判決の理由中でその判断を示してもよい（最三小判昭38・6・4裁判集民66・329）。この場合も判決主文で訴えの変更を許す旨の宣言はしない。

　終局判決の主文では，訴えの追加的変更であれば，旧請求および新請求に対する判断を示し，訴えの交換的変更であれば，新請求に対する判断を示す。ただし，訴えの交換的変更については被告の同意が必要であるから，不同意の場合，旧請求および新請求の双方に対する判断を示すことになる。

《**参考文献**》鈴木正裕「訴訟内訴え提起の要件と審理」新堂幸司編著『特別講義民事訴訟法』222頁（有斐閣，1988）

〔奥山　豪〕

明文の規定はないものの，このことは，当事者の死亡により訴訟が中断して受継手続を要する（民訴124①）にもかかわらず，訴訟代理人がある間は訴訟は中断しない（民訴124②）ことから明らかである。当事者の死亡などの当然承継に伴う中断および受継の手続は，承継後に現実の訴訟追行者が交替する手続である。

狭義の訴訟上の請求は，特定の原告の特定の被告に対する権利主張であり，当事者が交替すれば，訴訟上の請求の内容も変容せざるを得ない。訴訟の当然承継を認めるということは，承継前の請求に関する訴訟手続が実体法上の承継原因を反映した承継人のまたは承継人に対する新請求を審判の対象とする訴訟手続に移行することを意味する。ただし，その変更内容を明らかにして審理を進行させるためには，当事者が口頭弁論で新たな請求の趣旨および原因を提示することが必要である（後掲《参考文献》八木，中野）。

口頭弁論終結前に中断が生じた場合，裁判所は，受継の申立てに理由がないと認めるときは，決定で申立てを却下し（民訴128①），理由ありと認めるときは，期日を指定して手続の進行を図る。明示の裁判は要しない。受継が認められたことに不服がある当事者は，続行された手続でこの点を争うしかない。また，口頭弁論終結後に中断した場合，裁判所は，受継の申立てに理由がないと認めるときは，決定で申立てを却下し，理由があると認めるときは，受継決定をする（民訴128②）。受継決定は，中間的裁判ではあるが，その内容は終局判決に反映されないから，上訴審の対象として一定の独立性が認められる（最二小判昭48・3・23民集27・2・365，判時702・56，判タ294・341は，控訴審判決言渡後の中断の場合につき受継決定のみの破棄を求める上告を認めた。）。いずれの場合も，受継申立てを却下した決定には抗告（民訴328①）をすることができる。

2 当事者の死亡による中断後，受継した当事者が真の承継人でないことが判明した場合の措置

口頭弁論終結前に中断し，受継申立てを理由ありと認めて手続を進行させた場合でも，その判断に終局裁判に対する拘束力はない。受継をした当事者が真の承継人ではないことが判明した場合は，これを前提に終局的裁判をしなければならない。

訴訟引受がされた後に承継原因の不存在が判明した場合と異なるのは，引受人は引受決定によって当事者としての地位を与えられるのに対し，当事者の死亡などの当然承継では承継に伴い当然に当事者が交替するのであって，受継は

当事者の地位の承継に関して確認的意味を持つにとどまるという点である。表見承継人が受継しても，真の承継人に対する関係では手続は中断したままであり，その意味では現に進行した表見承継人の訴訟手続と中断した状態の真の承継人の訴訟手続は併存する。

　この場合，終局的裁判として表見承継人の受継申立てを却下する（この根拠として大判昭14・12・18民集18・1534が引用されることがあるが，受継決定に対する控訴審の応答が問題となる事案であり，事案が異なると思われる。）のは相当でない。受継後には表見承継人を当事者とする手続が進行しているのであり，ここでの問題は，表見承継人のまたはこの者に対する訴訟行為に裁判所がどのような応答をするかということだからである。受継後，表見承継人のまたはこの者に対する請求が審判の対象とされ，実質的には新訴の提起がされたとみることができることからすれば，終局判決でこれを排斥する判断を示す必要がある。

　この点については訴え却下をするという見解もあるが，承継原因は本案の要件でもあるから，承継原因を欠く訴訟引受がされた場合と同様，本案判決（通常は請求棄却判決）をするのが相当である。受継申立てを却下する裁判をする必要はない。前掲〈事例〉は，この立場による判決主文である。

　もっとも，受継後の表見承継人を当事者とする訴訟手続において，審理の結果，承継人の誤りについて争いがないものとなれば，当該訴訟の原告に訴えの取下げを求め，当該訴訟を終了させることで足りる。当該訴訟の当事者間で訴訟終了の合意をさせて当該訴訟手続を終了させ，手続を明確にする必要があれば，表見承継人を当事者とする訴訟につき判決で訴訟終了宣言をすることも考えられる。

　なお，いずれの措置をとった場合でも，中断した状態の真の承継人を当事者とする訴訟手続に影響が及ぶものではなく，この訴訟手続は受継の上で新たに進行させなければならない。

3　訴訟代理人があるため当事者の死亡により手続は中断しないときに，承継した当事者が真の承継人でないことが判明した場合の措置

　訴訟代理権は当事者の死亡によって消滅することはなく（民訴58①一），当事者が死亡しても訴訟代理人がある間は訴訟手続は中断しない（民訴124②）。訴訟代理人は，当然承継をした者の代理人として訴訟追行に当たる。

　この場合，訴訟は死者の名でそのまま追行でき，だれがその承継人であるか

が明らかでなくても訴訟の追行を妨げられず，死者の名で判決がされて承継人に対する判決として効力を有する（判決書には死者が当事者として表示され，死亡の事実も判決理由に反映されない。）。本来の当事者である承継人が特定されなくてもよいという異例の手続である。承継人の範囲は明確であり，訴訟代理人もこれを熟知してその利益を正当に代理できるとの考えがこの手続の基礎にあるように思われるが，その妥当する範囲に疑問がないわけではない。審判の対象となる請求や判決の効力（どのような訴訟物の判断に既判力が生じるのかは必ずしも明確ではない。）についても検討しなければならない点が多い。

　しかし，実際には死者名義のまま訴訟が進行する例は少ない。訴訟代理人は中断事由の発生を裁判所に書面で届けなければならず(民訴規52)，実務上は，訴訟代理人が訴訟手続承継申立書，当事者の表示訂正申立書などを提出し，承継人を特定し，その代理人として訴訟を追行することを表明する（以下ではこれを「承継手続」ということにする。）のが大半だからである。承継手続には承継人からの訴訟委任状の提出を伴うのが通常である。承継手続について民事訴訟法に明文の規定はないが，実務上確立された慣行であり，当然承継による当事者および請求の交替を考えれば，この承継手続を原則的な扱いとするのが正当である。この承継手続を経て承継人を当事者と表示する手続が進行し（最二小判昭33・9・19民集12・13・2062），新たな請求の趣旨と原因が提示されることになる。

　承継手続を経て手続に関与した当事者が真の承継人ではないことが判明した場合，当然承継に伴い当事者の交替が生じ，訴訟代理人が当然承継をした者の代理人として訴訟追行に当たることからすれば，承継手続後の訴訟代理人の活動の効果も真の承継人に及び，以後の手続は当事者の表示を変更するだけでよいと考えることもできそうである。しかし，承継手続後は，表見承継人のまたはこの者に対する請求が審判の対象とされるはずであって，訴訟代理人の活動は，その請求について，表見承継人のためにされることが予定されている。その活動に真の承継人が関与する機会はなく，訴訟代理人が真の承継人に対する関係で代理人として行動したと評価することはできない。

　したがって，訴訟代理人が承継手続により自己が代理する承継人を特定した場合，ほかに真の承継人が存在すれば，その真の承継人に関する関係では，訴訟代理人が存在しないのと同様な状態となり，訴訟手続は中断すると解するのが相当である（後掲《参考文献》八木，中野）。これ以降は，表見承継人の訴訟手続

と中断した真の承継人の訴訟手続が併存することになる。

そうすると，訴訟代理人の承継手続の後に真の承継人でないことが判明した場合の措置は，中断後に受継した当事者が真の承継人でないことが判明した前記2の場合と同様になる。そこで述べた理由により，表見承継人を当事者とする訴訟手続において承継人の誤りに争いがないものとなった場合を除き，本案判決をするのが相当である(後掲《参考文献》八木，中野)。参考事例の主文は，受継のみならず中断を伴わない承継の場合にも妥当する。

なお，中断した真の承継人を当事者とする訴訟手続は，受継の上で新たに進行させなければならないことも前記2の場合と同様である。

(3) 氏名冒用訴訟および死者名義訴訟の場合の終局判決の主文

〈事例〉
　本件訴えを却下する。

〈事例〉原告側氏名冒用訴訟と被告側死者名義訴訟の双方の場合について
《参照条文》民事訴訟法58条・124条・128条

解　説

1　氏名冒用訴訟

氏名冒用訴訟には，AがBの名をかたって訴えを提起する場合（原告側冒用）とCに対して提起された訴えにつきDが被告として応訴する場合（被告側冒用）がある（この表現の中に既にAが提起した訴えの当事者がA自身ではなくBであるという当事者の確定に関する一定の判断が先行していることに留意する必要がある。）。

裁判所が原告側の冒用に気付いたときは，当事者本人の意思に基づかない訴えであるので，被冒用者Bから追認（民訴34②類推）のない限り不適法として訴え却下の判決をする。判決書に原告として表示するのは被冒用者Bであり，判決主文は前記のとおりとなる。その趣旨を明確にするため「原告をB，被告をCとする〜との請求に係る本件訴えは，却下する。」としてもよいであろう。

この場合，冒用者Aには訴訟追行によって生じた訴訟費用を負担させる（民訴70類推）。訴訟費用の裁判は次のとおりとなる。

> 訴訟費用は○○（住所・東京都豊島区○町○番○号）の負担とする。

　裁判所が被告側の冒用に気付いたときは，冒用者Dの弁論を禁止し，被冒用者Cに弁論をさせるために手続をやりなおす。被冒用者Cは，冒用者Dの訴訟行為を追認することもできるが，そうでないときは，裁判所はこれを全部無効であることを宣言し，その旨を調書に記載させることになる（争いがあり必要があれば中間判決も考慮に入れることになろう。）。

2　死者名義訴訟
ア　原告の死亡
　原告が訴訟委任後に死亡したにもかかわらず，これを知らないで訴訟代理人が訴えを提起した場合，訴訟承継の規定が類推され，訴訟代理権は委任者の死亡によっては消滅することはなく，相続人が手続を当然承継する（最二小判昭51・3・15判時814・114）。原告の死亡が判明したときは，承継手続をとり新たな当事者を明らかにする。訴え提起後，訴訟係属（訴状送達）前に原告が死亡した場合にも訴訟承継に関する規定が類推適用されるものと解してよい。
イ　訴訟係属前の被告の死亡
　訴訟係属前に被告が死亡した場合，その訴えは被告の相続人に対する訴訟を成立させるものではない。死者を被告とする訴えは不適法であり，訴え却下の判決がされる。訴訟係属前に訴訟の当然承継は生じないから受継もできないと解すべきであろう。判例も訴訟係属前の被告の死亡の場合の受継に否定的である（最一小判昭41・7・14民集20・6・1173，判時455・40，判タ196・109は，訴え提起後，訴状送達前に被告が死亡し，相続人に対する受継手続がとられた後に異議なく第一，二審を追行した場合に相続人からの手続無効の主張を信義則に反するとして排斥した。）。
　原則はこのとおりであるが，訴訟物たる権利関係が相続により承継される場合，訴訟係属前に被告が死亡していたとすれば，その相続人を被告とする意思を原告は有していたものと考えられるから，手続の進行段階に照らして被告の表記訂正により当事者の同一性を害さないと認められる場合は，訴状を相続人に対する訴えとして補正することを認めてよい（この限りでは受継手続を認めるのと実質的な差はない。）。この場合，補正後の訴状を相続人に送達し，相続人を被告とする訴訟として手続を進行させる。このような処理が許される時期

的限界は，第一回期日の終了時とするのが相当である。実務上も被告の死亡が判明するのは，訴状送達を試みた際が多く，特に問題はないと考える。

(4) 必要的共同訴訟ないし独立当事者参加訴訟において当事者の全員が関与しない和解がされた場合の措置と上訴審の主文

〈事例〉
　原判決を取り消す。本件を○○地方裁判所に差し戻す。

〈事例〉必要的共同訴訟ないし独立当事者参加訴訟において当事者全員が関与しない和解がされた後，和解による訴訟の終了を前提として第一審判決がされ，控訴がされた場合の判決主文である。控訴審判決の名宛人（当事者の表示）は当事者全員となる。
《参照判例》最二小判昭43・4・12民集22・4・877，判時518・54，判タ222・162
《参照条文》民事訴訟法40条・47条

解　説

1　和解が効果を生じない場合

　必要的共同訴訟では，訴訟資料の統一と手続進行の統一が要求される。訴訟資料の統一を図るため，共同訴訟人の1人のした訴訟行為は，全員に有利な場合についてのみ全員に効果が及び（民訴40①②），不利な場合は効果を生じない。和解は不利な訴訟行為であり，共同訴訟人の1人がした和解は効果を生じない。
　独立当事者参加には詐害防止参加と権利主張参加があるが，いずれについても審判の規律として必要的共同訴訟に関する規定が準用される（民訴47④）。必要的共同訴訟で訴訟資料の統一と手続進行の統一が要求されるのは，共同訴訟人間で歩調を合わせるためであるのに対し，独立当事者参加訴訟でこれらの統一が要求されるのは，三当事者を互いに牽制させることにより一当事者だけを不利に扱わせないようにするためである。その意味では，これらの訴訟の審判の規律の趣旨は異なるのであるが，独立当事者参加訴訟においても，二当事者間の和解は当事者全員に有利ではないものとして効果を生じないとされる（学説には批判がある。）。
　ここでは，裁判所がこの問題を見過ごし，必要的共同訴訟ないし独立当事者

参加訴訟において当事者の全員が関与しないまま効果の生じない和解を成立させた後の措置について検討する。

2 判決言渡前に問題点に気付いた場合の措置

効果の生じない和解がされた場合，当該当事者間の訴訟は終了しないから，裁判所は，当該訴訟関係についても期日を指定して手続を続行する。弁論終結後であればその再開をする必要がある。期日においては，和解に関与した当事者に和解が無効であることを確認させて手続を続行する。期日調書には，裁判所のした措置内容と当事者の異議の放棄を記載する。実際の訴訟進行では混乱も予想されるが，裁判所としては，和解に関与した当事者の納得を得るよう努める必要があろう。

3 和解により訴訟が終了したものとして判決がされた場合の上訴審の措置

必要的共同訴訟ないし独立当事者参加訴訟で判決をするときは，当事者全員を判決の名宛人とする1個の終局判決のみが許され，当事者の一部に関する判決をすることも，残余の者につき追加判決をすることも許されない（独立当事者参加訴訟に関して前掲《参照判例》最二小判昭43・4・12）。当事者の1人の上訴により，判決の名宛人にならなかった者に関する部分も移審の効果が生じる。

和解により訴訟が終了したものとされた判決は違法であり，判決裁判所がこれを是正する措置はない。上訴審としても，原判決を取り消して事件を原審に差し戻すほかない。この判決の名宛人は当事者全員である。上記主文は，その場合の控訴審の主文である。

《参考文献》田尾桃二「訴訟引受の一つの問題」判タ242号66頁，鈴木正裕「訴訟内訴え提起の要件と審理」新堂幸司編著『特別講義民事訴訟法』222頁〔有斐閣，1988〕，八木良一「当事者の死亡による当然承継」民事訴訟雑誌31号32頁，中野貞一郎「訴訟承継と訴訟上の請求」『民事訴訟法の論点Ⅰ』149頁（判例タイムズ社，1994）

〔奥山　豪〕

○違式の裁判に対する上訴と裁判の主文

〈事例1〉
　原決定を取り消す。本件を○○地方裁判所に差し戻す。
〈事例2〉
　本件控訴を却下する。

〈事例〉〈事例1〉は判決事項について決定で裁判がされた場合の抗告審の決定主文である。判決ではない。また，〈事例2〉は不服申立ての許されない決定事項について判決で裁判がされた場合の控訴審の判決主文である。
《参照判例》最一小判平7・2・23判時1524・134，判タ875・95
《参照条文》民事訴訟法328条2項

解　説

1　違式の裁判に対する上訴

　上訴は原裁判の方式に適合させる必要がある。本来とは異なった種類の裁判（違式の裁判）がされた場合でも実際にされた裁判の形式を基準として上訴をしなければならない（形式説）。判決事項について決定または命令がされたときに抗告を認める旨の規定（民訴328②）は，これを前提として，違式の抗告または命令に関し，常に抗告を許すことを明らかにする趣旨である。

　判決事項について決定または命令による裁判がされたときは，抗告裁判所は，原裁判を取り消して事件を原裁判所に差し戻さなければならない。判決の形式で自判するのではない。〈事例1〉はこの場合の決定主文である。

　決定・命令事項について判決がされても，慎重な形式によったことそのものをとがめる理由はないから判決の取消事由とはならず，決定または命令につき不服申立てが許されないときは，判決に対する上訴も許されない。〈事例2〉はこの場合の控訴審が判決主文である。

　したがって，補助参加申立てを却下した裁判に対する控訴を判決で棄却しても，上告審としての審理対象は特別抗告理由の有無に限られる（《参照判例》最高裁第一小法廷平成7年2月23日判決）。

2 審級を誤った判決と上訴

　裁判の方式を誤るのではなく審級を誤る場合がある。再審事件の場合にこのような誤りが生じやすい。再審の訴えにつき本案の審理および裁判がされる場合の終局判決（民訴348）の手続は，旧本案訴訟の審級に従う。地方裁判所の控訴審の確定判決に関する再審事件について，同裁判所がする終局判決は，控訴審判決であり，これに対する不服申立ては上告である。旧民事訴訟法には再審事由と本案の審理の手続の区分がなく，原則として終局判決がされたから，審級を誤る事態が生じやすかったといえる。

　判例（最二小判昭42・7・21民集21・6・1663，判時489・53，判タ210・153）は，地方裁判所が控訴審としてした再審事件の訴え却下の判決に対して高等裁判所に提起された上告事件を控訴審としての訴訟手続をして控訴棄却の判決をした場合，この判決に対する不服申立てを特別上告ではなく上告と扱い，原判決を破棄して差し戻した。これによれば，高等裁判所に提起された上告事件につき控訴審判決がされた場合には最高裁判所に対する上告が認められる。ただし，高等裁判所が再抗告事件について抗告審としての審理をしても，最高裁判所に対する再抗告が許されるわけではない（裁7二）。

　なお，現行民事訴訟法では，再審の訴えが不適法である場合には，決定で訴えが却下され（民訴345①），再審の事由がない場合には，決定で再審の請求が棄却される（民訴345②）。控訴審の確定判決に対する再審事件について地方裁判所がしたこれらの決定に対する不服申立ては，高等裁判所に対する即時抗告（民訴347，裁16二）である。

〔奥山　豪〕

第3 中間判決

○中間判決の主文

基本型1 （独立した攻撃防御方法）
　原告は，別紙物件目録記載の建物の所有権を請負契約により取得した。

基本型2 （独立した攻撃防御方法）
　被告の消滅時効の抗弁は理由がない。

基本型3 （中間の争い）
　被告の本案前の主張は理由がない。

基本型4 （原因判決）
　本訴の請求の原因は理由がある。

基本型5 （原因判決）
　本訴の請求の原因は理由がある。ただし，原告の過失割合は3割であり，被告から，原告に対し，本訴請求債権について，平成17年4月1日300万円が弁済された。

《参照判例等》大判昭8・12・15法学3・563，東京地判平15・1・29判時1810・29，判タ1113・113，大津地判昭46・3・15下民22・3-4・269，判時631・87，東京地判昭32・7・31下民8・7・1366，判時123・19，東京地判平6・9・30判時1537・129，判タ890・236，東京地判昭51・3・17訟月22・5・1201，前橋地判昭48・3・19判時710・92，東京地判昭62・6・23判時1240・27，判タ639・253，東京地判昭55・11・11判時1019・105，東京地判昭34・12・1労民10・6・1254，判時209・11，判タ99・96，東京地判昭62・5・8判時1232・40，判タ637・87，東京地判平10・11・27判タ1037・235，大阪地判昭61・3・26判時1200・97，判タ601・65，東京地判昭41・6・29判時462・3，判タ195・136，横浜地判昭40・4・8判タ176・142，東京地判昭50・10・29判時818・71，判タ334・250，大阪地判昭37・12・1

下民13・12・2417，大判昭9・7・5法学4・224，東京地判平13・5・25判時1774・132，判タ1081・267，大阪地判昭50・3・31判時779・26，判タ320・140，東京地判昭43・10・17下民19・9－10・615，判時545・68，最二小判昭40・4・2民集19・3・539，判時414・25，判タ178・101，大判昭8・7・4民集12・1752，東京地判平14・9・19判時1802・30，判タ1109・94，横浜地判平20・12・16判時2046・110，知財高判平21・6・29判時2077・123，東京地判平23・9・30判タ1379・193，知財高判平23・9・7判時2144・121，判タ1387・294，京都地判平24・6・20（平22（行ウ）38），東京地判平25・6・21判時2213・89，東京地判平27・1・28判時2258・100，京都地判平27・1・29（平25（ワ）2138），東京地判平27・7・30判時2325・120，東京地判平28・2・15（平26（ワ）19860），東京地判平28・2・19（平25（ワ）19912），東京地判平28・3・8（平24（ワ）9460），最一小決平29・10・5民集71・8・1441，判時2361・48，判タ1444・104，知財高判平30・12・26（平29（ネ）10049ほか），知財高判令元・5・30（平30（ネ）10081ほか），東京地判令2・12・1判タ1497・181，知財高判令2・12・2（令2（行ケ）10098），東京地判令2・12・3（令2（ワ）7219），名古屋地判令3・1・14（令元（ワ）4086），大阪地判令3・4・22判時2495・14，判タ1488・136

《参照条文》民事訴訟法245条

解　説

1　総　論

　中間判決とは，独立した攻撃または防御の方法その他中間の争い，もしくは，請求の原因および数額について争いがある場合における原因についての判決であり（民訴245），判決後，その点について当事者に争えないことにして，終局判決を準備する判決である。裁判を終了させるものでない点で，終局判決と異なる。その性質は，常に確認判決である。

　中間判決は，終局判決までの過程において，個々の争点を解決し，その点に関する弁論と立証を封じることによって，終局判決の準備をする機能を有する。このことから，中間判決に対しては独立して上訴することができず，中間判決に不服のある当事者は，終局判決に対して上訴することとなる。

　中間判決をした裁判所は，その主文に拘束され（前掲《参照判例等》大判昭8・12・15），終局判決に当たっては，これを前提とする判断をしなければならない（理由中の判断には拘束されない。）。このことから，中間判決の主文で判断さ

れた事項については，当事者は，当該審級では，もはや新たな主張を提出できなくなる。もっとも，中間判決の主文の判断対象となった事項であっても，中間判決の基準時（口頭弁論終結時）の後に生じた事由に基づいて，中間判決の判断に反する新たな主張をすることは許される。また，後に述べる独立した攻撃防御方法および中間の争いに関する中間判決については，主文で判断された事項と法的に同種のものであっても，異なる事実関係に基づく主張である限り，新たに提出することができる（ただし，これが民事訴訟法157条により却下される可能性があることは別問題である。）。中間判決の拘束力は，当該審級にしか及ばないから，上級審で新たな攻撃防御方法を提出することは原則として可能である。なお，中間判決は，事件を完結する裁判ではないから，主文において訴訟費用負担の裁判をしてはならない。

　中間判決の対象となる事項には，条文上，①独立した攻撃防御方法，②中間の争い，③請求の原因の3つがある。これらについては，条文上，具体的定義等がなく，その意義や取扱いについては，解釈に委ねられている。以下，解説する。

2　独立した攻撃防御方法
(1)　「独立した攻撃防御方法」の意義
　ア　通説によれば，独立した攻撃防御方法とは，所有権に基づく返還請求における原告の所有権取得原因や，債務の弁済，消滅時効の主張等のように，他と独立して判断しうる実体的要件事実で，訴訟物たる権利の発生，変更または消滅の効果をもたらす，完結したまとまりのあるものをいう。

　これに当たるか否かの判断は，訴訟物と要件事実（主要事実）が基準となる。例えば，貸金請求訴訟における，請求原因たる貸付けの有無（返還約束＋金員の交付）や，抗弁たる弁済の有無，消滅時効（弁済期から一定の期間の経過＋時効援用の意思表示）の主張は，それぞれ独立した攻撃防御方法である。同じ所有権に基づく土地の明渡請求訴訟においても，原告の土地の承継取得の主張と，時効取得の主張は，それぞれ別個に，独立した攻撃防御方法に当たる。

　これに対し，権利の発生，変更または消滅をもたらすための一要件にすぎないもの，例えば，貸金返還訴訟における返還約束の有無，不法行為に基づく損害賠償請求訴訟における過失の有無は，それのみで権利の発生等の効果をもたらさないので，独立した攻撃防御方法ではなく，中間判決の対象とはならない，

とするのが通説である（菊井＝村松・後掲《参考文献》1000頁）。

　　イ　上記の通説に対しては，合目的的な観点から，上記のような完結したまとまりある要件事実群の一部にすぎない事実であっても，独立に判断しておくことが審理の整理に役立つ程度にまとまったものも，独立した攻撃防御方法に当たりうると解する少数説（兼子ほか・後掲《参考文献》496頁）がある。この説は，例えば，公害訴訟や薬害訴訟で，因果関係や過失の有無が主要な争点となっている場合，これらも単独で独立した攻撃防御方法に当たり，中間判決の対象となるとする。この説に立つ場合，主文は，例えば，「本件につき，被告には過失がある。」となろう。

　前掲《参照判例等》東京地裁平成15年１月29日判決の主文第１項は，著作権侵害行為の主体について主文で判断したが，侵害行為の主体のみでは，損害賠償請求権や差止請求権の発生の効果を生じさせる完結したまとまりのある要件事実ないし要件事実群ということはできず，前記通説からは，独立した攻撃防御方法には当たらない。この中間判決は，独立した攻撃防御方法の意義につき，上記少数説の立場を前提としているものと解される。

　　ウ　純然たる法律問題は，事実審では独立した攻撃防御方法に当たらないが，上告審においては，原判決の法令違背の一理由として，中間判決の対象となりうる（最大判昭34・７・15民集13・７・1034参照）。なお，特許権侵害訴訟において「被告が製造，販売する別紙目録記載の製品は，原告が有する特許第○号の特許請求の範囲の請求項１記載の特許発明の技術的範囲に属する。」との主文例（前掲《参照判例等》東京地判平27・７・30），「被控訴人が製造，販売する別紙物件目録記載の各食品は，控訴人が有する別紙特許目録記載の特許の特許請求の範囲の請求項１記載の発明の技術的範囲に属する。同特許は特許無効審判により無効にされるべきものとは認められない。」との主文例（前掲《参照判例等》知財高判平23・９・７）がある（そのほか，同様の主文例として，前掲《参照判例等》東京地判平25・６・21，前掲《参照判例等》知財高判平21・６・29も挙げられる。）。これらは，被告による当該製品の製造，販売の事実や当該製品の内容を認定した上で，当該製品が特許発明の構成要件を充足するかを判断したもの（また，その前提となる特許の有効性について併せて判断したもの）であり，純然たる法律問題とはいえないから，事実審における中間判決の対象となりうると考えられる。

(2)　主文の形式

　主文は，基本型１や基本型２のように，あるいは，「原告の消滅時効の完成猶

予の主張は理由がある。」(旧法下における時効中断に係る例として，前掲《参照判例等》大津地判昭46・3・15) のように，判断の対象となる独立した攻撃防御方法を特定して，その理由の有無についての判断を示す表現になる。攻撃防御方法の特定の例として，賃料増額確認請求訴訟において，「地代を増額しない旨の特約についての被告らの主張は理由がない。」との主文例(前掲《参照判例等》東京地判平28・3・8)，「原告と被告との間の別紙物件目録記載の建物の賃貸借契約について，原告及び被告が①借地借家法32条1項ただし書の特約を締結した，②原告の賃料増額請求権を消滅させる旨の合意をしたとの被告の主張は，いずれも理由がない。」との主文例(前掲《参照判例等》東京地判令2・12・3) がある。また，**基本型1**のように，権利に関する判断を直接示す型ではなく，「Aと原告との間で，〇年〇月〇日，原告を注文者，Aを請負人とする別紙物件目録記載の建物についての新築請負契約が締結されたこと及び同年〇月〇日同建物が完成し，原告が引渡しを受けたことを確認する。」といった，事実確認型の主文でもよいであろう(そのような例として，前掲《参照判例等》東京地判昭32・7・31)。当該攻撃防御方法を特定すれば足り，その意味から，「被告らが，乙山春子の死亡についての原告の損害賠償責任の有無を判断するまでもなく，本訴請求は棄却を免れないとしてする左記主張は，理由がない。記　原告が，賠償責任審査会において原告の損害賠償責任がない旨の回答が出される以前に遺族に対し自己に損害賠償責任があることを自認し，その一部を履行した以上，原告は，日本医師会医師賠償責任保険の適用を受けられないとの主張」との前掲《参照判例等》東京地裁平成6年9月30日判決の主文は，表現がやや過剰である。

比較的珍しい主文例として，所得税更正処分取消訴訟において，原告が，同処分の違法事由の1つとして，更正等決定通知書の差置送達の違法を主張したのに対し，「被告A税務署長が原告B，C，D，Eの昭和39年分及び昭和40年分の所得税についてした各更正並びに各重加算税賦課決定に係る通知書の送達について違法はない。」としたもの(前掲《参照判例等》東京地判昭51・3・17) がある。

3　中間の争い

(1)　「中間の争い」の意義

訴訟内において，本案に対して論理的に先決的関係にある，訴訟の進行に関する諸問題についての争いで，口頭弁論を開いて裁判しなければならないものをいう。換言すれば，独立した攻撃防御方法が実体の問題であるのに対し，中

間の争いは、手続の問題である。訴訟要件の存否が典型的なものであるが、その他にも、訴え取下げの効力、和解の有効無効等の問題がこれに当たる。訴訟手続上の問題であっても、受継申立ての許否、文書提出命令の許否、管轄違いによる移送 (民訴16) 等、法が特に決定で裁判することとしているものについては、中間判決をすることができない。

(2) 訴訟要件に関する中間判決の主文

ア 訴訟要件にもさまざまなものがあるが、実務上、よく遭遇する問題は、原告適格や国際裁判管轄等に関するものである。これらにつき、判断を示す旨具体的に表現すればよい。ただし、訴訟要件を欠いていれば、訴え却下の終局判決となる。したがって、訴え提起行為が無効であることを中間判決で宣言した前掲《参照判例等》前橋地裁昭和48年3月19日判決の主文第1項は、誤りといわざるをえない。

イ 訴訟要件については、通常、基本型3のように、「被告の本案前の主張は理由がない。」という主文にする (前掲《参照判例等》東京地判昭62・6・23参照)。ここにいう「被告の本案前の主張」とは、判決中の事実摘示で特定されたもの (例えば、貸金返還請求訴訟で、当該債権についての債権質権設定により、原告が取立権能を喪失したこと) を指すことはもちろんであり、裁判所が拘束されるのは、その点についての判断に限られる。すなわち、中間判決後であっても、他の本案前の主張 (例えば、上記訴訟で、中間判決の基準時前に、原告の債権者が、当該貸金債権につき債権者代位訴訟を提起したこと) があれば、被告はこれを提出できる。本案前の主張が複数あり、その一部について判決する場合には、例えば、「被告らの仲裁に関する本案前の主張は理由がない。」のように、特定して表現する (前掲《参照判例等》東京地判昭55・11・11参照)。そのほか、訴訟要件や本案前の主張内容を特定して中間判決をした例としては、「本件訴えは、裁判所法3条1項にいう「法律上の争訟」に当たる。」との主文 (前掲《参照判例等》大阪地判令3・4・22)、「別紙甲事件原告目録記載の原告らは、甲事件の原告適格を有する。」との主文 (前掲《参照判例等》東京地判令2・12・1)、「原告○による訴えが、原告適格を欠く者による訴えとして不適法である旨の被告の本案前の主張は、理由がない。」との主文 (前掲《参照判例等》京都地判平24・6・20)、「被告Aの被告適格に関する本案前の抗弁は理由がない。」との主文 (前掲《参照判例等》知財高判令2・12・2)、「本件訴えに係る紛争が仲裁合意の対象であるとして本件訴えの却下を求める被告の本案前の抗弁は、理由がない。」との主文 (前

掲《参照判例等》東京地判平27・1・28）がある。
　ここで，主文を，例えば「本件訴えは適法である。」のようにすると，裁判所は「適法であること」につき拘束されることとなり，中間判決後に，被告が他の理由により訴訟要件を争うことができなくなって相当でない（その主張に係る事実が中間判決の基準時後に生じた場合には，その主張をして争えることは，もちろんである。）。大阪地裁堺支部平成3年10月24日判決（判タ778号198頁）は，「本件各訴えは，いずれも適法である。」との主文，前掲《参照判例等》東京地裁昭和34年12月1日判決（控訴審判決）は，「原審の判決の手続が法律に違背したものとはいえない。」との主文であるが，上記の理由から，妥当な表現とはいえない。
　　ウ　国際裁判管轄については，「本件につき我が国裁判所は国際裁判権を有する。」（前掲《参照判例等》東京地判昭62・5・8参照），「本件訴えにつき日本の裁判所が管轄権を有する。」（前掲《参照判例等》京都地判平27・1・29）などとするのが通例である。このほか，例えば，「本件請求の趣旨第1項，4項及び5項の各請求につき，当裁判所は，裁判管轄権を有する。」（前掲《参照判例等》東京地判平10・11・27）のように，受訴裁判所自体に裁判管轄がある旨宣言する型もある。このような事案で，「原告の本件訴えに関する被告の本案前の主張は理由がない。」とした例（前掲《参照判例等》大阪地判昭61・3・26）や，「本件訴えについて日本国裁判所に管轄がない旨の被告の本案前の主張は，理由がない。」とした例（前掲《参照判例等》東京地判平28・2・15）もあり，上記イで述べた趣旨からは，このような主文例の方が妥当であるともいえるが，国際裁判管轄については，中間判決後に被告から別の主張がされる事態はほとんど想定し得ないから，上記のように裁判権がある旨宣言する型でも実務上差し支えないであろう。
　　エ　弁護士の訴訟代理権が争われた事案で，「弁護士Aは，本件につき被告の訴訟代理をしてはならない。」との主文例（前掲《参照判例等》東京地判昭41・6・29）があるが，中間判決の形式で訴訟行為の排除を認めると，終局判決まで不服申立ての機会が与えられなくなってしまうため，決定の形式で訴訟行為の排除を認め，即時抗告による不服申立ての機会を与えるのが相当であろう（前掲《参照判例等》最一小決平29・10・5参照）。
　(3)　訴訟終了の有無について
　　ア　訴訟終了事由としての訴え取下げや，和解について，その無効確認が申し立てられることがある。仮に，訴えの取下げが無効で，訴訟終了の効果が

発生していない場合には、終局判決へ向けて、さらに口頭弁論を開いて審理する必要があるが、そのような訴え取下げの効力自体の審査のために、口頭弁論を開く必要がある（前記(1)の「中間の争い」の定義参照）。その審理の結果、取下げが無効であるとの判断に達した場合には、本来、「本件訴訟は、〇年〇月〇日の訴えの取下げにより終了していない。」という主文で中間判決をすべきであるが、実務上は、わざわざ中間判決の方式をとらず、調書に「本件は〇年〇月〇日の訴えの取下げにより終了していない。」旨記載して、そのまま期日を指定して審理を続行することもある。有効であるとの判断に達すれば、「本件訴訟は、〇年〇月〇日訴えの取下げにより終了した。」という訴訟終了宣言をすべきである（これは終局判決の一種である。なお、この場合でも、中間判決の形式によらず、単に口頭弁論期日指定の申立てを却下するだけでよいとする説もある。）。

和解無効の申立てについても、これと同様に取り扱ってよい。

イ　請求認諾の効力が争われた事案で、「被告が昭和39年11月21日の口頭弁論期日においてなした原告の請求の一部を認諾する旨の陳述は効力を有しない。」とした主文例（前掲《参照判例等》横浜地判昭40・4・8）がある。

ウ　このほか、訴訟終了の有無が争われた事案で、「本件各訴訟は、A株式会社破産管財人において受継しない旨を表明したことによっては終了せず、依然中断中である。」とした主文例（前掲《参照判例等》東京地判昭50・10・29）がある。

(4)　その他

証拠調べ手続の適法性が「中間の争い」に当たるとして、「本件につき昭和37年1月18日午後1時、同年5月17日午前10時にそれぞれなされた証人Aに対する証拠調手続は適法で、その証人尋問は適法かつ有効である。」とした主文例（前掲《参照判例等》大阪地判昭37・12・1）がある。

また、反訴の適否につき、反訴の提起は著しく訴訟手続を遅滞させるものであるなどとして、「反訴請求に係る訴えは不適法である。」とした主文例（前掲《参照判例等》知財高判平30・12・26）がある。

4　請求の原因

(1)　請求の原因の意義

ア　ここにいう「請求の原因」とは、一般に用いられている、権利の発生原因事実や、請求を特定する事実という意味ではなく、当該請求の当否に係る、抗弁等を含む一切の実体上の主要事実群から、数額に係るものを除いた事実を

いう。例えば，不法行為に基づく損害賠償請求訴訟において，被告による違法行為，故意・過失，損害の発生，因果関係，被告による弁済，消滅時効等から，損害額の点を除いたすべての事実が，この「請求の原因」に当たる。請求の原因についての中間判決を，特に原因判決という。

　上記の請求の原因は，それだけで請求権の発生の全部を根拠付けるものではないから，前述の，独立した攻撃防御方法には当たらない。しかし，例えば，不法行為に基づく損害賠償請求訴訟で，原告の後遺障害等級の認定につき鑑定を要する等のため，数額の審理に長期間が見込まれる場合，原因と数額の双方の審理をした後に，原因に理由がないことが判明すると，それまでの数額に関する審理が無駄になる。このように，訴訟がいたずらに遅延するのを防ぐため，審理を2段に区切り，まず請求の原因につき決着する制度を設けたのである。このような原因判決は，その性質上，金銭その他の代替物を目的とする権利に係る訴訟のみにおいて用いられることとなるが，多数の特定物を一括して1個の権利の対象とする訴訟でもよいとする説（兼子ほか・後掲《参考文献》498頁）もある。訴えの種類としては，給付訴訟が典型的であるが，確認訴訟（消極的確認を含む。）でもよい。

　　イ　請求の原因には，当該請求権の発生原因（数額の点を除く。）のみならず，錯誤等の契約の無効事由，弁済，消滅時効，過失相殺（前掲《参照判例等》大判昭9・7・5）等の抗弁に当たるものも含まれる。相殺については後述する。

　限定承認については，請求の原因に含まれないとする説（兼子ほか・後掲《参考文献》502頁ほか）と，含まれるとする説（渡辺・後掲《参考文献》38頁ほか）がある。

　　ウ　相殺については問題がある。相殺をもって対抗した額については既判力が生じ（民訴114②），原因判決で相殺につき確定的に判断すると，既判力が生じることになる。ところで，原因判決ができるのは，当該請求の原因および数額の双方に争いがある場合に限られるから，相殺の抗弁は，常に，訴訟物たる権利の発生原因事実が認められる場合に判断される予備的抗弁となるところ，既判力が生じるような相殺の判断をするためには，相殺の受働債権すなわち訴訟物たる請求権についても，その原因のみならず数額まで確定的に認定しなければならず，原因判決をする意味がなくなる。さりとて，訴訟物たる請求権の数額についての判断を後回しにして，相殺の自働債権の額まで判断しても，相殺により消滅する範囲が明らかとならず，既判力を生じさせることはできない。そこで，相殺の抗弁の取扱いについては，①予備的相殺の抗弁が提出された場

ない。」との主文（前掲《参照判例等》知財高判平30・12・26），「被告が別紙目録記載の各出願について出願審査請求をしなかったことを内容とする債務不履行に基づく損害賠償請求の原因（数額の点は除く。）は理由がある。」との主文（前掲《参照判例等》東京地判平28・2・19）がある。

　　イ　過失相殺が認められる場合，**基本型5**のように，主文において，被告の過失を斟酌する割合を数字をもって明らかにすべきである。「本訴請求中，原因は一部理由がある。」との主文例（前掲《参照判例等》東京地判昭43・10・17）は妥当ではない。

　　ウ　相殺について，前記(1)ウで紹介した②説（受働債権の数額に触れない限度で判断し得るとする説）に立てば，主文は，「本訴の請求の原因は理由がある。ただし，被告主張の相殺の自働債権は100万円の限度で発生し，平成17年4月1日の相殺の意思表示当時，その全額が本訴請求債権と相殺適状にあった。」のようになろう。③説（原因判決中で相殺の抗弁に関する判断を爾後の審理に留保することを明らかにし得るとする説）に立てば，主文は，「本訴の請求の原因は，相殺の抗弁を除き，理由がある。」のようになろう。

(3)　原因判決をし得る場合

　原因判決をするには，請求の原因と数額の双方に争いがある場合でなければならない。数額に争いがなければ，請求の原因につき判断に熟すれば，とりもなおさず請求の結論につき判断し得ることとなり，終局判決をすべきこととなるからである。審理の結果，請求の原因の全部または一部に理由があるということになれば，その旨の中間判決をするが，請求の原因がないということになれば，請求棄却の終局判決をすることになる。

(4)　原因判決後の新主張について

　　ア　原因判決後には，請求の原因に関する新主張をすることはできない。独立した攻撃防御方法および中間の争いに関する中間判決については，判決後，主文での判断対象となっていない主張は一般に提出可能であるが，原因判決については，請求の原因一般につき，新主張が原則として封じられる点において，他の中間判決とは異なる。もとより，口頭弁論終結後に生じた事実の主張をすることは許されるし，原因判決後，請求が拡張されれば，拡張部分については新主張を提出することができる。また，請求の原因に理由があると判断されても，数額の点の判断により，終局判決で請求が棄却されることがありうることはもちろんである。

イ 相殺の抗弁が終局判決の既判力によって遮断されない（前掲《参照判例等》最二小判昭40・4・2）こととの均衡上，相殺の抗弁は，相殺の意思表示が原因判決の基準時前にされていたか否かを問わず，常に請求の原因に含まれず，原因判決後に提出できるとする説（三ケ月章『民事訴訟法』293頁（有斐閣，1959）），相殺の意思表示が原因判決の基準時までにされていた場合（実務上，内容証明郵便等により，訴訟外で相殺の意思表示をする例も多い）には，原因判決後はその相殺の抗弁の主張は提出し得ないが，相殺の意思表示をしていない場合には，基準時までに相殺適状となった自働債権に基づく相殺の抗弁も提出できるとする説（兼子ほか・後掲《参考文献》501頁）もあるが，通説・判例（前掲《参照判例等》大判昭8・7・4）は，相殺の意思表示が原因判決の基準時までにされたか否かにかかわらず，原因判決後は，その口頭弁論終結前までに相殺適状となった自働債権による相殺の抗弁は，提出できなくなるとするという点で一致している。ただ，その原因判決における取扱いについては，前記(1)ウ②③のとおり，見解が分かれている。

5 中間判決の手続と訴訟指揮
(1) 中間判決をするかどうかは，裁判所の訴訟指揮権に属し，その裁量に委ねられている。当事者が個々の争点について中間判決をすることを求める権利はなく，そのような求めは，単に職権の発動を促す事実上のものにすぎない。中間判決といえども判決の一種であり，口頭弁論に基づいてされるから，必ず口頭弁論を開いた上で終結し，その後に言い渡されなければならない。したがって，例えば，弁論準備の中途で中間判決をする必要が生じても，いきなり判決をすることはできず，弁論準備手続を終結し，口頭弁論を開いてこれを終結した上で，中間判決をしなければならない。中間判決後は，口頭弁論や弁論準備期日を指定して，終局判決へ向けてさらに審理を進めることになる。
(2) 中間判決は，知財事件ではかなり活用されており，公刊裁判例も多い（前掲《参照判例等》東京地判平14・9・19, 東京地判平15・1・29ほか多数）。しかし，一般事件の分野では，実務上，あまり利用されていないのが実情である。その理由は，中間の争いの場合，例えば，訴訟要件がないことになると訴え却下の終局判決になるし，裁判所が，訴訟要件があるとの判断に達すれば，わざわざ判決書を作成して言い渡すことにより，かえって訴訟が遅延するおそれもあるので，審理の過程において，訴訟要件は具備されている旨の判断を事実上表明し，本

案の審理を続行してしまうからである。請求の原因と数額についても，これと同様の事情がある。また，独立した攻撃防御方法の場合も，実際は他の攻撃防御方法と立証が密接に関連し，わざわざ1つを切り離して判決する実益に乏しいことが多いことが理由である。

　しかし，例えば，訴訟要件につき当事者が激しく争い，その争点が重大な事実問題，法律問題を含んでいる場合，その存否につき曖昧なまま本案の審理に入ることについては，当事者が抵抗感を覚えることもあろう。さりとて，上記のように，裁判所の見解を事実上示すのみでは，将来，裁判官の交替等により見解が変更されることもありうることから，本案についての主張，立証活動が無駄になるとの不安感を解消できず，当事者が納得しないこともあるかも知れない。そのような場合には，中間判決というフォーマルな形で公権的に判断を示して，審理に節目をつけ，爾後，その判断事項についての当事者の主張，立証を封じて，審理を迅速かつ充実した形で進行させるのに役立つこともあろう。もっとも，交替後の裁判官の意見が中間判決の結論と異なると，不相当な状況になりかねないので，裁判官の交替が予想される場合には，むしろ中間判決は避けるべきであるとの見解もある。基本的に裁判官によって意見が異なるような問題ではなく，裁判官が心証を示して審理を進めようとしているのに，当事者の一方が納得せず，逆戻りの弁論や立証を繰り返すような場合には，裁判官の交替を奇貨とする主張，立証の蒸返しをさせないため，中間判決をすべき場合もあると思われる。請求の原因と数額のどちらについても当事者が激しく争い，数額の審理に多くの時間と費用がかかることが予想される事案等についても，中間判決をすることが望ましい場合があるであろう。要は，事案の性質によるのであって，練達の裁判官が，事案の特性をよく把握し，場合によっては積極的に中間判決をすることにより，審理の充実と促進を図ることが期待される（中間判決の積極的活用を説くものに，池田辰夫「裁判の種類」新堂幸司編『講座　民事訴訟⑥』65頁以下（弘文堂，1984））。

　(3)　弁論終結に当たり，中間判決をする旨予告することは，裁判官の予断を示すこととなって好ましくない場合も多いので，通常は，例えば，「原告適格があると認められる場合にはその旨の中間判決をするが，否定される場合には訴え却下の終局判決をする。」旨，双方の可能性を宣して，弁論を終結する例が多い。

《参考文献》岩松三郎＝兼子一編『法律実務講座　民事訴訟編』5巻14頁以下（有斐閣，1962），菊井維大＝村松俊夫『全訂　民事訴訟法Ⅰ［追補版］』998頁以下（日本評論社，1984），兼子一ほか『条解　民事訴訟法』494頁以下（弘文堂，1986），渡辺武文執筆，鈴木正裕＝青山善充編『注釈民事訴訟法(4)』32頁以下（有斐閣，1974）

〔原　啓一郎，清水　知恵子〕

第4 請求の客観的併合の場合

○請求の客観的併合の場合における判決主文

基本型1（単純併合で全部認容）
1　被告は，原告に対し，100万円を支払え。
2　被告は，原告に対し，別紙物件目録記載の機械を引き渡せ。

基本型2（単純併合で全部棄却）
原告の請求をいずれも棄却する。

基本型3（選択的併合で片方を一部認容，その余は全部棄却）
1　被告は，原告に対し，70万円を支払え。
2　原告のその余の請求をいずれも棄却する。

基本型4（予備的併合で主位的請求を一部認容，予備的請求を全部認容）
1　被告は，原告に対し，70万円を支払え。
2　原告のその余の主位的請求を棄却する。
3　被告は，原告に対し，30万円を支払え。

《参照判例》最二小判昭38・3・8民集17・2・304，判時337・31，判タ146・63，最三小判昭39・4・7民集18・4・520，判時373・26，判タ162・74，最一小判昭54・4・14裁判集民138・567，判時1131・81，判タ540・191，最二小判昭61・5・30民集40・4・725，判時1199・26，判タ609・28

解　説

1　総　論

請求の客観的併合の態様には，単純併合，予備的併合，選択的（択一的）併合の3種類がある。

単純併合とは，併合された他の請求（訴訟物）に対する認容・棄却の判断と

は無関係に，すべての請求について判断を求める併合形態である。例えば，別の日に被告に貸し付けた各100万円の２つの貸金の合計200万円の返還を，１つの訴えで求めるような場合である。

選択的併合とは，いずれか１つの請求が認容されることを解除条件として，複数の請求について，優先順位を付けることなく審判を求める併合形態である。例えば，家屋の不法占有を理由に，不法行為に基づく損害賠償請求または不当利得返還請求として，賃料相当額（使用利益）に当たる合計100万円の支払を求めるような場合である。

予備的併合とは，複数の請求に順位を付し，順次，先順位の請求が認容されることを解除条件として，次順位以下の請求につき審判を求める併合形態である。例えば，主位的に，金銭消費貸借契約に基づき，貸金100万円の返還を求め，この契約が無効と判断された場合には，予備的に，不当利得として，現実交付額に相当する100万円の支払を求めるような場合である。

実際の訴訟においては，上記３種の併合形態が，さらに複合的に組み合わさったものもある。

併合形態とその処理については，民事訴訟法上，明文の規定がほとんどなく，解釈により対応せざるを得ない。

２ 単純併合

(1) はじめに

単純併合の場合は，他の請求の認容・棄却・訴え却下に関係なく，複数の請求のすべてについて主文で判断しなければならない。ただ，主文の表現については，以下に述べるように，実務の慣例上，あたかも単一の請求について判断したかのように記載する例がある。

(2) 主たる請求が複数の場合

ア　原　則

複数の主たる請求を単純併合する場合には，複数の請求につき判断したことを主文の表現上明示するのが原則である。なお，ここに「主たる請求」とは，「附帯請求」に対置される概念で，訴訟物の価格算定の基礎になる請求をいう（民訴９参照）。

例えば，各100万円相当の機械を２台被告に貸与していたところ，被告がその片方を毀滅し，片方を賃貸期間が満了したにもかかわらず返還しないことを理

由として、債務不履行に基づく損害賠償請求と所有権に基づく機械の返還請求を単純併合した場合、主文は、基本型１・２のようになる。なお、複数の請求を全部棄却する場合、基本型２のような文例のほかに、「原告の各請求を棄却する。」のような例もある。

かつては、墨書判決時代の名残りからか、数字の前に「金」の文字を付し、「金100万円を支払え。」とするのが通例であったが、近年は、判決の平易化が議論され、かつ、パソコン・横書で判決書を作成するようになって、数字の不正挿入のおそれもなくなり、基本型のようにこれを付さないのが通例である。最高裁の判決書も、「金」を付さないこととなっている。

　イ　金員支払請求のみの場合

認容判決の場合、便宜、その合計額をもって、１つの主文で判決をすることもある。例えば、各100万円の２本を貸金の全部を認容する場合には、「被告は、原告に対し、200万円を支払え。」としても差し支えない。ただし、棄却する場合には、基本的には、「原告の請求をいずれも棄却する。」のように、複数の請求であることを明らかにすべきである。

(3)　主たる請求と附帯請求の単純併合の場合

　ア　金員支払請求

実務においては、例えば、貸金100万円の元本請求と、これに対する遅延損害金請求のように、金員支払請求で主たる請求と附帯請求が単純併合されている事案で、全部認容する場合には、次のように、１つの主文で判決し、棄却の場合にも、あたかも、単一の請求を棄却するかのような表現をするのが通例であり、「原告の各請求を棄却する。」とか、「原告の請求をいずれも棄却する。」という表現をしない。ちなみに、保証債務の場合では、元本に相当する部分と遅延損害金に相当する部分とで１つの訴訟物を構成することも可能である（民447①）。

〈例１〉認容の場合
　被告は、原告に対し、100万円及びこれに対する令和５年４月１日から支払済みまで年３分の割合による金員を支払え。

〈例２〉棄却の場合
　原告の請求を棄却する。

イ　その他の請求

建物明渡請求と明渡し済みまでの賃料相当損害金請求との関係は、前者が主たる請求、後者が附帯請求であり、後者の価額は訴訟物の価額に算入されない。しかし、このように、両者で給付物の種類が異なるような請求の併合において、そのすべてを棄却する場合、「原告の請求をいずれも棄却する。」と、請求が複数であることを主文で表現する方が良いであろう。

なお、この建物明渡請求と未払賃料・賃料相当損害金請求の併合の場合、解除の意思表示の前は未払賃料、後は賃料相当損害金が発生するのであり、両者が別の訴訟物であることはいうまでもない。それにもかかわらず、認定された解除の意思表示の時期と賃料相当損害金の発生時期が整合していない等、理由不備の判決がまれにみられる（例えば、令和5年10月1日に解除したとして、同日までの未払賃金と同月2日以降の賃料相当損害金を請求している場合に、明渡しは認容できるものの、証拠上認められる解除の意思表示が同月3日である場合、同月2日から3日までの賃料相当損害金請求は棄却しなければならない。それにもかかわらず、漫然と請求を全部認容する等）。附帯請求であることから、注意がそがれるのかも知れないが、そのような誤りを犯さぬよう、留意すべきである。

(4)　その他の留意点

単純併合について注意すべき、他のいくつかの点について述べる。

ア　特定物の引渡し等を求めると共に、その（口頭弁論終結後の）執行不能等の場合に填補賠償としての金員の支払を求める、いわゆる代償請求は、予備的併合ではなく、現在の給付請求と将来の金員支払請求との単純併合であることに注意すべきである。この代償請求の主文例については、別稿に譲る。

イ　選択債権（民406）に基づく請求は、当該債権の個数は1個であるから、選択的併合ではなく、単に1つの請求にすぎない（司法研修所・後掲《参考文献》78頁は、これを選択的併合とするが、上記の理由から、賛成できない。）。

選択権は原則として債務者にあり（民406）、この場合の請求の趣旨と主文は、例えば、「被告は、原告に対し、別紙物件目録記載1の機械または同記載2の機械を引き渡せ。」のようになる。選択権が、移転（民408）または特約により原告にある場合には、「被告は、原告に対し、原告の選択により、別紙物件目録記載1の機械または同記載2の機械を引き渡せ。」となる。

ウ　インターネット上の投稿等が名誉毀損に当たるとして不法行為による

損害賠償請求権が訴訟物とされる場合，不法行為に当たる投稿等の個数が複数であり，それぞれが独立した不法行為を構成することを前提とする単純併合か，そのうち一つでも認められ，請求額全額が認容されればよいとの趣旨の選択的併合の趣旨であるかが不明確な場合がある。単純併合の場合は個別の投稿等に応じて損害額が特定される必要があるが，性質上特定が容易でない場合も多いのが実情である。併合形態は主文に影響するため，趣旨を明確化するのが望ましいが，投稿等と請求額との関係が明確にならない場合は，予備的併合でないことを確認した上，認容額が請求額に達することを解除条件として各投稿に基づく不法行為の成否について判断を求める選択的併合と解するほかない。

なお，発信者情報開示請求や発信者情報開示命令に対する異議の訴えにおいても，単純併合の場合が通常であると考えられるが，同一のIPアドレスに係る発信者情報に係る部分については選択的併合の場合もあるため，併合形態を確認する必要がある。

3　選択的併合の場合

(1)　はじめに

選択的併合は，同一趣旨の給付（給付訴訟の場合）または形成的効果（形成訴訟の場合）を，両立し得る数個の請求権（いわゆる請求権競合）で求める訴訟にのみ許されるものである。前者については，前に述べた例のほか，例えば，賃貸借契約解除を理由とする原告所有の家屋の返還請求につき，所有権に基づく返還請求と賃貸借契約終了に基づく債権的請求権に基づく返還請求を併合する場合があり，後者については，例えば，被告の不貞行為（民770①一）または暴力行為（民770①五）を理由として離婚請求をする例が挙げられる。

論理的に両立し得ない複数個の請求については，この選択的併合の形態をとることはできない。また，上記のような請求権競合の関係に立つ複数個の請求を単純併合することも可能であるが，逆に，本来単純併合すべき，全く無関係の複数個の請求について，選択的併合の形態で審判を求めることは許されないと解される（岩松三郎＝兼子一・後掲《参考文献》152・153頁）。

選択的併合の場合，一部の請求につき弁論を分離することや，一部判決は許されない。

(2)　本案判決の主文例

選択的併合は，例えば，金員支払請求の場合には，要するに，原告は，複数

の請求権につきどの順番でもよいから，できるだけ高い額を認容して貰えばよいという趣旨である。したがって，逆に，棄却の場合には，必ず全部の請求権につき主文で棄却しなければならない。

　甲乙２つの請求の選択的併合について本案判決をする場合，以下の５つのパターンがありうる。
① 甲請求または乙請求のいずれか一方を全部認容
② 甲請求を一部認容，その余につきすべて乙請求を認容
③ 甲請求を一部認容，乙請求のうち甲請求で認容されなかった部分の一部につき認容，その余につき甲乙両請求とも棄却
④ 一方につき一部認容，その余につき甲乙両請求とも棄却
⑤ 甲請求および乙請求とも全部棄却

　　ア　上記①（いずれか一方を全部認容）の場合
　併合された請求の１つについて全部認容するときは，他の請求については判断することができない。したがって，この場合の主文は，単純に，「被告は，原告に対し，100万円を支払え。」のようになり，他の請求については主文で認容も棄却もしてはならない。ただし，判決理由において，必ず，認容した請求権を明示しておくべきである。

　　イ　上記②（甲乙両請求で合わせて全部認容）の場合
　例えば，甲乙２個の請求権の選択的併合で100万円の請求をしたが，この100万円がＡ70万円，Ｂ30万円という２つの積算根拠で構成され，甲請求権ではＡは認められるがＢは認められず，乙請求権ではＡは認められないがＢは認められるようなケースの場合，このような判決をする。

　この場合も，単に，「被告は，原告に対し，100万円を支払え。」という主文のみになり，甲請求について失当とされた30万円の部分および乙請求のうち認容部分を除く70万円の部分については，主文で判断することを要しないし，してはならない。なぜなら，選択的併合とは，いずれか１つの請求が認容されることを解除条件として，他の請求につき審判を求める併合形態であり，認容できる限り，どの順番で認容してもよく，甲請求で70万円，乙請求で30万円を認容すれば，それぞれその認容部分について，上記の解除条件が成就し，他方の請求権については，いわば暫定的に訴えが取り下げられたと同じく，審判を求めていない状態になるからである。ただし，どの請求権でそれぞれどれだけを認容したかを，理由中で必ず明らかにしておかなければならない。上記③④の場

合も同様である。とりわけ，選択的併合の場合，実務上，この点の判示がルーズになっている判決例がなくはない（いわゆるパロディー事件に関する前掲《参照判例》最二小判昭61・5・30は，著作人格権侵害に基づく慰謝料請求と著作財産権侵害に基づく慰謝料請求という，異なる訴訟物の選択的併合の事案において，両者で合計50万円とされた請求について，その請求権毎の内訳を明らかにさせることなく漫然と認容（控訴棄却）した原審判決を，破棄して差し戻した例である。）が，厳に戒めるべきである。

また，この場合に，請求権ごとに主文を分けて，「1　被告は，原告に対し，70万円を支払え。2　被告は，原告に対し，30万円を支払え。」としても勿論構わない（むしろ，その方が丁寧である。）が，実務においては，まとめて1つの主文で100万円を認容している（前記2(1)参照）。

　ウ　上記③（甲乙両請求で合わせて一部認容）の場合

例えば，100万円の請求で，甲請求権では70万円，乙請求権では10万円の限度で理由があり，残余の20万円については甲乙両請求とも失当という場合である。この場合の主文は，以下のようになる。

1　被告は，原告に対し，80万円を支払え。
2　原告のその余の請求をいずれも棄却する。

第2項につき，必ず「いずれも」の語を入れる（あるいは，「原告のその余の各請求を棄却する。」とする。）ことを忘れてはならない。

　エ　上記④（片方で一部認容，その余は全部棄却）の場合
基本型3のようになる。

　オ　上記⑤（両請求とも全部棄却）の場合

「原告の請求をいずれも棄却する。」という主文になる。原告が満足を受ける給付は1つなのに，「いずれも棄却する」という主文にすることにつき違和感があるためか，単に「原告の請求を棄却する。」との主文例もあるが，やはり，「いずれも」の語は入れるべきであろう。

　(3)　訴えの却下を含む場合

選択的併合された請求権の一部に係る訴えが不適法である事例は，あまり想定しにくいが，仮に，例えば，不法行為と債務不履行に基づく各損害賠償請求権100万円の選択的併合で，前者につき70万円の限度で理由があり，後者の訴えが何らかの理由で不適法である場合には，次のような主文になる。

> 1　被告は，原告に対し，70万円を支払え。
> 2　その余の請求のうち，債務不履行に基づく損害賠償請求に係る訴えを却下する。
> 3　原告のその余の請求を棄却する。

上記のように，却下する訴えを主文で特定しなければならない。

4　予備的併合の場合
(1)　はじめに

予備的併合は，①論理的に両立し得ない複数個の請求のほか，②同一の給付または形成的効果を求める論理的に両立し得る複数個の請求（いわゆる請求権競合）の場合に用いることが許されると解されている（②の場合につき反対，野間繁「請求の併合」民事訴訟法学会編『民事訴訟法講座』1巻237頁（有斐閣，1954））。①の請求については，単純併合および選択的併合の形態では併合できないと解されるが，別個の訴えにより請求することは可能であり，その場合には，2つの判決で認容判決がされることがありうる。また，②については，選択的併合や，単純併合の形態を取ることも可能であることは前述のとおりである。もっとも，売買契約を原因とする債権的な所有権移転登記手続請求と，時効取得を原因とする物権的な所有権移転登記手続請求の場合では，両者で税法上の扱いが異なる（時効取得による不動産の取得については，所得税法34条1項の一時所得としての課税がされる。）こともあって，実務上，前者を主位的請求，後者を予備的請求とする予備的併合がされるのが通例であり，これらが選択的に併合されることはまずない。

なお，①②以外の場合，すなわち，相互に関係のない別個の請求（前に述べたような，別の日に被告に貸し付けた各100万円の2つの貸金請求）については，単純併合のみができ，選択的併合や予備的併合はできない。

予備的併合も，選択的併合の場合と同じく，一部の請求につき弁論を分離することや，一部判決は許されない。

(2)　本案判決の主文
　ア　場合分け

予備的併合が許される場合には，裁判所は，審判の順序につき，原告の付し

た順位に拘束され，先順位の請求についての判断を後回しにすることはできない。1個の請求についての本案判決には，全部認容・一部認容（その余棄却）・全部棄却の3通りがあり，請求権が2個の場合，予備的併合についての判決としては，以下の7つのパターンがありうる。
① 主位的請求を全部認容
②Ⓐ主位的請求を一部認容，予備的請求を全部認容
　Ⓑ主位的請求を一部認容，予備的請求も一部認容
　Ⓒ主位的請求を一部認容，予備的請求を全部棄却
③Ⓐ主位的請求を全部棄却，予備的請求を全部認容
　Ⓑ主位的請求を全部棄却，予備的請求を一部認容
　Ⓒ主位的請求を全部棄却，予備的請求も全部棄却

以下，それぞれの場合につき解説する。なお，訴え却下を含む場合については，選択的併合（前記2(3)）について述べたところと同様に考えればよい。

　イ　上記①の場合

単に「被告は，原告に対し，100万円を支払え。」とすればよく，予備的請求につき主文は不要である。

　ウ　上記②Ⓐ（主位的請求を一部認容，予備的請求を全部認容）の場合

例えば，主位的請求については70万円の限度で理由があってその余は失当であり，予備的請求については残余の30万円につき理由がある場合，**基本型4**のような主文になる。

この場合，予備的請求のうち残余の70万円については，主文で判断を示す必要はないし，できない。予備的併合とは，先順位の請求が認容されることを解除条件として審判を求める併合形態であるところ，主位的請求のうち70万円について認容判決がされることにより，予備的請求の70万円につき上記の解除条件が成就し，原告が審判を求めていない状況になったからである。

　エ　上記②Ⓑ（主位的請求を一部認容，予備的請求も一部認容）の場合

例えば，100万円の請求で，主位的請求の70万円に理由があり，その余は失当で，予備的請求については，残余の30万円のうち20万円に理由があり，その余の10万円は失当の場合，次のような主文になる。

1　被告は，原告に対し，70万円を支払え。
2　原告のその余の主位的請求を棄却する。

```
3  被告は，原告に対し，20万円を支払え。
4  原告のその余の予備的請求を棄却する。
```

前記に述べたところから，上記の主文例第4項で棄却された「その余の予備的請求」とは，10万円の部分のみであり，第3項で認容された20万円を除く80万円全体ではないことに注意すべきである。

　オ　上記②Ⓒ（主位的請求を一部認容，予備的請求を全部棄却）の場合
次のような主文になる。

```
1  被告は，原告に対し，70万円を支払え。
2  原告のその余の主位的請求及び予備的請求をいずれも棄却する。
```

　カ　③Ⓐ（予備的請求を全部認容）の場合
次のような主文になる。

```
1  原告の主位的請求を棄却する。
2  被告は，原告に対し，100万円を支払え。
```

主位的請求を棄却する旨の主文を落としてはならない。特に金員支払請求の場合，うっかりすることがあるので，注意を要する。この場合にも，主文で主位的請求を棄却しないとする例もあるようであるが（大判昭16・5・23民集20・668，なお，司法研修所・後掲《参考文献》79頁参照），賛成しかねる。

　キ　上記③Ⓑ（主位的請求を全部棄却，予備的請求を一部認容）の場合
次のような主文になる。

```
1  原告の主位的請求を棄却する。
2  被告は，原告に対し，70万円を支払え。
3  原告のその余の予備的請求を棄却する。
```

なお，この場合，主位的請求・予備的請求につき主文で各別に判断を示すことなく，棄却部分をまとめて，「1　被告は，原告に対し，70万円を支払え。2　原告のその余の請求をいずれも棄却する。」とする例もある（前記オの場合も

同じ。）。これも論理的に誤りとまではいえないが、併合された各請求につきどのような判断をしたかを主文で明確にする観点からすると、上記枠内の主文例のように、主位的請求を棄却する旨明記するのが好ましい。

　ク　上記③ⓒ（主位的請求、予備的請求とも全部棄却）の場合

「原告の請求をいずれも棄却する。」のように、必ず全ての請求につき判断した旨を表示しなければならない。

(3)　3個以上の併合の場合

予備的請求が複数次にわたって併合される場合もある（例えば、主位的請求・第1次予備的請求・第2次予備的請求）が、以上に述べたところから、その主文については理解し得ると思う。

(4)　その他留意すべき点

例えば、ある契約に基づく取引で、100万円相当の物を預託していたところ、これを毀滅されたとして、主位的に不法行為で、予備的に債務不履行で、100万円および同一日から支払済みまでの遅延損害金（主位的請求について年3分、予備的請求について約定の遅延損害金利率年14分）を請求したとしよう。このように、附帯請求について、予備的請求に係るものの方が利率が上回っているという例は、実務上散見される。

そして、審理の結果、元本全額に理由があると判断される場合、主位的請求についてのみ判断すれば足りると軽信して、「被告は、原告に対し、100万円及びこれに対する令和5年4月1日から支払済みまで年3分の割合による金員を支払え。」とのみ主文で判決し、その余の請求についての判断を主文に掲げない例があるが、誤りである。

なぜなら、この場合の併合形態は、正確には、100万円およびこれに対する年3分の遅延損害金部分は予備的併合であるが、これを超える部分、すなわち、「予備的」請求たる遅延損害金のうち年11分の部分は、主位的請求の遅延損害金部分と論理的に両立するし、請求権競合の場合にも当たらないから、予備的併合はもとより選択的併合も許されず、単純併合するしかないのである。このような訴えの訴状の「よって書き」では、ルーズに「よって、原告は、主位的に不法行為に基づき、予備的に債務不履行に基づき、…」と記載される例が100パーセントといってよいが、釈明により、遅延損害金のうち年11分の部分は単純併合であることを明らかにしておく必要がある。この単純併合部分については、予備的併合部分とは別途に、常に判断を要することとなり、約定遅延損害

第4　請求の客観的併合の場合　387

金利率が適用されると判断される場合には，結局，双方の額を合わせて，「被告は，原告に対し，100万円及びこれに対する令和5年4月1日から支払済みまで年14分の割合による金員を支払え。」のような主文にすべきであるし，主文で示さなければ，判決の脱漏（民訴258）となる。実務上，まれに主文から漏れている例があるので，注意を要する。

　また，このようなケースで，元本につき70万円の限度で理由があると判断される場合も，上記単純併合部分につき必ず判断し，「1　被告は，原告に対し，70万円及びこれに対する令和5年4月1日から支払済みまで年14分の割合による金員を支払え。2　原告のその余の請求をいずれも棄却する。」のように記載し，かつ，主位的請求部分，予備的請求部分，単純併合された年11分の部分について，それぞれどのように判断したかを理由中で判示しておく必要がある。

5　予備的反訴

　原告が，売買契約に基づき土地の所有権移転登記手続を求めたのに対し，被告が，売買契約の無効を主張して本訴請求の棄却を求め，契約が有効と判断された場合を慮って，予備的に，反訴で売買代金請求をするように，本訴が認容されることを停止条件として，反訴請求がされることがある。また，原告が，本訴で貸金返還を請求したのに対し，被告が，金銭消費貸借契約の無効を主張して争い，契約が無効の場合には，反訴で，返済ずみの金員の一部につき不当利得として返還を求めるように，本訴が棄却されることを停止条件として，反訴請求がされることもある。

　上記のような予備的反訴の場合には，前者については本訴請求が全部棄却される場合，後者については本訴請求が全部認容される場合には，いずれも反訴請求につき判断することを要しないが，その逆の場合には，例えば，以下のような主文となる。

〈例1〉本訴認容を停止条件とする場合
1　被告（反訴原告）は，原告（反訴被告）に対し，別紙物件目録記載の土地について，令和5年4月1日売買を原因とする所有権移転登記手続をせよ。
2　原告（反訴被告）は，被告（反訴原告）に対し，1000万円を支払え。
〈例2〉本訴棄却を停止条件とする場合

> 1　原告（本訴被告）の請求を棄却する。
> 2　原告（反訴被告）は，被告（反訴原告）に対し，100万円を支払え。

　本訴請求が複数ある場合，予備的反訴については，実務上，停止条件の具体的内容，すなわち，本訴請求のうちどれが認容され，あるいは棄却される場合に反訴請求につき審判を求めるのかが不明確なことがある。そのような場合には，釈明により，停止条件につき明確にしておく必要がある。

《参考文献》菊井維大＝村松俊夫『全訂　民事訴訟法Ⅱ』116・118・120・124・247頁（日本評論社，1989），『改訂　民事判決書について』77頁（司法研修所，1959），岩松三郎＝兼子一編『法律実務講座　民事訴訟編』2巻146・147・159頁（有斐閣，1958）

〔原　啓一郎，杜下　弘記，貝阿彌　亮〕

第8章　専門性の高い事件の主文

第1　行政訴訟

○取消訴訟の主文－その1（在留資格変更不許可処分取消しの事例）

> **基本型**
>
> ○○出入国在留管理局長が令和○年○月○日付けで原告に対してした在留資格の変更を許可しない旨の処分を取り消す。

《参照条文》行政事件訴訟法3条2項・11条，出入国管理及び難民認定法20条

解　説

1　行政訴訟の類型

行政訴訟には，抗告訴訟，当事者訴訟，機関訴訟および民衆訴訟の4つの訴訟類型がある（行訴2）。

行政事件訴訟法においては，審査請求その他の不服申立てを単に「審査請求」と呼び，これらに対する行政庁の裁決，決定その他の行為を単に「裁決」，裁決を除く行政庁の処分，その他公権力の行使に当たる行為を単に「処分」と呼んでいる（行訴3②③参照）。

「抗告訴訟」とは，行政庁の公権力の行使に関する不服の訴訟をいい，そのうち，①処分の取消しを求める訴訟と裁決の取消しを求める訴訟を「取消訴訟」，②処分もしくは裁決の存否またはその効力の有無の確認を求める訴訟を「無効等確認訴訟」，③行政庁が法令に基づく申請に対し，相当の期間内に何らかの処分または裁決をすべきであるにもかかわらず，これをしないことについての違法の確認を求める訴訟を「不作為の違法確認訴訟」，④行政庁が一定の処分をすべきであるにもかかわらずこれがされないときまたは行政庁に対し一定の処分もしくは裁決を求める旨の法令に基づく申請もしくは審査請求がされた場合において，当該行政庁がその処分もしくは裁決をすべきであるにもかかわらずこれがされないときに，行政庁がその処分または裁決をすべき旨を命ずることを求める訴訟を「義務付け訴訟」，⑤行政庁が一定の処分または裁決をすべきでないにもかかわらずこれがされようとしている場合において，行政庁がその処分

または裁決をしてはならない旨を命ずることを求める訴訟を「差止訴訟」という（行訴3①～⑦参照）。

「当事者訴訟」とは，公法上の法律関係に関する訴訟である「実質的当事者訴訟」と，当事者間の法律関係を確認しまたは形成する処分または裁決に関する訴訟で法令の規定によりその法律関係の当事者の一方を被告とする訴訟である「形式的当事者訴訟」とからなる訴訟である（行訴4）。

「民衆訴訟」とは，国または公共団体の機関の法規に適合しない行為の是正を求める訴訟で，選挙人たる資格その他自己の法律上の利益にかかわらない資格で提起されるものをいい（行訴5），公職選挙法に定められた選挙の効力に関する訴訟（公選203など）や地方自治法に定められた住民訴訟（自治242の2）がこれに当たる。

「機関訴訟」とは，国または公共団体の機関相互間における権限の存否またはその行使に関する紛争についての訴訟をいう（行訴6）。

このように行政訴訟は，訴訟類型が極めて多様であり，その類型によって，判決の効力も異なるので，判決の主文の表現においても，いかなる訴訟類型の判決であるかについて誤解を生じさせないように特に留意する必要がある。

2　取消訴訟の性質

取消訴訟の性質については，特定の権利関係の存否の確認訴訟であるとする説と裁判所の判決によって権利変動がなされる形成訴訟であるとする説がある。行政処分は，原則として，それが取り消されない限り，その効果が発生したものとして取り扱われるものであり，取消訴訟は，取消判決によって，そのような行政処分の効力を遡及的に覆滅せしめる形成的な機能を有するものであることからすれば，一種の形成訴訟と理解すべきであろう。

もっとも，取消訴訟は，形成訴訟であるといっても，離婚訴訟（民770），株主総会決議取消訴訟（会社831）といった民事訴訟上の典型的な形成訴訟と同じような形で形成要件が実定法上列挙されているわけではなく，行政処分の違法（処分の根拠法規において規定された処分要件の不充足）そのものが形成要件であり，取消訴訟の訴訟物は行政処分の「違法一般」であるとするのが判例・通説である（最二小判昭49・7・19民集28・5・897）。

3　取消判決の主文についての一般的な留意点

　ここでは，原告が在留資格の変更申請（出入国20）を行ったところ，地方出入国在留管理局長から不許可処分を受けたため，その取消しを求めた取消訴訟の事例についての主文を示した。なお，上記申請に対する許可・不許可に係る権限は法務大臣にあるが（出入国20），実務上は，法務大臣から権限を委任された出入国在留管理庁長官（出入国69の2①）から更に権限を委任された地方出入国在留管理局長（出入国69の2②，出入国規61の2）が処分行政庁となるのが通例である。

　取消訴訟の性格が上記のようなものであることから，取消判決の主文は，取消しの対象となる処分を特定した上で，それを「取り消す」旨を明らかにすることが必要である。ちなみに，同じ抗告訴訟である無効等確認の訴えにおいては，「…は無効であることを確認する」，不作為の違法確認においては「…の申請に対し，○○が何らの処分をしないことは違法であることを確認する」等と表現される。

　処分の特定は，処分を行った行政庁，当該処分等が行われた日付のほか，一般的な処分名（例えば「更正処分」，「青色申告承認取消処分」など）があればそれを用いて特定する。

　処分について一般的な処分名が存在しない場合には，その内容を示すなど（例えば「出入国管理及び難民認定法49条1項に基づく原告の異議の申出は理由がない旨の裁決」）して処分を特定する。

　また，同一の日に，複数の同名の処分がされたような場合には，申請の日付や受理番号などによって，取り消すべき処分が他の処分と区別が可能な程度にまで特定する必要がある。

4　その他の取消訴訟の主文例

　他の処分についての取消訴訟においても，主文の基本的な構造は同じであるが，参考までに他の取消訴訟の主文例をいくつか以下にあげる。

> 　厚生労働大臣が令和○年○月○日付けで原告に対してした遺族厚生年金の支給裁定を取り消す旨の処分を取り消す。

> 　○市固定資産評価審査委員会が令和○年○月○日付けで原告に対してし

> た別紙物件目録記載の土地に係る令和○年度固定資産課税台帳の登録価格についての審査申出を棄却する旨の決定を取り消す。

> 　法務大臣が令和○年○月○日付けで原告に対してした難民の認定をしない旨の処分を取り消す。

《参考文献》塩野宏『行政法Ⅱ行政救済法〔第6版〕』81頁以下，89頁以下（有斐閣，2019），宇賀克也『行政法概説Ⅱ行政救済法〔第7版〕』119頁以下，133頁以下，芝池義一『行政救済法』14頁以下（有斐閣，2022），中込秀樹ほか『改訂　行政事件訴訟の一般的問題に関する実務的研究』司法研修所編，142頁（法曹会，2000）

〔市村　陽典，都野　道紀，横井　靖世〕

○取消訴訟の主文—その2（課税処分の取消しの事例）

基本型

○○税務署長が令和○年○月○日付けで原告に対してした原告の令和○年分の所得税に係る更正処分のうち，総所得金額○○○万円，納付すべき税額△△万△△△△円を超える部分及び過少申告加算税賦課決定処分（ただし，いずれも令和○年○月○日付け裁決により一部取り消された後のもの）を取り消す。

《参照条文》行政事件訴訟法3条2項・8条，国税通則法17条・24条・115条

解　説

1　課税処分取消訴訟の主文

これは，原告が，所得税の納税申告後，所轄の税務署長によって増額更正がされたので，審査請求をしたところ，一部は裁決で取り消されたが，その余は棄却されたため，増額更正とそれに伴ってされた過少申告加算税賦課決定処分の取消しを求めた事案に関する主文である。

課税処分の取消訴訟の主文についても，基本的な事項は，前掲（市村陽典，都野道紀，横井靖世「取消訴訟の主文—その1（在留資格変更不許可処分取消しの事例）」）の取消訴訟一般について述べたところと同様であり，処分をした行政庁，処分の日付，処分の内容を特定して，これを取り消す旨を明らかにすべきものである。

2　納税申告と増額更正との関係

申告納税方式が採られている場合，納税申告が納付すべき税額を確定させるなどの効果を生じさせる行為であるが，それ自体は，私人の行為であり，行政処分ではない。一方，増額更正は，行政庁が税額または課税標準を変更する行為である。そこで，納税申告と増額更正との関係をどのように理解すべきかについては大きく意見の対立がある。

両者の上記のような性格の違いに着目して，増額更正は申告によって確定した税額に一定の税額を追加するものにすぎず，申告と増額更正の2つによって

税額が確定するという考え方も有力に主張されている（両者がともに存在するとされることから併存説と呼ばれる。）。

　しかし，訴訟実務においては，1個の納税義務の発生原因たる課税要件事実は，実体的に一体不可分であるから，これを分断して部分ごとに認定して，納付すべき税額を確定させることはできないとして，増額更正を，課税要件事実を全体的に見直して税額を総額的に確定する処分であるととらえる考え方が一般的である。この考え方によれば，申告の効力は，増額更正の中に吸収され，一体となると考えられている（この考え方は吸収説と呼ばれる。）。

　増額更正処分には不服がある納税者も，自らの行った確定申告に係る総所得金額および納付すべき税額の限度では取消しを求める意思がないのが通常であるが，特に限定を付さずに増額更正処分全部の取消しを求める例も少なくない。吸収説を採用するにしても，更正の請求（税通23）という法の求める特別の手続を経由することなく申告額を超えない部分についてまで取消しを請求することは不適法と解される。したがって，そのような事案における増額更正処分の取消判決の主文は，「…更正処分のうち，総所得金額〇〇〇万円，納付すべき税額△△万△△△△円を超える部分」というように取り消す部分を限定することが必要となる。

3　不服申立てにおける処分の変更

　行政処分の取消訴訟を提起する前に行政上の不服申立手続を経ることを求める制度を審査請求前置または裁決前置という。

　行政事件訴訟法は，原則的な審査請求前置主義は採用せず，「処分の取消しの訴えは，当該処分につき法令の規定により審査請求をすることができる場合においても，直ちに提起することを妨げない」（行訴8①本文）と規定して，行政上の不服申立手続が設けられている場合であっても，この行政上の不服申立手続を利用するか直接裁判所に取消訴訟を提起するかは，当事者の自由な選択にゆだねること（自由選択主義）を原則としている。しかし，その一方で，「法律に当該処分についての審査請求に対する裁決を経た後でなければ処分の取消しの訴えを提起することができない旨の定めがあるときは，この限りでない」（行訴8①ただし書）として，個々の法律において，審査請求前置を定めることを認めている。

　国税通則法は，国税に関する法律に基づく処分で不服申立てすることができ

るものについての取消訴訟は，原則として，審査請求についての裁決を経た後でなければ，提起することができないものとする審査請求前置主義を採っている（税通115）。

　審査請求についての裁決において，当初の増額更正の一部が取り消されている場合には，取消判決の対象となるべき処分は，当該裁決において取り消された後のものであるから，前記基本型の「（ただし，いずれも令和○年○月○日付け裁決により一部取り消された後のもの）」のように，その趣旨を明らかにしておくことが必要となる。

4　訴訟指揮上の留意点

　課税処分の取消訴訟の訴状においては，課税処分のうち，上記のように，更正の請求をしなければ不適法なものや既に不服申立手続において処分の一部が取り消されている部分などについての限定を施すことが看過され，当初の課税処分全部の取消しを求める旨の請求の趣旨の記載がされていることが少なくない。裁判所は，訴状を受理した段階において，当事者の真意等を十分確認して，取消しを求める対象部分を適切に限定しておくことが肝要である。

　《参考文献》泉徳治ほか『租税訴訟の審理について（第3版）』43頁以下（法曹会，2018）

〔市村　陽典，都野　道紀，横井　靖世〕

○義務付け訴訟の主文（公文書の開示を義務付ける事例）

> **基本型**
> 1 ○○市長が令和○年○月○日付けで原告に対してした○○市○○課が作成した○○と題する文書及びその添付書類を不開示とする決定を取り消す。
> 2 ○○市長は，原告に対し，○○市○○課が作成した○○と題する文書（令和○年○月○日付け）及びその添付書類を開示する旨の決定をせよ。

《参照条文》行政事件訴訟法3条6項・37条の3

解　説

1　義務付け訴訟

これは，情報公開条例に基づいて文書の公開を求めた原告に対して，実施機関である市長がした不開示決定の取消しと当該文書の開示の義務付けを命じる場合の主文である。

前者は取消訴訟であり，後者は義務付け訴訟である。

行政庁に一定の公権力の発動を求めるいわゆる義務付け訴訟は，平成16年改正前の行政事件訴訟法の下でも，理論上は許容される場合がありうるとされていたが，そのような訴訟類型を定めた明文の規定が存在しなかったため，いかなる要件の下で義務付け訴訟が許容されるのかなどは必ずしも明らかでなく，実務上は，このような請求が適法な訴えとして認められた事例はほとんど存在しなかった。

しかし，平成16年改正によって，「行政庁が一定の処分をすべきであるにかかわらずこれがされないとき」または「行政庁に対し一定の処分又は裁決を求める旨の法令に基づく申請又は審査請求がされた場合において，当該行政庁がその処分又は裁決をすべきであるにかかわらずこれがされないとき」には，義務付け訴訟ができることが明確にされた（行訴3⑥・37の2・37の3。ただし，前者については，損害の重大性および補充性の要件が満たされることが必要である。）。

2 取消訴訟等と義務付け訴訟との関係

前記基本型の2の義務付け判決は，後者，すなわち行政事件訴訟法37条の3の規定に基づく請求に対するものである。

原告は，同条に基づく請求をするには，当該申請に対する拒否処分等の取消訴訟または無効等確認の訴え（申請に対する応答がない場合には不作為の違法確認の訴え）とともに提起しなければならず（行訴37の3③），裁判所も，義務付け訴訟に対する弁論および裁判は，原則として，当該申請に対する拒否処分等の取消訴訟または無効等確認の訴え（申請に対する応答がない場合には不作為の違法確認の訴え）に係る弁論および裁判と分離しないで行わなければならない（行訴37の3④。もっとも，同⑥はその例外となる場合を定めている。）。

3 義務付け判決の留意点

義務付け訴訟の法的性質については，被告である国または公共団体に対して一定の行政処分を行うことを義務付ける法律関係を形成する形成訴訟であるとする説と国または公共団体に対して一定の行政処分を求める請求権に基づいてその履行を求める給付訴訟であるとする説がある。いずれの説に立ったとしても，被告に一定の行政処分を義務付けることが明らかになる表現としては「…せよ」とすることが相当であろう。ちなみに，平成14年法律4号による改正後の地方自治法242条の2第1項4号の請求についても，その法的性質については，形成訴訟説が有力であるが，主文については，「…金員を請求せよ」「…賠償の命令をせよ」という表現をすべきであるとする取扱いが一般的である。

また，義務付けられる相手方は，原則として国または公共団体であることからすれば，「○○市長は，…」ではなく，「被告は，…」とすべきことも十分考えられるところである。しかし，誰に対して向けられた判決であるかは，当事者欄の記載から明らかであり，むしろ，義務付ける処分の内容についてできるだけ疑義が生じることのないように，処分を行うべき行政庁を記載しておくことが適当と考えられる。

〔市村　陽典，都野　道紀，横井　靖世〕

○実質的当事者訴訟の主文（国籍確認請求の事例）

> **基本型**
> 原告が日本国籍を有することを確認する。

《参照条文》行政事件訴訟法4条，国籍法2条

解説

1 実質的当事者訴訟

これは，原告が，国を被告として，日本国籍を有することの確認を求めた事例の主文である（最大判平20・6・4裁判集民228・101）。このような訴訟は，行政事件訴訟法4条の規定する当事者訴訟のうちの「公法上の法律関係に関する訴訟」であり，実質的当事者訴訟といわれるものである。行政事件訴訟法4条については，平成16年改正において，「公法上の法律関係に関する訴訟」の前に，「公法上の法律関係に関する確認の訴えその他の」という文言が挿入され，公法上の法律関係に関する確認の訴えが実質的当事者訴訟として許容されるものであることが明示された。

実質的当事者訴訟の例としては，国籍の存在や租税債務の不存在の確認を求める訴えなどがあるほか，裁定を経た後に年金（支分権）の支給を求める訴え，申告等の無効を前提に過誤納金の返還を求める訴え，懲戒処分の無効を前提として公務員がその地位の確認や給与等の支払を求める訴えなども，実質的当事者訴訟に属する。

2 実質的当事者訴訟と民事訴訟との区別

実質的当事者訴訟は，内容的には民事訴訟と共通する点が多いが，民事訴訟の訴訟物が私法上の法律関係に属するものであるのに対し，実質的当事者訴訟の訴訟物は公法上の法律関係に属するものである点において，区別される。

例えば，国籍法2条は，「子は，次の場合には，日本国民とする。」として「出生の時に父又は母が日本国民であるとき」には出生によって当然に日本国籍を取得することを定めているが，このような公法に属する法令の規定に基づく法律関係は，公法上の法律関係である。

また，行政処分または公法上の契約に基づいて発生する法律関係も公法上の法律関係に当たるが，行政処分に基づいて発生する法律関係については，抗告訴訟によって処分の公定力を排除することなく当該法律関係の当事者間において，これを争うことは許されていないと解するのが通説であるが，このような立場に立てば，行政処分に基づいて発生する法律関係に関する当事者訴訟として考え得るのは，処分の無効等を前提とする訴訟に限られることになろう。

3 平成16年改正の下での実質的当事者訴訟

行政事件訴訟法4条が平成16年に改正された趣旨は，確認訴訟の活用を図るものであるとされ，また，平成16年改正を機に，実質的当事者訴訟を活用すべきとの実質的当事者訴訟活用論も主張されている。平成16年改正以降に最高裁が確認請求に係る訴えを適法としたものとしては，在外国民が次回の国政選挙において在外選挙人名簿に登録されていることに基づいて投票をすることができる地位にあることの確認請求に係る訴えを適法としたもの（最大判平17・9・14民集59・7・2087），職務命令に基づく義務の不存在確認請求に係る訴えを適法としたもの（最一小判平24・2・9民集66・2・183），医薬品の郵便等販売をすることができる権利ないし地位を有することの確認を求める訴えについて本案の判断をしたもの（最二小判平25・1・11民集67・1・1）などがある。

4 実質的当事者訴訟の判決の留意点

実質的当事者訴訟の判決主文は，民事訴訟における請求の場合と同様の表現がされる。

すなわち，確認の主文については，前記の例のとおり「…を確認する」であり，給付を命じる主文であれば「被告は，原告○○に対し，金○○円を支払え」となる。

《参考文献》塩野宏『行政法Ⅱ行政救済法〔第6版〕』271頁以下（有斐閣，2019），宇賀克也『行政法概説Ⅱ行政救済法〔第7版〕』391頁以下（有斐閣，2021），中込秀樹ほか『改訂　行政事件訴訟の一般的問題に関する実務的研究』司法研修所編，315頁（法曹会，2000）

〔市村　陽典，中畑　啓輔，佐々木　健詞〕

〇形式的当事者訴訟の主文（土地収用法133条の損失補償に関する請求の事例）

> **基本型**
> 被告は，原告に対し，〇〇万〇〇〇〇円及びこれに対する令和〇年〇月〇日から支払済みまで年3分の割合による金員を支払え。

《参照条文》行政事件訴訟法4条，土地収用法133条

解　説

1　形式的当事者訴訟

　これは，収用委員会が，都市計画事業の施行者（起業者）である被告の申請により原告が借地権を有する土地について収用の裁決をしたところ，原告が，裁決が定めた補償額以上の損失を被ったと主張して，土地収用法133条に基づき，正当と主張する補償額と裁決が定めた補償額との差額の支払を求めている事案に関する主文である。この事例では，その表現は，結果的に，通常の民事訴訟の金銭給付を命ずる判決の主文と変わることがない。

　行政事件訴訟法4条の規定する当事者訴訟のうち，「当事者間の法律関係を確認し又は形成する処分又は裁決に関する訴訟で法令の規定によりその法律関係の当事者の一方を被告とする」訴訟は，形式的当事者訴訟と呼ばれる。

　形式的当事者訴訟の例としては，本事例のような土地収用法133条に基づく損失の補償に関する訴えがその代表的なものであり，ほかに，特許法178条に基づく審決等の取消訴訟のうち特許無効の審判等に対するものなどがある。

2　土地収用法133条所定の損失補償に関する訴えの請求の趣旨

　土地収用法133条の損失補償に関する訴訟の性質については，①収用委員会の裁決（権利取得裁決・明渡裁決中の損失補償部分または土地収用法94条の補償裁決）は，損失補償請求権を具体的に確定し，形成する行政処分であって，公定力を有するから，この訴訟は，裁決中の補償金額に対する不服を内容とする抗告訴訟の実質を有する形式的当事者訴訟であるとして，正当な補償金額の確認やそれとの差額の給付を請求するためには，裁決の公定力を排除するため

裁決を一部取消しないし変更する必要があるとする形成訴訟説と，②損失補償請求権は，収用等の補償原因事実が発生すれば，憲法29条3項およびその趣旨を具体化する行政法規が定めるところによって客観的に発生しているものであり，裁決は請求権を創設するものではなく確認するものであって，いわば補償見積額の提示にすぎず，土地収用法133条は，客観的に発生している補償請求権を訴訟物として，裁決額にかかわらず，正当な補償額の確認ないしそれとの差額の給付を求めることを認めたものであり，裁決の公定力は働かないから，請求の趣旨および判決主文で裁決の取消し，変更を掲げることなく，直ちに給付，確認を求めれば足りるとする給付（確認）訴訟説との対立があった（最三小判平9・1・28民集51・1・147についての判例解説．川神裕『最高裁判所判例解説民事編平成9年度上』92頁（法曹会）参照）。

そのため，従来，形成訴訟説の立場に立つ下級審裁判例は，請求の趣旨に，裁決のうち損失補償に関する部分の変更を求める旨を掲げることを要するとし，これを求めることなく増額分の支払を求め，または損失補償金支払債務の不存在の確認を求めることは不適法であるとする例が多かった。

しかし，土地収用法133条所定の損失補償に関する訴訟は，裁決のうち損失補償に関する部分または補償裁決に対する不服を実質的な内容として，その適否を争うものであるが，究極的には，起業者と被収用者との間において，裁決時における同法所定の正当な補償額を確定し，これをめぐる紛争を終局的に解決し，正当な補償の実現を図ることを目的とするものである（前掲最三小判平9・1・28）。そうであるとすれば，形成訴訟説の立場に立ったとしても，裁決によって定められた損失補償請求権の存否，金額をめぐる紛争の解決を，処分行政庁である収用委員会を被告とする裁決等の取消訴訟によるべきものとすることなく，形式的当事者訴訟によるべきものとした土地収用法133条の趣旨からすれば，これに基づく訴えが，裁決によって定められていた補償の内容の変更を求める趣旨を掲げずに，正当な補償額ないしはそれと裁決の定めた額との差額の支払を求める旨のみを請求の趣旨として掲げたとしても，それをもって不適法な訴えということはできないというべきであろう。最近は，実務上も，基本型として示したように，裁決の補償金額の変更を求める請求の趣旨を掲げず，正当な補償額ないしはそれと裁決の定めた額との差額の支払を求める請求のみの請求の趣旨を記載する例が多いようである。

ちなみに，最高裁は，道路法70条所定のみぞかき補償に関する収用委員会の

裁決（道70④，収用94）を違法として提起された損失補償金支払債務不存在確認訴訟において，その主文において，裁決のうち損失補償に関する部分を取り消した上で損失補償金支払債務の不存在を確認したもの（最二小判昭58・2・18民集37・1・59），裁決中の補償金額を変更した上で差額金の支払を命じた原審の判断を維持したもの（前掲最三小判平9・1・28）があるが，一方において，請求の趣旨として補償金増額分の支払請求のみを掲げた訴えにつき，その適否を問うことなく実体判断をしたものや（最一小判昭48・10・18民集27・9・1210），裁決のうち損失補償に関する部分の変更を求める訴えを却下し，増額分の支払請求を認容した高裁判決につき，増額分の支払請求に関する部分のみを変更したもの（最一小判昭63・1・21判時1270・67，判タ663・79）もある。

3　土地収用法133条所定の訴訟における補償増額分の附帯請求の起算日

　補償増額分の附帯請求の起算日について，給付（確認）訴訟説によれば，増額分に対する遅延損害金は権利取得の日（収用の時）の翌日から発生すると解されるが，形成訴訟説に立った場合には，裁決を変更する裁判が確定した日の翌日から初めて遅延損害金が発生することになると解すべきではないかという疑問が生ずる。

　しかし，前掲最高裁第三小法廷平成9年1月28日判決は，権利取得裁決において定められた補償額が裁決の当時を基準としてみても過少であったと判断される場合には，判決によって裁決に定める権利取得の時期までに支払われるべきであった正当な補償額が確定されるものであること，被収用者である土地所有者等はこの時期において収用土地に対する権利を失い，収用土地の利用ができなくなる反面，起業者はこの時期に権利を取得してこれを利用することができるようになっていることから，被収用者は，正当な補償額と裁決に定められていた補償額との差額に対する権利取得の時期からその支払済みに至るまで，民法（平成29年法律44号による改正前のもの）所定の年5分の法定利率による金員を請求できると判断している。

　このような結論は，形成訴訟説によっても，正当な補償額の一部が本来支払われるべきであった収用の時期を経過しながら支払われていないという事態を前提とした正当な補償の内容として，増額分は，これに対する法定利率相当の金額が当然に付加されるものとして確定ないし形成されると考えることが可能であるとされている（川神・前掲判例解説参照）。

《参考文献》塩野宏『行政法Ⅱ行政救済法〔第6版〕』268頁（有斐閣，2019），芝池義一『行政救済法』287頁（有斐閣，2022），宇賀克也『行政法概説Ⅱ行政救済法〔第7版〕』388頁以下（有斐閣，2021），宍戸達徳「公用関係事件の審理における二，三の問題」鈴木忠一＝三ケ月章監『新実務民事訴訟講座第10巻行政訴訟Ⅱ』85頁（日本評論社，1982），村上敬一「損失補償関係訴訟の諸問題」同135頁，前掲最三小判平9・1・28の判例解説として川神裕『最高裁判所判例解説民事編平成9年度上』92頁（法曹会），中込秀樹ほか『改訂　行政事件訴訟の一般的問題に関する実務的研究』司法研修所編，326頁（法曹会，2000）

〔市村　陽典，中畑　啓輔，佐々木　健詞〕

○民衆訴訟の主文（地方自治法242条の2第1項4号の請求の事例）

基本型
1 　被告は，甲野一郎に対し，金○○万円及びこれに対する令和○年○月○日から支払済みまで年3分の割合による金員の賠償の命令をせよ。
2 　被告は，乙野二郎に対し，金○○万円及びこれに対する令和○年○月○日から支払済みまで年3分の割合による金員を請求せよ。

《参照条文》地方自治法242条の2・243条の2の8（令和5年法律19号による改正後のもの。同法による改正前の地方自治法243条の2の2，平成29年法律54号による改正前の地方自治法243条の2）

解　説

1　住民訴訟（地方自治法242条の2第1項4号）の主文
　これは，いずれも地方自治法242条の2第1項4号の規定に基づく住民訴訟の主文であり，住民である原告が普通地方公共団体の執行機関（長）を被告として，基本型の1は，同号ただし書に基づいて違法な財務会計行為を行った職員に対して賠償命令を発することを，基本型の2は，同号本文に基づいて公共団体の長の立場にある個人に対して損害賠償等の請求をすることを，それぞれ命ずるものである。

2　民衆訴訟
　国または公共団体の機関の法規に適合しない行為の是正を求める訴訟で，選挙人たる資格その他自己の法律上の利益にかかわらない資格で提起するものを「民衆訴訟」という（行訴5）。
　民衆訴訟は，法律に定められている場合に初めて行うことができ，その場合の原告は，法律に定める者に限られている（行訴42）。
　地方自治法242条の2第1項の規定する住民訴訟は，普通地方公共団体の執行機関または職員による違法な財務会計上の行為または怠る事実によって住民全体の利益が害されることを防止するため，住民に，自己の法律上の利益にか

かわらない資格でこのような違法行為の予防または是正を図るための訴えを提起する権能を与えたものであって，選挙の効力に関する訴訟（公選203など）と並んで，民衆訴訟の代表的なものである。

3　4号訴訟

　地方自治法242条の2第1項4号に基づく訴訟は，従前は，住民が，普通地方公共団体に代位して，財務会計上の行為を行う職員らを被告として損害賠償請求等を求める訴えを提起するというものであったが，平成14年法律4号による改正によって，住民が原告となり，当該普通地方公共団体の執行機関など損害賠償等の請求や賠償命令を発する権限を有する者を被告として，当該職員に対して損害賠償等を請求することまたは賠償命令を発することを求める義務付け訴訟として再構成された。そして，4号訴訟によって認容判決がされた後も，損害賠償金等または賠償命令に係る損害賠償金が支払われない場合は，当該普通地方公共団体が原告となり，当該職員らに対して，請求に係る損害賠償等を求める訴訟（自治242の3②）または賠償命令に係る損害賠償を求める訴訟（自治243の2の8⑤）が提起されるという，2段階の訴訟が予定されている。

　4号訴訟において被告となる地方自治法242条の2第1項4号所定の「執行機関又は職員」とは，損害賠償等の請求や賠償命令を行う権限を有する執行機関または職員を指すものと解されており，権限の委任等がされていない限り，普通地方公共団体の長がこれに当たる（自治240②・242の3①・243の2の8③④）。

　なお，平成14年の地方自治法改正前後において，4号訴訟の認容判決の主文の体裁が異なることに注意を要する。

4　4号訴訟の主文の留意点

　4号訴訟における主文は，①賠償命令の対象になる職員等については，その者に当該賠償の命令をすることを命じ（自治242の2①四ただし書），②「当該職員」または「当該行為若しくは怠る事実に係る相手方」については，その者に損害賠償等の請求をすることを命ずる（自治242の2①四本文）ものである。両者は，その効果およびその後の手続の流れを異にしており，明確に区別して表現しなければならない。

　地方自治法242の2第1項4号の「当該職員」とは，当該訴訟においてその適否が問題とされている財務会計上の行為を行う権限を法令上本来的に有すると

されている者およびこれらの者から権限の委任を受けるなどして権限を有するに至った者を意味する（最二小判昭62・4・10民集41・3・239）が，訓令等の事務処理上の明確な定めに基づく専決によって，当該財務会計上の行為が行われた場合には，本来的権限者および専決者のいずれも「当該職員」に該当する（最二小判平3・12・20民集45・9・1455）。

　賠償命令の対象となる職員とは，地方自治法243条の2の8第1項掲記の職員である。賠償命令の対象となる職員については，被告に対し当該賠償命令をすることのみを求めることができ，損害賠償請求等をすることを求めることはできない（自治242の2①四ただし書・243条の2の8⑭）。また，賠償命令の対象となる職員が2人以上いるときは，これらの職員は，それぞれの職分に応じ，かつ，当該行為が当該損害の発生の原因となった程度に応じて賠償の責めに任ずるのであり，連帯責任となるものではない（自治243の2の8②）ことに注意を要する。普通地方公共団体の長は，賠償命令の対象となる地方自治法243条の2の8第1項所定の職員には含まれず，民法の規定に基づいて責任を負う（最一小判昭61・2・27民集40・1・88）。

　上記のいずれの請求も，特定の損害賠償請求権等の行使を執行機関等に求めるものであるから，原告は，損害額または不当利得額を具体的な金額をもって特定して請求しなければならない。

　4号訴訟の法的性格については，執行機関等に対して損害賠償等の請求または賠償命令の発令という作為を求める給付訴訟とする説もあるが，執行機関等に対して損害賠償等の請求をすべきことまたは賠償命令の発令をすべきことを義務付けるという法律関係を形成する形成訴訟であるとする説が有力である。いずれの説に立っても，「…による金員の賠償の命令をせよ」，「…による金員を請求せよ」と表現すべきであるとする点は同様である。

《参考文献》宇賀克也『地方自治法概説〔第10版〕』392頁（有斐閣，2023），貝阿彌亮「住民訴訟（4号請求）」定塚誠編著『裁判実務シリーズ行政関係訴訟の実務』（商事法務，2015）504頁以下，西川知一郎編著『リーガル・プログレッシブ・シリーズ6 行政関係訴訟〔改訂版〕』247頁以下（青林書院，2021），伴義聖=山口雅樹『新版実務住民訴訟』241頁以下（ぎょうせい，2018）

〔市村　陽典，中畑　啓輔，佐々木　健詞〕

第2　会社関係訴訟

○会社内部の決議の効力等を争う訴訟の請求の趣旨と主文

> **基本型**
> 1　被告（会社）の令和○○年○月○日付け○○会（注：例えば株主総会）でなされた○○旨の決議が不存在であることを確認する。
> 2　被告（会社）の令和○○年○月○日付け○○会（注：例えば株主総会）でなされた○○旨の決議が無効であることを確認する。
> 3　被告（会社）の令和○○年○月○日付け○○会（注：例えば株主総会）でなされた○○旨の決議を取り消す。

《参照条文》会社法830条（旧商法252条）・831条〈改正あり〉（旧商法247条），旧有限会社法41条

　平成17年6月29日に，商法2編，有限会社法，株式会社の監査等に関する商法の特例に関する法律等が統合されて，会社法が成立した。これに伴い，多くの見直しが行われ，会社関係訴訟についても，最高裁の判例等を取り入れるなどして，いくつかの見直しが行われた。本稿がなるに当たっては，法改正に関する部分について，東京地裁商事部の鹿子木康判事から懇篤なご指導と貴重なご助言をいただいた。ここに，記して，感謝申し上げる。

　有限会社法は廃止されたが，会社法の施行時に既に設立されている有限会社（有限会社法上の有限会社）は，会社法施行後は会社法上の株式会社となるものの，なお「特例有限会社」として存続し，有限会社法のもとでの規律とほぼ同様の規律のもとで運営を継続することが認められている。なお，会社法施行日前に提起された有限会社の組織に関する訴え等については，なお従前の例によるとされているので（会社法の施行に伴う関係法律の整備等に関する法律40），有限会社に関する主文例も挙げておくこととした。

　　［補正注］　改正会社法は，平成26年6月20日に成立し，平成27年5月1日に施行された。改正の趣旨目的は，経済のグローバル化が進展する中，取締役に対する監督のあり方などを軸に，コーポレート・ガバナンスを更に強化すること，親子会社に対する規律の整備を図ることなどにある。このた

め，株主による組織再編の差止請求制度（会社784の2・796の2等）や，親会社の株主が子会社の役員に対する特殊な代表訴訟（会社847の3①）などを新設しているが，本書で扱っている一般的な会社関係訴訟制度に基本的な改正があったわけではなく，本書の解説を付加変更する必要はあまりない。改正に関係する部分は改正後の条文を参照することによって理解確認されるものであるため，改正に関係する解説に若干の修正をしたほかは，当該参照条文に法改正がされた事項のあることを指摘するにとどめた。

解　説

1　会社のした決議の効力等を争う訴訟の意義と特性

　会社の意思決定機関である株主総会，社員総会，取締役会でなされた決議が不存在である，または決議に瑕疵があるとして，その存在や効力を否定するための手続が，決議の不存在確認請求，無効確認請求，取消請求である（なお，会社訴訟の実務においては，決議が物理的に不存在であるという主張のほかに，外形的に決議のようなものが存在したとしても，招集手続などにおける手続違背の程度が著しく—例えば大部分の株主に招集通知をしていないなど—，法的には決議が存在したと評価できないなどと主張して決議の不存在確認を求める事例がしばしばある。そのような事例においては，決議が不存在であるか，存在するが瑕疵があるのかの判断は，量的な問題に転化されることになる。そのため，本稿においては，決議の不存在も含めて広い意味での「決議の瑕疵」ということがある。）。

　決議の無効確認，不存在確認請求については，原告適格について条文上の制限はなく，一般の確認訴訟と同様，確認の利益のある者に原告適格が認められる。これに対し，取消請求については，提起しうる者が株主（社員），取締役，監査役，清算人等に限られている（会社831〈改正あり〉，〈旧商247〉，〈旧有41〉）。

　これらの訴訟において，被告となるのは，決議の主体である会社に限られる（会社834十六・十七）。例えば，当該決議によって取締役に選任されたとされる者が会社と共同して決議不存在確認，無効確認または取消訴訟の被告になることはない（これに対し，役員解任請求訴訟では，会社と当該役員が共同して被告となる（会社855。なお，最二小判平10・3・27民集52・2・661，判時1636・145，判タ972・147参照）。）。

　決議の効力を否定する結果になる認容判決には，対世効がある（会社838（旧商

252・109)。ただし，取締役会決議については後述)。

2　決議の不存在・無効確認請求
(1)　株主総会（社員総会）決議不存在確認

> 被告会社の令和〇〇年〇月〇〇日付け株主総会（社員総会）でなされた〇〇〇（例：Aを取締役に選任する）旨の決議が不存在であることを確認する。

　株主総会（社員総会）決議がなされたという外観があるのに，実際にはそのような総会決議が行われていないか，決議が存在したと法的に評価できる実体がないような場合には，その決議に利害関係を有する者は，会社を被告として，決議不存在確認を請求することができる（会社830（旧商252）・834十六，旧有41）。
　「利害関係を有する」とは，訴えの利益一般と同様，法律上の利害関係であることが必要であるが，通常は，株主，取締役および監査役には原告適格が認められる。
　実務上，この類型の訴訟は多い。小規模同族会社などで長年形式的に総会議事録を作成しただけで済ませてきたものが後日紛争になる事例や，株式の帰属・株主構成に争いのある場合に，自らが株式の多数を有する株主であると主張する複数の者が同時期に別の場所で「株主総会」を開催して，互いに他の「株主総会」決議は不存在であると主張する事例が，その典型である。
　なお，新株発行に関する株主総会決議または取締役会決議について，その決議の不存在確認請求訴訟等が提起されている最中に，新株が発行された場合の確認の利益については，新株発行に関するところで述べる。

(2)　株主総会（社員総会）決議無効確認

> 被告会社の令和〇〇年〇月〇〇日付け株主総会でなされた〇〇〇旨の決議が無効であることを確認する。

　会社の意思決定機関である株主総会（社員総会）の決議内容に法令違反があるときは，その決議に利害関係を有する者は，会社を被告として，決議無効確認を請求することができる（会社830（旧商252）・834十六，旧有41）。
　内容が法令違反になるような決議をして，なおかつそれが紛争になる事例は

少ないのか，実務ではこの類型の訴訟はほとんど見かけない。想定しうる事例としては，法律上の欠格事由ある者を取締役に選任した決議などが考えられるだろう。

(3) 取締役会決議不存在確認・無効確認

> 1 被告会社の令和○○年○月○○日付け取締役会における○○○（例：Aを代表取締役に選任する）旨の決議は不存在であることを確認する。
> 2 被告会社の令和○○年○月○○日付け取締役会における○○○（例：Aを代表取締役に選任する）旨の決議は無効であることを確認する。

取締役会は，株主総会において選任された取締役全員を構成員とする，会社の業務執行に関する意思決定機関である。その会議体における意思形成過程において，取締役会決議の手続，決議の方法，内容等に瑕疵がある場合に，その効力を争うためになされる訴訟類型が，取締役会決議不存在確認・無効確認訴訟である。

株主総会（社員総会）決議と異なり，取締役会決議の不存在確認・無効確認については会社法上に特別の規定はおかれていない。取締役会の決議に瑕疵がある場合の解決は，会議体の効力に関する民法および民事訴訟法の一般理論によってなされることになり，通常の無効確認請求訴訟と同様に考えられることになる。

株式会社だけでなく，有限会社の代表取締役選任をめぐる紛争も実務上多くみられるところであるが，有限会社については「取締役会」という概念はないことに留意が必要である。有限会社に代表取締役をおく場合の代表取締役の選任は，社員総会の決議ないし取締役の互選による（旧有27③）から，その効力についての紛争は，社員総会決議無効確認訴訟（社員総会の決議により代表取締役が選任された場合），あるいは一般理論による無効を主張しての，互選無効確認訴訟（取締役の互選により代表取締役が選任された場合）で解決されることになる。

3 株主総会（社員総会）決議の取消請求

> 被告会社の令和○○年○月○日付け株主総会（社員総会）における（例：

> A，B，Cを取締役に，Dを監査役にそれぞれ選任する）旨の決議を取り消す。

　会社の意思決定機関である株主総会（社員総会）の決議が，①招集手続または決議の方法に法令違反，定款違反または著しい不公正があるとき，②決議の内容に定款違反があるとき，③決議に特別利害関係を有する株主（社員）が議決権を行使したことによって著しく不当な決議がされたとき，に該当する場合には，当該会社の株主（社員），取締役，監査役等は，会社を被告として決議の取消しを請求する訴訟を提起することができる（会社831〈改正あり〉・834十七，旧有41）。

　決議取消訴訟は，取消判決によって当該決議の効力を無効とする形成訴訟であり，原告適格を有する者は条文によって限定されている。

　決議取消しの判決が確定するときは，決議は当初から無効となり，この決議に基づいて行われた会社・株主内部の行為は原則として無効となる。ただし，取締役が決議の執行として対外的に行った行為の効力には影響がないとする判例もある（大判昭6・6・5民集10・698等）。

　決議取消しの訴えには提訴期間の制限があり，決議の日から3か月以内に訴えを提起しなければならない（会社831①〈改正あり〉（旧商248），旧有41）。決議取消訴訟が係属中でも，提訴期間を過ぎると，新たな取消原因を追加主張することは許されないと解されている（最二小判昭51・12・24民集30・11・1076，判時841・96，判タ345・195）。一方，提訴期間内にすでに決議取消原因に該当する瑕疵が主張されている場合には，他の要件を満たす限り，提訴期間経過後に決議無効確認の訴えから決議取消請求に訴えの変更をすることも許される（最二小判昭54・11・16民集33・7・709，判時952・113，判タ406・86）。

　決議取消しの訴えでは，取消事由があるときでも，裁判所が裁量で取消請求を棄却できる定めがおかれている（会社831〈改正あり〉②（旧商251），旧有41）。実務上，この裁量棄却が用いられる事例は相当程度見受けられる。

《参考文献》注釈会社法（有斐閣）の該当条文箇所，坂上真美「総会招集手続の瑕疵」家近正直編『現代裁判法大系』17巻103頁（新日本法規，1999）

〔河本　晶子，笹本　哲朗〕

○取締役の地位をめぐる訴訟の請求の趣旨と判決主文

> **基本型**
> 原告が被告会社の取締役であることを確認する。

《参照判例》最三小判平7・2・21民集49・2・231，最二小判平10・3・27民集52・2・661，判時1636・145，判タ972・147

《参照条文》会社法854条〈改正あり〉・339条2項（旧商法257条1項但書・3項）・361条〈改正あり〉（旧商法269条），旧有限会社法32条

解　説

1　取締役の地位をめぐる訴訟の類型

ある者が会社の取締役等の会社組織内における地位に就任したとして，あるいは就任していないとして，紛争になることはよくみられる。そのような場合に提起される訴訟の類型は，取締役選任決議の存否・効力をめぐって株主総会（社員総会）決議の不存在・無効確認，決議取消請求という形で現れることもあるが，ここでは，取締役と会社の関係そのものを確認する形などの訴訟類型について検討してみる。

2　会社と取締役の関係をめぐる確認訴訟

(1)　取締役の地位の存在確認請求

基本型として挙げたのは，原告が会社の取締役に就任したにもかかわらず，会社が原告の取締役としての地位を争っている場合に，原告が会社に対して，自らが取締役の地位にあることの確認請求をする場合である。

訴訟類型に関する特別の規定はなく，通常の民事訴訟（確認請求）と同様の手続で進められる。

(2)　取締役の地位の不存在確認請求

> 1　原告が被告会社の取締役の地位にないことを確認する。
> 2　（被告）Aは被告会社Bの取締役でないことを確認する。

上記1は，原告が取締役に就任してはいないのに，会社が原告を取締役とし

て扱っている（就任登記をしている場合が多い。）と原告が主張し，会社に対して自分が取締役ではないことの確認を求める場合の主文例である。その場合に主張される取締役ではないことの理由は，有効な取締役選任決議がないという場合と，選任決議はなされているものの当人が取締役就任の承諾をしていないという場合があるが，原告自身が取締役であることを否定する事案においては就任承諾の存否が争われることが多い。これに対して，原告Xが，第三者Aは会社Bの取締役ではないのにもかかわらず，会社BがAを取締役として扱っていると主張し，（Aおよび）Bを被告として，Aが会社Bの取締役ではないことの確認を求める場合もある（上記2）。しかし，そのような場合には，取締役とされているA自身はB会社の取締役であることを肯定している場合が多く（そうでなければXが確認訴訟を提起するまでもなくA自身が取締役であることを争っているはずである。），たいていは取締役の選任決議の効力の争いで解消されることになる。

(3) 取締役辞任登記手続請求

1　被告は，（原告に対し，）原告が令和○○年○月○○日被告の取締役を辞任した旨の変更登記手続をせよ。
2　被告は，（原告に対し，）訴外Aが令和○○年○月○○日被告の取締役を辞任した旨の変更登記手続をせよ。
〔注〕（　）内に記載した部分は判決の名宛人としての記載にすぎず，いわゆる登記権利者ではないので，省略する例もある。

会社の取締役を辞任したにもかかわらず，取締役の辞任登記がなされていない者は，自らを原告，登記申請当事者である会社を被告として，自らが被告会社の取締役を辞任した旨の変更登記手続を請求することができる。この場合の請求の趣旨が上記1である。

また，ある取締役（訴外A）が辞任したにもかかわらず辞任登記がなされないままになっている場合には，当該会社の組織上，取締役の地位に法律上の利害関係を有する者は，上記2のような請求の趣旨で，自らが原告となって登記申請当事者である会社を被告として，当該登記の抹消登記手続を訴求することができる。

手続は，通常の民事訴訟における給付訴訟と同じである。

前掲《参照判例》最高裁第三小法廷平成7年2月21日判決では，宗教法人である神社の氏子総代等が，同神社の代表役員たる地位の不存在確認および代表役員就任登記の抹消登記手続を求めた事案について，地位不存在確認だけでなく，代表役員就任登記の抹消登記請求を認容しているので，団体内部の者からの登記手続請求も認めていると考えられる。

(4) 取締役就任登記の抹消登記手続請求

> 1　被告は，（原告に対し，）原告が令和○○年○月○日付けで被告の取締役に就任した旨の登記の抹消登記手続をせよ。
> 2　被告は，（原告に対し，）訴外Aが令和○○年○月○日付けで被告の取締役に就任した旨の登記の抹消登記手続をせよ。
> 〔注〕（　）内に記載した部分については，前記(3)の場合の説明を参照

会社の取締役ではないにもかかわらず，取締役として登記されている者は，自らを原告，登記申請当事者である会社を被告として，当該登記の抹消登記手続を訴求することができる。この場合の請求の趣旨が，上記1である。

また，会社の取締役ではない者Aが取締役として登記されている場合には，当該会社の組織上，取締役の地位について法律上の利害関係を有する者は，自らが原告となり，登記申請当事者である会社を被告として，上記2のような請求の趣旨を立てて，訴外Aが取締役である旨の登記の抹消登記手続を訴求することができる。

上記(3)の辞任登記請求と同様の理論による。

取締役選任決議取消判決または不存在確認判決が確定した場合は，裁判所が会社の本店の所在地において職権でその旨の登記の嘱託をするので（会社937①一ト（旧非訟139六・140）），被選任者とされる者が就任登記の抹消登記手続を訴求する必要はない（訴えの利益を欠く。）。

(5) 取締役等解任の訴え

> 被告会社の取締役Aを解任する。

取締役，会計参与または監査役の職務執行に関し不正の行為または法令定款に違反する重大な事実があるにもかかわらず，株主総会において当該取締役等

の解任決議が否決された場合等には，訴え提起前の6か月間（定款で要件緩和ができる。），総株主の議決権の100分の3（定款で要件緩和ができる。）以上の株式を保有する株主は，当該取締役等について，裁判所に対し解任の請求をすることができる〈会社854〈改正あり〉①（旧商257③等））。数人が合同してはじめて持株数が総株主の議決権の100分の3以上となる場合には，その数人が合同して訴えを提起することができる。

取締役等解任の訴えが，会社と当該取締役の双方を被告とする固有必要的共同訴訟であることは，会社法の制定で明文化された（会社855）。その理由は，取締役解任の訴えは，会社と取締役との間の会社法上の法律関係の解消を目的とする形成の訴えであるから，当該法律関係の当事者である会社と取締役の双方を被告とする必要があるし，この訴えにおいて争われる内容は，取締役の職務遂行に関し不正の行為または法律もしくは定款に違反する重大な事実があったか否かであるから，取締役に対する手続保障の観点から，会社とともに，当該取締役にも当事者適格を認めるのが相当だからである（前掲《参照判例》最二小判平10・3・27参照）。

取締役解任の訴えが係属中に当該取締役が退任した場合には，取締役解任の訴えは，訴えの利益を欠き，却下されることになる。

(6) 取締役から会社に対する報酬請求

> 被告は，原告に対し，○○万円及びこれに対する令和○○年○月○○日から年○分の割合による金員を支払え。

取締役と会社の間で報酬に関する合意があり，かつ，当該報酬について被告会社の定款の定めまたは株主総会決議がある場合には，取締役は会社に対して具体的な報酬請求権を有し，会社がその金額を支払わない場合には，取締役は会社に対して報酬を請求することができる（会社361〈改正あり〉（②③⑤⑥が追加）（旧商269））。

(7) 退任取締役から会社に対する不当解任を理由とする損害賠償請求

> 被告は，原告に対し，○○万円及びこれに対する令和○○年○月○○日から年3分の割合による金員を支払え。

取締役はいつでも株主総会決議をもって解任することができるが，その解任について正当な事由がある場合を除いては，その取締役は，会社に対し，解任によって生じた損害の賠償を請求することができる（会社339（旧商257））。この損害賠償責任は，会社の故意・過失を要件とせず，特別に課された法定責任であると解されている。

《参考文献》足立拓人ほか「取締役の地位存在・不存在確認の訴えをめぐる諸問題」判タ1515号5頁

〔河本　晶子，笹本　哲朗〕

○取締役等に対する損害賠償請求についての主文

> **基本型**
> 被告は，原告（会社）に対し，○○万円を支払え。

《参照判例》最三小判昭47・4・25裁判集民105・843，判時670・45
《参照条文》会社法423条〈改正あり〉（旧商法266条1項）・429条〈改正あり〉（旧商法266条ノ3）・847条〈改正あり〉（旧商法267条）・360条〈改正あり〉（旧商法272条）・385条（旧商法275条ノ2），民事訴訟法78条・81条

解　説

1　取締役等の責任

　取締役，会社参与，監査役，執行役または会計監査人（以下「取締役等」という。）が会社に対する善管注意義務ないし忠実義務を怠って会社に損害を与えた場合，その取締役等は会社に対して損害賠償義務を負う。近時，取締役の経営上の判断をめぐって，取締役が会社に対して損害賠償責任を負う判断基準を示した下級審裁判例が集積されてきている。取締役等に対する損害賠償請求は，損害を受けた会社自身が原告となって当該取締役等を被告として請求する場合（基本型）のほかに，株主が会社に代わって請求する形式である株主代表訴訟，取締役等の会社に対する職務執行により損害を受けた第三者が，自己に対する損害の賠償を直接当該取締役等に請求する訴訟がある。また，取締役が会社に対する善管注意義務ないし忠実義務に違背して違法な行為をしようとしている場合には，一定の要件を満たす株主は，裁判所にその差止めを請求することができる。

2　損害賠償請求の場合

　基本型は上記のとおりである。損害賠償請求の実体法上の根拠が会社法423条〈改正あり〉（旧商法266条1項）に定められた取締役の責任であるというだけで，訴訟の形式は通常の民事訴訟における金銭給付請求であり，主文の形式も特段変わるものはない。

(1) 株主代表訴訟の場合

> 被告は、会社に対し、○○万円を支払え。

　株主代表訴訟は、株主が自ら会社のために取締役等の会社に対する責任を追及する訴訟である。取締役等の会社に対する責任は、まずは会社自身が追及すべきもの（**基本型**）であるが、責任を追及されるべき取締役等と他の取締役等との特殊の関係から、会社が積極的に取締役等の責任を追及することが期待できないこともある。そのような場合、会社が取締役等の責任をそのまま放置すると、会社ひいては株主の利益が害される。そこで、個々の株主に、会社のために取締役等の責任を追及する方法を認めることにより、会社の利益を回復し、ひいては株主の利益を確保することを図ったのが株主代表訴訟である。

　提訴請求の時または訴訟提起の時（会社847〈改正あり〉⑤（旧商267④））の6か月前から（定款でこれを下回る期間を定めることができ、公開会社以外の会社では6か月要件はない。）継続して1株以上の株式を保有する者は、会社に対し、書面その他の法務省令で定める方法により取締役の責任を追及する訴訟を提起することを請求でき（会社847①〈改正あり〉（旧商267①））、その提訴請求から60日以内に会社が訴えを提起しない場合に、自らが会社のために訴えを提起することができる（会社847〈改正あり〉③（旧商267③））。会社に対する提訴請求は書面等でしなければならず（会社847①〈改正あり〉（旧商267①））、提訴請求の名宛人となるべき者は株式会社であり、会社を代表するのは原則として代表取締役（会社349①④）であるが、監査役設置会社では監査役（会社386〈改正あり〉（旧商275ノ4））、監査等委員会設置会社では監査等委員（会社399の7）、指名委員会等設置会社では監査委員（会社408〈改正あり〉（旧商特21の10⑦））となるので留意が必要である。

　有効な提訴請求を欠く場合は、会社法847条〈改正あり〉5項（旧商法267条4項）所定の会社に回復することができない損害が生ずるおそれがあるときを除き、訴訟要件が欠缺することになるから訴えは却下される。ただし、会社が原告株主に訴訟参加した場合は、訴訟要件の欠缺は治癒されると解されている（東京地判昭39・10・12下民15・10・2432、判タ172・226）。

　株主代表訴訟は、株主が会社の代表機関的地位に立って訴訟追行するものであるが、株主が会社の代表者として訴訟を追行するものでなく、第三者である

会社の利益のため株主が原告となる法定訴訟担当である。株主代表訴訟により原告が受ける判決は，本来の適格者である会社に同一の効力を及ぼし（民訴115①二），また，他の株主にもその効力が及ぶ。

一方で，会社は，被告に補助参加する場合には，旧会社法849条2項＝現会社法849条3項〈改正あり〉（なお，旧商268②参照）の定めるところに従い，監査役設置会社にあっては監査役（監査役が2人以上ある場合には各監査役），監査等委員会設置会社にあっては各監査等委員，指名委員会等設置会社にあっては各監査委員の同意を得なければならない（なお，旧商特19①・18の3①ただし書参照）。

株主代表訴訟における「役員等の責任」（会社847〈改正あり〉）（旧商267①））とは，会社法に規定された取締役の責任（会社423〈改正あり〉）（旧商266）等）に限定されるのか，取締役・会社間の取引上の債務等も含む取締役の会社に対する債務一切をいうのか，議論のあるところであるが，最高裁第三小法廷平成21年3月10日判決（民集63巻3号361頁）は，旧商法267条1項にいう「取締役ノ責任」には，同法266条1項各号所定の責任など同法が取締役の地位に基づいて取締役に負わせている責任のほか，取締役が会社との取引によって負担することになった債務も含まれるとしている。

以上取締役等について解説したが，発起人，清算人（会社486（旧商430））の場合も，それらの者が被告になるだけで，主文の形式は取締役に対する責任追及の場合と同様である。

なお，新しく成立した会社法では，株主代表訴訟制度の一部見直しが行われた。株主代表訴訟の係属中に会社の株式交換等が行われ，原告がその会社の株主たる地位を失った場合でも，原告が当該会社の完全親会社の株主になるなど一定の場合には，原告適格を失わないこととされた（会社851〈改正あり〉）。これは，株主代表訴訟の係属中に持株会社を作って会社グループの再編をすると，原告は持株会社の株主となり当該会社の株主たる地位を失うから，原告適格を欠き訴えを却下せざるを得なくなる事例が相次いだことに対する手当てである。また，自己または第三者の不正な利益を目的とする株主代表訴訟の排斥は，従前は訴権の濫用という一般条項によらざるを得なかったところであるが，会社法においては，株主代表訴訟が株主もしくは第三者の不正な利益を図りまたは株式会社に損害を加えることを目的とする場合には，株主代表訴訟の提起ができないとしている（会社847①ただし書）。

(2) 株主代表訴訟において期間内に命ぜられた担保の提供がない場合

> （原告の）本件訴えを却下する。

　株主が代表訴訟を提起した場合，裁判所は，被告が原告株主の悪意を立証したときは，被告の請求により相当の担保の提供を命ずることができる（会社旧847⑦⑧は，立法技術上の理由によるのか，いったん削除されたうえ，改正法847の4②③に新設として，復活している（旧商267⑥））。これは，株主代表訴訟の提起が取締役に対する不法行為に当たる場合に備えて，取締役の株主に対する損害賠償請求権を担保し，代表訴訟の濫用を防止しようとする趣旨である。

　担保提供命令が発令された場合，原告株主が命ぜられた期間内に命ぜられた担保を提供しないときには，その代表訴訟にかかる訴えは，口頭弁論を経ないで判決により却下される（民訴78・81）。

(3) 第三者の損害賠償請求の場合

> 　被告は，原告に対し，○○万円及びこれに対する令和○○年○月○○日（注：履行請求の翌日）から支払済みまで年3分の割合による金員を支払え。

　取締役がその職務を行うにつき，悪意または重大な過失あるときは，その取締役はそれによって損害を被った第三者に対しても損害賠償責任を負う。損害賠償請求の根拠が会社法429条〈改正あり〉(旧商法266条ノ3)で定められた取締役の責任であるというだけで，訴訟の形式は通常の民事訴訟における金銭給付請求である。

　なお，この損害賠償債務は法が取締役の責任を加重するために特に認めたものであって，不法行為に基づく損害賠償債務の性質を有するものではないとして，判例（最判平元・9・21裁判集民157・635，判時1334・223，判タ714・83）は，遅滞に陥った日の翌日から民法所定の割合による遅延損害金にとどまるものとしている。

3　取締役の違法行為の差止め

> 被告は，○○をしてはならない。

　取締役の違法行為により会社に回復しがたい損害が生じるおそれがある場合には，6か月以上前から（定款でこれを下回る期間を定めることができ，また，公開会社以外の会社では6か月の要件はない。）株式を有する株主は，事後的に損害賠償を求めるだけでなく，裁判所に対して当該行為の差止めを請求することができる（会社360〈改正あり〉（旧商272），なお執行役につき会社422〈改正あり〉（旧商特21の36））。有限会社法においても同趣旨の規定がおかれている（旧有31の2）。

　また，監査役も取締役の違法行為の差止めを請求することができ（会社385①（旧商275ノ2①）），監査役による差止め請求の場合には，裁判所は，差止めの仮処分をするときに担保を立てさせないでこれを行うことができる（会社385②（旧商275ノ2②），なお執行役につき会社407②（旧商特21の10））。

《参考文献》注釈会社法（有斐閣）の該当条文箇所，会社訴訟実務研究会（代表　金築誠志・渡邊　顯）編『役員の責任と株主代表訴訟の実務』（新日本法規）

〔河本　晶子，笹本　哲朗〕

○会社に対する情報開示請求に関する主文

> **基本型**
>
> 被告は，原告に対し，○○を閲覧させよ（謄写させよ）。

《参照判例》最一小判平2・11・8判時1372・131，最一小判平16・7・1民集58・5・1214，判時1870・128，判タ1162・129

《参照条文》会社法318条4項・371条2項・31条2項・125条2項・252条2項・684条2項・442条3項・433条（旧商法244条6項・260条ノ4第6項・263条2項・3項・282条2項・293条ノ6・293条ノ7・293条ノ8），旧有限会社法28条3項・41条・43条ノ2第2項・44条ノ2・44条ノ3・46条，会社法869条ないし873条＜一部に改正あり＞（旧非訟事件手続法132条ノ8）

解　説

1　会社情報の開示の必要性

　株式会社の株主（有限会社の場合には社員。以下同じ。）は会社の実質的所有者として，会社の財務状態や経営状況について利害関係を有する。また，有限責任社員のみで構成される株式会社および有限会社の債権者は，自己の有する債権の一般的担保となる会社財産の状況，ひいては会社の財務状態および経営状況について正当な利害，関心を持つ。会社法は，これら会社の経営状況について正当な利害，関心を持つ者に対し，会社の経営状況に関する情報開示を定めている。

　会社情報を記載した書面（電磁的記録）にはいくつか種類があり，書面の内容や性質に応じて原告となるべき者，請求しうる要件が異なっている。また，「請求権」として認める（すなわち，その可否は訴訟によって判断される。）ものの他に，裁判所が裁量によって開示の是非を判断する（すなわち，商事非訟事件として判断される。）こととされているものもある。以下，訴訟事項とされているものを中心に個別に述べる。

2 情報開示請求の類型
(1) 計算書類等謄本交付請求の場合

> 被告は原告に対し、その営業時間内のいつでも、令和○○年度から令和××年度までの、被告の計算書類及び事業報告並びにこれらの附属明細書の謄本を交付せよ（閲覧させよ）。

　会社の株主および債権者は、営業時間内のいつでも、会社に対し、①計算書類（貸借対照表、損益計算書その他株式会社の財産および損益の状況を示すために必要かつ適当なものとして法務省で定めるものをいう。）、②事業報告、ならびに③これらの附属明細書の閲覧、謄本または抄本の交付請求等をすることができる。なお、旧商法とは、利益処分案・損失処理案が計算書類に含まれなくなったこと、営業報告を「事業報告」に用語を改めたことなどで異なっているが、その詳細等については注意をしておく必要がある。これらの書類は謄本、抄本の交付請求権があるので謄写請求権はない。

　原告適格を有するのは株主と会社債権者である。株主については所有株式数に制限はなく、1株でもよい。債権者については、その有する債権が金銭請求権ではなく作為ないし不作為請求権である場合にも、閲覧等請求は認められると考える。会社法442条3項（旧商法282条2項）は「債権者」と規定しているのみであって、文理上、債権の種類による限定はされていないし、作為ないし不作為請求権も究極的には会社の債務不履行によって金銭請求権（損害賠償請求権）に変わるのであるから、担保となる会社の一般財産の状況を把握する必要性は金銭請求権の債権者と本質的には変わりないからである。なお、会社法182条の4第1項に基づき株式の買取請求をした者は、同法182条の5第5項に基づく支払を受けた場合であっても、上記株式の価格につき会社との協議が調いまたはその決定に係る裁判が確定するまでは、同法442条3項にいう債権者に当たる（最判令3・7・5（令2（受）4））。

　訴訟および主文の形式は、通常の民事訴訟における給付請求である。

(2) 株主総会議事録閲覧謄写請求の場合

> 被告は、原告に対し、令和○○年○○月○○日開催の定時株主総会に係

> る被告株主総会議事録を閲覧させよ（謄写させよ）。

　会社の株主および債権者は，営業時間内のいつでも，会社に対し，株主総会議事録またはその写しの，閲覧または謄写を請求することができる（会社318④（旧商244⑥））。
　原告適格については，計算書類等の謄本交付閲覧請求と同様である。
(3)　株主名簿閲覧謄写請求の場合

> 被告は，原告に対し，被告会社の株主名簿を閲覧させよ（謄写させよ）。

　会社の株主および債権者は，営業時間内のいつでも，会社に対し，株主名簿の閲覧または謄写を請求することができる（会社125②（旧商263③））。
　原告適格については，計算書類等の謄本交付閲覧請求と同様である。
(4)　会計帳簿閲覧謄写請求の場合

> 被告は，原告に対し，別紙目録記載の帳簿及び書類を閲覧させよ（謄写させよ）。

　総株主の議決権の100分の3（定款で要件緩和が可能）以上を有する株主または発行済み株式（自己の株式を除く。）の100分の3（定款で要件緩和が可能）以上の株式を有する株主は，会社に対し，理由を明らかにして，会社の会計帳簿・書類の閲覧または謄写を請求する権利を有する（会社433①（旧商293ノ6①②））。有限会社においては，議決権の10分の1以上を有する社員に帳簿閲覧請求権が認められるが，定款で各社員に帳簿閲覧請求権を認めることもできる。
　原告となる者は，1人では100分の3以上の持株割合を満たさない場合であっても，複数の者が集まってその持株数を合計して要件を充足するのであれば，共同して請求することが可能である。
　この請求を認容する判決は，通常の民事訴訟における給付判決である。
　帳簿閲覧請求権は，株主または社員が，取締役に対する違法行為差止請求，取締役の責任追及の代表訴訟，取締役の解任請求等の株主，社員としての権利を適切に行使するために認められている権利である。ただ，会計帳簿・書類は，上記計算書類等と比較して，会社の営業秘密等にも関わる生の情報が記載され

ているものであることから、計算書類等の閲覧等に比べて要件が厳しくなっている。請求する株主、社員に一定の割合以上の持株数、出資口数が必要とされているほかに、閲覧請求理由の表示が要求されている。また、一定の拒否事由が認められている（会社433②（旧商293ノ7）、旧有46）。

前掲《参照判例》最高裁第一小法廷平成2年11月8日判決は、「此度貴社が予定されている新株の発行その他会社財産が適正妥当に運用されているかどうかにつき、商法293条ノ6（注：会社433①）の規定に基づき、貴社の会計帳簿及び書類の閲覧謄写をいたしたい」旨を記載した書面により会計帳簿等の閲覧を請求した事案について、「本件閲覧請求が閲覧請求書に閲覧等の請求の理由を具体的に記載してされたものとはいえない」と判断した。営業秘密等に関わる会計帳簿等が一旦開示されると、それにより被る会社の損害は回復しがたいものになることから、実務の運用においては、従前、前掲《参照判例》最高裁第一小法廷平成2年11月8日判決を前提としつつ、濫用的な請求から会社の利益を守ることに配慮して帳簿閲覧請求の認容には厳格な態度をとることが多かった。しかし、前掲《参照判例》最高裁第一小法廷平成16年7月1日判決では、閲覧等を請求する理由は具体的に記載されなければならないが、理由を基礎付ける客観的事実まで立証しなければならない法的根拠はない旨を判示して、請求には具体的な理由とその理由を裏付ける客観的事実の存在が必要とした原審を破棄した。今後の実務に対する影響は大きいと思われ、注目される。

なお、親会社の株主（社員）は、裁判所の許可を得て子会社の会計帳簿・書類を閲覧または謄写する権利を有するが（会社433③④（旧商293ノ8）、旧有44ノ3）、これは「裁判所の許可」が必要なものであって、いわゆる請求権ではない。裁判手続は、訴訟ではなく、後述する非訟事件となる。

(5) 非訟の場合

会社の経営状況についての情報開示が、裁判所の許可にかからしめられているものもある。参考までに商事非訟事件としてなされるものの一例を挙げておく。

① 親会社の社員が子会社の会計帳簿等の閲覧謄写を求める場合
（会社法433条3項・4項（旧商法293条ノ8））

> ○○会社の別紙目録記載の会計帳簿等を申立人において閲覧謄写することを許可する。

② 監査役設置会社の株主または取締役設置会社の債権者もしくは親会社社員が取締役会議事録の閲覧謄写を求める場合
　　（会社法371条2～5項＜改正あり＞（旧商法260条ノ4第6項））

> ○○会社の別紙目録記載の取締役会議事録を申立人において閲覧謄写することを許可する。

③ 申立てを認めない場合

> 本件申立てを却下する。

《参考文献》山口和男＝垣内正「帳簿閲覧請求権をめぐる諸問題」判タ745号9頁

〔河本　晶子，笹本　哲朗〕

○会社組織上の変更に関する主文

> **基本型**
> 被告が令和○○年○月○○日になした普通株式○○株の新株発行を無効とする。

《参照判例》最三小判平9・1・28民集51・1・40，判時1592・129，判タ931・179
《参照条文》会社法828条＜改正あり＞・833条（旧商法104条・112条・147条・280条ノ15・363条・372条・374条ノ12・374条ノ28・406条ノ2・415条）・829条，旧有限会社法63条1項・63条ノ6第1項・63条ノ9第1項・71条ノ2

解　説

1　会社組織変更の諸類型

　社団たる会社の内部組織の変更のうち，最もポピュラーなのは，新たな構成員を増やす行為である新株発行（有限会社においては資本の増加）である。ここでは新株発行を巡る訴訟の主文例を中心として，その他の会社組織変更に関する訴訟について概観する。なお，今般成立した会社法においては，会社の組織再編についての規定が見直され，株主・債権者の保護を図りつつ，機動的な組織再編を実現する工夫がなされている。

　新株発行無効の訴えは，新株発行の手続に法令・定款に違反する重大な違反がある場合に，その発行を一体として無効とすることを求める訴えである。法律関係の画一的処理と法律関係の安定の要請が大きいことから，一定期間に（公開会社につき6か月以内で非公開会社につき1年以内・会社828①二（旧商280ノ15①）），一定の者によってのみ（株主，取締役，清算人等・会社828②二（旧商280ノ15②）），訴えのみによって（会社828①（旧商280ノ15①）），主張できることとした。また，同一の新株発行について原告適格を有する複数の者から無効訴訟が提起された場合の合一確定の必要性に鑑み，数個の訴えが同時に係属するときには弁論および裁判は併合することを要する（会社837（旧商105③・280ノ16）・類似必要的共同訴訟）。なお，口頭弁論は提訴期間を経過しないと開始することができないとしていた旧商法105条2項の規定は，弊害が多いため削除された。

　新株発行無効の訴えは形成訴訟であり，判決は，対世効がある（会社838（旧商

280ノ16・109））が，将来に向かってのみ効力が生じる（会社839（旧商280ノ17①））。

　新株発行に関する株主総会決議あるいは取締役会決議の不存在確認請求訴訟等が提起されている最中に，当該新株が発行された場合についての株主総会決議，取締役会決議の不存在確認請求等は，確認の利益を失い，新株発行無効の訴えへ請求の趣旨の変更が必要となる（最三小判昭40・6・29民集19・4・1045，判時415・39，最二小判昭37・1・19民集16・1・76）（訴えの変更と提訴期間の関係につき，最一小判平5・12・16民集47・10・5423，判時1490・134，判タ842・131参照）。

　会社法は，新株発行無効の訴えについて定めながら，その無効原因については具体的な定めをおいていない。株式は，一旦発行されると転々流通することを前提とするため，取引の安全の見地から，新株発行の無効原因となるのは重大な法令定款違反に限られると解されている。

　会社が発行する株式の総数を超えて新株が発行された場合，新株発行差止仮処分命令に違反して発行された新株発行（最一小判平5・12・16民集47・10・5423，判時1490・134，判タ842・131，東京高判平7・5・31判タ901・227），新株発行差止事由がないため株主の新株発行差止請求が許容されない場合でない限り，株主等に対する公告手続を欠いたままなされた新株発行（最三小判平9・1・28民集51・1・71，判時1592・134，判タ931・185）は，無効原因があるとされた事例である。

　逆に，新株発行に際し有効な取締役会決議がなくても，対外的に会社を代表する権限のある取締役が発行した以上は，取引安全の見地から，その新株発行は有効であるとされており（最二小判昭36・3・31民集15・3・645），株主総会の特別決議を経ないで新株が第三者に有利な価格で発行された場合であっても，取引安全，法的安定性の見地から，新株発行は無効とはならず，取締役の損害賠償責任のほか，新株引受人の追出資義務（会社212＜改正あり＞・847＜改正あり＞（旧商280ノ11））で解決すべきと解されている（最二小判昭40・10・8判時425・41，判タ183・204，同日判決民集19・7・1745，最二小判昭46・7・16判時641・97，判タ266・177，最二小判昭48・4・6金法683・32）。

2　新株発行不存在確認請求

> 　被告が，令和○年○月○○日になした普通株式○○株の新株発行は不存在であることを確認する。

法律上，新株発行不存在確認という訴訟類型の定めはなかった。しかし，新株発行の実体がないのに，新株発行の登記がされているなどその外観が存する場合には，新株発行が無効である場合と同様に，対世効のある判決をもって新株発行の不存在を確定し，不実の外観を除去する必要がある。前掲《参照判例》最高裁第三小法廷平成9年1月28日判決の判例は，新株発行無効の訴えに準じて，新株発行不存在確認の訴えを肯定し，その性質に反しない限り，新株発行無効の訴えに関する規定を類推適用するのが相当であるとしたが，旧商法上明文の規定を欠くため，その訴えの手続，効力等については，必ずしも明らかでなかったため，今般の会社法で明文が設けられた（会社829。なお，相澤哲『一問一答　新・会社法』250頁（商事法務研究会，2005）参照）。

　ただし，形成訴訟である新株無効の訴えと異なり，新株発行不存在確認の訴えは，明文が設けられたものの，もともと新株発行が存在しなかったことを確認する確認訴訟であることに変わりはなく，判決の対世効の規定（会社838）はあるものの，将来効（会社839）の規定の適用はない。

　新株発行の登記はあるものの新株発行の手続が全くされていない場合，現実の払込がなされていない場合，代表権限のない者が新株の株券を独断で発行した場合など，新株発行が物理的に存在しない場合が新株発行不存在事由の例である（東京高判平15・1・30判時1824・127，東京高判昭61・8・21判時1208・123，判タ627・204）。

3　その他，会社組織上の変更をめぐる紛争の主文例

(1)　合併無効（吸収合併）の場合

　被告（存続会社）と消滅会社（解散時の本店所在地付記）との間において，令和〇年〇月〇日にされた合併は，これを無効とする。

(2)　合併無効（新設合併）の場合

　消滅会社甲（解散時の本店所在地付記）と消滅会社乙（解散時の本店所在地付記）との間において，被告を新設会社とする令和〇年〇月〇日にされた合併は，これを無効とする。

合併無効の訴え（会社828①七・八（旧商415））は，合併手続の欠陥を理由とするものではあるが，合併後の存続会社の増資または新設会社の存在自体を争うものである。新設合併については合併による消滅会社の回復および新設会社の解散という効果を，吸収合併については消滅会社の回復および存続会社の発行した株式の無効という効果をもたらす形成の訴えである。

合併無効訴訟は，形成訴訟の性質を有する。したがって，合併の無効は合併無効の訴えによってしか主張することができず，合併の無効判決が確定するまでは合併は有効なものとして取り扱われる。

提訴権者が限られていること（会社828②＜改正あり＞七・八（旧商415②），旧有63①），合併の日から6か月内に提訴することを要すること（会社828①七・八（旧商105①・147・415③），旧有63①），数個の訴えが同時に係属するときには弁論および裁判は併合することを要すること（会社837（旧商105③・147・415③），旧有63①）は，合併の無効判決は対世的効力を有するが，遡及効は有しないことは，新株発行無効訴訟と同様である。

(3) 株式交換無効の訴えの場合

> 被告A株式会社と被告B株式会社との間で，被告A株式会社を完全親会社とし，被告B株式会社を完全子会社とする株式交換は，これを無効とする。

株式交換無効の訴えは，当該株式交換によって形成された完全親子会社の関係を解消する効果をもたらす形成の訴えである（会社828①十一（旧商363①））。訴訟手続については合併無効の訴えと同じである。

(4) 株式移転無効の訴えの場合

> 被告A株式会社（完全子会社）及び被告B株式会社（完全子会社）との間において被告C株式会社（完全親会社）を設立した株式移転は，これを無効とする。

会社は，株式移転によって完全親会社を設立することができ，株式移転により，完全親会社となる会社の株主の有する会社の株式は，株式移転によって設立される完全親会社に移転し，完全子会社となる会社の株主は，完全親会社が

発行する株式の割当を受けて完全親会社の株主となる（会社772～774＜一部に改正あり＞（旧商364））。

株式移転無効の訴えは，このような株式移転によって形成された完全親会社を解散させ，既存の各完全子会社の株主の地位を旧に回復する効果をもたらす形成の訴えである（会社828①十二（旧商372①））。訴訟手続については合併無効の訴えと同じである。

(5) 会社分割無効の訴え（吸収分割）の場合

> 被告A株式会社（分割会社）が同被告が○○に関して有する権利義務の全部を被告B株式会社（承継会社）に承継させる会社分割は，これを無効とする。

(6) 会社分割無効の訴え（新設分割）の場合

> 被告A株式会社（分割会社）が被告B株式会社（設立会社）を設立し，被告A株式会社が○○に関して有する権利義務の全部を被告B株式会社に承継させる会社分割は，これを無効とする。

会社分割とは，会社がその事業に関して有する権利義務の全部または一部を他会社に承継させる組織上の行為をいう。会社分割には，既に存在する他会社（承継会社）が権利義務を承継する吸収分割と，分割により権利義務を承継する会社（設立会社）が新たに設立される新設分割とがある。

会社分割無効の訴えは，会社分割の態様に応じて，吸収分割無効の訴えおよび新設分割無効の訴えが設けられている（会社828①九・十（旧商374ノ28①・12①））。吸収分割については，権利義務の全部または一部の吸収会社への承継の効果を失わせる効果を有する形成の訴えであり，新設分割については，新設会社の解散と権利義務の全部または一部の新設会社への承継の効果を覆滅させる形成の訴えである。訴訟手続は合併無効の訴えと同じである。

(7) 会社の解散の訴えの場合

> 被告○○会社を解散する。

解散判決は，会社が自治的能力を喪失し，やむを得ない場合に，社員の利益保護の見地から認められた制度であり，解散判決請求権は，少数社員ないし株主に付与された共益権たる監督是正権である（会社833①（旧商406ノ2①））。

　また，持分会社の各社員は，やむを得ない事由があるときは，会社の解散を裁判所に請求することができる（会社833②（旧商112①））。

　総株主の議決権の10分の1（定款で要件を緩和できる。）以上を有する株主（持分会社では各社員が解散の訴えを提起することができる。）は，①会社の業務の執行上著しく困難な状況に至り，会社に回復することができない損害が生じまたは生じるおそれがあるとき，②会社財産の管理または処分が著しく失当で，会社の存立を危うくするときにおいて，やむを得ない事由があるときは，会社の解散を請求することができる。

　会社解散の訴えは形成訴訟であり，請求認容の場合には，会社解散の創設的効力を有する。

〔河本　晶子，笹本　哲朗〕

第3　労働事件訴訟

○解雇の有効性を争い，労働契約上の地位の確認と，解雇後の賃金の支払を求める請求の趣旨と判決主文

> **基本型**
> 1　原告が，被告に対し，労働契約上の権利を有する地位にあることを確認する。
> 2　被告は，原告に対し，○○万○○○○円並びに令和○○年○月から本判決確定の日まで毎月○日限り○○万○○○○円及びこれに対する各支払期日の翌日から支払済みまで年3％の割合による金員を支払え。

《参照裁判例》大阪高判昭60・2・27労民36・1・112，東京地判平3・12・24判時1408・124
《参照条文》民事訴訟法135条

解　説

1　解雇の有効性を争う訴訟

　解雇の効力を争い，解雇後の賃金の支払を求める訴訟類型は，労働事件の中で最も多くみられるものである。

　訴状の中には，解雇の効力を争うとして，「被告が原告に対し，○年○月○日にした解雇が無効であることを確認する。」との請求がされることがある。しかし，現在の紛争を解決するには現在の法律関係の存否を確認するのが効果的であるし，過去の法律行為の有効無効の確認は，その後の法律関係の変動が考慮されないから，現在の紛争がそれによって解決されるとは必ずしもいえない。したがって，過去の法律行為の効力には，原則として確認の利益はなく，その効力の確認を行わなければ現在の紛争を解決することにならない等の確認の実益のある場合のみ例外的に確認の利益が認められるとするのが民事訴訟法における通説的な見解である。このような通説的見解に従うのであれば，解雇の有効・無効は確認の実益がある場合には当たらず，現在の法律関係の確認をすれ

ば足りるから，確認の利益はないというべきである。したがって，裁判所としては，このような請求がされた場合には，訴えを却下すべきこととなる。なお，実務上は，原告に対する釈明を行い，労働契約上の権利を有する地位確認への変更を求めるのが一般的である。

2 賃金の将来請求の終期

解雇後の賃金の支払を請求する場合，終期を設定しないで請求する例が少なくない。しかし，労働契約上の地位を確認する判決が確定した場合，その後に履行期が到来する賃金について，将来請求の要件である「あらかじめその請求をする必要」(民訴135)があるかは問題である。地位確認の判決確定後もなお賃金の支払がされない特段の事情が存しない限り，賃金請求のうち判決確定日の後に履行期が到来する賃金の支払を請求する部分は，あらかじめ請求する必要があるとはいえないとして，訴えの利益を欠くものとして却下すべきであるとする裁判例がある（前掲《参照裁判例》大阪高判昭60・2・27，東京地判平3・12・24）。このような考え方によれば，上記特段の事情があるかを原告に釈明した上，請求の趣旨の訂正を促す必要がある。

終期を特定しないでされた請求を却下するときの主文は，次のようになる。

① 解雇無効の場合

> 1　本件訴えのうち，本判決確定日の翌日以降の賃金及びこれに対する遅延損害金の支払を求める部分を却下する。
> 2　原告が，被告に対し，労働契約上の権利を有する地位にあることを確認する。
> 3　被告は，原告に対し，○○万○○○○円並びに令和○○年○月から本判決確定の日まで毎月○日限り○○万○○○○円及びこれに対する各支払期日の翌日から支払済みまで年3％の割合による金員を支払え。

② 解雇有効の場合

> 1　本件訴えのうち，本判決確定日の翌日以降の賃金及びこれに対する遅延損害金の支払を求める部分を却下する。
> 2　原告のその余の請求をいずれも棄却する。

3 請求原因

基本型における訴訟物は，原告の被告に対する労働契約上の権利を有する地位と，原告の被告に対する労働契約に基づく賃金請求権およびその附帯の請求である。

これに対応する請求原因は，
① 労働契約の締結
② 労働契約中の賃金額に関する定め（解雇時の賃金額の定めは必須）
③ 労働契約中の毎月の賃金の締日，支払日の定め
④ 請求に係る賃金に対応する期間において，労務の遂行が不可能となったこと（債務の履行不能）
⑤ ④の履行不能が使用者（債権者）の責めに帰すべき事由によること
⑥ 使用者による労働契約終了の主張

である。

民法624条2項は，期間をもって定めた報酬はその期間経過後に請求することができると定めているところ，請求原因③の「毎月の賃金の締日」は，624条2項にいう報酬に対応する「期間」としての意味をもつ。労働契約中に支払日の定めがない場合には，同条項によれば，賃金の締日を経過した後の日を主文中の賃金支払日とすべきことになるが，毎月の支払日も労働契約で定めているのが通常であるから，③の「毎月の賃金の支払日」の主張をした上，**基本型**の第2項で，その日を毎月の賃金の支払日として記載することとなる。

ところで，民法624条2項によれば，賃金請求をするためには，各月の所定労働日において労務遂行がされたことの主張を要するのが原則である（ノーワーク・ノーペイの原則。具体的には，「原告は毎月の賃金の締日の前日から締日までの期間の所定労働日に労務を遂行した」との主張が必要である。）。しかし，使用者が主張している解雇が無効である場合は，債権者の責めに帰すべき事由による債務の履行が不能といえるため，債権者は反対給付の履行を拒むことができないとの規定（民536②）により，労働者は賃金請求権を失わないと解されている（最二小判昭37・7・20民集16・8・1656）。この場合，労働者は，労務の遂行に代えて，④請求に係る賃金に対応する期間において労務の遂行が不可能となったこと（債務の履行不能），⑤④の履行不能が使用者（債権者）の責めに帰すべき事由によることを主張することとなる。

④は，使用者が労働者の就労を事前に拒否する意思を明確にしている場合も

これに当たる。すなわち，労働というものの性質上，時間の経過とともに労働義務の履行は刻々不能となっていくので，使用者による受領拒絶とその後の時間の経過がこれを基礎づける事実となると考えられる。そして，使用者が労働者に対し，解雇を行ったと主張している事案では，使用者による労務の受領拒絶がされたと認定し得るのが通常である（山川隆一『労働紛争処理法』229頁（弘文堂，2012））。

そして，④請求に係る賃金に対応する期間において，労務の遂行が不能となったことを明示するためには，③の主張（賃金の締日，支払日）とともに，使用者の解雇の意思表示および使用者が主張する解雇の効果発生時期についての時的主張が不可欠であるから，「○年○月○日，被告は，原告に対し，原告を○年△月□日をもって解雇する旨の意思表示をした。」等とこれを明示することが必要である。

⑤は，④の履行不能が「債権者の故意・過失又はこれと同視すべき事情によること」であり，規範的要件事実であるため，基本的には労働者側がその評価根拠事実を主張立証すべきものである。具体的には使用者の主張している解雇が権利濫用であること等の解雇の無効原因を主張することとなる（荒木尚志『労働法〔第4版〕』137頁（有斐閣，2020），土田道夫『労働契約法〔第2版〕』247頁（有斐閣，2016））。これに対し，労働者の適法な（債務の本旨に従った）履行の提供を使用者が拒絶した事実が主張立証された場合には，民法413条所定の受領遅滞に該当し，それにより危険の移転が生じるため，原則として使用者に帰責事由があると評価され，使用者として受領拒絶に正当な理由があることを基礎付ける事実を抗弁として主張立証すべきことになるとする見解（山川・前掲。なお，使用者が労働者を解雇したと主張している場合などは，労務の受領を将来にわたりあらかじめ拒否したものとして，労働者が適法な履行の提供を行ったという事実についての主張立証は原則として不要となるとする。最判昭32・6・5民集11・6・915，判時116・2，判タ72・56参照）もある。

⑤について，使用者が受領を拒否し，または受領し得なかったことに加え，労働者に労務給付をなす用意（意思と能力）があることを要する（下井隆史『労働基準法〔第3版〕』192頁（有斐閣，2001）。同旨の裁判例として東京地判平9・8・26労民48・4・349）。労働者が解雇後に職場復帰の意思を失ったと認められる場合や，労働者が傷病等により就労できない場合には，履行不能と債権者の帰責性との因果関係が否定されるため，「⑤労務の履行不能が使用者（債権者）の責めに帰すべ

き事由による」とは評価できないからである。

⑥は，労働契約上の権利を有する地位確認を求めるための訴訟要件として確認の利益が必要であることから要求される。実務上は，④に「解雇されたこと」が主張されることから，特に意識して個別に主張されることは少ない。

附帯請求については，平成29年法律44号による改正後の民法により，同法施行日である令和2年4月1日以降に遅滞に陥った場合においては債務者が遅滞の責任を負った最初の時点における民法所定の法定利率が適用され（民419①），同法施行時の法定利率は3％とされている（民404②）。基本型では，解雇後の賃金債権の支払日の翌日が令和2年4月1日以降であること，かつ，法定利率が年3％から変更されていないことを前提とした記載例を示している。解雇後の賃金債権の支払日の翌日が令和2年4月1日の前後にまたがるときは，「被告は，原告に対し，○○万○○○○円並びに令和○年○月から本判決確定日まで毎月○日限り○○万○○○○円及びこれに対する各支払日の翌日から支払済みまで支払日の翌日が令和2年4月1日より前の場合は年6％，支払日の翌日が同日以降の場合は年3％の各割合による金員を支払え。」などとすることが考えられる。

なお，「解雇されたこと」（使用者側からいえば「解雇したこと」）は解雇後の賃金請求の請求原因であると同時に，労働契約上の権利を有する地位確認請求の抗弁であるから，上記請求原因のみ主張したのでは失当となるため，訴状段階から，再々抗弁に当たる解雇の無効原因（解雇権濫用の評価根拠事実など）について主張する必要がある。ただし，解雇権濫用法理は，客観的合理的な理由を欠き社会通念上相当ではない場合には解雇を無効とするものであり（労契16），裁判実務では，労働者から何ら落ち度なく勤務してきた等の概括的主張があれば解雇権濫用の評価根拠事実の主張がされたものとするのが一般的である。

4 賃金が月ごとの定額給以外の方法で定められている場合

賃金が月当たりいくらという月給制ではなく，1日当たりいくらという形で定めている場合（日給制）や，1時間いくらという形で定めている場合（時給制），出来高に応じて定める場合（出来高給，歩合給），出来高給と定額給を併用した場合には，毎月支給される賃金額は，月ごとの所定労働日，出来高等によって変動する。このような場合，解雇が無効であった場合に，賃金額をどう算定すべきかは，解雇がなければ当該労働者が当該労働契約上の所定労働時間

に労働することによって得られる賃金額はいくらかという事実認定の問題である。裁判例では，解雇前の3か月間の平均額としたり，出勤停止前の1年間の平均額としたものがある（最高裁判所事務総局編『労働関係民事裁判例概観（改訂版）2』28頁（法曹会，2002））。月ごとの締日，支払日が定められている場合は，基本型と同じ判決主文となる。

また，解雇無効を前提に，毎年一定の日に一定額を支給することが労働契約上定められている賞与または一時金の支払を求める場合の請求の趣旨および判決主文は，次のとおりとなる。

> 被告は，原告に対し，毎年○月○日限り○○万○○○○円，毎年△月□日限り○○万○○○○円及びこれらに対する各支払日の翌日から支払済みまで年3％の割合による金員を支払え。

〈事例〉労働者Aと使用者であるB株式会社が労働契約を締結していたところ，BはAに対し，令和3年12月10日，令和4年1月10日をもって解雇する旨の意思表示を行った。解雇当時のAの賃金額は毎月30万円であり，賃金の締日は毎月25日，支払日が翌月5日であった。令和4年2月5日までに，BからAに対し，令和3年12月26日から令和4年1月10日までの賃金として15万円が支払われていた。上記解雇は無効であった。このような場合の判決主文は，次のとおりとなる。

> 1 原告が，被告に対し，労働契約上の権利を有する地位にあることを確認する。
> 2 被告は，原告に対し，15万円及び令和4年3月から本判決確定の日まで，毎月5日限り，30万円並びにこれに対する各支払期日の翌日から支払済みまで年3％の割合による金員を支払え。

《参考文献》本文掲記の各文献のほか，伊藤由紀子「第6章 解雇の効力を争う地位確認請求事件」佐々木宗啓ほか編著『類型別 労働関係訴訟の実務〔改訂版〕Ⅱ』（青林書院，2023）

〔伊藤 由紀子〕

○降格処分の有効性を争い，降格処分前の職位および賃金額の確認ならびに降格処分前の賃金と降格処分後の賃金との差額の支払を求める場合の請求の趣旨と判決主文

基本型
1　原告が，被告に対し，○○部門○○部長たる労働契約上の地位を有することを確認する。
2　被告は，原告に対し，○○万○○○○円並びに令和○○年○月から本判決確定の日まで毎月○日限り○○万○○○○円及びこれに対する各支払期日の翌日から支払済みまで年3％の割合による金員を支払え。

《参照裁判例》東京高決昭33・8・2労民9・5・831

解　説

1　降格処分とは

「降格」には，職位や役職を引き下げるもの（昇進の反対措置）と，資格制度上の資格を低下させるもの（昇格の反対措置）とがある。また，懲戒処分としての降格（「降職」と呼ばれることがある。）と業務命令による降格（人事異動の措置）とがある（菅野和夫『労働法〔第13版〕』678頁（弘文堂，2024））。いずれの降格であっても賃金の低下をもたらす場合が多い。

2　降格処分の有効性を争う訴訟

「降格」の有効性を争う請求として，「被告が原告に対してした○年○月○日付けで○○部長を解く旨の降格処分が無効であることを確認する。」，「被告が原告に対してした○年○月○日付けでした○級から△級への懲戒処分（降格処分）が無効であることを確認する。」等との請求がされることがある。この請求が適法か否かは，基本的には解雇の無効確認請求と同様に考えるべきである。降格処分の無効確認は，過去の意思表示の効力を問題とするものであって，その効力の確認を行わなければ現在の紛争を解決することにならない等の確認の実益のある場合には当たらないから，確認の実益はなく，確認の利益はないと

いうべきである。裁判所としては、解雇無効確認請求の場合と同様に、現在の法律関係の確認請求に変更するよう促すのが適切である。

3　降格処分前の地位確認請求の可否

「降格」の有効性を争う請求として、「原告が、被告に対し、○○部門○○部長たる労働契約上の地位を有することを確認する。」、「原告が、被告に対し、被告の定める職能資格○級の労働契約上の地位を有することを確認する。」等との請求をすることができるか。労働契約は、使用者は賃金を支払うことを、労働者は就労すべきことを互いに約束する契約であって(民623)、使用者は賃金を支払う限り提供された労働力を使用するかは自由であり労働受領義務はないから、就労請求権はないとするのが通説判例である(前掲《参照裁判例》東京高決昭33・8・2ほか)。この考えに従えば、労働者には特定の職位や職能資格に基づいて就労する権利は認められないから、否定的に解すべきようにも思われる。しかし、職位は、当該職位に基づいて付与される賃金体系、手当、旅費等の待遇上の階級を表す地位としてとらえることが可能な場合があり、そのような場合において降格処分を争う労働者は、まさに待遇上の格差を問題としていると考えられる。そのようなときは、○○部門○○部○○部長という地位は、上記待遇上の諸権利を表象するものであり、その地位確認は、労働契約上の権利の確認の一態様にほかならないから、前記確認請求は確認の利益があり、適法とするのが相当である。基本型の第1項は、職位や役職を引き下げる降格処分前の地位の確認を求める場合の請求の趣旨および主文例である。

4　降格前の賃金との差額賃金の請求

降格に伴い賃金を減額され、減額前の賃金を請求する場合の主文の留意点は、前掲(伊藤由紀子「解雇の有効性を争い、労働契約上の地位の確認と、解雇後の賃金の支払を求める請求の趣旨と判決主文」)2及び3⑥を参照されたい。

5　職能資格制度の降格処分の有効性を争う場合の主文例

ところで、職能資格制度とは、資格・等級が企業組織内での技能・経験の積み重ねによる職務遂行能力の到達レベルを表象する制度であり、通常、就業規則上または労働契約上資格等級に応じた賃金額があらかじめ定められている。したがって、職能資格制度の降格処分は、賃金の減額を伴う場合はもちろん、

そのほかの待遇上でも不利益を伴う場合が多いといえるであろう。この場合の請求の趣旨および主文は，次のようになる。

> 1　原告が，被告に対し，労働契約上，職能資格等級○級（○号）の地位を有することを確認する。
> 2　被告は，原告に対し，○○万○○○○円並びに令和○○年○月から本判決確定日まで毎月○日限り○○万○○○○円及びこれに対する各支払期日の翌日から支払済みまで年３％の割合による金員を支払え。

《参考文献》湯川克彦「第２章　賃金減額の無効を理由とする差額賃金の請求事件」佐々木宗啓ほか編著『類型別　労働関係訴訟の実務〔改訂版〕Ⅰ』（青林書院, 2023），菅野和夫＝山川隆一『労働法〔第13版〕』678頁（弘文堂, 2024）

〔伊藤　由紀子〕

○配転の有効性を争い，配転先（新部署）における就労義務がないことの確認を求める場合の請求の趣旨と判決主文

> **基本型**
> 　原告が，被告に対し，被告○○支店に勤務する労働契約上の義務がないことを確認する。

解　説

1　配転とは

　配転とは，従業員の配置の変更であって，その職務内容または勤務場所が相当の長期間にわたり変更されるものをいう（菅野和夫・山川隆一『労働法〔第13版〕』681頁（弘文堂，2024））。

2　配転の有効性を争う訴訟

　配転の有効性が争われる訴訟において，「被告が原告に対し令和○年○月○日付けでした○○支店勤務を命じる旨の配転命令は無効であることを確認する。」との請求がされることがある。しかし，この請求は，配転命令という過去の法律行為の有効性について確認を求めるものであるから，解雇や降格処分の無効確認請求と同様に，確認の利益はないというべきである。

　また，「原告が，被告に対し，被告○○本店に勤務する労働契約上の権利を有する地位にあることを確認する。」，「原告が，被告に対し，被告○○本店で就労すべき地位にあることを確認する。」等と，配転前の職場に関する地位確認請求がなされることが多くみられる。前記各請求は，労働契約上，労働者に特定の場所で働く権利ないし法的利益があることを前提とするものであるところ，前記のとおり，就労請求権を認めない通説・判例によれば，労働契約上の典型的な権利として上記権利ないし法的利益は認められず，確認の利益もないとすべきであり，却下するのが相当である。

　したがって，裁判所としては，これらの請求の趣旨について，基本型のとおり変更するよう促すことが適切である。

《参考文献》堀田秀一「第4章　新部署等における就労義務不存在確認請求事件」佐々木宗啓ほか編著『類型別　労働関係訴訟の実務〔改訂版〕Ⅰ』(青林書院, 2023)

〔伊藤　由紀子〕

○時間外労働手当および付加金の支払を求める場合の請求の趣旨と判決主文

基本型
1　被告は，原告に対し，○○万○○○○円及びこれに対する令和○年○月○日から支払済みまで年○分の割合による金員を支払え。
2　被告は，原告に対し，○○万○○○○円及びこれに対する本判決確定日の翌日から支払済みまで本判決確定日の翌日時点における法定利率（民法404条）の割合による金員を支払え。（←付加金請求）
3　訴訟費用は，…
4　この判決は，第1項につき，仮に執行することができる。

《参照判例》最二小昭35・3・11民集14・3・403，判時218・6，最一小昭50・7・17判時783・128
《参照条文》労働基準法11条・32条・36条・37条・114条

解　説

1　時間外労働手当に対する遅延損害金

　時間外労働手当は，労働契約に基づく賃金請求であり，支払日の翌日以降遅滞に陥り，月給制の労働契約であれば，各月の時間外労働手当の金額およびこれに対する各月の支払日の翌日から支払済みまでの遅延損害金が請求できる。
　賃金に係る遅延損害金は，①支払日の翌日が令和2年3月31日以前である場合には，商事債権は年6％，それ以外の債権は年5％となり，②支払日の翌日が令和2年4月1日以降の場合は，民法404条2項および3項の定める法定利率（同日から3年間は年3％）となる（同日以降の法定利率について民419①・404②③，経過措置について平29法44改正法附則17③）。月ごとの賃金の支払日の翌日が令和2年4月1日の前後にわたるときは，同日より前か同日以降かにより利率が異なることになるので，注意が必要である。
　賃金の支払日の翌日が令和2年3月31日以前であっても，使用者が会社や商人ではない場合には，労働契約に商行為性がなく，賃金に係る遅延損害金の利率は平成29年法律44号による改正前の民法所定の利率（年5％）にとどまるこ

とになる。
　退職した労働者は，賃金の支払の確保等に関する法律に基づき，退職日の翌日または賃金の支払日の翌日のどちらかより遅い日を起算日として年14.6パーセントの割合による遅延損害金の支払を請求できる場合がある（賃確6，賃確令1）。

2　付加金請求に対する遅延損害金の始期，仮執行宣言の可否
　時間外労働手当の支払を怠った使用者は，労働者の請求により，同額の付加金の支払を義務付けられる（労基114）。付加金請求権は，労働者の請求により，裁判所が支払を命ずることによって初めて発生するものであるから（前掲《参照判例》最二小判昭35・3・11），仮執行宣言を付することはできない。また，付加金支払義務は判決確定前においては成立せず，遅延損害金も発生する余地はないが，判決確定後において使用者が付加金の支払をしないときは，使用者は履行遅滞の責めを免れず，労働者は使用者に対し，付加金に対する遅延損害金の支払を請求できる（前掲《参照判例》最一小判昭50・7・17）。付加金に対する遅延損害金は，付加金の支払を命じる判決が確定した後に発生することになるので，付加金に対する遅延損害金を請求する場合，遅延損害金の起算日は，付加金支払を命ずる判決の確定の日の翌日となり（最一小判昭43・12・19裁判集民93・713），遅延損害金の率は，付加金が法定の債権であることから民法の法定利率による。法定利率は，最初に遅滞に陥った日時点における法定利率によることとなるから（民419①・404①），付加金の支払を命ずる判決の確定日の翌日時点における法定利率によるべきこととなる（民404②〜⑤）。ところで，債務名義における給付内容は，債務名義の記載自体から範囲および数額を特定し，金額を算出できることが必要であって，他の資料等とあわせてはじめて給付内容を特定できるといったものでは足りないとされる。そうすると，利率について具体的数値が記載されていない主文は特定性に欠けるのではないかという疑問が生じる。しかし，民法が法定利率について変動制を採用したことから，付加金のように，債務名義作成の時には，適用される法定利率の具体的数値の記載することが不可能な場合があり，このような場合にまで具体的数値の記載を要求することは，不可能を強いることとなる。そして，付加金が遅滞に陥った最初の日である判決確定日の翌日時点の法定利率は，法律により定まるところ，法律は裁判官にとって職務上顕著な事実として証明の必要がないなどとされるとおり（高橋宏

志『重点講義民事訴訟法(下)〔第2版〕』31頁（有斐閣，2012））、執行機関は、執行の時点で、執行文を含めた債務名義自体から金額を確定することができる。また、債務者にとっても、民法404条が変動制をとっていることから金額が不意打ちとはならず、その保護に欠けることはない。したがって、判決確定日の翌日といった執行文の記載からも明らかな日（大山涼一郎ほか『執行文に関する書記官事務の研究　上巻（書記官実務研究報告書、第23巻第1号）』607頁（裁判所書記官研修所、1992））の時点における法定利率という主文でも、特定性に欠けることはないと解される。主文において「判決確定日の翌日時点の法定利率の割合による」と記載したのみでは、他の法令に基づく法定利率との区別が必ずしも明らかにならないため、判決の理由中の結論部分（主文の説明部分）などにおいて、民法404条2項・3項に基づく法定利率を指すことを明らかにしておく必要があろう。主文において「判決確定日の翌日時点の民法404条2項・3項に基づく法定利率の割合による」と記載することも考えられる。

《参考文献》佐々木宗啓・水倉義貴「第3章　時間外労働等の割増賃金請求事件」佐々木宗啓ほか編著『類型別　労働関係訴訟の実務〔改訂版〕Ⅰ』（青林書院、2023）

〔伊藤　由紀子〕

第4　知的財産権侵害訴訟

○知的財産権侵害訴訟の主文

> **基本型**
> 1　被告は，別紙物件目録記載の製品を生産し，譲渡してはならない。
> 2　被告は，別紙物件目録記載の製品を廃棄せよ。

《参照条文》特許法100条

解　説

1　知的財産権の意義

　知的財産権とは，特許権，実用新案権，育成者権，意匠権，著作権，商標権その他の知的財産に関して法令により定められた権利または法律上保護される利益に係る権利をいう（知財基2②）。法令により定められた上記権利または利益のほかにも，判例法理上形成されたパブリシティ権も，知的財産権に含まれる（最一小判平24・2・2民集66・2・89）。

　上記のように，排他的効力を有する知的財産権を法令上または判例法理上規定する類型のほか，知的財産の不正な利用行為を禁止し，禁止行為がされた場合の効果として，差止請求，損害賠償請求等を認める類型もある。このような類型として，不正競争防止法は，周知または著名な商品等表示（人の業務に係る氏名，商号，商標，標章，商品の容器もしくは包装その他の商品または営業を表示するものをいう。不正競争2①）または営業秘密（不正競争2⑥）を使用等する行為を，「不正競争」として禁止している（不正競争3・4）。また，商法（商12）および会社法（会社8）は，誤認されるおそれのある名称または商号の使用を禁止している。

　いずれの類型であっても，その禁止効が及ぶ範囲は，法令上または判例法理上規定されているため，知的財産権に係る差止請求および廃棄請求の主文は，当該規定に応じてそれぞれ異なることになる。ここでは，**基本型**として，特許権に係る差止請求および廃棄請求に関する主文を掲げて，知的財産権全体に係る主文の通則を示すこととし，その他は，知的財産権の種類に応じた特徴を中心として，以下解説する。

なお、損害賠償請求の主文は、一般の金銭の給付判決の主文と同一であるため、通常訴訟における主文の解説に譲ることとする。

2　特許権侵害訴訟の主文

(1) 被告製品の特定

特許権侵害訴訟は、差止請求の対象を明らかにするために被告製品の構成内容を審理する特定論、特定された被告製品が特許権を侵害するかまたは特許権が無効となるかどうかを審理する侵害論、被告製品が特許権を侵害する場合において損害額を審理する損害論に区分されている。実務上は、特定論および侵害論を先行して審理し、特許権侵害が認められた場合に限り、損害論を審理する2段階審理方式が採用されている。

このうち、特定論においては、主文との関係では、別紙物件目録の記載の仕方が問題となるが、従前の実務上は、被告製品の構成を文章または図面等によって記載する例もあった。しかしながら、当事者双方において上記構成に争いがある場合には、その特定に長時間を要するのみならず、そもそも審理の対象となる侵害行為の認識自体が一致せず、さらに、構成により特定する場合には執行裁判所が間接強制に当たり不作為義務の履行の有無を判断することが事実上困難となることから、現在の実務上は、商品名または型式番号により特定することが定着している。したがって、別紙物件目録は、商品名または型式番号を記載することになる。

(2) 差止請求または廃棄請求

特許権は、発明（自然法則を利用した技術的思想の創作のうち高度のものをいう。特許2①）を保護する権利であり、発明は、「物の発明」、「方法の発明」、「物を生産する方法の発明」に各区分され（特許2③）、産業上利用することができるものに限り、特許を受けることができる（特許29）。そして、特許権者または専用実施権者（以下、単に「特許権者」という。）は、上記区分に応じて実施をする権利を専有するため（特許68）、その専有する実施行為の限度で、特許権を侵害する者または侵害するおそれがある者に対し、その侵害の停止または予防を請求することができる（特許100①）。さらに、特許権者は、侵害停止・予防請求（以下「差止請求」という。）をするに際し、侵害の行為を組成した物の廃棄、侵害の行為に供した設備の除却その他の侵害の予防に必要な行為を請求することができる（特許100②）。ただし、廃棄請求は、差止請求をする際の附帯的な請求であ

るから，廃棄請求のみを独立して請求することはできない。

なお，上記にいう「侵害の予防に必要な行為」とは，特許発明の内容，現に行われまたは将来行われるおそれがある侵害行為の態様および特許権者が行使する差止請求権の具体的内容等に照らし，差止請求権の行使を実効あらしめるものであって，かつ，それが差止請求権の実現のために必要な範囲内のものであることを要する（最二小判平11・7・16民集53・6・957）。

　ア　物の発明の場合
　　(ア)　冒頭掲記の基本型1項は，物の発明に係る特許権に基づく差止請求の主文例である。

物の発明の実施とは，その物の生産，使用，譲渡，貸渡し（その物がプログラム等である場合には電気通信回線を通じた提供を含む。），輸出，輸入，譲渡・貸渡しの申出（譲渡・貸渡しのための展示を含む。）をする行為をいう（特許2③一）。

したがって，差止請求の主文には，上記の実施行為のうち，被告が現に行っているかまたは行うおそれが客観的に認められる行為を具体的に記載することになる。

この場合において，被告の実施行為に「業として」という文言を加える主文例もあるが，差止請求は，被告が特許発明を業として実施していることを当然の前提として認容されるものであり，主文に上記文言を記載した場合には，執行裁判所において「業として」という要件を判断する必要があるという誤解を招くおそれがあるため，上記文言を主文に記載するのは，相当ではない。

　　(イ)　冒頭掲記の基本型2項は，物の発明に係る特許権に基づく廃棄請求の主文例である。

廃棄請求の主文に「その所有する」という文言を加える主文例もあるが，廃棄請求は，被告が対象物を所有していることを当然の前提として認容されるものであり，主文に上記文言を記載した場合には，執行裁判所において「その所有する」という要件を判断する必要があるという誤解を招くおそれがあるため，上記文言を主文に記載するのは，相当ではない。また，廃棄請求の主文に「被告が占有する」という文言を加える主文例もあるが，被告が占有しない物は，強制執行の場面ではそもそも対象とならないため，上記文言を主文に記載するのは，相当ではない。

なお，半製品についても，廃棄請求をする場合には半製品を定義する必要がある。この場合に「半製品（別紙物件目録記載の構造を備えているが製品として完成するに至っていないもの）」と定義されることが多い。

イ　方法の発明の場合

> 1　被告は，別紙方法目録記載の方法を使用してはならない。

方法の発明の実施とは，その方法の使用をする行為をいう（特許2③二）。したがって，特許権者は，上記方法を使用する者に対し，上記方法の使用の差止めを請求することができる。もっとも，特許権者は，上記方法を用いて生産した物の製造販売等の差止めを請求することはできない（前掲最二小判平11・7・16）。

ウ　物を生産する方法の発明の場合

> 1　被告は，別紙方法目録記載の方法を使用してはならない。
> 2　被告は，別紙方法目録記載の方法により生産した別紙物件目録記載の製品を使用し，譲渡してはならない。
> 3　被告は，別紙物件目録記載の製品を廃棄せよ。

物を生産する方法の発明の実施とは，その方法の使用をする行為のほか，その方法により生産した物の使用，譲渡等，輸出，輸入，譲渡等の申出をする行為をいう（特許2③三）。

上記によれば，その方法を用いずに他の方法によって物を生産することは，特許権を侵害することにならないため，主文の記載としては，その方法により生産した製品を特定するだけでは足りず，その生産方法をも特定して記載する必要がある。

もっとも，物を生産する方法の発明について，その物が特許出願前に日本国内で公然知られた物でない場合には，その物と同一の物は，その方法により生産した物と推定され（特許104），他の方法によって生産された物は事実上存在しないことが推定される。そのため，その生産方法を特定しない場合であっても，過剰執行にならないものといえるから，上記の場合には，主文においてその生産方法を特定する必要はないと解するのが相当である。

(2) 信用回復措置請求

> 被告は，別紙1記載の要領をもって，別紙2記載の広告をせよ。

　裁判所は，故意または過失により特許権を侵害したことにより特許権者の業務上の信用を害した者に対しては，特許権者の請求により，損害の賠償に代えまたは損害の賠償とともに，特許権者の業務上の信用を回復するのに必要な措置を命ずることができる (特許106)。この信用回復措置としては，実務上，新聞等に謝罪広告を掲載する方法などがあるが，この場合には，別紙の広告の要領に，広告の場所，使用文字等を可能な限り特定して記載し，別紙2の広告文に，謝罪文を特定して記載することになる。

(3) 差止請求権不存在確認請求

> 原告の別紙物件目録記載の製品の製造販売行為について，被告が原告に対し，特許第〇〇〇〇号に基づく差止請求権を有しないことを確認する。

　特許権侵害を主張されている者（原告）が，特許権者（被告）に対し提起する訴訟である。主文には特許番号を特定するほか，原告の製品を特定するために別紙物件目録に商品名または型式番号を記載することを要するのは，上記と同様である。

3　実用新案権侵害訴訟の主文

　実用新案権は，考案 (自然法則を利用した技術的思想の創作をいう。実用新案2①) を保護する権利であり，物品の形状，構造または組合せに係るものに関する考案に限り，実用新案登録を受けることができるとされており (実用新案3①)，方法の考案は，実用新案登録を受けることができない。そして，実用新案権者または専用実施権者（以下，単に「実用新案権者」という。）は，考案に係る物品を製造し，使用し，譲渡し，貸し渡し，輸出し，もしくは輸入し，またはその譲渡もしくは貸渡しの申出（譲渡又は貸渡しのための展示を含む。）をする権利を専有するため (実用新案16)，その専有する実施行為の限度で，実用新案権を侵害する者または侵害するおそれがある者に対し，その侵害の停止または予防を請求することができる (実用新案27①)。

さらに，実用新案権者は，侵害停止・予防請求（以下「差止請求」という。）をするに際し，侵害の行為を組成した物の廃棄，侵害の行為に供した設備の除却その他の侵害の予防に必要な行為を請求することができる（実用新案27②）。ただし，廃棄請求は，差止請求をする際の附帯的な請求であるから，廃棄請求のみを独立して請求することはできない。

なお，実用新案権を侵害する行為に対する差止請求，廃棄請求の主文は，冒頭基本型に掲記の物の発明に係る特許権を侵害する行為に対する差止請求および廃棄請求の主文と同様である。

4　意匠権侵害訴訟の主文

> 1　被告は，別紙物件目録記載の製品を製造し，譲渡してはならない。
> 2　被告は，別紙物件目録記載の製品を廃棄せよ。

意匠権は，意匠（物品（物品の部分を含む。以下同じ。）の形状，模様もしくは色彩もしくはこれらの結合（以下「形状等」という。），建築物（建築物の部分を含む。以下同じ。）の形状等または画像（機器の操作の用に供されるものまたは機器がその機能を発揮した結果として表示されるものに限り，画像の部分を含む。以下同じ。）であって，視覚を通じて美感を起こさせるものをいう（意2①）。）を保護する権利であり，工業上利用することができる意匠に限り，意匠登録を受けることができる（意3①）。そして，意匠の実施は，「物品」，「建築物」，「画像」に各区分して規定され（意2），意匠権者または専用実施権者（以下，単に「意匠権者」という。）は，上記各区分に応じた実施（登録意匠に類似する意匠の実施を含む。）をする権利を専有するため（意23），その専有する実施行為の限度で，意匠権を侵害する者または侵害するおそれがある者に対し，その侵害の停止または予防を請求することができる（意37①）。

上記によれば，意匠権者が専有する実施行為の範囲は，登録意匠に類似する意匠の実施も含まれるものの，執行機関が類似の範囲を判断するのは不可能であるから，主文に「類似する」という文言を使用するのは相当ではなく，裁判所が類似すると判断した意匠を別紙物件目録に記載することになる。

さらに，意匠権者は，侵害停止・予防請求（以下「差止請求」という。）をするに際し，侵害の行為を組成した物品，建築物もしくは画像もしくは画像を記録した記録媒体もしくは内蔵する機器またはプログラム等もしくはプログラム

等を記録した記録媒体もしくは記録した機器の廃棄，侵害の行為に供した設備の除却その他の侵害の予防に必要な行為を請求することができる（意37②）。ただし，廃棄請求は，差止請求をする際の附帯的な請求であるから，廃棄請求のみを独立して請求することはできない。

なお，意匠権を侵害する行為に対する差止請求，廃棄請求の主文は，冒頭基本型に掲記の物の発明に係る特許権を侵害する行為に対する差止請求および廃棄請求の主文と同様である。もっとも，差止請求および廃棄請求の主文においては，被告実施に係る意匠を特定する必要があるところ，登録意匠の範囲は，願書の記載および願書に添付した図面に記載されまたは願書に添付した写真，ひな形もしくは見本により現わされた意匠に基づいて定めなければならないとされており（意6・24），この場合における図面は，正面図，背面図，左側側面図，右側側面図，平面図，底面図等を表示することとされている（意規3）。したがって，被告実施に係る意匠も，これに対応する図面または写真等で特定する必要がある。

5 商標権侵害訴訟の主文

商標権は，商標（人の知覚によって認識することができるもののうち，文字，図形，記号，立体的形状もしくは色彩またはこれらの結合，音その他政令で定めるものをいう（商標2①）。）を保護する権利であり，自己の業務に係る商品または役務（以下，単に「商品」という。）について使用する商標に限り，商標登録を受けることができる（商標3①）。そして，商標権者または専用使用権者（以下，単に「商標権者」という。）は，登録商標について，指定商品または指定役務（以下，単に「指定商品」という。）の限度で，商標法2条3項所定の使用をする権利を専有する（商標25）。

また，商標法37条は，指定商品が同一または類似する範囲で，登録商標と同一または類似する商標の使用につき，商標権を侵害するものとみなしているため，商標権者は，商標法37条所定の使用を禁止する権利を有する。

そして，商標権者は，その専有する使用行為および禁止できる使用行為の限度で，商標権を侵害する者または侵害するおそれがある者に対し，その侵害の停止または予防を請求することができる（商標36①）。上記によれば，商標権者が専有しまたは禁止できる使用行為の範囲は，登録商標または指定商品に類似する商標の使用も含まれるものの，前記と同様に，執行機関が類似の範囲を判

断するのは不可能であるから，主文には「類似する」という文言を使用するのは相当ではなく，裁判所が類似すると判断した商標を別紙目録に記載することになる。

さらに，商標権者は，侵害停止・予防請求（以下「差止請求」という。）をするに際し，侵害の行為を組成した物の廃棄，侵害の行為に供した設備の除却その他の侵害の予防に必要な行為を請求することができる（商標36②）。ただし，廃棄請求は，差止請求をする際の附帯的な請求であるから，廃棄請求のみを独立して請求することはできない。

(1) 商品商標の場合

> 1 被告は，別紙目録1記載の標章を付した別紙目録2記載の商品を譲渡し，引き渡し，輸入してはならない。
> 2 被告は，別紙目録2記載の商品の広告に，別紙目録1記載の標章を付して，これを展示し，頒布してはならない。
> 3 被告は，別紙目録2記載の商品及び第2項記載の広告を廃棄せよ。

商品商標の場合の使用とは，①商品または商品の包装に標章を付する行為，②商品または商品の包装に標章を付したものを譲渡し，引き渡し，譲渡もしくは引渡しのために展示し，輸出し，輸入し，または電気通信回線を通じて提供する行為，③商品に関する広告，価格表もしくは取引書類に標章を付して展示し，もしくは頒布し，またはこれらを内容とする情報に標章を付して電磁的方法により提供する行為，④音の標章にあっては，商品の譲渡または引渡しのために音の標章を発する行為等をいう。したがって，主文には，上記行為のうち，被告が現に行っているかまたは行うおそれが客観的に認められる行為態様を具体的に記載することになる。

(2) 役務商標の場合

> 1 被告は，飲食店において別紙目録1記載の標章を付した別紙目録2記載の○○を用いて役務の提供をしてはならない。

役務商標の場合の使用とは，①役務の提供に当たりその提供を受ける者の利用に供する物（譲渡し，または貸し渡す物を含む。）に標章を付する行為，②役

務の提供に当たりその提供を受ける者の利用に供する物に標章を付したものを用いて役務を提供する行為，③役務の提供の用に供する物（役務の提供に当たりその提供を受ける者の利用に供する物を含む。）に標章を付したものを役務の提供のために展示する行為，④役務の提供に当たりその提供を受ける者の当該役務の提供に係る物に標章を付する行為，⑤電磁的方法（電子的方法，磁気的方法その他の人の知覚によって認識することができない方法をいう。）により行う映像面を介した役務の提供に当たりその映像面に標章を表示して役務を提供する行為，⑥役務に関する広告，価格表もしくは取引書類に標章を付して展示し，もしくは頒布し，またはこれらを内容とする情報に標章を付して電磁的方法により提供する行為，⑦音の標章にあっては，役務の提供のために音の標章を発する行為等をいう。したがって，主文には，上記行為のうち，被告が現に行っているかまたは行うおそれが客観的に認められる行為態様を具体的に記載することになる。

なお，主文例には，「役務の提供に当たり」の例示として「飲食店において」と記載しているが，ここには役務の内容に応じた記載をすることになる。

6 著作権侵害訴訟の主文

著作権は，著作物（思想または感情を創作的に表現したものであって，文芸，学術，美術または音楽の範囲に属するものをいう（著作2①一）。）を保護する権利であり，その享受には，いかなる方式の履行をも要しない（著作17②）。上記権利は，著作権と著作者人格権に区分され，著作権には，複製権（著作21），上演権，演奏権（著作22）その他の支分権があり（著作2章3節3款），著作者人格権には，公表権（著作18），氏名表示権（著作19），同一性保持権（著作20）がある。そして，著作権者は，その保有する支分権または著作者人格権に各規定の行為をする権利を専有するため，その専有する行為の限度で，著作権を侵害する者または侵害するおそれがある者に対し，その侵害の停止または予防を請求することができる（著作112①）。

さらに，著作権者は，侵害停止・予防請求（以下「差止請求」という。）をするに際し，侵害の行為を組成した物，侵害の行為によって作成された物または専ら侵害の行為に供された機械もしくは器機の廃棄その他の侵害の停止または予防に必要な措置を請求することができる（著作112②）。ただし，廃棄請求は，差止請求をする際の附帯的な請求であるから，廃棄請求のみを独立して請求することはできない。

(1) 複製権侵害の場合

> 1 被告は，別紙書籍目録記載の書籍を複製し，頒布してはならない。
> 2 被告は，別紙書籍目録記載の書籍を廃棄せよ。

複製とは，印刷，写真，複写，録音，録画その他の方法により有形的に再製することをいう（著作2①十五）。また，頒布とは，有償であるかまたは無償であるかを問わず，複製物を公衆に譲渡し，または貸与することをいう（著作2①十九）。したがって，主文には，上記行為のうち，被告が現に行っているかまたは行うおそれが客観的に認められる行為態様を具体的に記載することになる。なお，別紙書籍目録には，書籍名，発行所，著者，発行日等を記載して，差止請求の対象となる書籍を具体的に特定することになる。

(2) 演奏権侵害の場合

> 1 被告は，○○に所在する△△店において，別紙目録記載の楽曲を演奏してはならない。

演奏とは，楽曲を演ずることをいい，歌唱を含むものであり（著作2①十六），演奏権とは，公衆に直接見せまたは聞かせることを目的として演奏する権利をいう。したがって，主文には，演奏される楽曲を特定するほか，演奏権は上記目的の限度で認められるものであるから，その目的としての演奏であることを特定するために，演奏される会場名およびその所在地等を記載する必要がある。

7 不正競争防止法に基づく訴訟の主文

不正競争防止法は，不正競争（不正競争2①一ないし二十二）を防止する権利である。上記にいう不正競争としては，①周知商品等表示との混同惹起行為（不正競争2①一），②著名商品等表示の冒用行為（同二），③商品の形態を模倣した商品を譲渡等する行為（同三），④営業秘密に関する不正行為（同四ないし十），⑤限定提供データに関する不正行為（同十一ないし十六），⑥技術的制限手段に対する不正行為（同十七・十八），⑦ドメイン名に係る不正行為（同十九），⑧品質等誤認惹起行為（同二十），⑨信用毀損行為（同二十一），⑩代理人等の商標冒用行為（同二十二）が限定列挙されている。そして，不正競争によって営業上の利益を侵害

されまたは侵害されるおそれがある者は，その営業上の利益を侵害する者または侵害するおそれがある者に対し，その侵害の停止または予防を請求することができる（不正競争3①）。上記の者は，侵害停止・予防請求（以下「差止請求」という。）をするに際し，侵害の行為を組成した物（侵害の行為により生じた物を含む。）の廃棄，侵害の行為に供した設備の除却その他の侵害の停止または予防に必要な行為を請求することができる（不正競争3②）。ただし，廃棄請求は，差止請求をする際の附帯的な請求であるから，廃棄請求のみを独立して請求することはできない。

(1) 周知商品等表示との混同惹起行為の場合

> 1　被告は，別紙目録1記載の標章を使用した別紙目録2記載の商品を譲渡し，引き渡し，輸入してはならない。
> 2　被告は，別紙目録2記載の商品を廃棄せよ。

周知商品等表示とは，他人の商品等表示（人の業務に係る氏名，商号，商標，標章，商品の容器もしくは包装その他の商品または営業を表示するものをいう。）として需要者の間に広く認識されているものをいい，周知商品等表示との混同惹起行為（不正競争2①一）とは，周知商品等表示と同一もしくは類似の商品等表示を使用し，または周知商品等表示を使用した商品を譲渡し，引き渡し，譲渡もしくは引渡しのために展示し，輸出し，輸入し，もしくは電気通信回線を通じて提供して，他人の商品または営業と混同を生じさせる行為をいう。したがって，差止請求訴訟の主文には，上記行為のうち，被告が現に行っているかまたは行うおそれがある行為態様を具体的に記載することになる。

(2) 営業秘密に関する不正競争（不正競争2①四）の場合

> 1　被告は，別紙顧客目録記載の者に対し，面会を求め，電話若しくはメールをし又は郵便物を送付するなどして，男性用かつらの請負若しくは売買契約の締結，締結方の勧誘又は理髪等同契約に付随する営業行為をしてはならない。
> 2　被告は，別紙営業秘密目録記載の顧客名簿を廃棄せよ。

営業秘密に関する不正行為（不正競争2①四）は，不正の手段により営業秘密を

取得する行為または当該行為により取得した営業秘密を使用し，もしくは開示する行為をいう。主文例は，営業秘密の使用行為に関する差止請求および廃棄請求を掲げるものであるが，営業秘密を使用しない営業行為まで差止請求等の対象とならないよう限定するために，一例として男性用かつらの顧客に対する被告の営業行為のうち，営業秘密を使用する行為を具体的に限定して特定するものである。

(3) ドメイン名に係る不正競争（不正競争2①十九）の場合

> 1 被告は，ドメイン名「○○.co.jp」を使用してはならない。
> 2 被告は，ドメイン名「○○.co.jp」の抹消登録手続をせよ。

ドメイン名とは，インターネットにおいて，個々の電子計算機を識別するために割り当てられる番号，記号または文字の組合せに対応する文字，番号，記号その他の符号またはこれらの結合をいう（不正競争2⑩）。そして，ドメイン名に関する不正競争は，不正の利益を得る目的でまたは他人に損害を加える目的で，他人の特定商品等表示（人の業務に係る氏名，商号，商標，標章その他の商品または役務を表示するものをいう。）と同一もしくは類似のドメイン名を使用する権利を取得し，もしくは保有し，またはそのドメイン名を使用する行為をいう（不正競争2①十九）。

なお，主文例第2項は，侵害の停止または予防に必要な行為として，抹消登録手続を命ずるものであるが，仮に，原告の単独申請により抹消することが手続上できない場合には，その執行は間接強制によることになる。

(4) 信用毀損行為に関する不正競争（不正競争2①二十一）の場合

> 1 被告は，別紙物件目録記載の製品が特許第○○○○号の特許権を侵害する旨を原告の取引先その他の第三者に告知し，又は流布してはならない。

信用毀損行為に関する不正競争（不正競争2①二十一）は，競争関係にある他人の営業上の信用を害する虚偽の事実を告知しまたは流布する行為をいう。主文例は，虚偽の事実が特許権侵害に関する場合のものであるが，虚偽の事実の内容を特定するために，告知の対象とされた製品の商品名または型式番号および特許権に係る特許番号を特定して記載する必要がある。

8 パブリシティ権侵害訴訟の主文

　パブリシティ権は，人の氏名，肖像等が有する顧客吸引力（商品の販売等を促進する効力をいう。）を保護する権利であり，最高裁第一小法廷平成24年2月2日判決（民集66巻2号89頁）は，①肖像等それ自体を独立して鑑賞の対象となる商品等として使用し（以下「第1類型」という。），②商品等の差別化を図る目的で肖像等を商品等に付し（以下「第2類型」という。），③肖像等を商品等の広告として使用する（以下「第3類型」という。）という3類型を違法となる使用行為として規定した。

　そして，前掲最高裁第一小法廷平成24年2月2日判決は，顧客吸引力を排他的に利用する権利であるとしてパブリシティ権を性質決定していることからすると，パブリシティ権者は，上記にいう3類型の使用行為の限度で，パブリシティ権を侵害する者または侵害するおそれがある者に対し，その侵害の停止または予防を請求することができる。さらに，パブリシティ権者は，上記排他的権利性に鑑み，排他的権利性を有する著作権と同様に，侵害停止・予防請求（以下「差止請求」という。）をするに際し，侵害の行為を組成した物の廃棄，侵害の行為に供した設備の除却その他の侵害の予防に必要な行為を請求することができると解するのが相当である。

(1) 第1類型および第2類型の場合

1　被告は，別紙商品目録記載の商品を生産し，譲渡してはならない。
2　被告は，別紙商品目録記載の商品を廃棄せよ。

　上記の主文例は，第1類型および第2類型についての差止請求および廃棄請求の主文である。

　第1類型および第2類型は，肖像等の有するキャラクター価値を「商品化」（merchandising activities）する行為である。このうち，第1類型は，肖像等を独立鑑賞の対象とする商品類型であり，例えば，ブロマイド，ポスター，ステッカーなどがある。このように単体の商品のほかに，「グラビア写真」のように出版物の一部を構成する場合も含む。また，第2類型は，いわゆるキャラクター商品を対象とする商品類型であり，Tシャツ，マグカップ，タオルなどがある。

　上記各類型該当性は，肖像自体の内容やこれを付した商品の具体的態様によ

っても左右されることになるため，単に「○○の肖像を付した商品」という記載は，本人識別情報に当たらない態様，顧客吸引力の利用が認められない態様，上記各該当性が否定される態様その他のパブリシティ権の禁止効が及ばない態様が，広範かつ多数含まれることになる（中島基至『最高裁判所判例解説民事篇平成24年度（上）』41頁（法曹会）参照）。そのため，上記のような記載は，差止請求の対象を特定するものとしては相当ではなく，別紙商品目録には，過剰執行を防止する観点から，商品名を商品番号等で特定できる場合にはこれを記載し，特定できない場合には肖像が付された商品を写真等で具体的に特定する必要がある。

(2) 第3類型の場合

> 1 被告は，別紙広告目録記載の広告を展示し，頒布し，電磁的方法により提供してはならない。
> 2 被告は，別紙広告目録記載の広告を廃棄せよ。

第3類型は，肖像等の有するキャラクター価値を「広告化」（advertising activities）する行為である。上記(1)と同様に，第3類型該当性は，肖像自体の内容やこれを付した広告の具体的態様によっても左右されることになるため，単に「○○の肖像を使用した広告」という記載は，本人識別情報に当たらない態様，顧客吸引力の利用が認められない態様，上記該当性が否定される態様その他のパブリシティ権の禁止効が及ばない態様が，広範かつ多数含まれることになる（中島・前掲50頁（法曹会）参照）。そのため，上記のような記載は，差止請求の対象を特定するものとしては相当ではなく，別紙広告目録には，過剰執行を防止する観点から，肖像が付された広告を写真等で具体的に特定する必要がある。

《参考文献》高部眞規子『実務詳説　特許関係訴訟〔第4版〕』（金融財政事情研究会，2022），同『実務詳説　著作権訴訟〔第2版〕』（金融財政事情研究会，2019），同『実務詳説　商標関係訴訟〔第2版〕』（金融財政事情研究会，2023），同『実務詳説　不正競争訴訟』（金融財政事情研究会，2020），中島基至『最高裁判所判例解説民事篇平成24年度（上）』18頁（法曹会）

〔中島　基至〕

第9章　付随的主文

第1 訴訟費用の負担の命じ方

○訴訟費用の負担の命じ方（第一審の場合）

基本型1（全部敗訴者全部負担）
　訴訟費用は被告（注：又は原告）の負担とする。
〈変型：全部勝訴者の全部又は一部負担〉
1　訴訟費用は，原告（注：原告は全部勝訴者。以下の2，3でも同じ。）の負担とする。
2　訴訟費用は，これを○分し，その△を原告の，その余を被告の各負担とする。
3　訴訟費用は，各自の負担とする。

基本型2（一部勝訴・一部敗訴）
1　訴訟費用は，これを○分し，その△を原告の負担とし，その余を被告の負担とする。
2　訴訟費用は，各自の負担とする。
3　訴訟費用は，原告（注：又は被告）の負担とする。
〈応用型1〉訴えの手数料とそれ以外の訴訟費用とを分ける方法
　訴訟費用は，訴えの手数料については，これを30分し，その1を被告の負担とし，その余を原告の負担とし，その余の訴訟費用については，これを5分し，その1を原告の負担とし，その余を被告の負担とする。
〈応用型2〉高額を要した鑑定費用の確定額の負担を命じる方法
1　訴訟費用は，鑑定に要した費用のうち70万円を被告の負担とし，その余をすべて各自の負担とする。
2　訴訟費用は，訴えの手数料○○万○○○○円については，これを5分し，その1を原告の負担とし，その4を被告の負担とし，鑑定に要した費用については，そのうち70万円を被告の負担とし，その余の訴訟費用については，すべて各自の負担とする。

(1) 当事者が複数の場合
　① 原告が被告甲に勝訴，被告乙に敗訴
　　1　訴訟費用は，原告と被告甲との間においては，被告甲の負担とし，原告と被告乙との間においては，原告の負担とする。
　　2　訴訟費用は，原告に生じた費用の2分の1と被告甲に生じた費用を被告甲の負担とし，原告に生じたその余の費用と被告乙に生じた費用を原告の負担とする。
　② 複数の被告に異なる請求をしてそれぞれに一部勝訴
　　〈事例〉被告甲に対し60万円を請求して40万円につき勝訴し，被告乙に対し40万円を請求して10万円につき勝訴した場合で，被告ら間に金額以外に格別な差異がないと仮定する。
　　1　訴訟費用は，原告と被告甲との間において（生じたもの）は，6分の2を原告の，6分の4を被告甲の各負担とし，原告と被告乙との間において（生じたもの）は，4分の3を原告の，4分の1を被告乙の各負担とする。
　　2　訴訟費用は，原告に生じた費用の10分の6と被告甲に生じた費用との合計の6分の2を原告の，6分の4を被告甲の各負担とし，原告に生じた10分の4と被告乙に生じた費用との合計の4分の3を原告の，4分の1を被告乙の各負担とする。
(2) 訴訟費用負担の裁判上考慮しなくとも差支えがないとされる場合
　① 被告ら間に事情の相違がある場合
　　1　被告ら間に支払いを命じる金額にある程度の差異があるとき
　　2　被告らによって，応訴態度（欠席，自白，抗争等）にある程度の差異があるとき
　　3　被告らによって訴訟終了時期等に差異があるとき
　② 訴訟物の変動の場合
　　1　訴えの交換的な変動があるが，経済的利益が共通であるとき
　　2　訴えの全部又は一部の取下げ
　　（当該取下げ部分が訴訟費用の負担の裁判の対象から離脱するためである。）

第1 訴訟費用の負担の命じ方

(3) 訴訟費用負担の裁判上例外的に考慮するのが必要と解される場合
（被告ら間の事情に顕著な相違がある場合：実務上は考慮されていない。）
1　鑑定に訴えの手数料をはるかに超える高額な費用が生じているとき
2　被告らのうち一部が遠隔地から出頭し，多大な費用が生じているとき
3　当事者の一部に高額な翻訳費用が生じているとき

《参照条文》民事訴訟法61条～67条

解　説

1　訴訟費用の負担の裁判の実情

　わが国では，勝訴した当事者が敗訴した当事者に対し訴訟費用の償還を求める請求手続を行うことは，極めて希であるため，判決主文で示された訴訟費用の負担の裁判の内容が問題になることは滅多にない。このため，わが国の訴訟費用の負担に関する判決主文は，実におおらかであり，悪くいえばかなりいい加減である。しかも，訴訟費用の負担ないしその命じ方に不服があったとしても，本案について一部でも上訴が通らない限り，訴訟費用の負担に対して不服を申し立てても変更の余地はない（最一小判昭29・1・28民集8・1・308。判例上も実務上も確立している。）。したがって，実務上は，当事者（当事者本人にはかなりの関心事であり，むしろ担当した代理人）も，上訴審の裁判官も，訴訟費用の負担の裁判に関心を示すことは少なく，多数当事者の一部勝訴の事案のように，本来であれば多様で綿密な検討とこれに基づく複雑な表現が必要な事案についても，訴訟費用の負担の裁判については，勝訴敗訴に応じた何らかの格好の主文が付いていれば問題になることはないため，真剣に研究されたことはない。

　したがって，このような実情を批判的に検討することは，実務性の高い本稿の目的ではないので，そのような実情を前提にし，実務上行われている訴訟費用の負担の裁判の実例を中心に紹介し，そのうえで，筆者の実経験に鑑みて，そのような実情を前提にしても，なお例外的に，主文中で工夫したほうが，実務上も有益ではないかと思われるいくつかの主文例を提示するにとどめる。

2 基本型1の全部敗訴者負担の原則とその例外

　上述したように，わが国の場合，訴訟費用の負担について，実務家の間に必要な関心がないため，訴状の訴訟費用の負担の部分は，例外なく常に，被告(ら)負担になるよう記載される。ところが，訴状を直接受領する被告本人にとっては，訴訟費用の負担について法曹の間に醸成された「無関心」とは関係なく，多大な関心を示すことが多い。特に，弁護士費用が「裁判費用」の多くを占めるという実態認識については，国民の共通したものであるため，多数の訴訟代理人弁護士の名前が連記された訴状を受領した被告には，驚異であることが少なくない。このため，適切な事前交渉がなく提起された訴えの場合には，被告に争う意思がない場合であっても，争う答弁書を提出したり，遠隔地から出頭したりなどの本来無用な展開を示すことがある。

　筆者の経験した事例では，被告ら（数十名）の数代前の被相続人から不動産を譲り受けた原告側が，登記名義がそのままになっているため，売買または取得時効を理由に，所有権移転登記を求めたのがそのような例であった。このような場合には，原告が適切な事前交渉をしていないこともありうるので，訴状の「請求の趣旨」では「訴訟費用は原告の負担」などとし，「請求の原因」の末尾でその理由を記載するなどすべきであろう。

　そのほかに，前記「変型」にあるように，「訴訟費用各自」という申立ても考えられる。また，被告の負担とする裁判がされたとしても，原告は，被告に対し償還請求手続はしないという一札を入れさせるのもある（上記の事例では原告の弁護士が「訴訟費用は被告の負担」という図式に固執したためそのような一札を入れさせたもの）。

　また，被告本人が出頭したが，請求原因事実を自白するか否かを判断する場合も，同様な配慮が必要であり，事情に応じて，原告に訴訟費用の全部または一部を負担させて，被告には新たな負担はないようにすることも考えるべきである。

　なお，最近の特許審決取消訴訟の最高裁判決によれば，最高裁が上告人（特許権者）の訂正審決が確定したことを理由に上告を容れて審決取消しの自判をしたという上告人全部勝訴の事案（その実質は上告人が出直しをするという訴えの取下げみたいなもの）において，訴訟費用を全部勝訴した上告人（原告）の負担としている例がある（最三小判平17・10・18判タ1197・114）。

3 一部勝訴・一部敗訴の場合の応用型

　上述したように，わが国の場合，訴訟費用の負担の裁判については，その必要性が感じられないため，裁判官が，主文でその負担を命じる場合に苦労することも，また，工夫することも，ほとんどない。しかしながら，筆者も試みてきたところであるが，いくつかの場合，以下に例示するような場合には，工夫をしてもよいのではないかと思われる。

　(1)　応用型1の訴えの手数料とそれ以外の訴訟費用の負担を分ける方法

　典型的には，名誉毀損による損害賠償請求がそうであるが，原告が請求する損害額は極めて大きく，例えば，3000万円というような例も珍しくない。しかしながら，最近でこそ，認容される場合の金額は高額なものもみられるようになったものの，一般にはまだまだかなり低く，請求額が高額になれば，認容比率は数パーセントまたはそれよりはるかに低額であることが普通である。ところが，主張および立証活動を見ると，その請求額や認容額に正比例して，手数料以外の訴訟費用が高額になるということはない。このような場合でも，実務上，請求額と認容額の比率に基づいて，訴訟費用の負担割合を定めているものが多く，最高裁の破棄自判の判決主文を見ても，同様である。しかしながら，このような実務は，ドイツの実務に照らすまでもなく，不合理であることは明らかである。訴えの手数料は，原告の受ける利益に比例する性質のものであり，それ以外の主張・立証活動のための費用は実費負担の性質を有するものであるから，少なくともこの2つは分別して，その個別的な実態に適合させるのが公平であろう。

　応用型1の主文例は，原告が3000万円を請求し，そのうち100万円について勝訴した場合のものであり，訴えの手数料は認容額に比例し，その余の訴訟費用は実態に即して判断したことを想定している。

　(2)　応用型2の鑑定費用の確定額分の負担を命じる場合

　訴訟費用の負担についての従来の実務は，すべての場合に認容額比率方式を採用しているため，一定の場合に破綻を生じることが多い。例えば，かつては多かった地代増額訴訟の場合には，訴訟物の価額はあまり多額にはならないことが多いが，鑑定人に対し支給する報酬はかなりの高額になり，訴えの手数料よりも，鑑定人報酬のほうが高額なことも珍しくなかった。このような場合に，単に認容額比率方式で負担割合を定めると，その負担割合の具体的な結果が実体に合わないことになる（この点について，従来の実務は問題にしてこなかっ

た。）。

　また，裁判所が鑑定の必要性を考えている場合に，原告が既に私的鑑定をしているときは，原告も被告も，自らの負担になる鑑定申請をしないということがある。このような場合に，訴訟費用は償還しないという実態を前提にしていると，鑑定の採用実施に進むことができないことがある。このような問題の解決には，鑑定費用だけでも高額になることを考え，訴訟費用確定手続を簡略にするため，または訴訟費用確定手続を経由することなく訴訟費用償還請求をすることができるように，工夫された主文例が応用型2の主文例である。訴訟費用の償還請求をすること自体に，わが国の実務家の間には抵抗感があることを考慮したのが応用型2の1であり，訴えの手数料も確定金額であることから，鑑定費用に訴えの手数料も加えたのが応用型2の2である。いずれの場合も，その余の部分は各自の負担としているのは，理論的に正当ではないが，「その余の費用はいわば無視しても」という発想から工夫された主文例である。

　なお，鑑定に要する費用には，鑑定を申し立てた書面，これを補充する書面，相手方の意見書その他の書面の作成，鑑定人の出頭費用，鑑定人が宣誓した期日に出頭した当事者の費用などが含まれる可能性があり，確定手続を省略するための方法としては，小異を捨てて鑑定人に支給した金額に限定するほうが安全であろう。

4　当事者が複数の場合

　繰り返し述べるように，わが国の訴訟費用の負担の主文は，大まかであり，ときには不正確であるため，複雑な当事者複数の場合に，その不正確さが顕著となる。冒頭に掲げた(1)①の主文例の1も，(1)②の主文例の1も，不正確であるといわれながらも，実務上，合議体の判決でさえもよく出会う。実務上定着した一類型になっている。望ましいといわれる上記の各主文例の2であっても，概数の性質は高い。訴訟費用の負担の実情を前提にする限り，精緻な主文を求めて，いかに苦労しても，得るものがなく，検討する価値もないかのようであるが，こうした現象は，単に法曹の間にのみ通用しているものであり，早急に制度の改正，運用の改革が望まれる。

5　訴訟費用負担の裁判上考慮しなくとも差し支えのない場合

　以下に述べる事由は，本来であれば，訴訟費用の負担の裁判にすべて反映さ

れるべきものであるが，従来の実務を前提にすると，考慮しなくともやむを得ないであろうと思われるものである。

(1) 被告ら間に事情の相違がある場合

被告ら間に支払を命じる金額にある程度の差異があるときには，本来であれば，無視し得るような僅少な金額であればともかく，原則として考慮すべきものであるが，従来の実務ではまずは考慮されていない。被告甲に600万円，被告乙に400万円を請求した事例で，いずれにも全部勝訴した場合の訴訟費用の負担は，通常「訴訟費用は，被告らの負担とする」とするのが通常である。

また，被告らによって，応訴態度（欠席，自白，否認等）に差異があっても，通常は考慮していない。被告らについて分離して判決するなど，訴訟終了の時期や方法に差異がある場合を含め，これを考慮した例に出会ったことはない。

(2) 訴訟物が変動した場合

訴えの交換的な変動があっても，経済的利益が共通であるときは，考慮していない（最二小判昭61・4・11民集40・3・558，判時1200・61，判タ609・41はすべての交換的変更の類型について訴えの取下げに準じて扱うべきであるかのような主文になっているが，実務には全く影響を与えていない。）。この点は，考慮していない実務に特に不合理があるわけではない。

(3) 訴えの全部または一部の取下げ

訴えが進行中に一部取り下げられても，当該取下げ部分が訴訟費用の負担の裁判の対象から当然に離脱すると考えられるため，考慮されていない。例えば，上記の地代増額訴訟において，鑑定を実施した結果，原告は，請求を減縮し，請求の趣旨を鑑定の金額に置き換えることが多い（裁判所も差額地代の支払を命ずる場合の計算の便宜上そう指導することが多い。）。この場合，鑑定費用について，負担を命ずるときは，原告の新請求を全額認容したからといって，鑑定費用の全額を被告に負担させるのは相当ではない（むしろ違法である。）。ことほどさように，請求の趣旨が減縮された場合でも，鑑定費用その他の訴訟費用が当然に部分的に訴訟費用の負担の裁判の対象から当然に離脱するか否かは，終局判決で個別具体的に適正に判断されるべき筋合いのものであるが，実際上はそのようにされていない。

6 訴訟費用負担の裁判上例外的に考慮するのが必要な場合

従来の実務も，上記5の限度ではやむを得ないものとして容認し得るが，以

下のように，被告ら間の事情に顕著な相違がある場合には，従来の実務では考慮されていないものの，正しくは考慮されてしかるべきであろう。

(1) 鑑定に手数料を超えるような高額な費用が生じているとき

鑑定費用が高額になった場合には，訴訟費用が当然に高額になるため，訴訟費用額の確定手続があるものと考え，単に認容額比率方式によらないで，費用総額を概算し，落ち着きのいい負担割合を考えたうえで，訴訟費用の負担の主文を決めるべきであろう。

(2) 被告らのうち一部が遠隔地から出頭し，高額な費用が生じているとき

例えば，当初の訴えが大阪に提起され，これが東京に移送になり，東京地裁で判決になるような場合，被告が大阪から東京に出頭する費用は，期日が多数回実施されたときは，高額になるので，上記(1)と同様な配慮が必要である。

(3) 当事者の一部に高額な翻訳費用が生じているとき

特許訴訟の場合には，特殊な管轄が定められているため，遠隔地からの出頭者が珍しくないが，さらに，高額な翻訳費用も看過してはならない。特許訴訟に限らず，当事者が外国法人の場合も，同様であり，費用総額が100万円程度になることも希有ではない。訴額が高額になるときは，訴えの手数料に埋没してしまうこともあるが，注意するにこしたことはない。

〔塚原　朋一〕

〇控訴審の場合

基本型1
1 本件控訴を棄却する。
2 控訴費用は，控訴人の負担とする。

基本型2
1 原判決を取り消す。
2 被控訴人の請求を棄却する。
3 訴訟費用は，第一，二審とも被控訴人の負担とする。

基本型3
(1) 原判決を次のとおり変更する。
  1 控訴人は，被控訴人に対し，200万円及びこれに対する令和5年7月1日から支払済みまで年3分の割合による金員を支払え。
  2 被控訴人のその余の請求を棄却する。
(2) 訴訟費用は，第一，二審を通じてこれを5分し，その2を控訴人の負担とし，その余を被控訴人の負担とする。

《参照条文》民事訴訟法67条・61条等

解　説

1　訴訟費用負担の裁判の当事者，内容等
(1)　訴訟費用の裁判は，主たる主文における相対立する当事者間において，誰が誰に対してどのような割合で（具体的金額をもって定めることもできるとされているが，そのような例はまれである。）訴訟費用の償還請求権を有することになるのかを定めるためのものである。したがって，（対立関係にはない）共同訴訟人の間における（内部的な）償還の可否・割合等を定めることはない（民事訴訟法65条も相手方当事者との間における外部的関係での負担割合に関する規定である。）。控訴審での相対立する当事者は，参加人を別とすれば，控訴人（附帯被控訴人）と被控訴人（附帯控訴人）であるから，控訴審判決での訴訟

費用の裁判はこの両者間での負担割合を定めることになる。ただし，例外的に，無権代理人（民訴70），証人（民訴192①），鑑定人（民訴216）等に対して負担を命じる場合がある。

(2) 訴訟費用は敗訴当事者の負担とされる（敗訴者負担の原則）。ただし，例外的に勝訴者にも負担を命じる場合がある（民訴62・63）。一部敗訴の場合は，裁判所が裁量をもって負担者と負担割合を定めるが，事情により一方のみ全部負担させることができる（民訴64）。

共同訴訟人がともに敗訴した場合は，各共同訴訟人が平等の割合をもって訴訟費用を負担するのを原則とする（民訴65①本文）が，事情により，連帯負担としたり，その他の負担方法を定めることができる（民訴65①ただし書②）。

訴訟費用の裁判では負担者と負担割合だけが定められ，具体的負担額の決定は訴訟費用額の確定手続（民訴71）に委ねられるのが一般的である。したがって，訴訟費用負担の裁判では，訴訟費用額確定手続において誰が誰に対してどのような金額の償還請求権を有するのかにつき疑義を生じさせないため，できる限り明瞭な基準を示しておくことが必要である。

(3) 訴訟費用の負担は職権をもって裁判しなければならない。ただし，控訴審が一審判決を取り消して差戻し（民訴307・308）・移送（民訴309）の裁判をするときは，事件は完結しておらず，勝敗およびその程度はその後の審理・裁判によって決せられるまで未定であるから，訴訟費用の裁判はできず，その後事件を完結する裁判をする裁判所が，民事訴訟法67条2項第2文により，訴訟の総費用につき裁判をする。これは，訴訟費用の裁判は原則として訴訟の全過程の費用につき統一的になされるという「訴訟費用不可分の原則」の表れである。

本案の申立てに対して全部の裁判をしながら，訴訟費用の負担についてだけ裁判をしなかったときは，追加判決をすることはできず，申立てまたは職権により決定で裁判しなければならない（民訴297・258②）。

(4) 訴訟費用の裁判は，主文の中で，控訴に対する裁判，附帯控訴に対する裁判，控訴審における新たな請求に対する裁判を記載した後で，仮執行宣言を記載する前に記載する。

2 基本型について

(1) 基本型1

ア 一審判決が相当で控訴に理由がなくこれを棄却する場合，民事訴訟法

67条1項本文により，基本型1のように控訴審における訴訟費用（実務上「控訴費用」と呼ばれる。）についてのみ負担の裁判をする。一審判決は訴訟費用に関する裁判も含めてそのまま維持されるので，控訴審で生じた訴訟費用についてのみ負担を定めれば足りるわけであり，訴訟費用不可分の原則に対する例外である（「訴訟費用の分離」といわれ，民事訴訟法62条・63条・65条2項・69条1項・2項などを適用する場合もこの例外に属する。）。

　イ　一審判決が訴訟費用の裁判を脱漏している場合は，控訴を棄却するときでも，控訴審判決で第一審および控訴審の総費用につき負担の裁判をしなければならず（民訴258④），この場合は基本型2や基本型3の応用になる。これに対し，一審判決が訴訟費用の裁判を脱漏している場合でも，控訴を不適法として却下するときは，民事訴訟法258条4項が「適法な控訴があったときは」と規定している点を限定的に解するかどうかの違いによって，控訴費用についてのみ裁判をするという考え方と基本型2や基本型3のように総費用につき裁判をするという考え方に分かれている（田中恒朗＝右田堯雄『民事第二審判決書について』192頁（法曹会，1975））。

　ウ　訴訟費用の負担の裁判に対しては，独立して控訴をすることができないものとされている（民訴282）。したがって，訴訟費用の負担の裁判に対してのみ控訴を提起した場合には，その控訴は不適法として却下される。また，本案の裁判に対する控訴が不適法であるときは，その控訴の当否の判断をするために請求の当否についての審判をする必要はないので，訴訟費用の裁判に対する控訴は，不適法として却下される。これに対し，本案の裁判に対する控訴に理由がない場合に，訴訟費用の負担の裁判に対する不服申立てが許されるか否かについては見解の対立がある（井上繁規『民事控訴審の判決と審理（第3版）』283頁（第一法規，2017））。控訴棄却の判決をする場合に，第一審判決中の訴訟費用の負担の裁判のみを変更する必要性はないと考えられるので，否定説をもって相当というべきであろう。

(2)　基本型2

　ア　控訴の全部に理由があり一審判決を不相当としてこれを取り消し（民訴305）これに代わる裁判をする場合，民事訴訟法67条2項第1文により，基本型2のように第一審および控訴審の総費用につき負担の裁判をする。

　イ　一審判決で請求を棄却された原告の控訴による控訴審判決で一審判決を取り消す場合でも，それが控訴人（原告）の訴えを却下するときであるなら

ば，控訴人（原告）が敗訴者となる。また，第一審での手続違背を理由に一審判決を取り消す場合でも，結局結論的に一審判決と同様な主文となるときは，控訴人が敗訴者となる。これらの場合も，総費用につき負担の裁判をすることになり，次のような例となる。

> 訴訟費用は，第一，二審とも控訴人の負担とする。

(3) 基本型3

ア　控訴の一部に理由があり一審判決の一部を不相当とする場合，実務上は，「原判決を取り消す。」とはしないで，基本型3のように「原判決を次のとおり変更する。」とすることが一般的である。この場合，一審判決の本案に対する裁判のうち変更されなかった部分は取り消されずに維持されているとも解されるが，勝敗に変動を生じた以上訴訟費用についての裁判は全部が失効するとされ，民事訴訟法67条2項第1文により，基本型3のように第一審および控訴審の総費用につき負担の裁判をする（田中＝右田・前掲書193頁）。訴訟費用不可分の原則の表れといえる。実務上負担割合は訴額に占める勝敗の割合を主たる目安として定めるのが一般的であると思われるが，一方当事者の敗訴部分が僅かである場合には相手方当事者に全部を負担させることもできる。

イ　控訴審が一審判決の一部のみを取り消して差し戻すとともに残余部分につき自ら判断する場合，訴訟費用不可分の原則によれば，取消し部分の勝敗が未定なので，取消し部分のみならず残余部分の訴訟費用についても差戻し後の裁判所に裁判を委ねるという方法が考えられる。しかし，民事訴訟法67条1項ただし書の趣旨に従えば，残余部分については控訴審が訴訟費用の裁判をすることができ，次のような例となる（田中＝右田・前掲書194頁）（ただし，これによると，取消し部分と残余部分との訴訟費用が明瞭に区分できない場合も多いのではないかという問題があるように思われる。）。

> 1　原判決中……の部分を取り消して○○地方裁判所に差し戻す。
> 2　控訴人のその余の本件控訴を棄却する。
> 3　控訴費用中前項に関する部分は控訴人の負担とする。

3 附帯控訴がある場合

(1) 控訴あるいは附帯控訴に基づいて一審判決を取り消しあるいは変更する場合は，基本型2あるいは基本型3の応用となる。

(2) 控訴および附帯控訴をいずれも棄却する場合は，「控訴費用は控訴人の負担とし，附帯控訴費用は附帯控訴人の負担とする。」という例となる。

被告の控訴を棄却し，原告の附帯控訴を全部認容する場合は，「訴訟費用は，第一，二審とも控訴人の負担とする。」という例となる。

被告の控訴を棄却し，原告の附帯控訴を一部認容する場合には，「訴訟費用（控訴費用，附帯控訴費用を含む。）は，第一，二審を通じてこれを5分し，その2を被控訴人の負担とし，その余を控訴人の負担とする。」という例となる。

被告の控訴を棄却し，原告の附帯控訴（拡張請求）を認容する場合は，「当審における訴訟費用は，すべて控訴人の負担とする。」という例となる。

被告の控訴を一部認容し，原告の附帯控訴による追加請求の一部を認容する場合には，「訴訟費用（控訴費用，附帯控訴費用を含む。）は，第一，二審を通じてこれを5分し，その2を被控訴人の負担とし，その余を控訴人の負担とする。」という例となる。

4 控訴審で訴えの変更等があった場合

(1) 全部敗訴の控訴人（第一審原告）が控訴した上，訴えの追加的変更をした場合

ア 控訴も追加に係る請求もいずれも理由がなければ，（追加された請求が従前の請求との関係で並列的なものであっても予備的なものであっても）一審判決が維持されるので，「当審における訴訟費用はすべて控訴人の負担とする。」という例となる。

イ 控訴は理由がないが追加に係る請求に理由があれば，一審判決が維持されるものの控訴審での勝敗が分かれるわけであるから，「当審における訴訟費用は，これを3分し，その2を控訴人の負担とし，その余を被控訴人の負担とする。」という例となる。もっとも，この場合において，認容される追加請求が予備的請求として追加されたために控訴棄却に係る従前の請求が主位的請求という態様に変化するときには，実質的に一審判決は変更されたものと見て，第一審を含めた訴訟の総費用について裁判をする考え方がある（田中＝右田・前掲書196頁）。

ウ　控訴も追加に係る請求も理由があれば、「訴訟費用は、第一、二審とも被控訴人の負担とする。」という例となる。

(2)　全部勝訴の被控訴人（第一審原告）が附帯控訴により訴えの追加的変更をした場合

ア　控訴に理由がなく、附帯控訴での追加に係る請求に理由があれば、「控訴費用及び附帯控訴費用は、控訴人（附帯被控訴人）の負担とする。」という例となる。

イ　控訴も附帯控訴による追加請求もいずれも理由がなければ、「控訴費用は、控訴人の負担とし、附帯控訴費用は、被控訴人の負担とする。」という例となる。

ウ　控訴に理由があり、附帯控訴による追加請求に理由がなければ、「訴訟費用は、第一、二審とも被控訴人の負担とする。」という例となる。

(3)　控訴審で反訴が提起された場合

控訴審で反訴が提起された場合も上記(1)および(2)に準じて考えればよい。

なお、請求棄却判決に対して原告が控訴し、被告が附帯控訴により反訴を提起したときに、控訴は理由がないが反訴請求に理由があれば、「当審における訴訟費用は、本訴反訴とも、控訴人の負担とする。」という例となる。

請求認容判決に対して被告が控訴し、かつ、控訴審において反訴を提起したときに、控訴も反訴請求も理由がなければ、「当審における訴訟費用は、本訴反訴とも、控訴人の負担とする。」という例となり、控訴は理由がないが、反訴請求は理由があれば、「当審における訴訟費用は、本訴反訴を通じてこれを2分し、その1を控訴人の負担とし、その余を被控訴人の負担とする。」という例となる。

(4)　控訴審で訴えの交換的変更があった場合

控訴審で訴えの交換的変更がされて旧訴の係属が消滅したときは、一審判決が失効して旧訴は裁判によらず終了したことになるので、旧訴に係る訴訟費用は民事訴訟法73条によって処理し、控訴審では新訴に係る控訴費用についてのみ裁判をするという考え方ができる。最高裁第二小法廷昭和61年4月11日判決（民集40巻3号558頁、判時1200号61頁、判タ609号41頁）はこの考え方によっていると思われる。しかし、実務上、控訴審で第一審および控訴審を通じた総費用につき裁判をするという考え方による例もある（田中＝右田・前掲書197頁）。これは、訴えの交換的変更であっても請求の基礎に変更がない限り旧訴における訴訟資料および証拠資料が新訴についても裁判の基礎になっているという理

(5) 控訴審で訴えの取下げ等があった場合

ア　1つの訴えで数個の請求をした客観的併合訴訟において第一審で判断を受けた数個の請求のうち一部の請求につき控訴審で訴えの取下げがあったときは、その請求の訴訟は裁判によらずに終了したことになり、これに係る訴訟費用は民事訴訟法73条によって処理されるので、控訴審では残余の請求に関する訴訟費用についてのみ裁判をする。残余部分の勝敗に従って**基本型1**ないし**基本型3**を応用することになる。

イ　1個の請求権に基づく訴訟の控訴審で請求金額が減額された場合、上記アと同様に、この減額に係る部分の訴訟費用は民事訴訟法73条によって処理し、控訴審では残余部分に関する訴訟費用についてのみ裁判をするという考え方ができ、実務上はこの考え方で処理されている。これに対し、この場合は、訴えの交換的変更の場合と同様に減額の前後を通じて訴訟資料および証拠資料は共通であるという理由で、訴訟費用に関する限り減額部分は係属しているのと同様に考えて一部敗訴に準じて取り扱うという考え方もある（田中＝右田・前掲195頁）。

5　共同訴訟の場合
(1) 通常共同訴訟の場合

ア　原告甲が乙および丙を共同被告として提起した訴訟の第一審で全部勝訴したのに対し、乙および丙がともに控訴した控訴審で、乙に対する請求部分は取り消されて請求が棄却され、丙の控訴は棄却される事例では、「訴訟費用は、控訴人乙と被控訴人（甲）との関係では、第一、二審とも被控訴人（甲）の負担とし、控訴人丙と被控訴人（甲）との関係では控訴費用を控訴人丙の負担とする。」という例となる。

これは、共同訴訟人独立の原則が働く通常共同訴訟では、一審判決が取り消されて請求が棄却された乙に対する関係では民事訴訟法67条2項第1文が適用され、控訴を棄却された丙に対する関係では一審判決が維持されるので同法67条1項本文が適用されるからである。

イ　原告甲が、乙および丙を共同被告として提起した訴訟の第一審で全部敗訴し、乙に対してのみ控訴した控訴審で、一審判決のうち乙に係る部分が取り消されて乙に対する請求が認容される事例では、訴訟費用の裁判は**基本型2**

に従って次のようなものとなる。

> 1　原判決中，被控訴人（乙）に係る部分を取り消す。
> 2　被控訴人（乙）は，控訴人に対し，別紙物件目録記載の土地を明け渡せ。
> 3　訴訟費用は，第一，二審とも被控訴人（乙）の負担とする。

(2)　必要的共同訴訟の場合

必要的共同訴訟では，共同訴訟人間で勝敗が区々になることはないから，基本型1ないし基本型3を応用して裁判することになる。

6　破棄差戻し後の審理の場合

控訴審判決が上告審判決で破棄され控訴審に差し戻された事件について，控訴審が一審判決を取り消して事件を完結する裁判をした場合の訴訟費用の裁判は，次のような例となる。

(1)　訴訟費用は，差戻し前の第一，二審，上告審および差戻し後の当審とも被控訴人の負担とする（名古屋高判昭51・11・30高民29・4・238，判時856・49，判タ350・290参照）。

(2)　訴訟の総費用（第一審，差戻し前および後の控訴審，ならびに上告審）は被控訴人の負担とする（大阪高判昭57・2・25高民35・1・7，判時1049・47参照）。

いずれも，差戻し前の控訴審における訴訟費用の裁判が効力を失っており，また，上告審の訴訟費用の裁判もされていないので，これらを含めた総費用について裁判をしているものである。

これに対し，差戻し後の控訴審が一審判決を相当として控訴棄却の判決をする場合には，一審判決は，訴訟費用の負担に関する裁判を含め，その全部が維持されているので，「控訴申立て以後に生じた訴訟費用は，すべて控訴人の負担とする。」という例となる。

《参考文献》井上繁規『民事控訴審の判決と審理（第3版）』281頁（第一法規，2017），田中恒朗＝右田堯雄『民事第二審判決書について』191頁（法曹会，1975），鈴木忠一「訴訟費用の裁判」民事訴訟法学会編『民事訴訟法講座』3巻917頁（有斐閣，1955），福嶋登「訴訟費用の範囲」鈴木忠一＝三ケ月章監『実務民事訴訟法講座2

判決手続通論Ⅱ』125頁（日本評論社，1969），大須賀虔「共同訴訟人の一部の敗訴と訴訟費用」鈴木忠一＝三ケ月章監『新・実務民事訴訟法講座3 判決手続通論Ⅲ』273頁（日本評論社，1982）。

〔鈴木　陽一，鹿子木　康〕

第2　仮執行宣言，執行免脱その他

○仮執行宣言について一定の猶予期間を定める主文

> **基本型1**
> 　この判決の第1項は，本判決が被告に送達された日から14日を経過したときは，仮に執行することができる。
>
> **基本型2**
> 　この判決は，言い渡しの日から一週間を経過したときは，原告勝訴部分に限り，仮に執行することができる。

《参照裁判例》東京高判平6・3・30訟月41・5・885，判時1498・25，判タ855・246，広島地判平6・12・19判時1555・101，東京地判平14・10・29訟月49・2・377，判時1885・23
《参照条文》民事訴訟法259条

解　説

1　仮執行宣言制度

　仮執行宣言は，未確定の判決に狭義または広義の執行力を付与する旨を宣言する裁判である。

　仮執行宣言は，財産権上の請求であれば付与することができるのが原則であるが，①確認判決・形成判決，②意思表示を命ずる判決，特に登記手続を命ずる判決，③離婚判決と同時になされる財産分与を命じる判決，④訴訟費用の裁判については，仮執行宣言の可否について議論がある。①，④については，通説は，仮執行宣言を付与することができると解している。②については，意思表示を命じる判決についてはその確定の時に意思表示をしたものとみなされる（民執177①）ことなどから消極に解するのが多数説である。③についても財産分与の給付義務が離婚判決の確定によって発生するものであることから消極に解するのが多数説である。なお，行政処分の取消し・変更を命じる判決については，仮執行宣言は許されない。

また，仮執行宣言を付与するためには，その必要性がなければならない。必要性の判断に当たっては，勝訴当事者側の仮執行宣言付与の必要性のほか，敗訴者に仮執行により回復しがたい損害が認められないこと，上訴審における原判決取消しの可能性などの諸事情が総合判断されている。例えば，建物収去土地明渡請求の場合は仮執行宣言を付与しないのが通例であるが，争う余地のない不法占有の場合など，敗訴原因が明白で悪質であり，上訴による取消変更の可能性が少ないと認められるときは付与することもある。

　仮執行宣言制度の目的の1は，敗訴者の上訴の利益と上訴により債権の満足が遅延する勝訴者の利益保護との調整であり，その2は，濫上訴の阻止と一審の審理充実である。仮執行宣言付判決が上訴審で確定すれば，原告が仮執行によって得た給付は確定的となる。仮執行宣言付判決が上訴審で取り消された場合には仮執行宣言は失効するが，この場合，被告は，原告が既に無資力になっていて仮執行により給付したものの返還を受けられなかったり，給付したものの返還では補えない損害を被るなどリスクを負う。そこで，法は，その調整手段として，担保を条件とする仮執行宣言（民訴259①），仮執行免脱宣言（民訴259③），仮執行宣言付判決に対する上訴提起の際の執行停止（民訴403①），非財産権上の請求についての仮執行宣言の排除（民訴259①），本案判決を変更する場合の原状回復および損害賠償義務（民訴260②）といった制度を規定している。

　ただし，現在のわが国の実務では，仮執行宣言に担保を付する例は少ない。金銭給付を命ずる判決に仮執行宣言を付する場合は，ほとんどの場合は無担保である。建物明渡し判決であっても，現在では，転居先を探すことがさほど困難ではなくなってきた社会状況を反映して，無担保で仮執行宣言を付することが珍しくない。もっとも，前記のとおり，建物収去判決のように，敗訴者が仮執行により回復しがたい損害を被る場合には仮執行宣言を付さないのが一般的である。また，申立て自体が少ないこともあるが，国などの公共団体が被告の場合（この場合には免脱宣言の申立てが多く行われる。）以外は，仮執行免脱宣言を付することも少ない。他方，控訴とともに仮執行宣言付判決の執行停止が申し立てられた場合には，判決をした裁判体によって，認容額を基準とした相当金額の担保を立てさせることにより，ほとんど例外もなく執行停止を認めているのが通常である。すなわち，実務では，原告と被告との間の利害の調整は，担保を条件とする仮執行宣言や仮執行免脱宣言よりも，仮執行宣言を付するかどうかの判断および控訴に伴う執行停止の担保により，調整されているといえよう。

2　仮執行宣言について一定の猶予期間を定めた裁判例

　上記のような制度以外で，原告と被告との間の利害の調整をする方策として，仮執行宣言について一定の猶予期間を定めた裁判例がある（前掲《参照裁判例》）。民事訴訟法には仮執行宣言について猶予期間を定めることができるとの明文の規定はないが，仮執行宣言の付与は裁判所の職権でもなし得るし，職権で担保を条件とすることもできることから，このような条件を付することも許されるものと考えられる。

　ところで，前掲《参照裁判例》の被告は3件とも国などであり，かつ，仮執行免脱宣言は付されていない。国などの公共団体を被告とする判決に仮執行宣言を付すると，原告側が仮執行により直ちに権利の実現を得ようとして国の財産に対して執行をし，その結果，国民生活に重大な影響が生じることもありえることから，仮執行宣言を付する場合には，仮執行免脱宣言も付する場合が多い（ただし，判決に仮執行免脱宣言が付された場合に，被告が仮執行免脱担保を提供しても，換価手続を要しない金銭に対する動産執行の場合は，執行完了までに執行停止文書である供託証明書を提出することは事実上不可能である（東京地判平4・6・17訟月39・2・197，判時1435・27，判タ795・81参照））。しかし，前掲《参照裁判例》は，仮執行免脱宣言については相当でないとして却下する一方，仮執行宣言について一定の猶予期間を定めることにより，被告に執行の対象となる現金を準備する期間を与え，あるいは控訴するか否かの検討をしたうえで控訴の際の執行停止決定を得る猶予期間を与え，原告と被告との間の利害調整を図ったものと思われる。猶予期間の定めは，被告の申立てがなくても職権で付することが可能であるが，国が被告である場合は，請求に対する答弁において，「（仮に仮執行宣言を付する場合は，）この執行開始時期を判決が被告国に送達された後14日経過したときとすること」を求めている例が見受けられる。

《参考文献》林淳「仮執行宣言の理論」新堂幸司ほか編『講座民事訴訟』6巻249頁以下（弘文堂，1984），斎藤秀夫ほか編著『注解民事訴訟法第2版』5巻1頁以下（第一法規，1991），菊井維大＝村松俊夫『全訂民事訴訟法Ⅰ［補訂版］』1244頁以下（日本評論社，1993），出口雅久「仮執行宣言について猶予期間が定められた事例」リマークス1997上130頁

〔白石　史子〕

○仮執行宣言却下の裁判についての上訴

〈仮執行宣言却下の判断に対して，附帯控訴により不服が申し立てられたが，控訴審も仮執行宣言を付することは相当ではないと判断した場合〉
　附帯控訴を棄却する旨は主文に記載しない。

《参照判例》最一小判昭46・3・11裁判集民102・245
《参照条文》民事訴訟法259条・293条

解　説

1　仮執行宣言に対してのみの上訴の可否

　仮執行宣言付判決に対しては，本案に対する上訴とともに仮執行宣言の裁判に対しても上訴することができるが，仮執行宣言に対してのみ独立して上訴ができるか否かについては，議論がある。肯定説は，独立上訴を禁ずる明文がないことをもって，上訴を認めるべきであるとする。他方，否定説は，仮執行宣言も訴訟費用の裁判と同様に付随的裁判であるから，これに対する独立の上訴は認めるべきでないとする（東京高判昭31・4・26高民9・4・231，高田裕成ほか編『注釈民事訴訟法』5巻32頁（有斐閣，2015））。前掲（白石史子「仮執行宣言について一定の猶予期間を定める主文」）1記載の仮執行宣言の制度目的からすると，敗訴当事者が上訴しない場合には，仮執行宣言却下に対する不服申立てを認める必要はないというべきである。実際，両当事者が上訴しなければ，上訴期間経過とともに判決は確定し，原告は，仮執行ではなく本執行ができるのであるから，仮執行宣言却下に対する独立の上訴を認める実益は全くない（秋山幹男ほか『コンメンタール民事訴訟法Ⅵ』35頁（日本評論社，2014））。また，本案に敗訴した被告が本案に不服がないのに仮執行宣言のみに不服を申し立てることも，上訴の利益を欠くというべきである。本案に不服がない以上，仮執行宣言が付されていなければ，上訴期間経過とともに判決は確定して本執行を甘受しなければならなかったのに，仮執行宣言を付されたためにかえって，これを争って確定を遮断することを許すのは本末転倒だからである（右田堯雄「民事控訴審実務の諸問題㈢」判タ286号26頁，斎藤秀夫ほか編著『注解民事訴訟法第2版』5巻17頁（第一法規，1991），同

9巻28頁（第一法規，1996），兼子一ほか『条解民事訴訟法〔第2版〕』1531頁（弘文堂，2011））。

2　附帯控訴による不服申立て

　上記のとおり，原告は，仮執行宣言却下の判決に対して独立して上訴することはできないが，被告が上訴した場合には，附帯控訴により不服の申立てをすることができる（なお，第一審で仮執行宣言の申立てをしていなかった場合にも，附帯控訴の上，申立てをすることができる。）。この場合，控訴裁判所においても仮執行宣言を付することが相当ではないと判断するときは，その旨を判決の理由中において説示すれば足り，判決の主文において附帯控訴を棄却する旨を宣言する必要はない（前掲《参照判例》最一小判昭46・3・11）。

〔白石　史子，味元　厚二郎〕

○仮執行宣言付一審判決の後に，全部または一部の給付があったときの控訴審の判決

〈原告が受けた給付が仮執行宣言付判決に基づいてなされたものと認められる場合〉
　原告が仮執行によって給付を受けた事実を斟酌せずに判決する。

〈原告が受けた給付が仮執行宣言付判決に基づいてなされたものではなく，被告が任意に弁済したものと認められる場合〉
　原告が弁済を受けたことを前提として判決する。

《参照判例》最一小判昭36・2・9民集15・2・209，最一小判昭47・6・15民集26・5・1000，金判327・6，最二小判平24・4・6民集66・6・2535
《参照条文》民事訴訟法259条，260条

解　説

1　仮執行による給付の実体法上の効力

　仮執行による支払または給付（民訴260②）が当事者間において実体法上の弁済の効力を有するか否かについては，仮執行の時点で実体法上の弁済の効力を有し，したがって，その債権は消滅するとの考え方（弁済効力肯定説）もあるが，通説・判例（前掲《参照判例》最一小判昭36・2・9，大判大15・4・21民集5・266）は，仮執行によって得た満足は確定的なものではなく，後日本案判決または仮執行宣言が取り消されることを解除条件とする暫定的なものであることを理由に，仮執行による支払または給付は実体法上の弁済の効力を生ぜず（その実体法上の効力は判決の確定をもってはじめて確定的に生ずる。），したがって債権は消滅しないし，被告は給付後も反対債権で相殺することができるとする（弁済効力否定説）。

2　上訴審における仮執行による給付の事実の考慮

　通説・判例である弁済効力否定説によれば，上訴審は，原告が仮執行によって給付を受けた事実を，当該給付を求める請求に対する判断において斟酌すべ

きではなく，また，仮執行による給付に係る請求に併合されている請求や抗弁で主張されている請求権を判断する場合であっても，給付を受けた事実を考慮できないと解される（前掲《参照判例》最二小判平24・4・6）。

　仮執行宣言付判決に対する上訴が係属中に，仮執行宣言付判決に基づきその弁済として給付がなされた場合，その後，上訴審で原告が請求を放棄してこれが調書に記載されたときは，請求の放棄は請求棄却の確定判決と同一の効力を有するから（民訴267），仮執行宣言付判決は失効し，原告は被告に対し，仮執行によって得た給付を不当利得として返還しなければならない（札幌高判昭54・7・5判タ402・109）。また，上訴審で原告が給付を受けた部分について請求を取り下げた場合も，取下げによる減縮部分は当然に訴訟係属を失い，第一審判決はその限度で失効するから，原告は被告に対し，仮執行によって得た給付を不当利得として返還しなければならない。

　なお，弁済効力肯定説によれば，上訴審は，本案請求の当否を判断する場合，原告が仮執行によって弁済を受けた事実を斟酌すべきであり，執行後の訴訟においては，原告は訴えの変更をして，債権が執行当時存在していた旨ないし，弁済の有効なる旨の確定を求めなければならず，もし，原告が訴えの変更をしなかった場合には，裁判所は債権が消滅したとして請求棄却をなすことになる。

3　仮執行によらない給付がされた場合

　被告の給付が任意の弁済としてなされた場合には，その時点で，原告の請求権は弁済により消滅するから，この事実が控訴審において主張された場合は，原告の請求は棄却を免れないし，控訴審において原告が請求を放棄したり，請求を取り下げても，被告から受けた給付を不当利得として返還する必要はない。

4　給付が仮執行によるか否かの判断

　したがって，仮執行宣言付判決に対する上訴が係属中に，被告が原告に対して給付をなした場合は，この給付が仮執行に基づくものであるか，任意弁済であるかの事実認定が重要であるところ，被告が，仮執行宣言付判決に対して上訴を提起したのちに，同判決によって履行を命じられた債務につきその弁済としてした給付は，それが全くの任意弁済であると認められる特別の事情のないかぎり，民事訴訟法260条2項にいう仮執行の宣言に基づき被告が給付したものにあたると解するのが相当である（前掲《参照判例》最一小判昭47・6・15，上記の

特段の事情が認められた例として大阪高判平29・7・25判時2362・20)。

《**参考文献**》林淳「仮執行宣言の理論」新堂幸司ほか編『講座民事訴訟』6巻249頁以下（弘文堂，1984）

〔白石　史子，安川　秀方〕

○控訴棄却の判決に仮執行宣言を付する方法

基本型1
1 本件控訴を棄却する。
2 控訴費用は控訴人の負担とする。
3 原判決主文第○項は仮に執行することができる。

基本型2
1 本件控訴を棄却する。
2 控訴費用は控訴人の負担とする。
3 この判決は仮に執行することができる。

《参照裁判例》東京高決昭43・10・28下民19・9－10・722，判タ230・273
《参照条文》民事訴訟法259条・302条

解　説

　控訴審が原告（一部）勝訴の第一審判決を相当であるとして控訴棄却する場合，第一審判決に仮執行宣言が付されていなかったときに，控訴棄却の裁判に仮執行の宣言を付する態様には上記の2方法がある。基本型1は，控訴を棄却して第一審判決の給付条項に仮執行を付するものであり，基本型2は控訴棄却をした控訴審判決に仮執行宣言を付するものである。この両者の差異は，仮執行宣言をもって判決の確定前の給付命令について執行力を与えると考えるか，確定前に確定判決と同一の効果を与えると考えるかによって生ずるものである。すなわち，基本型1は第一審判決を維持しつつ，第一審判決の給付条項の仮執行を許容するものであり，基本型2は控訴審判決を確定前に執行することを可能ならしめることにより，間接的に第一審判決の執行を可能とするのである。したがって，基本型2の主文の場合は，控訴審の書記官は，民事執行法26条1項に基づき債務名義となる第一審判決に執行文を付与することになる（前掲《参照裁判例》東京高決昭43・10・28）。基本型2については，仮執行宣言に要求される明確さを欠くことになるなどとして消極に解する説もあり（斎藤秀夫ほか編著『注解民事訴訟法(5)〔第2版〕』5頁〔小室直人・渡部吉隆・斎藤秀夫〕（第一法規，1991），

兼子一ほか『条解民事訴訟法〔第2版〕』1422頁〔竹下守夫＝上原敏夫〕（弘文堂，2011）等），実務上はより明確かつ直截的な**基本型1**を採用するものが多い。

《**参考文献**》右田堯雄「民事控訴審実務の諸問題㊂」判タ286号28頁，高田裕成ほか編『注釈民事訴訟法』4巻1164頁〔松原弘信〕（有斐閣，2017）

〔白石　史子，藤原　未知〕

○仮執行宣言の申立てまたは仮執行免脱宣言の申立てが弁論終結後に提出された場合

> 裁判をしない。

《参照判例》最三小判昭35・10・4 裁判集民45・1，判時238・20
《参照条文》民事訴訟法259条・87条1項本文

解　説

仮執行宣言の申立ておよび仮執行免脱宣言の申立ては，判決事項の申立てであるから，これに対する裁判は口頭弁論に基づいてなすことを要し，その申立ては，口頭弁論終結前に口頭弁論期日において陳述されることを要する（仮執行免税宣言の申立てについて，前掲《参照判例》最三小判昭35・10・4）。したがって，口頭弁論終結後の申立てに対しては裁判をする必要がない。

〔白石　史子，本田　能久〕

第3　仮処分による事情変更の影響

○仮処分の目的物が引渡請求訴訟中に緊急換価され，その売得金が供託された場合の判決主文

> **基本型**
> 1　被告は，原告に対し，別紙物件目録記載の動産（ただし，原告被告間の○○地方裁判所令和○○年㈲第○○号動産仮処分事件の同地方裁判所執行官Ａの換価による売得金○○万円）を引き渡せ。
> 2　被告は，原告に対し，別紙物件目録記載の動産を引き渡せ。
> 3　被告は，原告に対し，別紙物件目録記載の動産の換価金○○円を引き渡せ。

〈事例〉ＹがＸ所有の山林から立木を勝手に伐採して搬出しようとしたので，Ｘは，Ｙを相手方として伐採木搬出禁止（Ｙの占有を解いて執行官保管）の仮処分命令を得た。その後，Ｘは，Ｙに対し，本件伐採木の引渡請求訴訟を提起したが，その訴訟係属中，本件伐採木が腐食し始めたので，これらを保管していた○○地方裁判所執行官Ａは，本件伐採木を緊急換価し，その売得金を供託した。

《参照判例》最一小判昭43・1・25民集22・1・1，判時510・40，判タ218・163，最一小判昭44・5・29民集23・6・1034，判時563・40，判タ237・149
《参照条文》民事保全法49条3項・52条1項

解　説

1　目的物の緊急換価

　仮処分の目的物が腐敗または劣化してその価額を著しく減少するおそれのあるときに，それを占有保管する執行官あるいは債権者としては，どのような措置をとるべきかについては，かつて争いのあるところであったが，今日では，民事保全法52条1項により同法49条を準用し，仮差押えの動産と同様，執行官は職権で目的物を換価しなければならず，また，債権者は執行官に対してその職権の発動を促すことができるとするのが確立した実務（『執行官事務に関する協議要録［第3版］』民事裁判資料217号355頁，東京高決昭54・2・27判時924・60，判タ384・

98等）であり，参照各判例もこれを前提にしている。

2 訴訟物に対する影響

そして，仮処分の目的物が訴訟係属中に緊急換価された場合，本案訴訟の訴訟物がどのような影響を受けるかについては，見解が分かれていたことがあり，①換価後の仮処分は目的物の給付不能による損害賠償請求権を保全するものになるから，本案訴訟は損害賠償請求訴訟となるという見解，②従前の仮処分は換価金の返還請求権を保全するものになるから，換価後は換価金の帰属確認ないし引渡請求に訴えを変更すべきという見解等も存したが，③換価金は目的物に代わるべきものとして同一性を保持していると考えるべきであるから，本案訴訟の訴訟物は仮処分の目的物の換価，供託によって何ら影響を受けることはないとする従前の実務の取扱いが参照各判例によって確認された後は，現在もこれが実務・通説となっている（後掲各《参考文献》参照）。食料品や木材等の動産は，不動産と異なり，時間の経過とともに腐食，劣化してその価値を著しく減少する可能性が高く，そのような場合は，目的物の財産価値を適切に保存することが当事者の利益にも社会経済的にも妥当であるとして緊急換価が行われる以上，換価金が目的物と同視されるのは当然のことと思われる。なお，自動車，建設機械については，その処分について対抗要件（登録・登記）が必要とされており，一般の動産と取扱いを異にしているので，仮処分債権者・債務者の申立てにより，執行裁判所が緊急換価する旨の決定をし，強制競売手続を経て換価され，執行裁判所に納付された代金は裁判所書記官が供託をすることになる（民保規37④・39）が，この代金も当該自動車，建設機械の変形物として同視されるべきものである（『条解民事保全規則〔改訂版〕』民事裁判資料226号198頁）。

3 主文例とその工夫

このような考え方からすれば，仮処分の目的物が緊急換価されたか否かによって本案審理は何ら影響を受けないのであるから，本案の請求を認容する場合の判決主文は，換価前の目的物を表示して「原告は，被告に対し，○○（目的物）を引き渡せ。」となることが第一に考えられるところ，前記のとおり，仮処分の目的物が換価されたとしても，その換価金と目的物は同一性を保持しているのであるから，そのような事情が明らかになった場合には，目的物の引渡しを命じるものだけではなく，換価金の引渡しを命じるものであっても差し支え

ないし，そのために請求の趣旨を変更する必要もないとするのが判例である（前掲《参照判例》最一小判昭44・5・29）。換価金の引渡しを命じる場合には，「原告は，被告に対し，○○（目的物）の換価金○○万円を引き渡せ。」という判決主文になるものと思われる（この場合，金○○円などと表示して単純な金員の支払を命じる判決と誤解されないように注意しなければならない。）。

　もっとも，換価金に対する本執行は，原告（債権者）が仮処分の目的物または換価金の引渡しを命じる本案判決に執行文の付与を受けた後，執行官に対して動産執行の申立てをすることによって行われ，これを受けて，執行官は供託した換価金を取り戻して，これを原告（債権者）に交付することになる（仮処分の効力は換価金にも及んでおり，執行官はその保管手段として換価金を供託しているにすぎず，その取戻請求権は執行官が有しているのであって，債務者に帰属するものではないから，債権者が供託金取戻請求権に対して強制執行をすることはできない。）。この点からすれば，換価金の取戻手続上の便宜を考慮し，判決主文では，「被告は，原告に対し，別紙物件目録記載の動産（ただし，原告被告間の○○地方裁判所令和○○年(ヨ)第○○号動産仮処分事件の同地方裁判所執行官Aの換価による売得金○○万円）を引き渡せ。」と表示して，執行が円滑に進められるよう工夫することも相当と考えられる。

　目的物が自動車，建設機械の場合は，上記と異なり，換価金を供託しているのは執行官ではなく執行裁判所であることから，判決主文は，「被告は，原告に対し，別紙物件目録記載の自動車［建設機械］（ただし，○○地方裁判所令和○○年○月○日付緊急換価命令に基づく売得金○○万円）を引き渡せ。」とするのが適切である。

　なお，第一審の口頭弁論終結時の後に緊急換価されて供託された場合，控訴審の判決で原判決を相当とするときは，例えば，次のとおりとなろう。

1　本件控訴を棄却する。
　　ただし，別紙物件目録記載の動産は，緊急換価されたので，原判決主文第1項を次のとおり更正する。
　　「控訴人は，被控訴人に対し，別紙物件目録記載の動産（控訴人被控訴人間の○○地方裁判所令和○○年(ヨ)第○○号動産仮処分事件の同地方裁判所執行官Aの換価による売得金○○万円）を引き渡せ。」
2　控訴費用は控訴人の負担とする。

《**参考文献**》鈴木弘『最高裁判所判例解説民事篇昭和44年度(上)』334頁（法曹会），岩﨑邦生執筆，東京地裁保全研究会編著『民事保全の実務〔新版〕(下)』254頁（きんざい，2003），丹野達『民事保全手続の実務』320頁（酒井書店，1997）

〔井上　博喜〕

第4 控訴・上告の申立ての付加期間の付与

○控訴（上告および上告受理申立て）のための付加期間の定め方

> **基本型**（原告：外国法人　被告：日本法人）
> 1　被告は，原告に対し，1500万円及びこれに対する令和○年3月15日から支払済みまで年○分の割合による金員を支払え。
> 2　原告のその余の請求を棄却する。
> 3　訴訟費用は，これを3分し，その1を被告の，その余を原告の各負担とする。
> 4　原告のために，この判決に対する控訴のための付加期間を30日と定める。

《参照条文》民事訴訟法96条2項

解説

1　付加期間の意義と実務

敗訴となる当事者が外国に住所を有する場合等には，その当事者に代理人が付いているときであっても，控訴または上告および上告受理申立てのための付加期間を定めることが行われている（最近の通信手段の進歩を考えると，そこまで外国法人を保護するのが妥当かは，最近では論議のあるところであろう。）。知的財産権の事件について見る限り，東京地裁の判決では，外国法人敗訴の判決でも，付加期間の定めをする例が少ないようであるが，高裁ではむしろ付加期間を定めるのが原則である。知財高裁の付加期間の定め方をみる限り，当事者の申立て（当事者に申立権はなく，職権発動を促す申立てである。）にかかわらず，ほぼ一律で30日と定めている（代理人が付いていない場合には，個別的な考慮が必要である。）。

2　付加期間の表記

外国法人であれば，当事者の申立ての有無にかかわらず，一律に，判決主文の最終項（訴訟費用の裁判などの後）に表示するのが通例である。全面勝訴・

全面敗訴の事件であれば,「原告のために」または「被告のために」は不要となる。

3 一部勝訴・一部敗訴の場合

冒頭の基本型のように,外国法人である原告が一部勝訴・一部敗訴の場合に,同じく一部勝訴・一部敗訴の日本法人である被告との間で,民事訴訟法96条2項の要件の解釈上,バランスをとれるかという問題がある。外国法人である原告のために付加期間を付与することには同法96条2項の要件を充足することに疑問はないが,日本法人のために付加期間を付与することには同法96条2項の文理上要件を充足しないと解するのが自然な解釈である。このため,外国法人のためにのみ付加期間を定めると,その外国法人は,日本法人である相手方の出方をまって,控訴するかどうか,どの範囲で控訴するかを決めることができるというアドバンテージを取得できることになる。そうかといって,公平のみを根拠に,日本法人に対し,同じ期間の付加期間を付与することは,若干無理な解釈とも思われ,解釈上やや採用しにくいであろう(附帯控訴で対応することになろう。もっとも,日本法人にも付加期間を定めても違法とか無効とかはいえないし,不服申立手段もない。)。

そうすると,外国法人のみに付加期間を定めることになるが,その表記の仕方は,冒頭記載のとおりである。この場合,「原告のために」を欠落すると,文言上,外国法人である原告に限定されなくなり,日本法人である被告にも付加期間が定められたことになることに注意が必要である。

〔塚原　朋一〕

第10章　控訴審

500

○請求棄却された原告が控訴審で訴えの一部取下げの書面を提出した場合の主文

基本型
1　本件控訴を棄却する。
　　ただし，原判決中，控訴人のCの引渡し請求を棄却した部分は，当審における控訴人の訴えの取下げによって，失効した。
2　控訴費用は，控訴人の負担とする。

《参照判例》最三小判昭24・11・8民集3・11・495，最二小判昭31・12・28民集10・12・1639，判タ67・68
《参照条文》民事訴訟法261条・262条・296条・304条

解　説

1　控訴審における訴えの取下げ
　〈事例1〉原告が，被告に対し，A，B，Cの動産の引渡しを求めたが，原審はいずれの請求も棄却したため，原告が控訴した。控訴審において，Cが被告の手元にあることが判明し，被告はこれを原告に返還したため，原告はCについては訴えを取り下げた。控訴審は，A，Bについては請求棄却が相当と判断した。

　訴えの取下げがあると，当該訴えは訴え提起時に遡って係属しなかったことになる（民訴262①）。このことは，事件が控訴審に係属している場合であっても異ならず，控訴審において訴えが取り下げられると，既に言い渡された第一審判決の効力も当然に失われる。また，訴えはその一部のみを取り下げることもできるから（民訴261①），控訴審において訴えの一部が取り下げられた場合には，第一審判決はその限度で当然に効力を失う。したがって，控訴は第一審判決中取下げのあった部分以外に対するものとなり，控訴審はこの部分についてのみの判断を示せばよいことになるから，残余の部分について第一審判決を変更する理由のない場合には，理論的には単に控訴を棄却すれば足りる（前掲《参照判例》最三小判昭24・11・8，最二小判昭31・12・28）。しかし，最近では，冒頭に掲げた基本型のように，第一審判決中取下げによって失効した部分を注意的に明らかにしている例が多い。第一審判決と一部取下げ後の控訴審判決とでは既判力・

執行力の生じる範囲が異なることから，このような配慮は好ましいといえよう（高橋宏志『重点講義民事訴訟法(下)〔補訂第2版〕』541頁（有斐閣，2010），井上繁規『民事控訴審の判決と審理〔第3版〕』142頁（第一法規，2017））。

2 訴えの取下げに対する同意がない場合の処理

〈事例2〉原告が，被告に対し，A不法行為およびB不法行為に基づく各損害賠償債務の不存在確認を求めたところ，原審はいずれの請求も棄却した。原告は，控訴後，B不法行為に基づく損害賠償債務の不存在確認の部分の訴えを取り下げる書面を提出した。しかし，被告は，訴えの取下げに同意しない。控訴審は，第一審判決を正当として維持すべきであるとの判断をした。

　訴えの取下げには相手方の同意が必要である（民訴261②）。原告が訴えを取り下げた場合，再訴は禁止されない（民訴262②参照）ものの，もはや再度原告が訴えを提起して紛争を蒸し返すことはないものと期待される場合が多いので，被告は訴えの取下げに同意するのが通常である。しかし，当事者間の紛争が熾烈である場合にはそうとも限らず，また，〈事例2〉のような債務不存在確認訴訟においては，原告敗訴の第一審判決が存在する場合には，被告は，第一審判決に既判力（被告の権利の存在の確認）が生じることについて積極的な利益を有しているので，訴えの取下げに同意することはほとんどない。被控訴人が取下げに同意しない場合には，控訴審は，取下げはなかったものとして，第一審判決の全体についてその当否を判断するほかない。

　ところで，控訴審において，控訴の一部を取り下げるとの書面が提出されることがある。しかし，第一審判決に対して控訴がされると，その事件の全部が控訴審に係属する（控訴不可分の原則）から，その実質は，当該部分については控訴審における審理の対象とすることを求めないとの意思表示である。したがって，控訴の一部を取り下げる趣旨の書面が提出されても控訴提起の効果に影響はないが，当該部分は以後審理の対象から除外されることになる（民訴296①。なお，書面の内容上，訴えの一部取下げの趣旨である可能性がある場合には，控訴人に確認してその旨明らかにすべきであるが，判然としない場合には，上記のとおり控訴審での審理は求めない趣旨のものと扱うのが相当である。）。

　そこで，控訴人が控訴審において訴えの一部を取り下げるとの書面を提出したが，被控訴人がこれに同意しないという場合には，控訴人は当該部分については第一審判決に対しもはや不服を述べる意思はないということが少なくない

であろうから，釈明により控訴人のそのような意思が確認された場合には，上記のように控訴の一部を取り下げるとの書面が提出された場合と同様に処理するのが相当である。そして，控訴審が取下げの対象とならなかった部分について第一審判決の判断を是認する場合には，単に控訴棄却の判決をすることになる。

3 控訴人の不服申立ての範囲と控訴審判決

〈事例3〉 原告が，被告に対し，1000万円を支払って業務を委託したが，被告が業務を実行しなかったとして，同額の支払を求める訴訟を提起した。その根拠として，主位的には債務不履行に基づく損害賠償請求，予備的に契約を詐欺により締結させられたとする不法行為に基づく損害賠償請求，更に予備的に不当利得返還請求を述べた。原審は，いずれの請求も棄却したので，原告が控訴したが，控訴理由書には，原審が被告の債務不履行を認定しなかったのは不当である旨の主張がある一方，不法行為に基づく損害賠償請求については主張を撤回するとの記載があり，不当利得返還請求権については何ら言及がない。控訴審は，第一審判決を全面的に正当と判断した。

控訴審の口頭弁論においては，当事者は，第一審における口頭弁論の結果を陳述しなければならない（民訴296②）。この点，第一審判決が当事者の主張を整理した上，これに対する判断を示すものであることから（民訴253），実務上は，第一審における口頭弁論の結果は「原判決記載のとおり」として陳述されるのが通例である。したがって，控訴がされて当事者が上記のように口頭弁論の結果を陳述したものである以上，本来は，第一審判決に記載されたすべての争点が控訴審においても同様に審理の対象となるものである。

ところで，〈事例3〉のようなケースに対する判決では，請求の趣旨としては単に1000万円の支払を求める旨が記載されるのみで，原告が複数述べた法的根拠は単に主張レベルの問題であるように記載され，しかも，これらについては，理論的な先後関係には拘泥せず，当事者の付した順位に従って判断を加えていることが多い。しかし，実務が依拠するいわゆる旧訴訟物理論においては，債権はその発生原因ごとに訴訟物を異にすると解されているため，一定額の金員の支払を求める訴訟において数種類の発生原因が主張されている場合，理論的には，当該訴訟はその発生原因ごとの債権を訴訟物とする給付訴訟が併合された形態の訴訟であると解される。

そこで，まず，控訴人が上記のように複数ある請求のうちの一部について「主張を撤回する」と述べた場合，その扱いをどうするかが問題となる。控訴人が当該訴訟物についての訴えを取り下げる旨明らかにすれば，訴えの一部取下げとなる。これについて被控訴人が同意した場合には，前記2と同様，第一審判決の当該部分が失効した旨を明らかにする方法も考えられるが，かえって判決主文が煩雑となるきらいがあるので，この種の記載は主文に記載するのではなく，「事案の概要」欄の冒頭部分において上記経緯を説明するのが，判決全体を素早く理解できるという点で優れていると思われる。訴えの取下げの趣旨ではない場合には，控訴審における審理の対象から除外する趣旨であると解するほかないから，その経緯を同様に「事案の概要」欄の冒頭部分において説明すればよい（控訴の趣旨から除かれる以上，これに対する判断が判決主文に現われることはない。）。

次に，控訴人が複数ある請求のうちの一部について控訴理由書その他控訴審の準備書面に何ら記載をしていない場合は，控訴審では原判決の判断には不服を述べない趣旨である場合もあろうし，原判決の判断に不服はあるが，原審でした主張，立証に付け加えるべきものがないという場合もあろう。しかし，控訴人は，原判決の判断に不服のある部分については，何らかの主張はして控訴審に注意を喚起するのが普通であるから，控訴審において提出した書面に何も記載がない場合には，当該請求については控訴審における審理の対象から除外する趣旨である場合が少なくないと思われる。というのも，第一審では考えられるすべての法律構成に基づいて数種類の請求をしたが，第一審判決を検討した結果，控訴審においては無理の少ない請求に絞った，というようなことは，訴訟技術上当然にありうるからである。そこで，控訴人の意思が不明である場合には釈明を求め，その結果，当該請求については控訴審における審理の対象から除外する意思であることが明らかになれば，控訴審は残余の部分についてのみ判断することになる（なお，釈明の結果，控訴人が当該請求については取り下げると述べれば，その旨弁論調書に記載してそのとおりに扱えばよい。）。

4　その他の実務上の注意点

(1)　本稿のテーマからははずれるが，原告から，控訴審において訴えの一部を取り下げる（請求を減縮する）旨の書面が提出される場合として，金員の支払を求める原告の請求に対し，第一審が仮執行宣言付きの認容判決をし，被告

がこれに対して控訴し，その一部を任意に履行したという場合がある。この場合，被告が当該金員を弁済の趣旨で支払い，原告が同趣旨で受領したのであれば，原告が訴えの一部を取り下げることには何ら問題ない。しかし，実際には，被告が強制執行を免れる趣旨で支払っているにすぎない場合が多く，そのような場合に訴えの一部を取り下げてしまうと，たとえ被告の控訴が棄却されても，原告が当該金員を保持する権利は裁判上認められたものではなくなってしまうので，注意が必要である。

(2) かつては控訴審判決は難解であるなどと言われがちであったが，現在では控訴審においても分かり易い判決を指向する取組みが定着し，第一審判決後控訴審において請求の変動があった場合などには，訴訟の経緯や紛争の実態についても正確な理解が得られるよう配慮するのが通常となっている。このような観点からいえば，例えば，〈事例1〉のような場合には，補助的な主文を付け加えることにより理解が容易になるようにし，〈事例2〉，〈事例3〉のように直接的には主文に反映しにくい場合には，請求の変動があったことを「事案の概要」欄において説明しておく（「控訴の趣旨」欄で注意書きや括弧書きの形で説明しておくことも考えられる。）などの配慮をすべきである。また，特に，第一審判決と控訴審判決とが結論を異にするに至った場合には，それが第一審判決が不当であったことによるものか，それとも，第一審判決後に請求に変動があったためのものか，あるいは，これらが複合したものかが分かるよう，裁判所の判断部分の末尾で言及しておくことも必要であろう。

〔濱口　浩〕

○控訴審において当事者の変動があった場合の主文

基本型

〈第一審判決〉
1 被告は，原告に対し，1000万円及びこれに対する令和5年○○月○○日から支払済みまで年3パーセントの割合による金員を支払え。
2 訴訟費用は被告の負担とする。
3 この判決は仮に執行することができる。

〈控訴審判決〉
1 控訴人らの控訴をいずれも棄却する。
2 当審における控訴人らの承継により，原判決主文第1項は次のとおり変更された。
　控訴人らは，被控訴人に対し，各自500万円及びこれに対する令和5年○○月○○日から支払済みまで年3パーセントの割合による金員を支払え。
3 控訴費用は控訴人らの負担とする。

《参照判例》最二小判昭47・6・2民集26・5・957，判時673・3，判タ282・164
《参照条文》民事訴訟法49条〜51条・124条1項

解　説

1　控訴審における当事者の変更

　訴訟係属中に当事者の変動が生じる場合は少なくないが，第一審判決後控訴審において当事者の地位に変動が生じた場合には，これを控訴審判決の主文に反映させる必要がある。しかも，この点については，控訴審が第一審判決の判断を正当としてこれを是認する場合とそうでない場合，また，当事者の変動が相続や会社の合併等の当然承継による場合と訴訟参加または訴訟引受による場合などで異なる配慮が必要となり，事案によってはかなり複雑な問題が発生する。これらについて，誤りのない主文を掲げる必要があることはいうまでもないが，単に理論的に正しいというのにとどまらず，できる限り分かり易い表現

となるよう工夫することも大切である。以下では，これらのいくつかを取り上げて，検討を加えることとしたい。

なお，第一審判決後に当事者の変動が生じた場合には，控訴審判決のみからでもそのことがわかるよう，「事案の概要」欄の冒頭部分において当事者に変更があった経緯を簡潔に記載しておくのが相当である。

2 原告または被告の一方または双方が死亡して訴訟承継した場合

(1) 控訴審が原告の請求の全部または一部を認容した第一審判決をそのまま是認する場合

〈事例1〉原告の被告に対する1000万円の貸金請求訴訟で，原告の請求を全部認容する判決に対し被告が控訴したところ，その後被告が死亡して2名の相続人が訴訟承継し，控訴審において原判決を維持する場合

控訴審が，第一審の口頭弁論終結後，当事者に相続等の当然承継が生じたときには，第一審判決は，この者のためにまたはこの者に対してされたものと同視してよい。そして，第一審判決の全部を取り消し新たに判決をする場合には，控訴審判決によって第一審判決は失効するため，たとえ第一審判決が認容判決であってもそれが債務名義となることはなく，逆に控訴審が原告の請求を認容した場合は控訴審判決のみが債務名義となるのであって，いずれにしても，控訴審の口頭弁論終結時における当事者を基準として，控訴審の立場で判決を言い渡せば足りる。また，控訴審が原告の請求を全部棄却した第一審判決を維持する場合にも，主文としては単に控訴棄却を掲げるのみで足りると解される。

これらに対し，控訴審が請求の全部または一部を認容した第一審判決を実質的に是認する場合には，訴訟手続の面で当事者の変更が生じるとともに，実体的な面では判決によって確定されるべき当事者の権利義務に変動が生じるので，これらを控訴審判決に反映させる必要がある。この場合，口頭弁論において相続等が発生した事実を主張，立証する必要があり，それによって，はじめて第一審判決によって認められた権利義務の内容が承継後の当事者に対応するように改められることになる。

〈事例1〉の場合，単に控訴を棄却するにとどめると，債務名義となるのは第一審判決であるため，新当事者のために，または，新当事者に対して，強制執行をすることができない。したがって，控訴審は，実質的には第一審判決を正当とするときであっても，控訴を棄却するに際し，新当事者に対応する主文

を掲げてその旨を明らかにする必要がある（前掲《参照判例》最二小判昭47・6・2［権利能力なき社団の代表者に変更が生じた場合］）。この点，実務では，冒頭の**基本型**のように，控訴を棄却した後，原判決の主文を新たな当事者に対応する主文に変更する旨付加するのが通例である。なお，かつては，「原判決主文第1項を次のとおり変更する。」と記載する例も見られたが，このような表現によると，いわゆる「原判決変更型の主文」（控訴審が原判決の一部を取り消して新たな裁判をする場合に，取消し部分と残余の部分を一体として，改めて請求に対する判断を示すもの）と紛らわしいため，最近では，冒頭に掲げた**基本型**のような表現を用いる例が一般的になっている。

(2) 第一審判決の一部を取り消して新たな裁判をする場合

〈第一審判決〉
1 被告は，原告に対し，800万円及びこれに対する令和○○年○○月○○日から支払済みまで年3パーセントの割合による金員を支払え。
2 原告のその余の請求を棄却する。
3 訴訟費用はこれを5分し，その1を原告の負担とし，その余を被告の負担とする。
4 この判決の主文第1項は仮に執行することができる。

〈控訴審判決〉
1 原判決を次のとおり変更する。
2 控訴人は，被控訴人らの各自に対し，300万円及びこれに対する令和○○年○○月○○日から支払済みまで年3パーセントの割合による金員を支払え。
3 被控訴人らのその余の請求を棄却する。
4 訴訟費用は，第一，第二審を通じてこれを5分し，その3を控訴人らの負担とし，その余を被控訴人の負担とする。

〈事例2〉原告の被告に対する1000万円の貸金請求訴訟で，原審が請求を800万円の限度で認容したため，これを不服とする被告が控訴したところ，原告が死亡し2名の相続人が訴訟承継した場合で，控訴審では600万円の限度で認容するのが相当であると判断した場合

現在の控訴審の実務では，第一審判決の一部を取り消す場合には原判決変更

型の主文を用いることが多いが，これに当事者の変更が複合した場合には，新当事者に対応する新たな主文を掲げるのみで足りると解される（この場合は，上記の当事者の交替という意味での「変更」をも含む趣旨となる。）。

3 訴訟参加，訴訟引受，訴訟脱退などがあった場合
(1) 訴訟参加または訴訟引受がされ，訴訟脱退があった場合

〈第一審判決〉
1 被告(Y)は，原告(X)に対し，別紙物件目録記載の土地を明け渡せ。
2 訴訟費用は，被告の負担とする。
〈控訴審判決〉
1 控訴人(Y)は，参加人(Z)に対し，原判決別紙物件目録記載の土地を明け渡せ。
2 控訴費用は控訴人の負担とする。

〈事例3〉原告Xが被告Yに対して土地明渡しを求め，原審がXの請求を認容したため，Yが控訴した後，原告が第三者Zに土地を譲渡し，Zが当事者参加して，Xが脱退したところ，控訴審が原審の判断を実質的に是認する場合

訴訟上の請求として主張されている訴訟物たる権利・義務が特定承継により移転し，参加または引受け（民訴49〜51）が行われると，参加人または引受人が前当事者の訴訟上の地位を承継する。例えば，貸金請求をしていた原告が対象となる債権を譲渡し，譲受人が参加承継した場合には，譲受人たる参加人が被告に対して同一の請求をしたものとなり，また，原告が土地明渡しを求めていたところ，被告が地上建物を譲渡し，原告の申立てにより譲受人が引受承継した場合には，原告は譲受人たる引受人に対し同一の請求をしたことになる。もっとも，原告または被告のいずれの地位に承継があったとしても，従前の請求を維持して勝訴するためには，承継後に誰が誰に対してどのような請求をするのかを明確にするとともに，その請求を根拠付ける事実（目的物の譲渡等）を主張，立証する必要がある。

参加または引受けがあった場合は，従前の当事者は，相手方の承諾を得て，訴訟から脱退することができ（民訴51・48），脱退があった場合，脱退した当事者との関係では訴訟は判決によらずに終了したことになるから，脱退した当事者

に対してされた第一審判決は当然に失効し，控訴審は改めて参加人または引受人に対する判決をすることになる。したがって，脱退した当事者に関する主文は控訴審判決には記載しないというのが理論的ではあるが，例えば「原判決主文第1項は，当審における第一審原告の脱退により失効した。」などとしてその旨注意的に明らかにしておくことも考えられる。いずれにしても，脱退した当事者も「脱退控訴人」，「脱退被控訴人」などとして，判決の当事者欄には表示される。

〈事例3〉で，原審がXの請求を棄却し，Xの控訴後Zが当事者参加してXが脱退し，控訴審がZの請求を棄却すべきであると判断した場合でも，次のとおり，控訴棄却ではなく請求棄却とすべきである。

〈第一審判決〉
1　原告(X)の請求を棄却する。
2　訴訟費用は，原告の負担とする。
〈控訴審判決〉
1　控訴人(Z)の請求を棄却する。
2　訴訟費用は，第一，第二審とも控訴人の負担とする。

訴訟費用の負担については，控訴審が実質的に第一審判決を是認する場合には，単に訴訟費用の負担のみを定めている例が多いようであるが，参加人または引受人が前当事者の訴訟上の地位を承継することから，上記のように脱退が起こるまでに発生した費用も含めて，脱退した当事者ではなく参加人または引受人に負担させるのが理論的であると思われる。

(2)　従前の当事者が脱退しない場合

1　原判決を取り消す。
2　被控訴人(X)の請求を棄却する。
3　控訴人(Y)は，参加人(Z)に対し，原判決別紙物件目録記載の土地を明け渡せ。
4　訴訟費用は，第一，第二審とも控訴人の負担とする。

従前の当事者が脱退しない場合や，脱退について相手方の承諾が得られない

場合には，従前の当事者と参加人または引受人とは，相手方に対する関係では共同訴訟人の地位に立つと解され，控訴審は，当該当事者のする請求または当該当事者に対する請求の当否についても判断しなければならない。

そこで，〈事例3〉で原告が脱退しなかった場合について考えると，控訴審がXがZに土地所有権を譲渡したと認定した場合を前提とすれば，Xの請求は所有権を有しない者の請求として棄却せざるを得ないから，まずこれを認容した第一審判決を取り消し，Xの請求を棄却することになる。この取消しは，Zの参加以前に，Xがその所有権を喪失したという実体的関係に基づいて行われるものであるから（たとえZが参加していなくとも，控訴審の口頭弁論終結時までにXが所有権を喪失したことの主張，立証があれば，控訴審はXの請求を棄却するほかない。），原判決を不当とする通常の取消し（民訴305）に当たると解される。

次に，新所有者であるZの請求は認容すべきであるから，その旨の判決をすることになる。この場合，Xの請求とZの請求とが併存していることから，その冒頭に「当審における参加人の請求に基づき」などと記載することも考えられる。

訴訟費用については，控訴審における訴訟費用を敗訴者であるYに負担させるのは当然と思われるが，Xも控訴審において敗訴していることから問題が残る。しかし，第一審で勝訴していたXに第一審における訴訟費用を負担させることには違和感があり，控訴審においてZが勝訴したのも第一審におけるXの訴訟行為を承継した結果であることからすれば，やや疑問は残るが，訴訟費用は第一，第二審を通じてYの負担とするのが素直な解決ではないかと思われる。

(3) 訴訟物たる権利・義務関係の一部について譲渡等が行われた場合

〈第一審判決〉
1　被告は，原告に対し，別紙物件目録記載の各土地を明け渡せ。
2　訴訟費用は，被告の負担とする。
〈控訴審判決〉
1　本件控訴を棄却する。
　　ただし，原判決主文第1項中，原判決別紙物件目録2の土地に係る部分は，当審における被控訴人の脱退により失効した。
2　控訴人は，原判決別紙物件目録2の土地を参加人に明け渡せ。

> 3 訴訟費用は，第一，第二審とも控訴人の負担とする。

〈事例4〉原告が被告に対して数筆ある土地の明渡しを求め，原審が請求を認容したため，被告が控訴した後，原告がそのうちの一部を第三者に土地を譲渡し，その第三者が原告に対し参加し，原告が脱退したところ，控訴審が原審の判断を是認する場合

第一審口頭弁論終結後に訴訟物たる権利・義務関係の一部について譲渡等が行われることもある。上記のように，明渡しを求めている数筆の一部を譲渡するような場合などである。

4 会社の合併，分割があった場合
(1) 会社の合併

会社の合併とは，2つ以上の会社が，そのうちの一部（吸収合併）または全部（新設合併）が解散し，解散会社の財産・債務が清算手続を経ることなく存続会社（吸収合併）または新設会社（新設合併）に包括的に承継されるものである（会社2二十七・二十八・750①・754①）。合併が行われると，解散会社が当事者である訴訟は，存続会社または新設会社に承継されることになる（民訴124①二参照）。そこで，従前の会社を当事者として第一審判決がされ，その後，その会社について合併が行われた場合には，控訴審判決は，合併によって権利義務を承継した会社を当事者としてされなければならない。その場合の判決主文は，当事者に相続があった場合と同様に考えればよい。

(2) 会社の分割

会社の分割は，会社の営業の全部または一部を，新たに設立する会社（設立会社）に承継させ（新設分割），または既存の他の会社（承継会社）に承継させる（吸収分割）ものである（会社2二十九・三十）。会社の分割が行われると，設立会社・承継会社は，新設分割計画書または吸収分割契約書の記載に従い，分割会社の権利義務を包括的に承継することになる（会社759①・761①・764①・766①）。

従前の会社を当事者として第一審判決がされた後，その会社について分割が行われ，設立会社または承継会社が訴訟物となっている権利・義務を承継する場合には，設立会社または承継会社を当事者として訴訟が継続することになる。しかし，合併の場合とは異なり，従前の会社も独立した法人格者として存続するのであるから（会社の分割が訴訟の中断事由とされていないのはこのためで

あると解される（民訴124①二参照）。），この場合の権利・義務の承継は一般承継であり，設立会社または承継会社が当然に訴訟を承継することはなく，そのためには参加または引受けが行われることが必要である。そして，これらが行われた場合の判決主文は，前記3の場合と同様に考えればよい。

《参考文献》田中恒朗＝右田堯雄『民事第二審判決書について』司法研修所編，司法研究報告書20輯2号143頁以下（法曹会，1975），井上繁規『民事控訴審の判決と審理〔第3版〕』196頁以下，197頁以下（第一法規，2017）

〔濱口　浩〕

○一審で固有必要的共同訴訟の一部の者を欠いたまま本案判決をした場合の主文

〈控訴審において，後記治癒がなされなかった場合〉
1　原判決を取り消す。
2　本件訴えを却下する。
3　訴訟費用は，第一，二審とも控訴人の負担とする。

《参照裁判例》大阪高判平5・3・26高民46・1・13，判タ817・212，福岡高那覇支判平4・10・22判タ809・209
《参照条文》民事訴訟法40条・52条・305条

解　説

1　固有必要的共同訴訟において，一部の者を欠く訴え

　固有必要的共同訴訟においては，共同訴訟人となるべき者全員が原告または被告となる必要があり，1人でもこれを欠く場合には当事者適格を欠くことになる。当事者適格は訴訟要件であって，訴え提起の要件ではないから，訴え提起後に，欠けている者が共同訴訟参加（民訴52）をして当該訴訟に加わるか，または，別訴において当事者となり，裁判所がこの別訴を前記の訴えに併合し，その結果，口頭弁論終結の時に共同訴訟人となるべき者全員が原告または被告となっておれば，当事者適格の要件は満たされる（菊井維大＝村松俊夫ほか『コンメンタール民事訴訟法Ⅰ〔第3版〕』548頁（日本評論社，2021））。なお，判例は，いわゆる訴えの主観的追加的併合については否定している（最三小判昭62・7・17民集41・5・1402）。しかし，口頭弁論終結時においても，共同訴訟人となるべき者の一部の者が欠けていた場合には，訴えは不適法であるから第一審は訴えを却下しなければならない。第一審がこの点を看過して本案判決をし，控訴審においても後記の瑕疵の治癒がなされず，控訴審の口頭弁論終結時にも，共同訴訟人となるべき者の一部の者が欠けたままであれば，控訴審は，本案判決をした第一審判決を取り消し，訴えを却下しなければならない（控訴審が，職権調査事項に属する訴訟要件の欠缺を見つけた場合には，民事訴訟法304条の不利益変更禁止の原則の適用はない。）。なお，第一審が必要的共同訴訟の一部の当事者間

についてのみ判決をした場合には，第一審は一部判決をなしえないのに一部判決をしたことになり，第一審は残余の部分を追加判決することは許されず，控訴がなされた場合には，事件全体が控訴審に移審し，この違法は職権調査事項に当たる（最二小判昭43・4・12民集22・4・877，判時518・54，判タ222・162参照）。

2　控訴審における補正の可否

　必要的共同訴訟において共同訴訟人が欠けていた場合の共同訴訟参加による補正は上級審でもできるとするのが通説・裁判例（前掲《参照裁判例》のほか，札幌高判昭56・6・30ジュリ769・7，札幌高判昭56・3・30下民33・9～12・1552，判時1028・57，大阪高判昭53・5・24下民29・5～8・310，下民33・9～12・1497，判時909・59，判タ368・251）である。ただし，新堂幸司『新民事訴訟法（第6版）』788頁（弘文堂，2019）は，「原審で共同訴訟人側が勝っている限り」これを認め，上記昭和53年の大阪高裁判決および昭和56年の2つの札幌高裁判決は，控訴審における共同訴訟参加の要件として，一審において相当の審理が尽くされていることおよび相手方の同意が必要である旨判示し，前掲《参照裁判例》福岡高裁那覇支部平成4年10月22日判決も当事者間に異議がないことを要件としている。しかし，通説は，控訴審における共同訴訟参加に上記のような要件は要求しておらず，第一審が訴えを却下し，本案について審理を尽くしていないなど当事者の審級の利益を害する場合には，訴えを原審に差し戻せばよいし，前記のとおり，当事者適格の欠缺は口頭弁論終結までに補正されれば治癒されるものであって，補正について相手方の同意を必要とする理由はないから，控訴審における共同訴訟参加に上記のような要件は必要ないというべきである（前掲《参照裁判例》大阪高判平5・3・26も同立場）。なお，第一審で当事者適格の欠缺を看過して本案判決がなされた場合には，本案について相当の審理が行われていることが多いであろうから，訴訟経済を考えれば，控訴審は当事者に対し，このままでは訴えを却下せざるを得ないことを指摘したうえ，当事者において，欠けている共同訴訟人に共同訴訟参加を促すように示唆するのが適当な場合が多いと思われる。

3　控訴審において当事者適格が補正された場合の控訴審判決主文

　(1)　本案についての控訴審の判断が原審判断と異なる場合（控訴人らおよび

参加人側が必要的共同訴訟関係にある場合）

（なお，掲記の事例は(1)・(2)とも原審の主文が請求棄却の場合であるが，請求認容の場合には，主文の各2は，(1)と(2)が逆になる。）

1　原判決を取り消す。
2　控訴人ら及び当審参加人と被控訴人との間において，亡甲野太郎の遺産について令和○○年○月○日付け遺産分割協議が無効であることを確認する。
3　訴訟費用（参加によるものを含む。）は第一，二審とも被控訴人の負担とする。
---

(2)　本案についての控訴審の判断が原審判断と同じ場合

1　原判決を取り消す。
2　控訴人ら及び当審参加人の請求を棄却する。
3　原審における訴訟費用は控訴人らの負担とし，当審における訴訟費用（参加によるものを含む。）は控訴人ら及び参加人の負担とする。
---

(2)の場合は，原判決を取り消すべきか否かが問題になる。前掲《参照裁判例》福岡高裁那覇支部平成4年10月22日判決および札幌高裁昭和56年3月30日判決は，固有必要的共同訴訟の請求の個数は1個である（『注解民事訴訟法(2)』188頁，小山昇『民事訴訟法《現代法律学全集22》〔五訂版〕』483頁参照（青林書院，1989））から，原判決を取り消したうえ改めて共有者全員の関係で判決すべきであると判示する。そうすると，固有必要的共同訴訟の訴訟物は複数であるとの立場（三ケ月章『民事訴訟法〈法律学全集(35)〉』217頁（有斐閣，1959））からは，控訴を棄却したうえ，参加人との関係で新たな主文を掲げればよいとも考えられる。しかし，①最高裁第一小法廷昭和36年8月31日判決（民集15巻7号2040頁，判時273号4頁）によれば，共同訴訟参加による当事者適格の補正の効力は遡及しないと解されるから，控訴審において訴訟要件を具備しても，訴訟要件を具備していなかったのに本案判決をした原判決が違法であることに変わりはないこと，②固有必要的共同訴訟は共同訴訟人となるべき者全員について一個の判決がなされるべき

であるが，原判決はその一部の者に対する判決にすぎないこと（前掲《参照裁判例》大阪高判平5・3・26）からすれば，原判決は取り消したうえ，改めて共有者全員の関係で判決をすべきであろう。

〔白石　史子，田野倉　真也〕

○審理に関与しない裁判官がした判決に対し，一部控訴があった場合の主文

基本型

(1) 差戻しの場合
　1　原判決を取り消す。
　2　本件を○○地方裁判所に差し戻す。
(2) 自判の場合
　1　原判決を取り消す。
　2　被控訴人は，控訴人に対し，・・・。
　3　控訴人のその余の請求を棄却する。

《参照判例》最二小判昭25・9・15民集4・9・395，判タ6・36
《参照条文》民事訴訟法249条1項・304条・306条・312条2項1号・338条1項1号

解　説

1　判決の基本となる口頭弁論に関与しない裁判官がした判決

　直接主義の原則からして，判決は，その基本となる口頭弁論に関与した裁判官がしなければならず（民訴249①），この違反は，「法律に従って判決裁判所を構成しなかったこと」に該当し，絶対的上告理由（民訴312②一）および再審事由（民訴338①一）となる（最二小判昭32・10・4民集11・10・1703，判タ76・31）。

　どの裁判官が判決内容を決定したかは，判決原本の署名押印によって認定すべきであり，口頭弁論に関与した裁判官は，口頭弁論調書によってのみ証明すべきであるから（民訴160③本文），最終口頭弁論期日の調書によりその期日に出席したと認められる裁判官と判決原本に署名押印した裁判官が異なっていれば，当然，当該判決は基本となる口頭弁論に関与しない裁判官がした民事訴訟法249条1項に違反する判決であると認められる（最三小判昭33・11・4民集12・15・3247，判時167・11参照）。ただし，基本となる口頭弁論に関与した裁判官が，判決原本に署名押印している場合であっても，他の事情から，基本となる口頭弁論に関与していない裁判官が判決をしたものと認定される場合もある（最高裁第一小法廷平成11年2月25日判決（裁判集民191号407頁，判時1670号21頁，判タ

998号116頁）は，代理人に送達された判決正本と判決原本との間で，裁判官名が異なるばかりでなく，判断部分の記載内容にも異なる点があることから，判決正本に相応する判決原本が存在していたのではないかとの疑いが残るから，当該判決がその基本となる口頭弁論に関与した裁判官によりなされたことが明らかであるとはいえないと判断し，原判決を破棄した。)。

2 判決の基本となる口頭弁論に関与しない裁判官がした判決に対して一部控訴があった場合

(1) 上記のとおり，基本となる口頭弁論に関与しない裁判官によりなされた判決は，判決の手続が法律に違反したときに当たるから，控訴裁判所は原判決を取り消さなければならない（民訴306）。そして，この違法は重大な訴訟手続違背であって，責問権の放棄・喪失によっても瑕疵は治癒されないし，職権調査事項にあたるから，控訴理由にこの点の違法についての指摘がなくても，控訴審は，職権調査の上，同違法が判明したときは原判決を取り消さなければならない（井上繁規『民事控訴審の判決と審理〔第3版〕』98頁（第一法規，2017））。

(2) また，上訴審においては不利益変更禁止の原則により，第一審判決の取消しおよび変更は，不服申立ての範囲に限られる（民訴304）のが原則であるが，民事訴訟法249条1項に違背した判決は，その例外であって，一部敗訴の当事者からのみ控訴がなされた場合や不服申立ての範囲を限定した控訴がなされた場合であっても，不服申立てのない部分をも含めて第一審判決全部を取り消さなければならない（前掲《参照判例》最二小判昭25・9・15）。その理由としては，判決手続の法律違背の程度が極めて高く第一審判決の取消しの必要性が上訴人保護の必要性を上回るためであるからと説明されている（鈴木正裕＝鈴木重勝編『注釈民事訴訟法(8)』179頁（有斐閣，1998））。

これに対しては，不適法な訴えを看過した第一審判決であっても確定し有効となることもありうるので，その限りでは，第一審判決がたとえ強行規定違反であったとしても，判決後においては，当事者の処分に従うのであるから，かかる場合であっても，不利益変更禁止原則が適用されるべきものとする見解もある（飯塚重男「不利益変更禁止の原則」『講座民事訴訟法』7巻208頁（弘文堂，1985））。しかし，このような瑕疵のある判決は，確定したとしてもその効力自体に疑問がある。

控訴審がこの点を看過して，原判決のうち，控訴された部分のみを取り消し

た場合には，控訴審判決は一部判決をなし得ないのに一部判決をしたことになり，控訴審が残余の部分を追加判決することは許されず，上告がなされた場合には，事件全体が上告審に移審し，控訴審判決のこの瑕疵は，職権調査事項であり，上告理由で指摘されているか否かに関わらず，全部破棄を免れない（最二小判昭43・4・12民集22・4・877，判時518・54，判タ222・162参照）。違法な一部判決が確定したときは，再審の訴え（民訴338①九）を提起することができる（なお，東京地裁昭和47年3月11日判決（判タ278号311頁）は，違法な一部判決が確定した場合は，それが再審によって取り消されない限り，残余部分については追加判決をして事件を完結することもやむをえないとする。）。

(3) 原判決が民事訴訟法249条1項に違反している場合，事件を原審に差し戻すことは必要的ではなく，差し戻すかどうかは控訴審の裁量に委ねられているところ（最三小判昭46・6・29判時635・110，判タ264・197），福岡高裁昭和54年1月22日判決（判タ384号133頁），大阪高裁昭和39年8月5日判決（下民15巻8号1910頁）は，いずれも原判決を取り消し，自判している。もっとも，司法研修所編『民事第二審判決書について』44頁（法曹会，1975）は，基本となる口頭弁論に関与しない裁判官が判決した場合は，手続の重要な点について違法がある場合に当たるから，差し戻すのが相当であると述べており，井上・前掲99頁以下も，差戻しが必要である旨を述べている。

ところで，差し戻された新第一審で，差戻し前の第一審判決より控訴人に不利な判決をすることは不利益変更には当たらないと解するのが通説である（高橋宏志『重点講義民事訴訟法（下）第2版補訂版』640頁・注(47)（有斐閣，2014））。控訴審が原判決を取り消して自判する場合には不利益変更禁止原則の適用を受けるのに，差戻し審においては同原則に従わなくてもよいことになるのは，両者の権衡を欠くなどの理由から，差戻し審も差戻し前の判決の拘束を受けると解するべきであるとの見解もある（花村治郎「不利益変更禁止の原則」民事訴訟雑誌34号61頁）が，差戻し審では新たに提出された攻撃防御方法を基礎として，破棄理由に拘束される以外は，事実認定も法律判断も自由にできるし，訴えの変更や反訴もなしうる（控訴審の場合は，附帯控訴もなしうる）ことなどからすると，通説を支持することになろう（高橋・前掲を参照）。

したがって，控訴審が，原判決を取り消したうえ自判する際，差し戻した場合との権衡を保とうとすれば，控訴人に不利益な結論に達した場合は，被控訴人に附帯控訴を促し，不服申立ての範囲以上に控訴人に利益な結論に達した場

合は，控訴人に全部控訴を促した方が，訴訟手続上明確かつ公平であろうか。

《**参考文献**》宇野聡「不利益変更禁止原則の機能と限界（二・完）」民商103巻4号580頁

〔白石　史子，本田　能久〕

○一審勝訴の原告が被告の控訴にかかる控訴審で訴えを交換的に変更した後に，被告が控訴を取り下げた場合の判決主文

基本型

1 本件訴訟は，令和○○年○○月○○日，控訴人が本件控訴を取り下げたことにより終了した。
2 訴訟費用は，前項の控訴取下げの後に生じた分を被控訴人の負担とする。

〈事例〉原告Xが被告Yに対しA請求について提訴し，一審判決がこれを認容した。Yが不服として控訴を提起したところ，控訴審係属中に，被控訴人XがA請求からB請求に訴えを交換的に変更し，控訴人Yは，これに異議なく，応訴していた。その後，控訴人Yは突如として控訴取下げをしたため，被控訴人Xは，Yのした控訴取下げの効力を争った。
《参照条文》民事訴訟法143条・292条・293条

解説

1 控訴審における訴えの変更

 控訴審でも，事実審であることから，請求の基礎に変更がない限り，原告は，訴えの変更をすることができ（民訴297・143），被告がこれに同意し，または異議を述べないときは，請求の基礎に変更があっても，訴えの変更ができるとされている（最三小判昭29・6・8民集8・6・1037，判タ42・24）。訴えの変更の態様としては，旧請求を維持して新請求を追加するもの（追加的変更）と，旧請求に代えて新請求についてのみ裁判を申し立てるもの（交換的変更）の2類型がある。そして，訴えの交換的変更とは，新訴の提起と旧訴の取下げが複合したものであるとされ（最二小判昭41・1・21民集20・1・94，判時440・35，判タ188・133），訴えの変更に被告が同意し，あるいは異議を述べなければ旧訴の取下げに同意したものとみなされる。なお，上記〈事例〉では，被控訴人Xが一審で全部勝訴しているので，訴えの交換的変更には附帯控訴の手続を要するとする考え方もある（学説・判例の状況は高見進執筆，鈴木正裕＝鈴木重勝編『注釈民事訴訟法(8)』103頁以下（有斐閣，1998）に詳しい。）が，附帯控訴の手続を要するとしても，以下の考察に

格別の影響はない。控訴審において訴えの変更により新請求が係属した場合，控訴審は，新請求について事実上第一審としての裁判をすべきであるとされる。

しかしながら，控訴審は続審ではあるものの，審判の直接の対象は一審判決に対する不服の当否であり，その限度で事後審的性格があり，訴えの変更も事後審的な制約のもとに行われるべきものとなる。したがって，控訴審で訴えの変更を認めるといっても，事後審的な制約があり，控訴提起がされ，それが維持される限度で，訴えの変更が認められるにすぎないということになる。

以上のように考えることについては，異論はあるものの多数説であり，実務上の支配的な見解であると解する（中田淳一「控訴審の構造」民事訴訟法学会編『民事訴訟法講座』3巻870頁（有斐閣，1955），井口牧郎「被控訴人の反訴または訴えの変更と附帯控訴」『実例法学全集民事訴訟法』上巻364, 370頁の注11（青林書院新社），菊井維大＝村松俊夫『全訂民事訴訟法〔Ⅲ〕』100頁（日本評論社，1986））。

2　控訴審における訴えの交換的変更と控訴の取下げ

そこで，上記の考え方によって，前掲〈事例〉を検討してみよう。控訴人が控訴を取り下げることは，控訴提起後に訴えの変更があっても，信義則違反等の特段の事情でもない限り，制限されることはない。そうすると，控訴の取下げによって，控訴は遡って効力を失い，事件は当初から控訴審に移審しなかったことになるから，控訴の取下げによって，訴訟は当然に終了し，既に控訴期間を経過していたときには，第一審判決が確定することになる。

訴えの交換的変更によって，旧請求についての訴えの全部が取り下げられ，新請求について実体審理が始まっていた場合であっても，基本的に変わることはない。そして，続審制のもとでは，訴えの変更や反訴は，控訴審でも所定の要件に従ってこれを提起することができるが，これに基づいて提起された新請求等は，原判決に対する不服申立て（控訴）を基礎にして定立されている関係に立ち，基礎となる控訴について取下げがされたときは，これらの新請求等は，控訴の効力の遡及的な消滅によって，その基礎がなくなり，当然にその効力を失い，独立して控訴裁判所の審判を受けることができなくなる。

この理は，被控訴人である原告が控訴人である被告の同意のもとに訴えの交換的変更をしたとしても，また，被控訴人である被告が控訴人の同意を得て控訴審で反訴を提起しても，信義則違反等の特段の事情がない限り（実務上も文献上もそのような事例に出会ったことはないが，一審勝訴の被控訴人である原

告が交換的変更をするについて控訴取下げの懸念を抱き控訴人である被告と格別の合意をしたなどの事情が考慮されるであろう。)，異なることはない。

3 控訴の取下げによる効果

以上のように，控訴の取下げがあると，被控訴人の同意または不同意等にかかわらず，即，控訴は遡及的に消滅し，控訴期間が経過していれば，一審判決が確定する。前掲〈事例〉では，一審判決で勝訴した訴えについて，控訴審において，原告Ｘが訴えを取り下げ，被告Ｙが同意しているが，このような法的効果も当然に覆滅し，訴えの取下げもなかったことになる。このため，確定した一審判決がそれ自体としては，あまり意味のない判決であることもある（例えば，Ａ請求が動産引渡しの請求であるが，控訴審でその動産が滅失したことが判明したため，損害賠償のＢ請求に訴えを交換的に変更した場合）が，それは別に解決すべき問題である。

4 判決主文

以上のとおりであるから，本件では，判決主文において，控訴の取下げによって訴訟が終了したことを宣言することになる。

なお，上述のような見解と異なり，控訴審で新請求が認められる以上，控訴審の審判の対象は控訴の当否ではなく新請求になると考える見解に立つと，旧請求の取下げにより控訴の申立て自体は意味がなくなっているから，控訴取下げの効力はないことになる（控訴の取下げが信義則違反になる場合も同様である。）。その場合は，訴訟終了について争いがあるから，裁判所は，控訴取下げに効力がないことについて，中間判決（第7章第3（原啓一郎，清水知恵子「中間判決の主文」）参照）または終局判決で判断を示すことになる。

〔塚原　朋一〕

○判決理由中の相殺の判断と控訴の利益および不利益変更禁止との関係

基本型1
1 一審被告の控訴に基づき,原判決を取り消す。
2 一審原告の請求を棄却する。
3 一審原告の控訴を棄却する。
4 訴訟費用は,第一,第二審とも一審原告の負担とする。
〈事例1〉貸金請求事件において,第一審が消費貸借契約の成立を認め,被告の相殺の抗弁を採用して請求を棄却したのに対し,原告・被告の双方が控訴したところ,控訴審は,消費貸借契約の成立が認められないと判断した場合

基本型2
1 本件控訴を棄却する。
2 控訴費用は控訴人の負担とする。
〔注〕ただし,この場合には,判決理由中において,被告の相殺の抗弁は認められないが,不利益変更禁止の原則から原判決を変更することができない旨記載することが必要不可欠である。
〈事例2〉貸金請求事件において,第一審が消費貸借契約の成立を認め,被告の相殺の抗弁を採用して請求を棄却したのに対し,原告が控訴したところ,控訴審は,消費貸借契約の成立が認められないと判断したが,被告からは控訴も附帯控訴もない場合

《参照判例》最三小判昭23・10・12民集2・11・365,最二小判昭54・3・16民集33・2・270,判時927・188,判タ386・89,最一小判昭61・9・4裁判集民148・417,判時1215・47,判タ624・138,最三小判平6・11・22民集48・7・1355
《参照条文》民事訴訟法114条・261条・262条・304条

解　説

1　理由中の判断の既判力の有無
　確定判決は,主文に包含するものに限り,既判力を有する(民訴114①)。その

ため、判決理由中の判断には既判力は生じない（最三小判昭44・6・24判時569・48, 判タ239・143）。もっとも、判決の主文は簡潔であるから、既判力がどの範囲で生じるのか、言い換えれば、判決がどのような請求に対してされたのかを理解するためには、判決の事実および理由を検討する必要がある。特に棄却判決の場合には、主文を読んだだけでは、いかなる権利の不存在が確認されたことになるのかは全く不明であるから、事実および理由中に記載されている請求の趣旨および原因から判断するほかない。しかし、これらは、判決によって確定された権利ないし法律関係を特定するためであるのにすぎず、理由中の判断の一部が既判力を有するということではない。既判力が「主文に包含するもの」について生じるというのは、このことを意味するものである。

したがって、例えば、貸金請求事件において、被告が消費貸借契約の成立を否認したうえ、仮に消費貸借契約が成立していたとしても、既に時効により消滅していると主張したところ、第一審が消費貸借契約の成立を認め、被告の消滅時効の抗弁を採用して請求を棄却したという場合、原告の貸金請求を棄却した第一審判決には、第一審の口頭弁論終結時において、原告の被告に対する貸金請求権が存在しないことを確定する効力しかなく、なぜ原告の貸金請求権が存在しないのかについて説示した理由中の判断は後訴に対する拘束力を有しない。その結果、消費貸借契約の成立を争った被告は、第一審判決によって消費貸借契約の成立が認められたことに対して不満があっても、これによって不利益を受けることはなく（別訴でこの点が争点となっても別途争う余地が残されている。）、自己に対する請求が棄却されている以上、被告には控訴の利益はない。

2 不利益変更禁止の原則

控訴人から不服申立てのない部分について、原判決を控訴人に不利益に変更することは許されない。これを不利益変更禁止の原則という（民訴304参照）。そのため、第一審が原告の請求の一部のみを認容し、これに対して原告が控訴した場合、控訴審が原告の請求の全体について理由がないと判断しても、原告の勝訴部分を取り消すことはできず、控訴を棄却するにとどめるほかない。第一審判決中原告の請求を認容した部分については原告には不満があるはずもなく、原告は第一審判決のうち原告の請求を容れなかった部分についてのみ不服があり、その点について控訴審の判断を求めているのであるから、当該部分こ

そが控訴審における審理の対象となるのである。この点で注意しなければならないのは，第一審判決に対して控訴があると，その確定は遮断されるとともに，第一審判決の全体が控訴審に移審するということである（控訴不可分の原則）。わが国の民事訴訟における控訴制度は続審制であると理解されており，そのため，控訴審においても原告の請求の当否を離れて判断をするものではないが，そのために行われる審理は，当事者が要求する範囲に制限されるのである。「口頭弁論は，当事者が第一審判決の変更を求める限度においてのみ，これをする。」（民訴296①）とされるのはこの原則を意味するものであり，これは，「裁判所は，当事者が申し立てていない事項について，判決をすることができない。」（民訴246）とされることの控訴審における発現であるということができる。

なお，双方が控訴をしている場合，あるいは，被控訴人からの附帯控訴がある場合には，不利益変更禁止の原則の適用はない。原告の勝訴部分は被告にとっては不服の対象となるのであるから，被告が控訴ないし附帯控訴をすれば，当該部分が審理の対象となることは明らかであろう。この点を明確にするため，実務では，当事者双方から控訴または附帯控訴がある場合に原判決を取り消す際には，控訴審判決の主文において，**基本型1**のように，どちらの不服申立てに基づくものであるのかを明記している。

ところで，例えば，貸金請求事件において，第一審が消費貸借契約の成立を認め，被告の消滅時効の抗弁を採用して請求を棄却したのに対し，控訴審が消費貸借契約の成立を否定して控訴を棄却することは不利益変更禁止の原則には反しない。同様に，例えば，原告が主位的に権限ある代理人による法律行為を主張し，予備的に表見代理の成立を主張した場合，第一審が主位的主張を排斥し，予備的主張を容れて請求を認容したのに対し，控訴審が主位的主張を容れて控訴を棄却することは，この原則に反しないと解される（前掲《参照判例》最三小判昭23・10・12）。これに対し，主位的請求を棄却し予備的請求を認容した第一審判決に対し，被告だけが控訴し原告が控訴も附帯控訴もしていない場合には，主位的請求に対する第一審判決の判断の当否は控訴審の審判の対象にならない（前掲《参照判例》最二小判昭54・3・16）。この差異は，確定判決は主文に包含するものに限り既判力を有するという先に述べた原則から導くことができる。

3　相殺の抗弁の特殊性

確定判決は主文に包含するものに限り既判力を有するとの原則には唯一の例

外がある。それは，相殺のために主張した請求の成立または不成立の判断は，相殺をもって対抗した額について既判力を有する（民訴114②）とされていることである。反対債権の存在が認められ，それが相殺に供されて訴求債権と対当額において消滅した後，別訴で再度請求することができるとすれば，実質的な二重請求を認めることになり不当であるし，また，反対債権の存在が否定され，相殺の抗弁が排斥された後に，別訴で再度請求することができるとすれば，いったんはその存在が否定された権利について再度争う機会を与えることになり，いずれの場合にも，反対債権の存否について既にされた判決による判断が実質的に否定されるからである。そのため，理由中の判断であるにすぎない相殺の抗弁に既判力という特別の効力が認められたのである（なお，相殺の抗弁を容れて請求を棄却した場合に，反対債権についてどのような内容の既判力が認められるのかについては見解が分かれているが，最低限，反対債権が存在しないことについて既判力が生じることについては争いがない。この点については，中野貞一郎「相殺の抗弁（下）」判タ893号4頁を参照）。

そこで，貸金請求事件において，第一審が消費貸借契約の成立を認め，被告の相殺の抗弁を採用して請求を棄却したのに対し，原告が控訴したところ，控訴審は，消費貸借契約の成立が認められないと判断した場合はどうなるのか。

問題を単純にするため，まず，被告からも控訴または附帯控訴があった場合〈事例1〉について考えてみる。上記の場合，被告にとっては，消費貸借契約の成立が認められ，相殺の抗弁が採用された結果請求棄却の判決を受けるのは，消費貸借の成立が否定されて請求棄却の判決を受けるのよりも不利益であることは明らかである。なぜならば，被告は，もし消費貸借契約の成立が認められなければ，反対債権を別訴において請求する余地が残されるのに，相殺の抗弁が認められる結果，訴求債権と対当額において反対債権が消滅するからである。したがって，この場合には，被告にも控訴の利益が認められるものと解すべきである（実務上は通説と思われる。）。

この場合に，控訴審がどのような判決をすべきかについては，控訴を棄却すれば足りるとする見解と，原判決を取り消したうえ請求棄却の判決をすべきであるとする見解とが分かれている。控訴を棄却すれば足りるとする見解は，相殺の抗弁についての判断は既判力を生ずるものの，その判断は判決の理由中に示されるにすぎないから，第一審が消費貸借契約の成立を認め，被告の消滅時効の抗弁を採用して請求を棄却したのに対し，控訴審が消費貸借契約の成立を

否定して控訴を棄却する場合と同様，控訴棄却の判決をすれば足りるとするということを根拠としている（菊井維大＝村松俊夫『全訂民事訴訟法Ⅲ』156頁（日本評論社，1986），小山昇『民事訴訟法《現代法学全集22》〔5訂版〕』559頁（青林書院，1989）など）。要するに，控訴審としても，第一審とは異なる理由によるとはいえ原告の請求を棄却するのであるから，結論において原告の請求を棄却した第一審判決を維持すれば足り，相殺の抗弁について生じる既判力については，判決理由を読めばわかるのであるから，それで十分であると解するものであろう。しかし，この場合の第一審判決と控訴審判決とでは既判力の生じ方に差異があるのであって，控訴審は，反対債権の消滅を確認した第一審判決を不当として，控訴審の立場で判決をするのであるから，被告からの不服申立てには理由があったということを主文において示すのがその責務であるというべきであろう。この点，民事訴訟法302条2項は，「第一審判決がその理由によれば不当である場合においても，他の理由により正当であるとき」には控訴を棄却すべきものとしているが，ここでは，第一審と控訴審とでは貸金請求権の不存在を確認する点では一致するものの，反対債権の消滅の点については異なった判断となっているのであり，それが既判力の発生にかかわるものである以上，単に理由が異なるというにとどまらず，結論自体が異なるものというべきであり，民事訴訟法302条2項の予定する場合ではないと解される。したがって，上記のような場合には，原判決を取り消したうえで，改めて原告の請求を棄却するのが正当である。実際にもこのような見解が一般的と思われる（兼子一ほか『条解民事訴訟法〔第2版〕』1577頁・1583頁（弘文堂，2011），新堂幸司『新民事訴訟法〔第4版〕』854頁（弘文堂，2008），伊藤眞『民事訴訟法〔第7版〕』747頁（有斐閣，2020），髙橋宏志『重点講義民事訴訟法(下)〔補訂第2版〕』540頁（有斐閣，2010），井上繁規『民事控訴審の判決と審理〔第3版〕』97頁（第一法規，2017）など，判例もこの立場によっているものと解される（前掲《参照判例》最一小判昭61・9・4）。

4　相殺の抗弁と不利益変更の禁止の原則

そこで次に，貸金請求事件において，第一審が消費貸借契約の成立を認め，被告の相殺の抗弁を採用して請求を棄却したのに対し，原告が控訴したところ，控訴審は，消費貸借契約の成立が認められないと判断したが，被告からは控訴も附帯控訴もない場合〈事例2〉について考えてみよう。

この場合には，先に述べた被告から控訴または附帯控訴があった場合とは異

なり，原告について不利益変更禁止の原則が働くことを念頭におく必要がある。すなわち，控訴審は，第一審判決よりも原告にとって不利益となる判決はすることができないのである。原告にとっては，単に消費貸借契約の成立が否定されて敗訴したのと，消費貸借契約の成立は認められたが，被告の相殺の抗弁が容れられて敗訴したのとでは，前者の方が不利益である。なぜならば，訴求請求が否定されるという意味では差異はないが，後者の場合であれば，反対債権が訴求債権と対当額で消滅する結果，当該部分については弁済をする必要がなくなるからである。言い換えれば，前者は無条件に訴求債権が否定されるのに対し，後者は反対債権の支払義務の（一部）消滅という利益を得ることができるからである。したがって，第一審が消費貸借契約の成立を認め，被告の相殺の抗弁を採用して請求を棄却したのに対し，控訴審が消費貸借契約の成立が認められないと判断するのは，不利益変更禁止の原則に触れることになる。そこで，この場合，控訴審は控訴を棄却するほかはないのであるが，ただ，結論として控訴を棄却すればよいというのではなく，不利益変更禁止の原則によって第一審判決を取り消すことができないため，第一審判決を維持する旨を判決理由中で明確にしておく必要がある。そうでなければ，相殺に関する判断について，相殺の抗弁を採用した一審判決の理由が効力を有するのか，相殺の抗弁を排斥した控訴審判決の理由が効力を有するかが不明確となるからである。

　判例も，第一審が，金員の借主である被告の相殺の抗弁を採用して，貸主である原告の請求を棄却した判決に対し，原告のみが控訴した場合には，控訴審が貸金契約の無効を認定したときであっても，原判決を取り消して原告の請求を棄却することは不利益変更禁止の原則に違反するから許されないとして，控訴審としては被告の主張した相殺の抗弁を採用した第一審判決を維持し，原告の控訴を棄却するにとどめなければならないものと解するのが相当であるとしている（前掲《参照判例》最一小判昭61・9・4）。

　これに対し，上記の場合において，被告からは控訴も附帯控訴もないのであるから，消費貸借契約が成立したことについてはもはや控訴審においては審理の対象とはならず，控訴審は，消費貸借契約が成立したことを前提に，相殺の抗弁に理由があるかどうかだけを審理すべきであるとする見解がある（右田堯雄「民事控訴審実務の諸問題(四)」判タ288号19頁，賀集唱『実例法学全集民事訴訟法』上巻344頁（青林書院, 1963））。この見解によれば，消費貸借契約の成否については控訴審は審理をすることができないのであるから，そもそもその不利益変更というこ

とも問題にならない。しかし，この見解によれば，控訴審は，反対債権の成立が認められないと判断した場合には，消費貸借契約は成立していないとの心証を得ているにもかかわらず，原告の請求を認容すべきことになる点が問題であろう。この見解は，そのような不都合は被告の附帯控訴によって解決すべきであると解するようであるが，そもそも，被告が，消費貸借契約の成立が認められたことには不満であるけれども，反対債権を行使するつもりまではなく，相殺の抗弁によって支払を免れることができるのであればそれで十分であると考えることは，相手方の資力や強制執行の手間を考えればありうることであって，そのような場合に，被告があえて附帯控訴をしなければならないというのは実態にそぐわないと思われるし，被告が控訴審において消費貸借契約の成否について争わない以上，控訴審が原審の判断に拘束される結果となるのはやむを得ないと考えるのも割り切りすぎているように思える。また，この見解は，相殺の抗弁を，単なる抗弁にとどまらず，いわば予備的反訴のような訴訟物のレベルで捉えるものといえるが(賀集・前掲書348頁)，確かに，相殺の抗弁には既判力が認められている結果，訴求債権の存在を確定しないで相殺の抗弁を採用して請求を棄却することは許されないなど，審理方法において特別の扱いが必要となることがあるけれども，理由中の判断であることには変わりがないのであって(例えば，時機に後れた主張であれば排斥されることがある(民訴157)など)，理由についての判断の範囲に限定はなく，不利益変更禁止の原則による制約を受けるにすぎないと考えるのが，理論的にも事案の妥当な解決という意味でも合理的であるというべきであろう。

5　一部請求と相殺の抗弁

　しかし，相殺の抗弁については，なお注意を要する問題がある。判例は，特定の金銭債権のうちの一部が訴訟上請求されているいわゆる一部請求の事件において，被告から相殺の抗弁が提出されてそれが理由がある場合には，まず，当該債権の総額を確定し，その額から自働債権の額を控除した残存額を算定したうえ，原告の請求に係る一部請求の額が残存額の範囲内であるときはそのまま認容し，残存額を超えるときはその残存額の限度でこれを認容すべきであるとし，一部請求において，確定判決の既判力は，当該債権の訴訟上請求されなかった残部の存否には及ばないことを前提に，相殺の抗弁により自働債権の存否について既判力が生ずるのは，請求の範囲に対して「相殺をもって対抗した

額」に限られるから，当該債権の総額から自働債権の額を控除した結果残存額が一部請求の額を超えるときは，一部請求の額を超える範囲の自働債権の存否については既判力を生じず，したがって，一部請求を認容した第一審判決に対し，被告のみが控訴し，控訴審において新たに主張された相殺の抗弁が理由がある場合に，控訴審において，まず当該債権の総額を確定し，その額から自働債権の額を控除した残存額が第一審で認容された一部請求の額を超えるとして控訴を棄却しても，不利益変更禁止の原則に反するものではない，としている（前掲《参照判例》最三小判平6・11・22）。これは，一部請求における既判力の範囲の考え方によるもので，一部請求において請求されなかった残余の部分についての判断には既判力は生じない（最二小判昭37・8・10民集16・8・1720）のに，これに対抗するために主張された相殺の抗弁の判断については既判力が生じるということになるのは不都合であるから，妥当な結論であろう。

　結局，控訴の利益の有無および不利益変更禁止の原則の適用の有無は，いずれも当該判断が既判力を生じさせるものであるかどうかによって決定されるものであるということである。このことが，相殺の抗弁の特殊性から生じる問題を検討することによって，いっそう明らかになったものと思われる。

〔濱口　浩〕

索　引

事 項 索 引

【い】

ページ

遺言
　——無効確認の訴え　106
　——有効確認の訴え　109
遺言執行者　11
遺産確認の訴え　223
違式の裁判
　——に対する上訴　359
意匠権侵害訴訟　454
一部請求
　——と相殺の抗弁　531
一部代償分割　209
一身専属的な権利に関する訴訟　338
一審判決の別紙目録・別紙図面の
　引用　38
遺留分減殺　229

【う】

訴え却下　43
　——決定　44
　——判決　44
訴え取下げ　329
　——に対する同意がない場合　502
　——の擬制　330
訴え変更
　——に関する審理　348
　——の意義　348

【え】

営業秘密に関する不正競争　459

【お】

親子関係存否確認の訴え　318

【か】

外国裁判所
　——の確定判決　266
解雇の有効性を争う訴訟　435
会社
　——と取締役の関係をめぐる確
　　認訴訟　414
　——の解散の訴え　433
　——の合併　512
　——のした決議の効力等を争う
　　訴訟　410
　——の分割　512
会社情報開示の必要性　424
会社組織変更の諸類型　429
会社分割無効の訴え　433
価額の償還　202
価格賠償金の支払確保　211
確認訴訟　53
　会社と取締役の関係をめぐる——　414
確認の利益　91,95,107,271
　清算条項の無効確認を求める——　314

536　事項索引

確認判決
　　――と当事者の複数　52
　　――の主文　29
過去の法律関係確認の訴え　103
家事調停の既判力　312
課税処分取消訴訟　395
合併無効の訴え　432
株式　295
　　――移転無効の訴え　432
　　――交換無効の訴え　432
株主代表訴訟　420
仮差押債権者　257
仮差押執行の解放
　　――を求める方法　182
仮差押えの嘱託登記　181
仮差押命令等を取り消す裁判　183
仮執行
　　――による給付の事実の考慮　487
　　――による給付の実体法上の効力　487
仮執行宣言　305, 482
　　――に対してのみの上訴の可否　485
　　――の可否　305
　　控訴棄却判決に――を付す方法　490
仮登記　262
仮登記劣後登記の抹消
　　仮登記に基づく本登記請求訴訟における――　148
仮の処分の認可　253
監護者の指定　282

【き】

期限付きの主文　69
期限未到来の請求　69
既判力
　　――の意義　343
　　理由中の判断の――　525
義務付け訴訟　398

義務付け判決
　　――の留意点　399
求償権の表示方法　131
給付判決
　　――と当事者の複数　50
　　――の主文　27
境界
　　――と筆界　218
　　――の特定方法　218
境界確定訴訟　216
強制執行　248, 253, 266
行政訴訟の類型　391
共同訴訟　479
共有者に対する請求　154
共有物分割訴訟
　　――の性質　205
共有物分割に係る民法の改正　205
共有名義人に対する請求
　　実体上の権利を取得していない――　160
共有持分権確認の訴え　225
金銭債権存在確認の訴え　97
金融整理管財人　8

【け】

形式的当事者訴訟　402
形成判決
　　――の主文　29
継続的取引関係　80
競売　215
決議
　　――の取消請求　412
　　――の不存在・無効確認請求　411
原告の地位を承継すべき相続人がいない場合　333
原状回復義務
　　契約の無効・取消後の――　78

原審，原々審判決の更正
　　上訴審判決による―― 34
限定承認
　　――の意義・効果 127
現物分割
　　――と価格賠償による調整 206
　　――の意義 205
権利能力のない社団，財団 16

【こ】

降格処分
　　――の有効性 441
降格前の賃金との差額賃金 442
攻撃防御方法
　　独立した―― 363
公図上無番地の土地 165
更生会社 7
更正登記 178
　　――以外の方法による是正を検
　　　討する必要が生じる場合 156
更正（決定）の限界 32
控訴審
　　――での訴えの交換的変更 523
　　――での訴えの取下げ 501, 523
　　――での訴えの変更 477, 522
　　――での当事者適格の補正 515
　　――での当事者の変更 506
　　――の判決主文 30
控訴と不利益変更禁止の原則 526
口頭弁論に関与しない裁判官がし
　た判決 518
子の監護 281
固有必要的共同訴訟 225
　　――における一部の者を欠く訴
　　　え 514

【さ】

債権確認の訴え
　　――の適法性 97
債権者代位権
　　――の意義・性質 136
　　――の行使方法 136
債権譲渡契約 201
債権存在確認の訴え
　　時効の更新目的の―― 98
財産分与 293, 295, 307, 309
債務不存在確認の訴え 91
債務負担
　　――による遺産分割の要件 211
詐害行為取消訴訟 197

【し】

時間外労働手当 446
時効停止・更新 345
死者名義訴訟 356
執行判決 266
実質的当事者訴訟 400
　　――と民事訴訟との区別 400
実用新案権侵害訴訟 453
死亡
　　――した買主の相続人からの登
　　　記請求 168
　　――して訴訟承継した場合 507
　　手形判決後の原告の―― 246
氏名冒用訴訟 355
借家権 296
住宅ローンの処理 296
従たる主文 29
周知商品等表示との混同惹起行為 459
住民訴訟 406
受継した当事者が真の承継人でな
　いことが判明した場合 352
消極的確認訴訟 55

538　事項索引

承継原因不存在の判明
　　引受決定後の―― 350
承継した当事者が真の承継人でな
　　いことが判明した場合 353
条件付きの主文 69
条件未成就の請求 69
証書真否確認の訴え
　　――の意義 270
承諾請求
　　後順位登記権利者に対する―― 151
承諾（意思表示）を求める訴え 122
商標権侵害訴訟 455
情報開示請求の類型 425
書面の成立の真否 270
所有権移転登記の抹消（登記）請
　　求 151
所有権等の消極的確認の訴え 101
所有権保存登記 166
新株発行不存在確認請求 430
審級を誤った判決と上訴 360
親権者
　　――についての協議のない離婚
　　　の効力 315
　　――の指定 279, 307, 309
　　――の審判 316
親権者指定協議無効確認の訴え 317
人事訴訟 275
信用毀損行為に関する不正競争 460

【せ】

請求
　　――の客観的併合 376
　　――の選択的併合 380
　　――の単純併合 377
請求異議 248
　　――の訴えの意義・性質 250
請求棄却判決の既判力
　　――の後訴への作用 343

選定者 14
選定当事者 14, 60
全面的価格賠償 209

【そ】

増額更正
　　納税申告と―― 395
相殺の抗弁 527
　　――と不利益変更禁止の原則 529
　　――一部請求と―― 531
相続財産の清算人 10
相続法の改正による金銭債権化 228
訴状却下命令 43, 45
訴訟参加 509
訴訟終了宣言判決
　　――の意義 327
訴訟承継手続 6
訴訟上の和解 328
訴訟脱退 509
訴訟引受 509
　　――の意義 350
訴訟費用負担の裁判 337, 473
　　――の実情 467
訴訟物の特定 94
訴訟を承継すべき相続人がいない
　　場合 331

【た】

代位権行使と債務者の処分権限 137
代位弁済で取得する求償権
　　――と弁済代位で移転する原債
　　　権との関係 130
第三者異議 253
代償額の算定基準時 120
代償請求
　　――の実体法上の問題点 118

事項索引　539

──の併合の可否	117
代償分割の2類型	209
退職金	297
多数当事者訴訟	220
立退料	
──等の増減額	85
──の申出の時期	87
賃貸建物明渡請求における──	82
建物買取請求権	110, 116
──が行使された場合の建物収去土地明渡請求に対する主文	111
──の意義・効果	110
建物収去土地明渡訴訟	114

【ち】

知的財産権	449
嫡出否認の訴え	318
中間の争い	365
中間判決	361
──手続と訴訟指揮	373
仲裁判断	268
著作権侵害訴訟	457
賃金の将来請求の終期	436
賃料増・減額請求訴訟	94
賃料相当損害金請求	113, 115

【つ】

通行権	57

【て】

DNA鑑定	320
定期金給付	
将来の──	65
定期金賠償方式による判決	65
抵当権設定登記	
──等を有する第三者に対する請求	155
──の抹消	74
抵当債権額の更正登記	177
抵当債務の弁済	74
手形支払期日未到来	237
手形訴訟	232
手数料の追納	192
──をしない場合	193

【と】

登記原因の主文への明示	144
登記権利（義務）者の記載	146
登記請求	
売主の相続人に対する──	169
死亡した買主の相続人からの──	168
登記手続上，不実の登記部分を抹消することができない場合	163
登記引取請求	173
動産等の引渡請求	117
当事者	331
──の死亡による訴訟承継と中断・受継	351
──の複数と判決主文	49
一身専属的権利に関する訴訟における──の死亡	338
行政事件における──の死亡	336
人訴事件における──の死亡	335
当事者の変動	5
訴訟参加，脱退による──	17
同時破産廃止と訴訟の審理	346
督促異議の申立て	
仮執行宣言後の──	186
督促手続と訴訟手続との関係	185
土地明渡請求	114

土地収用法133条
　　——所定の訴訟における補償増
　　　額分の附帯請求の起算日　　404
　　——所定の損失補償に関する訴
　　　えの請求趣旨　　　　　　　402
土地売買契約無効確認の訴え　　　104
特許権侵害訴訟　　　　　　　　　450
ドメイン名に係る不正競争　　　　460
取消訴訟
　　——等と義務付け訴訟との関係　399
　　——の性質　　　　　　　　　392
取締役
　　——等の解任の訴え　　　　　416
　　——等の責任　　　　　　　　419
　　——の違法行為の差止め　　　423
　　——の地位をめぐる訴訟　　　414
取締役辞任登記手続請求　　　　　415
取締役就任登記の抹消登記手続請
　求　　　　　　　　　　　　　　416

【に】

認知の訴え　　　　　　　　　　　318

【の】

納税申告
　　——と増額更正との関係　　　395
農地　　　　　　　　　　　　　　297
農地法の許可協力請求権　　　　　 73

【は】

配転の有効性を争う訴訟　　　　　444
配当異議訴訟　　　　　　　　　　258
配当金交付（受領）請求権確認訴
　訟　　　　　　　　　　　　　　264
配当留保供託　　　　　　　　　　262

破棄差戻し後の審理　　　　　　　480
破産会社の表示　　　　　　　　　　7
パブリシティ権侵害訴訟　　　　　461
判決主文における別紙引用　　　39,40
判決の更正決定の要件　　　　　　 31

【ひ】

引換え給付判決
　　——の意義　　　　　　　　　 77
　　——の可否　　　　　　　　　 84
被告の地位を承継すべき相続人が
　いない場合　　　　　　　　　　332

【ふ】

付加期間　　　　　　　　　　　　497
複雑訴訟
　　——の当事者欄の表記　　　　　3
不在者財産管理人　　　　　　　　 11
不執行の合意　　　　　　　　139,140
不正競争防止法に基づく訴訟　　　458
附帯控訴　　　　　　　　　　　　477
附帯処分　　　　　　　　　　　　281
附帯請求の起算日　　　　　　　　303
不動産登記手続請求　　　　　　　143
不熱心訴訟追行原告への対応　340,342
不服申立て
　　——における処分の変更　　　396
　　控訴人の——の範囲　　　　　503
不利益変更禁止の原則と控訴　　　526

【へ】

弁済
　　——と受取証書交付　　　　　 79
　　——と債権証書返還　　　　　 79
弁済効力肯定説　　　　　　　　　487

弁済効力否定説　　　　　　　　487

【ほ】

報酬請求
　　取締役から会社に対する——　417
法律関係を証する書面　　　　　271
保証人
　　——の事前求償と担保提供　　79

【ま】

抹消登記請求　　　　　　　　　181
満期前現在請求　　　　　　　　243

【み】

民事再生債務者　　　　　　　　　8
民事訴訟手続の基本構造　　　　 25
民衆訴訟　　　　　　　　　　　406

【む】

無効確認の訴え　　　　　　　　312

【め】

面会交流　　　　　　　　　　　283
免責の効力　　　　　　　　　　346

【も】

目的物の緊急換価　　　　　　　493

【や】

約束手形金請求
　　満期未到来の——　　　　　 71

【よ】

養育費の支払請求　　　　　285, 286
予備的財産分与を申し立てる場合　295
予備的反訴　　　　　　　　　　387
予備的併合　　　　　　　　　　383
4号訴訟の住民訴訟　　　　　　407

【り】

離婚
　　——の相手方に対する慰謝料　289
　　——の訴え係属の消滅と附帯申
　　　立て　　　　　　　　　　308
　　双方から請求された——　　276
離婚事件　　　　　　　　　　　275
理由中の判断
　　——の既判力の有無　　　　525

【わ】

和解　　　　　　　　　　　260, 328
　　——が効果を生じない場合　357
　　訴訟上の——　　　　　　　328
　　当事者の全員が関与しない——　357

事例と解説　民事裁判の主文〔補訂版〕

平成18年３月16日　　　初版発行
令和６年11月26日　補訂初版発行

編　著　塚　原　朋　一

発行者　河　合　誠　一　郎

発 行 所　新日本法規出版株式会社

本　　　社
総 轄 本 部　（460-8455）名古屋市中区栄１－23－20

東 京 本 社　（162-8407）東京都新宿区市谷砂土原町２－６

支社・営業所　札幌・仙台・関東・東京・名古屋・大阪・高松
　　　　　　　広島・福岡

ホームページ　https://www.sn-hoki.co.jp/

【お問い合わせ窓口】
新日本法規出版コンタクトセンター
☎ 0120-089-339（通話料無料）
●受付時間／９：00〜16：30（土日・祝日を除く）

※本書の無断転載・複製は、著作権法上の例外を除き禁じられています。
※落丁・乱丁本はお取替えします。
5100345　補訂民裁主文　　　　ⓒ塚原朋一 2024 Printed in Japan
ISBN978-4-7882-9402-8